Charlotte Oelker

DRAMÂRIN
DAS VERMÄCHTNIS EINER MUTTER

Charlotte Oelker

Dramârin

Das Vermächtnis einer Mutter

DEUTSCHE LITERATURGESELLSCHAFT

Die Deutsche Nationalbibliothek verzeichnet diese Publikation in der Deutschen Nationalbibliografie; detaillierte bibliografische Daten sind im Internet über dnb.dnb.de abrufbar.
Die Schweizerische Nationalbibliothek (SNB) verzeichnet aufgenommene Bücher unter Helveticat.ch und die Österreichische Nationalbibliothek (ÖNB) unter onb.ac.at.

Unsere Bücher werden in namhaften Bibliotheken aufgenommen, darunter an den Universitätsbibliotheken Harvard, Oxford und Princeton.

Charlotte Oelker:
Dramârin – Das Vermächtnis einer Mutter
ISBN: 978-3-03831-292-5

Grafiken: Charlotte Oelker
Lektorat: Alexandra Eryiğit-Klos, www.fast-it.net

Buchsatz: Danny Lee Lewis, Berlin: dannyleelewis@gmail.com

Deutsche Literaturgesellschaft ist ein Imprint der
Europäische Verlagsgesellschaften GmbH
Erscheinungsort: Zug

Sie finden uns im Internet unter:
www.Deutsche-Literaturgesellschaft.de

Inhalt

Widmung

Ich widme dieses Buch
meinem jüngeren Bruder Oliver, denn ohne ihn
hätte ich dieses Buch gar nicht erst geschrieben.

Ich widme dieses Buch ebenfalls
meiner Mama Martina, die bis zum Schluss
stets an mich geglaubt und
mich immer unterstützt hat.

Prolog

Sie sind groß, wunderschön und können meilenweit fliegen, ohne eine Pause zu machen. Sie sind die Könige der Lüfte, dabei besitzen sie nicht eine einzige Feder an ihrem mächtigen Leib. Ihr gesamter Körper ist mit schimmernden Schuppen übersät, welche die starken Muskeln schützen und verpacken. Ihren Feueratem können sie mehrere Minuten halten, dabei riesige Flammen spucken, die selbst Eisen in nur wenigen Augenblicken zum Schmelzen bringen können. Ihre Zähne und Klauen können jeden Bullen reißen und dank ihres gelenkigen Körperbaus schaffen sie es sogar, im Flug Vögel zu fangen. Wenn sie es darauf anlegen, können sie sogar schneller als jeder Vogel am Himmel entlangziehen. Für das menschliche Auge wäre dann nur noch ein bunter Schweif, irgendwo zwischen den Wolken, zu erkennen.

Kaum vorstellbar, dass solch „schreckliche Wesen“ wie sie genannt werden, ebenso eine sanfte Seite besitzen. Sie haben in ihrem langen Leben ein und denselben Partner und werden diesem niemals untreu. Als Eltern sind sie sehr lehrreich für ihren Nachwuchs und gehen mit ihm dabei schon fast liebevoll um. Aber auf der anderen Seite sind sie die gefährlichsten Räuber an Land und in der Luft, die ich jemals kennengelernt habe.

Drachen!

Ich beobachte sie gerne, wenn sie am Himmel fliegen. Diese Farbenpracht ist einfach überwältigend und unbeschreiblich schön. Gelb, Grün, Rot, Blau, Schwarz, Weiß, Orange, Braun, Violett, all diese Farben und viele, viele mehr sind bei ihnen vertreten. Sie sind eitel, aber ich kann es ihnen nicht verdenken, denn ihre ganzen Bewegungsabläufe, und lass es nur ein kleines Kopfnicken sein, sind atemberaubend.

Wenn man sich mit ihnen gut versteht oder, wie ich, sogar mit ihnen lebt, kann man sich wahrlich glücklich schätzen, denn solche Freunde sind einzigartig. Sie sind für die Ewigkeit geschaffen. Sie helfen einem bei jedem noch so kleinen Problem und beschützen dich, wie es sonst kein anderer kann. Sie hören sich alles an und versuchen Probleme, Kummer, Sorgen und dergleichen zu verstehen und zu beseitigen.

Aber solltet ihr jemals das Vertrauen zu einem Drachen missbrauchen oder ihr legt es darauf an, dann betet dafür, dass euer Tod kurz und schmerzlos vonstattengeht. Habt ihr euch erst einmal einen Drachen zu eurem Feind gemacht, kann und wird er euch dieses niemals verzeihen. Ist das Vertrauen einmal gebrochen, werdet ihr dafür bezahlen.

Aber was erzähle ich euch das alles, ihr glaubt mir wahrscheinlich – nein, ihr glaubt mir ganz sicher – kein einziges Wort. Habe ich recht?

Nun, woher ich das weiß? Das ist ganz einfach! Vor vielen Jahren habe ich ebenfalls noch nicht an Drachen geglaubt, bis ich sie traf. Damals waren meine Reaktionen auf Drachen genau wie eure.

Aber warum euch jetzt versuchen zu überzeugen? Lest einfach die Geschichte, meine Geschichte, aus einem Leben, das weit zurückliegt. Lasst euch von mir mehrere Jahrhunderte mit in die Vergangenheit entführen und erlebt selbst, wie alles begann, und ich verspreche, dass ich euch nicht belügen werde. Kein Wort soll nicht der Wahrheit entsprechen.

Ehrenwort!

1. Kapitel

Es war einer der vermutlich letzten wärmeren Tage vor dem bevorstehenden Winter, an dem noch kein Frost herrschte, als ich die frische Luft einatmete und den Nebel über mein Gesicht wabern spürte. Es war ein sehr junger Morgen und die Sonne war noch nicht zu sehen. Ich schloss die Augen und stand so einige Zeit regungslos vor dem Haus. Damals wohnte ich mit meiner Familie in einem kleinen Dorf in der Nähe des Rulkorsees. Wessen Ursprung sein Name hatte, wusste ich zu diesem Zeitpunkt noch nicht.

Ahnungslos, was mich an diesem herrlichen Tag erwarten würde, ging ich hinüber zu der kleinen Scheune, die etwas südlich neben unserem Haus stand. In dieser Scheune lebten zum einen unsere geliebten Tiere und zum anderen verstauten wir dort sämtliche unserer Arbeitsgeräte.

Ich lebte hier zusammen mit meinen zwei älteren Brüdern Killian und Ramon, die bereits 20 und 19 Winter erlebt hatten, meiner jüngeren Schwester Helena, die 15 Winter erlebt hatte, und mit meiner Mutter Gabriela Cornel. Unser Vater, Maksim Cornel, war kurz vor der Geburt von Helena gestorben. Ich war noch sehr klein, als er starb, und konnte mich daher kaum an ihn erinnern.

Ich war es gewohnt, ohne einen Vater aufzuwachsen, dies galt jedoch nicht für Killian und Ramon. Sie waren nur wenig älter als ich, als unser Vater starb, doch hatten sie, im Gegensatz zu mir, viele Erinnerungen an ihn. Es gab immer mal wieder Momente, wo sie an ihn und an die gemeinsame Zeit zurückdachten und ihn schmerzlich vermissten. Mit der Zeit wurde es jedoch immer weniger und schließlich verheilten bei ihnen die letzten Wunden. Einzig und allein unsere Mutter blieb ein wenig mehr für sich, nach diesem fürchterlichen Verlust.

Wir Kinder machten ihr daher das Leben so angenehm, wie wir nur konnten, und halfen ihr bei der täglichen Arbeit auf unserem Hof. Wir bekamen sie so weit, dass sie von unserem Vater erzählen konnte, ohne Tränen zu vergießen. Es musste eine schlimme Nacht gewesen sein, in der nicht nur unser Vater gestorben war. Unsere Mutter hatte von jener Nacht nur ein einziges Mal erzählt, und das nur sehr knapp, aber es hatte sich auf ewig in unser Gedächtnis gebrannt.

Bevor wir in dieses Dorf gezogen waren, hatten wir ganz woanders gelebt. Der Ort damals hatte schon fast städtische Ausmaße besessen, wenn ich meinen Brüdern Glauben schenken durfte. Doch eines Nachts war ein Feuerinferno in der Stadt umgegangen und hatte die Häuser reihenweise einstürzen lassen, die durch den damaligen, sehr trockenen Sommer besonders angreifbar für Flammen gewesen waren. Dank unserer Mutter, die schon immer einen leichten Schlaf gehabt hatte, hatten wir noch rechtzeitig unser Haus und damit jenen Ort verlassen können. Sie hatte uns erklärt, dass unser Vater unseren Nachbarn hatte helfen wollen, aus deren Haus zu gelangen. Sie wurden jedoch vom einstürzenden Haus verschüttet. Sie hatte gesagt, das Schlimmste daran war, dass sie sich tags zuvor gestritten hätten und sie nie mehr die Möglichkeit bekommen hatte, sich mit ihm zu versöhnen.

Sie meinte immerzu, dass Killian, mit den breiten Schultern, den grünen Augen und den schulterlangen schwarzen Haaren, genauso aussehe wie sein Vater. Ramon war da das genaue Gegenteil. Er war eher zierlich, hatte nussbraune Augen und kurzes blondes Haar.

Helena und ich sahen uns sehr ähnlich mit unseren großen blauen Augen, den schmalen Gesichtern, den langen Beinen und den langen, welligen schwarzen Haaren. Wir wurden daher oft für Zwillinge gehalten. Was den Charakter anging, so kamen wir mehr nach unserer Mutter. Sie hatte jedoch im Gegensatz zu uns die innere Ruhe, wie sie es nannte, während Helena und ich alles andere als lange still sitzen konnten.

Ich öffnete die Scheunentür, als mich plötzlich eine Gestalt von hinten erschreckte. Ich zuckte zusammen und drehte mich um. Feurige Augen blickten aus einem frisch gewaschenen Gesicht in meine.

„Mensch, Helena, hast du mich aber erschreckt. Warum bist du überhaupt schon auf?“, fragte ich sie.

Ich sah, dass sie sich bereits ihre Arbeitssachen angezogen hatte, und kannte schon die Antwort, noch ehe sie geantwortet hatte.

Wir gehörten zwar nicht zu den reichsten, aber ebenso wenig zu den ärmsten Bewohnern in unserem Dorf. Wir Kinder – wobei wir dem Kindesalter schon fast entsprungen waren – arbeiteten sehr viel, um davon gut leben zu können, selbst wenn wir nicht all unsere Träume verwirklichen konnten. Wir lebten dennoch glücklich.

„Ich hab dich herausgehen sehen und da hab ich mir gedacht, ich helfe dir ein bisschen bei der Arbeit“, antwortete sie.

Wir hatten zehn Kühe und einen Ochsen, deren Boxen alle ausgemistet werden mussten. Natürlich gab es auf einem Hof wie unserem jede Menge verschiedene Arbeiten, aber die wollte ich nach und nach später erledigen. Der Tag war schließlich noch jung und ich wusste, dass sich die Arbeiten nicht von allein erledigen würden und mir daher nicht wegliefen.

„Das ist nett! Wenn du möchtest, kannst du zu den Kühen gehen und sie melken. Die Eimer stehen vor den Boxen. Währenddessen werde ich die Box vom Ochsen schon mal anfangen auszumisten.“

Helena nickte und machte sich sofort eifrig an die Arbeit. Ich legte dem geduldigen Ochsen sein Halfter um und brachte ihn raus auf die Weide, wo er sofort, kaum hatte ich den Strick vom Halfter entfernt, zu grasen anfing. Aus dem Abstellraum besorgte ich mir unsere Schubkarre und eine Mistgabel und machte mich dann ebenfalls ans Werk. Das Ausmisten dauerte nie allzu lange, da wir die Ställe jeden Tag ausmisteten und sich somit nie viel Mist in den Boxen befand. Es war aber trotzdem jedes Mal wieder anstrengend. Ich hatte kaum zwei Boxen geschafft, als Helena bereits mit dem Melken fertig war.

Sie half mir, indem sie die vollen Schubkarren hinter der Wiese entleerte und neues Stroh heranbrachte. Als wir fertig waren und alle Boxen nach frischem Stroh dufteten, kamen Killian und Ramon in die Scheune.

„Seht an! Die beiden Kleinen waren ja schon fleißig! Habt ihr die Kühe auch schon gemolken?“, fragte Ramon.

Helena und ich nickten nur, statt zu antworten, und brachten die Gerätschaften wieder in den Abstellraum zurück.

„Gut! Dann füllt ihr beiden noch die Tränken mit frischem Wasser auf, dann könnt ihr meinetwegen schon frühstücken gehen. Währenddessen werde ich mich um das Beet kümmern und du, Killian, kannst die Eimer voll Milch ins Haus bringen. Denk aber daran, dass wir die großen Milchbehälter anfangen müssen zu befüllen. Ich denke, drei Eimer sollten dafür erst einmal genügen. Anschließend kannst du dich um die Hühner kümmern“, rasselte er die Befehle herunter und machte sich auf den Weg aus der Scheune zum Beet.

Killian, der es gewohnt war, dass sein jüngerer Bruder den Ton angab, ging eifrig mit großen Schritten auf die Eimer zu und nahm einen in jede Hand. Als er sich aufrichtete und uns zusah, wie wir uns den leichten Schweißfilm von der Stirn strichen, grinste er.

„Ihr seht aus, als hättet ihr einen Langlauf hinter euch!“, lachte er.

„So würdest du auch aussehen, wenn du elf Ställe ausgemistet hättest!“, brummte ich. „Komm, Helena, lass uns zum Bach gehen und das Wasser für die Tränken holen.“

Im Laufe der Zeit hatte jeder von uns bestimmte Aufgaben täglich zu erledigen, damit der Hof stets seinen Ertrag für unser Leben gewährleisten konnte. Dazu zählten zum einen die Tiere, die verpflegt und gefüttert werden mussten, und zum anderen das Gemüse, welches wir erst seit einigen Wintern angebaut hatten. Unser jüngster Zuwachs bestand aus einem Hahn und drei Hennen, die im Moment noch mit in der Scheune, in einem für sie abgetrennten Bereich, lebten. Für sie würden wir noch vor Winteranbruch anfangen müssen, einen Stall außerhalb der Scheune zu bauen.

Helena und ich schnappten uns jede zwei leere Eimer, die gestapelt in dem kleinen Abstellraum, nahe dem Scheunentor, standen. Unser Dorf besaß zwei große Brunnen in der Dorfmitte, wo jeder sein benötigtes Wasser holen konnte. Da wir jedoch am Rande des Dorfes lebten und wir einen kleinen Fluss in unmittelbarer Nähe hatten, gingen wir nicht oft ins Dorf, um Wasser zu holen. Vor allem dann nicht, wenn wir für die Tiere mehrmals gehen mussten.

Wir gingen zu dritt aus der Scheune. Helena und ich schlugen den Weg Richtung Bach ein, während Killian mit der Milch zum Haus weitermarschierte. Der Weg zum Wasser war nicht sehr weit und da wir die Eimer schon oft gesäubert und befüllt hatten, ging diese Arbeit sehr schnell und das Frühstück war in greifbarer Nähe.

Im Haus füllte Killian die restliche Milch in einen der großen Behälter um und stellte anschließend einen kleinen Krug voll, zusammen mit den inzwischen gekochten Eiern von den Hühnern, auf den Tisch. Mama hatte diesen inzwischen schon mit reichlich Köstlichkeiten gedeckt.

„Carolin, Helena, ihr seid ja völlig erschöpft! Hier, trinkt das, dann geht es euch gleich besser!“, sagte Mama und hielt uns zwei Krüge Milch vor das Gesicht.

Wir tranken sie gierig aus. Das Brot und der Aufstrich wurden schnell weniger, doch dafür unsere Bäuche immer voller. Nach dem Frühstück meinte Helena: „Mama, wir haben schon ausgemistet und Ramon macht gerade das Beet, können wir dann wieder im Wald spazieren gehen?"

Das machten wir oft nach der morgendlichen Arbeit, um uns vor dem regen Treiben im Dorf, das noch folgen sollte, zu entspannen.

„Aber sicher doch! Ihr müsst mir nur noch helfen, den Tisch abzuräumen, danach könnt ihr von mir aus gehen!", lächelte unsere Mutter uns an.

„Klar machen wir das!", antwortete Helena ihr sofort.

Wir räumten den restlichen Aufschnitt zusammen und packten das Brot in den dafür vorgesehenen Tontopf. Die Krümel auf dem Tisch sammelten wir mit einem feuchten Lappen auf und warfen sie für die Vögel aus dem Küchenfenster. Helena ließ Wasser in die Spülschüssel und legte die ersten Krüge hinein. Ich sorgte dafür, dass unsere Mutter nicht brunnenkaltes, sondern warmes Wasser zum Spülen haben würde, indem ich einen kleinen Topf voll Wasser über das Feuer stellte.

„Seid dann vor dem Mittagessen wieder zu Hause, die Kühe müssen noch gefüttert werden", fiel Mama noch ein und machte sich bereits daran, die Krüge zu spülen.

Ich ging in mein Zimmer und zog mir meine durchgeschwitzte und nach Kuhmist riechende Kleidung aus. Im Badezimmer wischte ich mir hastig mit einem kleinen nassen Tuch unter den Armen entlang und zog mir frische Sachen an. Als ich versuchte, meine Haare in einem neuen, ordentlicheren Zopf zusammenzufassen, kam Helena in mein Zimmer und bedeutete mir nach draußen zu kommen. Ramon hatte soeben seine Arbeit fertig, als wir zum Beet kamen.

„Hättest du Lust, einen Spaziergang im Wald mit uns zu machen?“, fragte ihn Helena.

„Ja klar! Ich muss nur noch die Harke wegbringen.“

„Möchtest du denn vorher nicht noch wenigstens etwas frühstücken?“, fragte ich ihn.

„Ausnahmsweise habe ich vor der Arbeit gefrühstückt. Ich bereue es aber jetzt schon. Mit vollem Magen zu arbeiten, ist viel anstrengender, und wenn man zu schnell arbeitet, kann einem auch schon mal schlecht werden. Und träge arbeiten liegt mir überhaupt nicht im Blut.“

Ramon reichte Killian einen vollen Gemüsekorb, der ins Haus gebracht werden musste, und hielt mir einen Eimer Unkraut hin, welches ich auf den Komposthaufen werfen sollte. Er brachte derweil die Harke und eine Schere in den Abstellraum der Scheune zurück. Als er die Scheunentür hinter sich wieder schloss, liefen wir in das Waldstück, welches auf der anderen Seite des Dorfes lag. Ich hatte einen Korb mitgenommen, um Pilze, die nur in der Nähe des Rulkorsees wuchsen, zu sammeln. Die Pilze waren für eine Pilzsuppe, die Mama uns zu Mittag kochen würde.

Wir marschierten durchs Dorf. Es wurden schon ein paar Warenstände aufgebaut. Das rege Treiben sollte noch folgen.

Als wir im Wald waren, trennten wir uns. Killian und Ramon gingen mit Helena spazieren und ich sammelte derzeit Pilze. Ich atmete den frischen Duft des Waldes ein. Es war ein herrlicher Geruch nach frischen Blättern und feuchten Stämmen. Die Vögel waren am Singen und flogen durch den Wald, auf der Suche nach etwas zu fressen.

Hier und da bückte ich mich, um einen Pilz zu pflücken. Das Gelächter meiner Geschwister wurde immer leiser.

Na, die haben aber Spaß.

Ich ging tiefer in den dunklen Wald hinein und entfernte mich stetig vom steinigen Pfad. Die Pilze wuchsen nicht in der Nähe vom Pfad, sondern nur im dunkleren, feuchteren Teil des Waldes. Ich kam nur langsam voran, da ich eine gute Stelle zum Pilzpflücken gefunden hatte. Einer war größer als der andere. Dennoch achtete ich darauf, nur die größeren und älteren zu pflücken, damit die kleineren noch wachsen konnten, bis ich sie irgendwann ebenfalls einsammeln konnte.

Ich war so sehr in meiner Arbeit vertieft, dass ich nicht mitbekam, wie es um mich herum verstummte. Die Vögel, die vorhin noch gezwitschert hatten, hörten nach und nach auf, ihr Lied zu singen, und das leise Rascheln von kleinen Tieren im Unterholz erstarb ebenfalls.

Plötzlich knackte es so laut, dass ich dachte, ein dicker Ast wäre vom Baum abgebrochen. Ich sah mich hektisch über meinem Kopf um, da ich befürchtete, ich würde etwas auf den Kopf bekommen. Doch dem war nicht so. Verwirrt starrte ich im dunklen Wald umher, konnte aber die Ursache des Geräusches nicht entdecken. In dieser unglaublichen Stille war das Knacken unnatürlich laut gewesen. Die Sonne kam allmählich hoch, aber der dichte Wald lag noch ziemlich im Dunkel.

Ich beendete meine Arbeit und richtete mich langsam wieder auf. Der Korb war ohnehin schon gut gefüllt und würde sogar für zwei Suppen reichen. Vorsichtig setzte ich mich in Bewegung und ging zurück zum Pfad. Da ich meine eigenen Füße kaum sehen konnte, kam ich nur sehr langsam auf dem unebenen Waldboden voran.

Plötzlich hatte ich das unangenehme Gefühl, als würde ich beobachtet werden.

„Sehr witzig, mich noch einmal erschrecken zu wollen, Helena! Einmal am Tag reicht doch!“, mahnte ich sie lachend.

Aber Helena konnte das nicht gewesen sein, denn ich hörte sie in diesem Moment aus einer ganz anderen Richtung. Sie unterhielt sich mit unseren Brüdern. Mir wurde plötzlich mulmig zumute.

Das war bestimmt nur ein Tier, das genauso wenig sehen kann wie ich. Was sollte es auch sonst sein? Eine ganz einfache Erklärung also.

Ich versuchte mir weiterhin gut zuzureden und einen Grund für diese Stille zu finden. Doch meine Gedanken wurden jäh von einem weiteren Knacken unterbrochen.

Dieses Mal war es lauter und dicht neben mir. Ich drehte mich langsam in die Richtung, aus der ich es vernommen hatte, um und versuchte herauszufinden, was es verursacht haben könnte. Ich blinzelte in den Wald hinein, konnte aber wieder nichts erkennen. Das Einzige, was sich langsam vom Rest des Waldes abhob, waren Baumstämme und Sträucher, von denen ich dicht umgeben war. Ich umklammerte den Korb fester und drückte ihn fest an meine Brust. Vorsichtig, aber zügiger als vorhin stapfte ich weiter Richtung Pfad zurück.

Dem Knacken folgte nun hektisches Rascheln, das stetig lauter wurde. Ich stellte fest, dass die Geräusche mich zu verfolgen schienen, denn bewegte ich mich, bewegten sie sich etwas später in die gleiche Richtung, blieb ich stehen, so verstummten sie. Die Geräusche kamen zudem immer näher, bis ich glaubte, der Verursacher würde mich gleich überholt haben. Dann wurde es schlagartig wieder still.

Totenstill!

Angestrengt versuchte ich etwas zu hören und hielt immer noch gebannt den Atem an. Meine Arme verkrampften sich um den Korb, sodass die Sehnen deutlich hervortraten. Am liebsten wäre ich losgerannt, aber irgendetwas hielt mich fest, machte mich regelrecht bewegungsunfähig. Meine Beine gehorchten mir nicht mehr.

„Hab keine Angst!“

Ich wusste nicht, woher diese Stimme kam. Es war eindeutig eine weibliche Stimme und für einen kurzen Moment schien es mir, als sei sie meine eigene, innere Stimme. Sie klang mir auf merkwürdige Weise vertraut.

Dann hörte ich einen ruhigen und sehr tiefen Atemzug. Ich schnappte nach Luft, da meine Lungen nach Luft schrien und mittlerweile schmerzten. Ich hatte völlig vergessen zu atmen, seitdem ich das Knacken zum ersten Mal gehört hatte. Ich sah mich vorsichtig um. Lange stand ich dort, regungslos, und horchte. Doch nichts passierte.

Völlig unerwartet starrten mich plötzlich zwei große Augen aus dem Dunklen an. Ich stand da, unfähig mich zu bewegen oder gar zu schreien, und starrte zurück. Die Augen befanden sich auf meiner Kopfhöhe und bewegten sich auf mich zu. Sie wurden größer und ein roter, schuppiger Kopf kam zum Vorschein. Wobei die Bezeichnung „Kopf“ eine derbe Untertreibung war!

Ich schaute dem Wesen fasziniert zu, wie es immer mehr zum Vorschein kam. Der Wald wurde jetzt mit jedem

Augenblick heller und ich konnte langsam erkennen, was sich mir darbot. Eine Ewigkeit schien zu vergehen, so lange wie ich dastand und mich nicht zu bewegen wagte. Mir fehlten die Worte, als ich endlich begriff, was sich dort vor meinen Augen befand.

Vor mir stand, in prachtvoller Größe, ein Drache.

Ich erkannte ihn, aufgrund der Beschreibungen, die man sich im Dorf seit ewigen Zeiten erzählte, sofort. Die Geschichten waren immer spannend und ich war von ihnen stets fasziniert gewesen. Ich hatte mir immer vorgestellt, wie Drachen wohl wirklich aussahen, und hatte die Dorfbewohner viele Dinge über sie gefragt.

Das war vermutlich der Grund, warum ich nicht sofort das Weite gesucht hatte, als ich erkannte, dass mich ein Drache anstarrte. Ich hatte schon so viel von ihnen gehört, dass ich mir oft vorgestellt hatte, wie es wohl wäre, wenn es sie noch geben würde. Viele wunderbare Träume hatte ich ihretwegen, als ich noch klein war. Ich konnte mir sogar sehr gut vorstellen, wie es sein könnte, sie zu fliegen. Dass ich tatsächlich jemals einem Exemplar gegenüberstehen würde, hätte ich dennoch nie für möglich gehalten.

Ich sah am Hals entlang zum Körper. Der Drache musste ein gutes Dutzend Schritte lang und mehrere Schritte hoch sein – falls das mal genügte, denn im Schätzen war ich nie besonders gut gewesen. Der Drachenkopf kam auf mich zu. Endlich konnte ich mich aus meiner Starre lösen und stolperte ungeschickt zurück, die erste Bewegung, die meine Beine zuließen.

Ich starrte wieder in diese großen Augen, die mich nicht loslassen wollten. Mir war, als hätte der Blick des Drachen etwas Trauriges an sich.

Warum kann ich das denn behaupten? Das ist der allererste Drache, den ich je gesehen habe, und schon soll ich seine Gefühlslage bestimmen können?!

Ich starrte weiter in die großen Augen. Sie schienen mich immer noch nicht loslassen zu wollen, vermutlich aus Angst, ich könne, wenn sie es täten, davonlaufen. Genau das hätte ich wahrscheinlich getan, obwohl ich genau wusste, dass ich vor so einem Tier niemals würde fliehen können. Der Drache würde mich nach wenigen Schritten eingeholt haben.

Nein. Selbst wenn ich gekonnt, selbst wenn die Augen mich losgelassen hätten, musste ich mir eingestehen, dass ich geblieben wäre. Eine warme Welle durchfuhr mich, aber ich wusste nicht warum.

„H ... hallo! I ... ich ... bin Carolin!“, stotterte ich.

Was mache ich da überhaupt?

Hatte ich tatsächlich geglaubt, ich könnte mich mit dem Drachen unterhalten? Ich wusste nicht, warum, und ich wusste ebenso nicht, ob ich das bei vollem Bewusstsein getan hatte, aber ich ging vorsichtig mit ausgestrecktem Arm auf den Drachenkopf zu. Sie war sehr hübsch, soweit ich das erkennen konnte.

Woher weiß ich eigentlich, dass es eine Sie ist? Es kann genauso gut ein Er sein. Und woher weiß ich, dass sie mich nicht zum Mittag verspeist? So groß, wie der Drache ist, wäre ich nur ein kleiner Happen für zwischendurch. Ich bin eine leichte Beute, so starr, wie ich hier stehe!

Aus den Geschichten wusste ich, dass Drachen sich nicht von Gras und Blättern ernährten. Sie bevorzugten vielmehr große Wildtiere. Allein diese Tatsache hätte mich eigentlich wachrütteln müssen und ich hätte den Wald schnellstens verlassen sollen, tat es aber nicht. Stattdessen sah ich mich nur kurz um, um sicherzugehen, dass niemand in der Nähe war, und wandte mich dem Drachen wieder zu.

„Was ist denn los? Warum bist du so traurig?“, ich hatte meine Hand zwischen die Nüstern des Drachen gelegt. Ich wusste nicht, was mich dazu getrieben hatte. Aber tatsächlich, da stand ich nun und legte dem Drachen meine Hand auf die Nase.

Ich spürte wieder diese Wärme von vorhin. Sie stieg meinen Arm empor. Ich dachte, dass es an dem Atem des Tieres liegen musste, den es durch seine Nasenlöcher ausstieß, und beachtete es nicht weiter. Stattdessen nahm ich die Oberfläche des Drachenkopfes wahr und war überrascht. Sie fühlte sich ganz anders an als erwartet. Sie war weich und warm, gar nicht schuppig oder etwa rau, wie ich vermutet hätte. Die großen Augen blinzelten ein Mal. Ich nahm mir Zeit, um sie genauer zu betrachten.

Dabei hatte ich übersehen, wie sich dünne, schwarze Rauchfahnen von dem Drachen zu lösen und sich zuerst um meine Finger, dann um meine Hand und schließlich um meinen gesamten Unterarm zu schlängeln schienen, während ich sie weiterhin gestreichelt hatte. Die Fäden wurden schmaler und filigraner, legten sich auf meine Haut und verschwanden nach einem kurzen roten Aufleuchten, welches sich in meiner Armbeuge zentrierte, als sei nie etwas gewesen. Das kurze Aufleuchten auf meiner Haut spiegelte sich in den Augen des Drachen wider und erlosch dann ebenso. Es war ein bedeutendes Ereignis, dessen ich leider nie selbst Zeuge geworden war.

In dieser gesamten Zeit hatte ich mir etwas anderes angesehen. Der gewaltige Kopf des Drachen war schmal zulaufend. Bis auf ihn vermochte ich von ihr noch nicht viel mehr zu erkennen, so nah, wie ich ihr war.

Ihre Augen waren schwarz und hatten einen rötlichen Schimmer. Zwei spitze, weiße Hörner zierten ihren Hinterkopf. Von den Augen bis zu den Hörnern verliefen schwarze Streifen. Sie erinnerten mich an kleine Blitze, wie man sie bei einem Gewitter sehen konnte. Die Zähne des Drachen waren scharf und eindrucksvoll lang. Sie blies durch ihre blattförmigen Nüstern ihren Atem aus und genoss offensichtlich die Streicheleinheit von mir.

So stand ich eine ganze Weile; mit dem Korb voll Pilzen in der einen Hand, während die andere weiter über den Kopf des Drachen strich. Der Drache atmete gleichmäßig und schloss halb die Augen. Das tiefe, rasselnde Ein- und Ausatmen beruhigte mich. Ich konnte nichts anderes machen, als dieses wunderschöne Geschöpf anzuschauen.

Schon viel zu bald hörte ich vertraute Stimmen den Pfad entlangkommen. Der Drache zuckte zusammen und wir beide starrten mit großen Augen in die Richtung, aus der das Geräusch kam. Es dauerte nicht lange und Killian, Ramon und Helena kamen um eine Wegbiegung. Ich hatte nur noch ein kurzes Stück zurück zum Pfad, wie ich nun feststellen konnte.

„Warum brauchst du denn länger als sonst, um ein paar Pilze zu sammeln? Wir haben noch jede Menge Arbeit vor uns. Was machst du denn da überhaupt?“, rief mir Ramon entgegen.

Erst jetzt fiel mir auf, dass der Drache verschwunden war. Ich senkte langsam meinen noch ausgestreckten Arm und schaute verdutzt in den tiefen Wald.

Wie hatte sie das gemacht?!

„Ich … also … ich wollte nur … ich musste noch … “, stammelte ich und verlor die Worte.

Ich schaute meine Geschwister an, die schweigend zu mir zurück sahen.

„Was gibt es denn da zu gucken? Ist dieser Teil des Waldes hier neu für dich oder was?“, lachte Killian und trat neben mich.

Er schien nicht im Geringsten verwundert oder verblüfft zu sein, wie ich mich in dem Moment fühlte. Endlich fand ich meine Sprache wieder und antwortete: „Ich denke, ich habe genug Pilze gesammelt. Hat ja auch lange genug gedauert. Sollen wir?“

Ich machte eine Handbewegung, die bedeutete, dass die anderen vorangehen sollten. Sie schauten mich an. Ich wartete.

„Wird aber auch Zeit. Mama wartet sicher schon auf uns“, stimmte Ramon mir zu und zuckte mit den Schultern.

Ich war erleichtert, als wir uns alle nach Hause begaben und das Gespräch offensichtlich beendet war. Die meiste Zeit schweigend, liefen wir den Pfad entlang, der aus dem Wald hinausführte. Killian begutachtete die Pilze in meinem Korb und meinte, dass ich ganze Arbeit geleistet hätte. Ich lächelte ihn dankbar an und versank sofort wieder in Gedanken. Dabei ertappte ich mich mehrmals dabei, wie ich verstohlen in den Wald zurückblickte.

So ein Unsinn. Es gibt keine Drachen! Das habe ich mir bloß eingebildet. Ist ja kein Wunder, so schlecht, wie ich heute Nacht geschlafen habe, verfolgen mich schon Tagträume.

Ich schüttelte den Kopf und versuchte, das eben Geschehene als Einbildung, Trugbild oder dergleichen abzutun. Ich blickte auf meine rechte Hand, die angeblich den Kopf des Drachen berührt hatte, und rieb die Finger aneinander.

„Carolin, nun lass dich nicht von uns abhängen, hörst du? Träumen kannst du später noch", unterbrach Killian meine Gedanken.

Ich schloss hastig zu ihnen auf und versuchte nicht mehr zurückzublicken.

Als wir uns dem Dorf näherten, konnte man schon die Dorfbewohner arbeiten hören. Der Schmied hämmerte Hufeisen zurecht, die Bäcker holten ein Brot nach dem anderen aus dem Ofen, die Metzger hackten das Fleisch klein und alle versuchten ihre Ware lautstark an den Mann zu bringen. Es herrschte bereits Hochbetrieb, als wir an den aufgebauten Ständen entlanggingen. Es roch nach frischem Brot.

„Hallo, ihr Lieben! Wollt ihr mein frisches Brot kaufen? Es ist ganz neu auf dem Markt und kommt anscheinend sehr gut an!"

„Nein danke! Heute nicht, Herr Rummen. Wir essen heute Pilzsuppe von unserer Mutter!", antwortete ich und lächelte dem alten Bäckermeister zu.

„Gegen die Pilzsuppe eurer Mutter komme ich natürlich nicht an. Die ist besser als jedes Brot, das stimmt schon!", sagte er und fügte noch hinzu: „Bestellt Gabriela noch schöne Grüße von mir, habt ihr gehört?"

„Das machen wir doch immer, oder etwa nicht?“, rief ich ihm über die Schulter zu und ging weiter.

„Einen schönen Tag noch!“

„Danke, ebenso!“, sagte er und tauschte schon die nächste warme Teigware gegen andere Waren ein.

Zu Hause angekommen, kümmerten wir uns um die Kühe. Wir stellten sie und den Ochsen wieder in ihre jeweiligen Boxen und gaben ihnen Heu und Hafer. Danach gingen wir ins Haus, wuschen uns die Hände und verteilten das Besteck auf dem Tisch.

„Wir sollen dir liebe Grüße von Herrn Rummen ausrichten“, murmelte ich und hielt unserer Mutter den Korb voll Pilze hin.

„Das ist aber lieb von ihm! Stell den Korb mal hier hin“, erwiderte sie und deutete auf eine kleine freie Stelle neben dem Spülbecken. „Du kannst schon mal anfangen, sie abzubürsten, bitte.“

Ich stellte ihn ab und tat, worum sie mich gebeten hatte. Es dauerte jedoch nicht lange und ich versank bei dieser eintönigen Arbeit wieder in Gedanken. Dabei sah ich abwesend aus dem Küchenfenster Richtung Wald. Dass meine Geschwister bereits in der Küche waren und Mama halfen, das weitere Gemüse für die Suppe klein zuschneiden, bekam ich gar nicht mehr mit.

War der Drache wirklich da gewesen oder habe ich ihn mir nur eingebildet? Oder leide ich tatsächlich an Halluzinationen? Vielleicht bin ich auch einfach nur ein bisschen überarbeitet. Ja, das wird es vermutlich sein. Aber ich kann sie mir doch unmöglich nur eingebildet haben, sie war doch so real und ich konnte sie anfassen. Sie sah wirklich nicht so aus, als ob sie ein Trugbild war, oder etwa doch?

„Schatz, ich glaube, der Pilz ist jetzt sauber genug“, meinte Mama und schaute mir über die Schulter.

Sie nahm mir den Pilz und die Bürste aus den Händen. Die Suppe war bereits mit vielem Gemüse bestückt und wartete jetzt nur noch auf die Pilze. Sie blubberte über dem Feuer leise vor sich hin und verströmte einen angenehmen Duft, bei dem ich sofort Hunger bekam.

„Wenn du für jeden Pilz so lange brauchst, dann lass mich sie bürsten, sonst sind wir heute Abend noch nicht fertig.“

Ich schaute auf den mir entzogenen Pilz und spürte die bohrenden Blicke meiner Geschwister im Rücken.

War ich etwa so lange in Gedanken versunken?

Ich beobachtete Mama eine Weile, wie sie rasch einen Pilz nach dem anderen bürstete, ihn zerkleinerte und schließlich in die Suppe warf. Ohne die anderen eines Blickes zu würdigen, setzte ich mich an das Kopfende und starrte auf mein Frühstücksbrettchen.

„Du warst gedanklich anscheinend ganz woanders, was? Du hast dich heute im Wald ebenfalls schon so komisch benommen“, meinte Helena und lächelte amüsiert.

„Ich glaube, ich bin einfach ein bisschen müde von der Arbeit“, erwiderte ich, da mir kein besserer Grund einfiel.

„Das kann sein. Du bist gestern Abend sehr spät ins Bett gekommen und warst heute Morgen schon sehr früh wieder auf den Beinen. Kein Wunder, dass du heute ein bisschen neben dir stehst. Du bist einfach nicht richtig ausgeruht. Es wäre, glaube ich, besser, wenn du heute früher ins Bett gehen würdest. Dann bist du morgen wieder fit“, belehrte mich unsere Mutter.

Die Suppe köchelte leise vor sich hin, während Mama sie immer wieder zwischendurch abschmeckte. Schließlich stellte sie sie zusammen mit dem Brotkorb auf den Tisch und wir fingen zu essen an. Ich löffelte schweigend meine Suppe auf. Killian und Ramon hatten offensichtlich größeren Hunger als ich. Sie aßen die Suppe in Rekordzeit auf und holten sich Nachschlag.

Als ich endlich meine Suppe ausgelöffelt hatte, ging ich nur mit einem: „Ich geh dann jetzt mal in mein Zimmer und ruh mich etwas aus!“-Gemurmel einen Raum weiter.

Im Zimmer schwang ich mich, mit dem Rücken nach unten, auf mein Bett, legte die Beine übereinander und verschränkte die Arme unter meinem Kopf. Ich sah hoch zur Decke und fing an zu dösen, oder besser gesagt, ich versuchte mir zu erklären, was geschehen war.

Das Zimmer war nicht gerade groß, aber dafür gehörte es mir allein. Jeder hatte sein eigenes Zimmer und so war das Haus recht groß. Jeder Raum war gemütlich eingerichtet, weswegen ich mich richtig wohlfühlen konnte.

Es dauerte nicht lange und ich hörte, wie Stühle nebenan gerückt wurden. Ein paar Augenblicke später kam Helena in mein Zimmer. Sie lächelte kurz und setzte sich auf den kleinen Stuhl an der Wand, den ich als Kleiderablage zweckentfremdete. Ich wandte meinen Blick von der Decke ab und erwiderte ihr Lächeln, schwieg jedoch. Die Tür schwang zu und dann war es wieder still. Ich schaute erneut zur Decke und dachte wieder an den Drachen, als mich Helenas Stimme unterbrach. Ich musste mich auf das Gespräch mit ihr sehr konzentrieren.

„Was ist mit dir los? Du schweigst heute schon die ganze Zeit und schcinst mit den Gedanken ständig woanders zu sein! Ist es meinetwegen? Habe ich oder haben die anderen etwas getan, was dich verstimmt hat?“

„Nein, nichts dergleichen“, meinte ich, während ich sie abermals mit einem Lächeln bedachte und mich ihr gegenüber aufrecht hinsetzte.

„Was ist es dann?“, hakte sie nach.

„Ich weiß es nicht.“

„Du verhältst dich aber nicht so, als ob du nur von der Arbeit erschöpft wärest.“

„Ich weiß es wirklich nicht.“ Ich schaute ihr direkt in die Augen.

Ich konnte nicht besonders gut lügen und ich glaubte, sie wusste es, denn sie erwiderte: „Wenn du mir nicht verraten möchtest, was dich bedrückt, dann lass es. Ich werde dich nicht drängen.“

Statt zu antworten, nickte ich nur und sah zu Boden. Sie stand auf und ging zur Tür.

„Ach übrigens, Mama meinte, du kannst dich heute einmal ausruhen, wir werden deine Arbeit für heute mitmachen. Auf dem Markt wärest du uns keine große Hilfe, so schweigsam wie du bist“, sagte sie und schloss die Tür hinter sich.

„Danke!“, rief ich ihr noch nach, aber sie hörte es nicht mehr.

Ich ging hinüber zum Fenster und öffnete es. Dort setzte ich mich auf einen Hocker und sah hinaus in den Wald. Ich fing an zu träumen von prachtvollen Drachen, die in der Luft umherflogen.

Gegen Abend wurde ich dann von Helena geweckt. Ich saß immer noch am Fenster und mein Kopf lag auf meinen verschränkten Armen.

„Carolin, aufwachen! Es gibt Abendbrot und Mama sagt, du musst etwas essen, wenn du wieder zu Kräften kommen willst."

„In Ordnung, ich komme!"

Ich streckte meine müden Arme und folgte meiner Schwester in die Küche. Sie hatten bereits die vielen Öllampen, die im gesamten Haus verteilt waren, entzündet. Sie strahlten eine gemütliche Wärme aus. In der Küche, die gleichzeitig unser Wohnzimmer war, brannte ein kleines Feuer im Kamin.

„Wie geht es denn unserer Kranken? Schon ein bisschen ausgeruhter?", fragte mich Mama, kaum dass ich mich gesetzt hatte.

„Ich bin nicht krank, sondern … "

„ … einfach nur erschöpft", vollendeten meine beiden Brüder meinen Satz.

„Genau", sagte ich und grinste.

„Na, sieh mal. Das ist erste richtige Lächeln, das ich heute von dir gesehen habe", neckte Mama mich.

Wir aßen unser Abendbrot und unterhielten uns dabei.

„Soll ich morgen einen Salat, ein Stück Brot und ordentlich Fleisch zubereiten?", fragte Mama in die Runde.

„Ja, das wäre super!", kam es sofort einstimmig zurück.

Als wir aufgegessen hatten, stapelten wir die Frühstücksbrettchen und stellten sie in die Spülschüssel. Mama fing an das Geschirr zu spülen. Für diesen Tag war alles getan und so gingen wir in unsere Zimmer und zogen uns um.

„Du, Carolin? Sollen wir morgen früh dann wieder zusammen die Ställe ausmisten?“, fragte Helena.

Sie war bereits, wie ich, umgezogen und stand nun neben mir in meinem Zimmer, um mir noch eine gute Nacht zu wünschen.

„Klar machen wir das. Wir Frauen müssen schließlich zusammenhalten. Und außerdem … “, fügte ich leise hinzu und bedeutete Helena näher zu kommen, „ … können wir das viel besser als die Jungs.“

„He, das haben wir gehört!“, platzten Killian und Ramon ins Zimmer.

„Ihr habt uns doch nicht etwa belauscht?“, fragte Helena mit gespieltem Entsetzen.

„Ähm … also … ! Nein! Wir waren nur ganz … zufällig hier und da haben wir das … mitbekommen!“

„Und das nennt man nicht Lauschen?“, ich zog fragend eine Augenbraue hoch.

Ein schalkhaftes Lachen umspielte meine Lippen. Killian und Ramon kamen zu keiner Antwort mehr, denn Helena und ich stürmten schon mit meinem Kissen und meiner Decke auf sie los. Wir vier fielen im Flur auf den Boden. Es war ein einziges Gekreische und Gewusel.

„He, nimm das Kissen aus meinem Gesicht!“

Ramons Protest wurde von dem dicken Kissen gedämpft.

„Hm, was meinst du? Sollen wir sie von ihren Qualen erlösen?“, kicherte Helena.

„Na gut. Wir sind ja lieb!“, lachte ich und wir ließen sie aufstehen.

„Na wartet, wir werden uns rächen!“, meinte Killian und deutete, mehr gespielt als warnend, mit dem Finger auf uns.

„Ich glaube, jetzt haben wir es uns mit ihnen verscherzt, oder?“, ich schaute Helena an und wir fingen beide gleichzeitig an zu lachen.

„Kinder, seid ab jetzt ein bisschen leiser oder wollt ihr das ganze Dorf wach halten?“, warnte uns unsere Mutter.

„Entschuldige, Mama. Wir sind schon so gut wie am Schlafen!“, antwortete ich ihr.

„Na dann, schlaft gut.“

„Ja. Gute Nacht!“, riefen wir ihr noch zu, ehe sie ihre Tür schloss.

„Wir werden uns noch rächen, früher oder später!“, meinte Killian.

Ich krabbelte in mein Bett und musste mir ein Grinsen verkneifen. Ich überlegte, was sie sich wohl ausdenken würden, und verfiel in einen traumlosen Schlaf.

2. Kapitel

Am nächsten Morgen wachten Helena und ich recht früh auf. Die Sonne kam gerade über die Bäume. Wir zogen uns rasch an und marschierten Richtung Scheune. Ich ging, wie jedes Mal, in die Abstellkammer und holte eine Schubkarre und eine Mistgabel heraus. Helena hatte inzwischen schon den Ochsen auf die Wiese gebracht und molk bereits die erste Kuh. Ich ging in seine Box und fing an, diese auszumisten.

„Ich bin gespannt, was sich die Jungs ausgedacht haben, um sich zu rächen", überlegte ich laut.

„Vermutlich etwas ganz Blödes", erwiderte Helena.

Wir mussten lachen, als wir an den gestrigen Abend dachten.

„Dafür könnten wir uns eigentlich gleich noch mal rächen, oder?"

„Sehe ich ganz genauso, Killian!"

Ich ließ vor Schreck die Mistgabel fallen und Helena schmiss den halb vollen Eimer Milch um. Killian und Ramon kamen die Stallgasse entlang. Helena und ich starrten uns, mit vor Schreck geweiteten Augen, an.

„Sehr richtig! Wir haben alles mitbekommen. Manches war zwar undeutlich, aber … !", grinste Ramon breit.

„Nur, um euch nicht zu sehr auf die Folter zu spannen, wir wissen schon, wie wir uns rächen werden."

Jetzt grinste er noch breiter. Wir konnten die pure Schadenfreude aus seinem Gesicht lesen. Ich schluckte schwer. Killian und Ramon kamen langsam auf uns zu. Ich ließ alles stehen und liegen und rannte zu Helena. Wir umklammerten uns ganz fest. Die Jungs waren jetzt nur noch ein paar Schritte von uns entfernt. Angeberisch ließen sie ihre Armmuskeln spielen und knackten mit ihren Fingern. Langsam, Schritt für Schritt, kamen sie uns entgegen und wir machten einige Schritte zurück, bis die hintere Scheunenwand uns aufhielt. Flüchten konnten wir nicht mehr. Sie hatten uns in die hinterste Ecke gedrängt. Killian und Ramon waren nur noch schwarze Silhouetten, nur ihre weißen Zähne und ihre Augen glitzerten bei dem finsteren Licht.

„Wir hatten uns gedacht … ", begann Ramon mit leiser Stimme, die uns eine Gänsehaut über den Rücken jagte.

„… wo doch heute so ein … ", ergänzte Killian.

„… schönes Wetter ist … "

„… wäre es doch schade … "

„… nicht ein bisschen … "

„… BADEN zu gehen!"

Nun standen sie noch gut einen Schritt von uns entfernt und blieben stehen. Theatralisch, wie sie an dem Morgen waren, spreizten sie ihre Arme wie Raubtiere zur Seite ab und lehnten sich leicht nach vorne. Ihre Beine befanden sich in leichter Sprungstellung. Helena und ich schauten uns wieder mit weit aufgerissenen Augen an. Unsere Arme schmerzten, so sehr hielten wir uns aneinander fest.

„Ihr wollt uns doch nicht … “, zu mehr kam ich leider nicht mehr.

Das letzte Stückchen sprangen Killian und Ramon auf uns zu und zerrten uns auseinander.

„Killian, du nimmst Helena und ich nehme Carolin.“

„Bin schon dabei, Bruder.“

Killian und Ramon legten uns unsere Arme auf den Rücken. Sie mussten nicht einmal ihre gesamte Kraft aufwenden, um dies zu vollbringen. Helena und ich schrien wie am Spieß.

„Mensch, seid doch nicht so laut. Es bringt euch doch keiner um“, meinte Killian, musste aber gleichzeitig lachen.

„Also dann!“, kommandierte Ramon.

Wir gingen aus der Scheune, oder besser formuliert: Killian und Ramon zerrten Helena und mich hinter sich her auf den Hof. Ich versuchte mich irgendwo mit meinen Beinen festzuhaken, aber Ramon hatte mich fest im Griff. Mama stand bloß vor der Haustür und sah uns hinterher, wie man Helena und mich Richtung Dorf schleppte.

„Seid aber nicht zu lange weg, hört ihr?“, lachte sie.

Als unsere Mutter sollte sie ein wenig ernster klingen, fand ich, und nicht wie Killian und Ramon lachen.

„Nein, werden wir nicht, das geht ganz flott.“

Sie führten uns durch das Dorf. Als wir dann einen kleinen Pfad einschlugen, gab es keinen Zweifel mehr; sie wollten uns in den Rulkorsee schmeißen. Zu dieser Jahreszeit war er alles andere als warm. Wir versuchten zu fliehen, aber Killian und Ramon hielten uns den ganzen Weg lang weiterhin fest.

Im Dorf war zu dieser Tageszeit noch nicht viel los. Immer mal wieder versuchte Helena sich freizukämpfen, doch Killian hatte sie nach wie vor fest im Griff. Bei jedem Versuch gluckste er nur, weil er genau wusste, dass sie nur ihre Energie verschwendete. Der schmale Pfad mit den wenigen Bäumen und Büschen war für mich leider nicht lang genug und schon viel zu bald konnten wir den kleinen See erkennen. Er lag mit seiner blauen, spiegelglatten Oberfläche ganz idyllisch am Rande des Waldes.

Stille Wasser sind tief und dieses wird dazu auch noch eiskalt sein.

Die Jungs lachten den gesamten Weg ununterbrochen. Nur wenige Dorfbewohner waren zu dieser Zeit schon auf den Beinen, sodass sie nur hier und da erklären mussten, was sie mit „uns armen Mädchen“ vorhatten.

Ramon ging zuerst den schmalen Steg entlang. Er ließ meine Arme los, schloss seine Hände um meine Taille und hob mich hoch.

„Oh, Schwesterchen, du wirst mich gleich hassen, aber wir hatten euch gewarnt. Das gestern Abend von euch war nicht richtig, findest du nicht auch?“

Offenbar erwartete er keine Antwort. Ramon hielt mich weit von sich gestreckt über den See. Ich staunte nicht schlecht, denn so hielt er mich eine ganze Weile. Ich schaute an meinen Beinen entlang ins tiefe, blaue Nass.

„Nun mach schon!“, drängelte Killian.

Plötzlich spürte ich Ramons festen Griff nicht mehr und fiel erbarmungslos in den See. Ich konnte gerade noch Ramons freudiges Gesicht sehen, als mich das Wasser verschlang. Meine Kleidung sog sich rasend schnell mit dem kalten Wasser voll und zog mich erbarmungslos in die Tiefe. Zum Glück hatte ich jedoch nicht allzu dicke Sachen an, sodass ich gegen den leichten Sog anschwimmen konnte. Als ich wieder an die Wasseroberfläche kam, sah ich, wie Killian Helena, ohne lange zu warten, in den See warf. Diese kam nach wenigen Augenblicken wieder an die Oberfläche und holte keuchend Luft. Das Wasser war eiskalt und schon bald bebten unsere Kiefer. Es prickelte auf unserer Haut.

„He, Jungs! Habt ihr nicht Lust, uns Gesellschaft zu leisten?“, schlotterte ich und packte schnell und gezielt nach ihren Beinen.

Sie standen zum Glück nahe beieinander und somit war es für mich ein Leichtes, sie beide zu fassen zu bekommen. Helena kam mir schnell zu Hilfe und zog kräftig mit an ihren Beinen.

„He, was … “, der arme Killian brachte seinen Satz gar nicht zu Ende.

Er fiel kopfüber in den See, dicht gefolgt von Ramon. Helena und ich lachten über ihre verdutzten Gesichtsausdrücke und schlugen uns gegenseitig in die Hände.

„Das geschieht euch nur recht!“, rief Helena, als Killian und Ramon zu uns schwammen.

Unsere Brüder warfen sich nur einen kurzen Blick zu, dann tauchten sie gleichzeitig unter.

„Was haben die vor? Wollen die sich ertränken?“

„Wohl eher nicht, Carolin! Die hecken bestimmt wieder irgendetwas aus“, erwiderte Helena.

Kaum hatte sie ihren Satz beendet, zogen Killian und Ramon uns schon an den Beinen in die Tiefe. Fürs Schreien blieb uns keine Zeit mehr.

Das Wasser war sehr klar und wir konnten Killian und Ramon deutlich unter uns erkennen. Wir schwammen alle wieder Richtung Oberfläche. Als wir uns mühsam an Land gekämpft hatten, lagen wir noch eine Weile am Ufer und dösten. Die beiden Jungs waren selbst fürs Lachen zu erschöpft. Das kalte Wasser hatte uns sämtliche Kraft geraubt. Eine ganze Weile war nur das tiefe Atmen von uns allen zu hören. Die Sonne stieg bereits höher und wärmte unsere Glieder etwas.

„Ich glaube, wir sollten wieder nach Hause gehen. Mama wartet sicher schon auf uns. Und die Arbeit ruft!“, meinte Killian.

Wir stimmten ihm zu und schlurften mit nassen Klamotten los. Zu Hause angekommen, setzten wir uns erst einmal auf den Weidenzaun.

„Sieht aus, als hättet ihr jede Menge Spaß gehabt, ja?“, wollte Mama wissen.

Sie hatte anscheinend unsere Pflichten übernommen und war auch schon fertig damit, denn sie stand neben mehreren vollen Eimern Milch und einem vollen Gemüsekorb an der Haustür.

„Das kannst du aber laut sagen“, bestätigten Helena und ich erschöpft.

„Die haben uns einfach mit ins Wasser gezogen, Mama. Sag ihnen, die dürfen das nicht. Wir mussten uns doch für deren gestriges Verhalten rächen“, schluchzte Killian und tat so, als ob er weinen würde.

„Das sieht nicht wirklich überzeugend aus, was du da abziehst“, flüsterte ich ihm zu.

„Na und? Wenigstens tu ich so, als ob ich beleidigt wäre, im Gegensatz zu ihm", kam es ebenso leise zurück, während er auf seinen Kumpanen deutete.

„Kommt, Mädchen! Helft mir ein bisschen in der Küche und lasst die armen Jungs in Ruhe. Ausgemistet habe ich übrigens schon. Die Kühe stehen schon wieder in ihren Boxen."

„Danke, Mama", kam es von Helena.

Wir liefen ihr hinterher und sahen noch Killians empörten Gesichtsausdruck. Bevor Helena und ich Mama in der Küche halfen, zogen wir uns trockene Klamotten an und hängten die anderen in die Sonne zum Trocknen.

Helena, Mama und ich schnitten einen Salat fertig und stellten ihn auf den Tisch. Killian und Ramon kamen in diesem Moment in die Küche, ebenfalls mit neuen, trockenen Klamotten.

Die beiden hatten das gleiche Grinsen aufgesetzt, mit dem sie uns bedacht hatten, als wir schwimmen gehen mussten. Nur dieses Mal schenkten sie es unserer Mutter. Helena und ich wussten, dass die beiden schon wieder etwas ausgeheckt haben mussten, denn sie hatten zum Kleiderwechseln viel zu lange in ihren Zimmern rumgehangen. Ahnungslos drehte Mama sich zu ihnen um.

„Ist irgendetwas? Oder seid ihr einfach nur in guter Stimmung?", fragte Mama sie.

„Wir? Nein, mit uns ist nichts", antworteten sie im Chor.

„Muss ich jetzt Verdacht schöpfen?"

Sie zog die Augenbrauen hoch und sah sie abwechselnd an.

„Nein, du wirst schon sehen, was mit dir geschieht. Wir sind nicht taub und haben genau mitbekommen wie du uns ‚arme Jungs' genannt hast."

„Und, na ja, Helena und Carolin wissen jetzt, wie nachtragend wir sind", ergänzte Killian.

Helena und ich fingen an zu lachen.

„Was soll das heißen? Wollt ihr etwa eure alte Mutter ebenfalls in den See schmeißen?", fragte sie und war irritiert.

„Nein, nicht direkt. Nein, wir haben da an etwas Spezielleres für dich gedacht", erwiderte Killian geheimnisvoll.

„Egal was ihr vorhabt, ich gehe heute nicht mehr aus dem Haus", protestierte sie.

„Musst du auch nicht … "

„ … das ist das tolle … "

„ … du weißt nämlich nicht, wann … "

„ … und wo … "

„ … wir uns an dir rächen werden!", erklärten sie.

Mama wusste daraufhin nichts mehr zu antworten und aß hektisch ihr Frühstücksbrettchen leer.

Nach dem Essen, als wir das Geschirr gespült und wieder weggestellt hatten, gingen Killian, Ramon, Helena und ich in die Scheune. Mama sah uns etwas nervös hinterher.

Als wir sicher waren, dass wir uns außer Hörweite befanden, wollte ich wissen, was Killian und Ramon vorhatten.

„Wir haben nichts vor", antwortete Ramon kurz angebunden. „Uns hat es schon gereicht, dass wir Mama nervös gemacht haben. Vielleicht ergibt sich eine Gelegenheit, aber bis dahin … ", er beendete seinen Satz nicht und zuckte nur mit den Schultern.

Wir putzten die Tiere und gaben ihnen ihr Futter. Die Sonne hatte gerade ihren höchsten Stand am Himmel erreicht, als wir mit der Fütterung fertig waren.

„Was sollen wir jetzt noch machen?", fragte ich in die Runde.

„Killian und ich gehen zu Jaron", antwortete Ramon.

„Kann ich mitkommen? Ich war schon lange nicht mehr bei den Henslins", bettelte Helena.

„Aber dann wäre doch Carolin alleine hier. Oder möchtest du auch mitkommen?", fragte Killian mich.

Ich überlegte. Der gute alte Jaron. Er hatte, wie ich, 16 Winter miterlebt und war der beste Freund meiner beiden Brüder. Sie besuchten ihn regelmäßig. Jaron war ganz in Ordnung, zwar war er manchmal ein bisschen unbeholfen, aber man musste ihn einfach mögen. Ich zögerte, ehe ich antwortete: „Nein, geht ihr mal allein. Ich bleibe hier. Ich werde schon eine angemessene Beschäftigung für mich finden."

„Na gut, wie du meinst. Du kannst sonst noch rüberkommen. Jaron hat bestimmt nichts dagegen." Ramon grinste mich an.

Es war kein Geheimnis, dass Jaron eine gewisse Zuneigung für mich empfand. Was jedoch nur die wenigsten wussten: dass diese Zuneigung auf Gegenseitigkeit beruhte.

„Falls wir nicht bei ihm zu Hause sein sollten, findest du uns in unserer üblichen Schenke", fügte Killian noch hinzu.

„Ist gut."

Mit diesen Worten verabschiedeten wir uns. Wir gingen raus aus der Scheune. Ich sah den dreien hinterher, wie sie über den Hof gingen und dann hinter dem nächsten Haus verschwanden.

Was soll ich jetzt machen? Soll ich vielleicht doch mit zu Jaron gehen?

Ich war unschlüssig. Ich ging den Hof mehrmals auf und ab. Plötzlich blieb ich stehen. Ich schaute Richtung Dorf und auf den dahinterliegenden Wald.

Soll ich … oder soll ich nicht?

Ich blieb einen Augenblick stehen und überlegte. Dann ging ich zielstrebig ins Dorf. Es herrschte bereits wieder Hochbetrieb. Ich ging an den vielen Dorfläden vorbei, immer den Wald im Blick. Als ich aus dem Dorf heraus- und in den Wald hineinlief, hielt ich kurz inne.

War es eine gute Idee gewesen, allein in den Wald zu gehen, ohne dass irgendjemand Bescheid wusste? Mama wusste komischerweise immer, was ihre Söhne so machten. Zugegeben, sie hielten sich immer irgendwo im Dorf auf und das konnte man leicht überschauen, daher war es nicht allzu überraschend, dass unsere Mutter oft wusste, was sie machten. Ich gab mir einen Ruck.

Was soll denn schon mitten am Tag im Wald passieren?

Ohne länger darüber nachzudenken, marschierte ich also in den Wald. Es roch nach feuchtem Holz. Die Vögel zwitscherten und hier und da tauchte mal ein Eichhörnchen auf. Ein kleines Lüftchen kam auf und die Sonne schien hell. Der Sonnenschein ließ den Wald richtig freundlich aussehen.

Ich ging den langen Pfad entlang, den ich am Tag zuvor benutzt hatte. Ich horchte auf das kleinste Knacken und auf das kleinste Rascheln im Dickicht, aber es blieb stumm. Die Bäume warfen kurze Schatten, da die Sonne sehr hoch stand. Ich musste ab und zu blinzeln, um etwas erkennen zu können. Schweigend trottete ich weiter den Weg entlang und kam zu der Stelle, wo ich den Drachen gesehen hatte. Ich blieb stehen und schaute mich um.

Nichts.

Absolut nichts.

Halb sauer und halb enttäuscht setzte ich mich wieder in Bewegung. Aber nach zehn Schritten hatte ich keine Lust mehr, noch weiter zu laufen, und setzte mich auf den nächstbesten Baumstumpf.

Komisch. Warum kommt der Drache nicht mehr?

Ich zog die duftende, warme Luft ein und schloss die Augen. Ich beobachtete einen Vogel, der über meinem Kopf kreiste. Er hatte kleine Zweige und Moos im Schnabel und landete auf etwas, was später wohl mal ein Nest werden sollte. Der Vogel hatte alle Mühe, die Zweige in die richtige Position zu bringen. Schließlich flog er wieder los und besorgte sich vermutlich weiteres Nestmaterial. Ich sah dem kleinen Vogel hinterher und lächelte. Wie friedlich hier im Wald doch alles vor sich ging.

Plötzlich knackte es wieder.

Ich drehte mich auf dem Baumstumpf um. Die Vögel flogen aufgeschreckt durch die Lüfte und sausten an mir vorbei. Ich blinzelte in die Richtung, aus der die aufgeschreckten Vögel kamen, konnte aber nichts erkennen. Kurz darauf wurde es wieder ruhig. Ich seufzte laut auf. Warum kam der Drache denn nicht?

Ganz einfach: Einbildungen sind eben nicht lebendig, du Dummerchen!

Ich beschloss aufzustehen und wieder nach Hause zu gehen. Als ich gerade aufgestanden war, strich mir plötzlich ein warmer Atem über den Nacken. Ich blieb wie angewurzelt stehen. Ich hörte wieder das tiefe, ruhige Ein- und Ausatmen und drehte mich langsam um.

Da stand sie wieder. Ich hätte vor Freude losheulen können. Sie war tatsächlich wiedergekommen! Sie stupste mir leicht an die Schulter und ich spürte wieder ihre Wärme. Ihre klugen, warmen Augen ruhten auf mir.

Ich habe sie mir also doch nicht eingebildet. Sie existiert wirklich! Ich war also doch nicht überarbeitet.

Ich ging auf sie zu und streichelte ihr über das Gesicht. Sie schloss halb die Augen und gab grollende Geräusche von sich. Ich interpretierte es als Schnurren. Glücksgefühle durchströmten mich. Endlich konnte ich sie in ihrer vollen Pracht bestaunen!

Der gesamte Drache hatte eine schöne, satte, rote Farbe, nur ihr Bauch war orangegelb. Ihre Muskeln waren perfekt ausgebildet und spielten bei jeder kleinsten Bewegung unter ihrer dicken Schuppenschicht. Der Schwanz sowie der schön gebogene Hals waren mit beeindruckenden Zacken gekrönt, die alle einen schwarzen Ring an der Wurzel hatten. Sie hatte vier lange und kräftige Beine. Ihre Füße hatten jeweils fünf Zehen, die alle mit mächtigen Krallen bestückt waren. Sie waren schön gebogen und eierschalenfarben.

Alles in allem könnte man meinen, sie sei soeben dem Feuer entsprungen. Ihre Flügel hatte sie sorgfältig zusammengefaltet und sie hingen an ihren Seiten bis zum Bauch hinunter. Genau so hatte ich mir Drachen immer vorgestellt.

Sie war so wunderschön und besaß etwas, was ich nicht beschreiben konnte. Es war, als wenn wir uns schon seit ewigen Zeiten kannten. Wie beste Freundinnen, nur dass wir uns nicht unterhalten konnten.

„Ich hab dich vermisst“, hauchte ich ihr auf die Nase.

Sie gab ein Röcheln von sich und ich musste lachen. Es war, als ob sie mich verstand. Meine Beine machten plötzlich schlapp und ich musste mich setzten. Ich musste jetzt noch mehr zu ihr hochschauen. Ein paar Augenblicke später, nachdem sie mich eingehend gemustert hatte, setzte sich der Drache in Bewegung. Aber sie ging nicht. Nein. Sie legte sich mir gegenüber und sah mir tief in die Augen.

„Warum bist du eigentlich so zutraulich?“, fragte ich sie, erwartete aber keine Antwort.

Wie sollte sie mir auch eine Antwort geben, wo sie doch nicht einmal sprechen konnte? Erstaunlicherweise gab sie ein zufriedenes Schnauben von sich. Ich lachte abermals. Sie legte ganz langsam ihren Kopf neben meine ausgestreckten Beine. Ich strich ihr über die Wangen, sofern man dies bei einem Drachen so nannte. Ihr Bauch hob und senkte sich gleichmäßig. Ansonsten rührte sie sich nicht.

Ich fing an, ihr alles Mögliche zu erzählen; dass ich Geschwister hatte, wie sie hießen; dass wir in dem kleinen Dorf in der Nähe des Rulkorsees, wie wir ihn nannten, lebten und vieles mehr. Ich erzählte ihr einfach alles, was mir so einfiel. Wie sie so dalag, auf dem Waldboden, hätte ich meinen können, sie hörte mir gespannt zu.

Zwischendurch, als ich von meinem Vater erzählte, blinzelte sie mit den Augen und hob besorgt den Kopf. Mein leicht trauriger Tonfall war ihr anscheinend nicht entgangen.

Wie ihr eigenes Kind betrachtete sie mich und strich mir dann vorsichtig mit ihrer für Drachen verhältnismäßig weichen Nase über die Wange.

Ich hatte vorher immer über meinen Vater sprechen können, warum ging das in dem Moment nicht mehr? Es war, als wüsste sie, was ich durchgemacht hatte, denn sie zog ihren Kopf wieder zurück, sodass ich sie ansehen konnte, und schüttelte nur den Kopf. Ich musste lachen und wischte mir die letzten Tränen aus dem Gesicht.

„Ich denke, ich erzähle dir jetzt mal etwas anderes. Nicht so etwas Trauriges!“, schlug ich vor.

Sie nickte und legte ihren Kopf wieder neben meine Beine. Erst als ich anfing, von dem Morgen zu berichten und dem Bad im See, schloss sie wieder ihre Lider. Ich vergaß völlig die Zeit und so fing es an zu dämmern und im Wald wurde es dunkler.

Plötzlich hob der Drache seinen Kopf und schaute erst zum Himmel und dann in den Wald. Ich schaute ihn fragend an und hörte auf zu erzählen.

„Was hast du denn?“

Sie schaute mich an und erhob sich. Ich tat es ihr nach. Sie richtete abermals ihren Blick gen Himmel und starrte mich wieder an. Endlich begriff ich und sah nun selbst in den dämmernden Himmel hinauf.

„Danke, dass du mich auf die Zeit aufmerksam gemacht hast.“ Ich strich ihr noch einmal kurz über den Kopf. „Werden wir uns wiedersehen?“

Sie nickte und schubste mich dann leicht Richtung Pfad.

Ich betrat den Pfad und wollte gerade losrennen, als ich ein Knacken hörte. Ich schaute mich um und – war sprachlos.

Vor mir stand nicht nur der rote Drache, sondern eine ganze Drachenfamilie. Fasziniert starrte ich sie an. Die Herde bestand aus grünen, roten, schwarzen und einem weißen Drachen. Der weiße Drache war der größte von ihnen, so viel konnte ich noch erkennen, denn dann verschwanden sie gemeinsam im Wald, einer nach dem anderen. Ich sah ihnen nach, bis die Dunkelheit sie vollkommen verschluckte.

Als ich sie nicht mehr sehen konnte, drehte ich mich auf dem Absatz um und rannte los. Ein schneidender Wind schlug mir entgegen und trieb mir die Tränen in die Augen. Ich rannte, ohne mir eine Pause zu gönnen, den ganzen, langen Pfad entlang. Es kam mir vor, als würde der Himmel mit jedem meiner Schritte dunkler werden.

Endlich erreichte ich das Dorf. Es gab nur noch wenige Menschen, die draußen waren. Als unser Haus in Sicht kam, verlangsamte ich mein Tempo, bis ich schließlich normal ging. Erst jetzt bemerkte ich, wie erschöpft ich war. Ich war so schnell gelaufen, dass vermutlich nicht einmal meine Brüder mit mir hätten mithalten können.

„Carolin? Was ist denn los? Ist der Teufel hinter dir her oder warum rennst du so?“, erklang eine vertraute Stimme.

Ich blieb stehen und schaute, aus welcher Richtung die Stimme kam.

„Hier drüben, Carolin!“, winkte mich Ramon herüber.

„Wir müssen heim, Mama wartet sicher schon auf uns“, antwortete ich erschöpft und ging auf ihn zu.

„Schwesterchen, du vergisst da was.“

„Und was, bitte schön?“

„Morgen haben wir frei. Da brauchen wir nicht so früh aufzustehen.“

„Oh … “, ich schaute meinen Bruder verdutzt an.

„Richtig! Warum bist du denn wie eine Irre aus dem Wald gerannt?“, wollte er wissen.

„Ich hatte gedacht, ich … “

„Du denkst zu viel, komm lieber mit rein und trink noch einen Krug mit uns bei Jaron“, unterbrach er mich und zog energisch an meinem Arm.

Ich zögerte, ging schließlich aber doch mit ihm in die Schenke. Es war stickig und es roch nach Rauch. Der Raum war voll mit Gästen. Ramon führte mich durch die Menge in die hintere, angrenzende Wohnung von den Henslins. Hier war die Luft nicht mehr so drückend, sondern frisch.

„Na, sieh mal einer an, wer da kommt.“

Killian, Helena und Jaron hatten es sich gemütlich gemacht. Sie saßen alle in Sesseln.

„Jetzt setz dich hin und steh da nicht wie so ein Fragezeichen herum“, forderte Helena mich lachend auf.

„Soll ich dir ein Heißgetränk bringen?“, bot Jaron an.

„Ja, das wäre sehr nett!“, nickte ich.

Das Haus der Henslins war größer als unseres, obwohl sie weniger Zimmer hatten als wir. Die Einrichtung des Hauses lud zum Bleiben ein. Ich setzte mich in den nächstbesten Sessel. Wenige Augenblicke später kam Jaron mit einer dampfenden Tasse zurück.

„Hier, bitte schön!“, er reichte mir die Tasse und lächelte mich an.

„Danke!“, ich erwiderte sein Lächeln.

„Wir haben gerade darüber geredet, dass das Dorf erweitert werden soll“, erklärte Helena.

„Das Dorf soll erweitert werden?! Aber wir haben hier doch gar keinen Platz dafür.“

„Deshalb soll der Wald ein gutes Stück abgeholzt werden.“

„Was? Der Wald soll abgeholzt werden?“, fragte ich entsetzt.

„Ja“, meinte Helene und war ein wenig irritiert über meine Reaktion.

„Aber das können die doch nicht machen!“

„Beruhige dich, es ist schließlich nur ein Wald. Außerdem ist der doch groß genug, deine Pilze wirst du schon noch pflücken können!“, beschwichtigte Killian und nahm einen Schluck aus seiner Tasse.

Das kann doch nicht wahr sein! Das darf einfach nicht wahr sein! Das Abholzen wird die Drachen bestimmt verschrecken. Wie soll ich sie denn dann wiedersehen können?

„Carolin? Geht es dir nicht gut? Du siehst aus, als hättest du ein Gespenst gesehen“, stellte Jaron fest.

„Wie bitte?“ Ich war in meine Gedanken vertieft.

Ich stellte mir vor, wie die vielen Drachen wegfliegen würden und dass ich sie womöglich nie wiedersehen würde. Mit dem Gedanken konnte ich mich absolut nicht anfreunden. Mir wurde plötzlich ein wenig flau im Magen und ich stellte meine Tasse beiseite.

„Ich fragte, ob es dir nicht gut geht“, wiederholte Jaron. „Carolin? Hörst du mir überhaupt zu?“

„Ich … “, erst langsam kehrte ich in die Realität zurück.

„Ja?“, fragten jetzt alle nach.

„Ich … “ Alle starrten mich an und warteten auf eine Antwort. „Ich war grade in Gedanken.“

„In Gedanken! Und worüber hast du nachgedacht?“, wollte Helena wissen.

„Wie die Dorfvergrößerung wohl vonstattengehen wird!“, erwiderte ich kurz.

„Ah ja“, gab Killian von sich und runzelte die Stirn.

Sie glauben mir nicht. Ist ja auch kein Wunder!

„Ist doch auch egal. Wo waren wir stehen geblieben?“

Ich war erleichtert, dass Jaron das Thema wechselte. Ich hörte den vieren zu und trank mein inzwischen nur noch lauwarmes Heißgetränk. Sie unterhielten sich über alles Mögliche.

Ich bemerkte, wie mich Jaron beobachtete. Unsere Blicke trafen sich und ich schaute schnell weg. Jaron schaute mich weiterhin an. Ich lächelte kurz und er erwiderte mein Lächeln. Mir wurde plötzlich ganz warm und das lag nicht an meinem Getränk.

IN EINER ANDEREN ZEIT

Stolz und erhobenen Hauptes schritt ich den langen Bergpfad zum Drachensaal entlang. Ich wusste, was es bedeuten würde, dass mich der Prinz persönlich sprechen wollte.

Er würde sich meinen Entschluss anhören und mich gehen lassen. Was anderes war gar nicht möglich. Da ich wusste, dass unserem Prinzen, genau wie mir, viel daran lag, wieder mit den Menschen zusammenleben zu können. Er wusste, dass wir der gleichen Ansicht waren, daher hoffte er, dass ich etwas bewegen könnte, wenn er mich gehen ließe.

Ich hielt vor den riesigen Glastoren an und verschränkte meine Arme hinter dem Rücken. Ich nickte den beiden Kriegern, die links und rechts an dem Tor postiert waren, kurz zu. Meine Füße stellte ich schulterbreit auseinander und wartete. Es machte keinen Unterschied, ob ich anklopfen oder rufen würde, dass ich da sei. Der Prinz wusste, wenn jemand vor den Toren stand. Ich blickte die gesamten drei Dutzend Schritte, welche die Tore maßen, empor und staunte, wie immer, nicht schlecht. Man konnte förmlich spüren, dass die Drachen, die diese Tore geschmolzen hatten, ihre Magie hatten mit einfließen lassen. Das Licht, welches aus dem Drachensaal drang, wurde in Millionen Farben gebrochen und so wirkte es, als besäßen die Torflügel ein Eigenleben.

Man ließ mich nicht lange warten. Plötzlich glitten die Flügel, wie immer, lautlos auf, als besäßen sie keinerlei Gewicht. Sie schwangen nach innen auf und so konnte ich meinen Schritt wieder aufnehmen, noch während sich die Torflügel weiter öffneten.

Der Drachensaal war beeindruckend. Er besaß eine gigantische Höhe und endete irgendwo im Himmel, wo er eine große Öffnung hatte. In diese Höhe kamen die Dramâre nur, wenn sie zusammen mit ihrem Drachen atmen konnten. Dieses Privileg genossen jedoch nur Lufttänzer. Eine Wasserläuferin, wie ich sie war, widmete sich anderen Künsten.

Der Saal selbst wirkte bei dieser Größe sehr leer. Einzig ein großer, schmuckvoller Thron, vor dem ein langer, imposanter Tisch stand, zierte die Mitte direkt unter dem

Himmelsdach. Ansonsten waren nicht viele Möbelstücke in diesem Teil des Berges. Der Saal musste leer sein, da hier die wichtigen Versammlungen stattfanden.

Ich ging zügig auf den Prinzen zu, der aufrecht auf dem Thron saß. Kurz vor dem Tisch ließ ich mich auf ein Knie nieder und legte meine rechte Faust aufs Herz. Den Blick hielt ich nach unten gerichtet, so lange, bis mir der Prinz erlaubte, mich wieder aufrichten zu dürfen.

„W'in Neema or Hara Terg, wie schön, Euch zu sehen! Bitte, steht auf!“, begrüßte mich der Prinz und erhob sich von seinem Thron.

Während er um den Tisch herum auf mich zukam, richtete ich mich auf und antwortete: „Sie können mich Winnara Terg nennen, oder einfach nur Winnara, meine Lordschaft! Ich bin nicht hochgeboren, daher bedarf es nicht der Mühe, meinen vollen Namen auszusprechen.“

„Und dennoch besitzt Ihr einen heldenhaften Namen, mein Kind! Wäre es daher nicht zu traurig, ihn nicht im Ganzen laut auszusprechen?“

„Ich fühle mich geehrt, meine Lordschaft!“

Er stand mir nun gegenüber und nahm meine Schwerthand in die seine. Lange sprach er kein Wort und musterte mich nur. Ich hatte mir für dieses Treffen meine blaue, lederne Kriegsausrüstung mit den silbernen Schnallen angezogen. In ihr wirkte ich entschlossener und sie verlieh mir Mut, den ich jetzt brauchen würde.

Der Prinz, stets in Weiß gekleidet und mit Aquamarinen bestückt, wirkte nicht älter als 30 Winter. Doch wusste ich, dass er eher an die 300 Winter erlebt hatte. Er hatte seine blonden, langen Haare, wie so oft, zu einem strengen Zopf, den er fein geflochten hatte, über der linken Schulter liegen. Seine himmelblauen Augen sahen mich lange an, bevor er anfing zu sprechen.

„Sie haben viel Mut, mein Kind. Das freut mich sehr! Ich finde es wichtig, dass solcher Mut gefördert wird. Wo wären wir sonst, wenn wir es nicht mehr täten?"

„In deutlich schlechteren Zeiten, meine Lordschaft!"

„Das denke ich auch. Daher bat ich heute um dieses Treffen mit Ihnen. Ich weiß es zu schätzen, was Sie vorhaben. Doch haben Sie alle Möglichkeiten durchdacht? Wissen Sie, wie Sie sich verhalten müssen, sollten die Gespräche keinen Erfolg haben? Denken Sie stets daran, dass Sie nicht nur Ihr Herz, sondern auch das Ihres Dramâs verlieren könnten!"

„Dessen bin ich mir bewusst. Ich habe mich lange mit W'or gafra Marrasoid unterhalten und wir haben uns beide dazu entschlossen, diesen Weg gemeinsam zu beschreiten. Wir wissen beide, dass es nicht einfach sein wird und dass wir sehr viel Geduld mit den Menschen haben müssen, doch versprechen wir uns eine friedliche Zukunft mit ihnen, meine Lordschaft!"

Der Prinz hörte mir aufmerksam zu und nickte bekräftigend.

„Dann soll es so sein. Ich werde Euch eskortieren lassen. Möget Ihr weiter laufen können als je zuvor, Wasserläuferin!"

Er verneigte sich mit einer Faust über dem Herzen. Anschließend vollführte er eine Wellenbewegung mit seiner Hand. Diese rituelle Verabschiedung bedeutete mir sehr viel, vor allem, da sie von dem Prinzen kam.

„Und möget Ihr höher tanzen als je zuvor, meine Lordschaft!"

Ich hielt ebenfalls eine Faust über dem Herzen und verneigte mich kurz. Anschließend stieß ich einen kleinen Pfiff aus, um den Gesang des Windes zu imitieren. Ich verließ den Drachensaal voller Zuversicht.

Vor den Toren erwartete mich bereits mein treuer Gefährte.

„So wie du strahlst, gehe ich richtig in der Annahme, dass dein Vorhaben gebilligt wurde?"

„Das wurde es. Es ist unglaublich! Darauf habe ich so lange hingearbeitet. Wir werden unser Volk mit Stolz erfüllen, Wogarras! Wir bekommen sogar eine Eskorte, kannst du dir das vorstellen?"

„Nun, erst einmal müssen wir die notwendigen Vorkehrungen treffen, bevor wir eskortiert werden können, denkst du nicht auch, meine Dramârin?"

Das war ganz mein W'or gafra Marrasoid. Er hatte stets alles im Blick und blieb immer ganz bei dem Geschehen. Seinem Namen „Der besonnene Geist" machte er alle Ehre.

„So viel wird es nicht werden. Ich habe schon seit längerer Zeit die wichtigsten Sachen gepackt."

Wogarras folgte mir den langen Bergpfad bis zu den Gemächern der Krieger. Seine blaue, schuppige Haut reflektierte das Licht, welches von den Fackeln an den Wänden stammte, und warf es in blauen Wellen an die Wände. Bei so vielen, verschiedenen Blauschattierungen, wie sie zu sehen waren, sah es so aus, als würden sich die Wände unter Wasser befinden.

3. Kapitel

Am nächsten Morgen lag ich noch lange im Bett. Ich dachte an alles Mögliche und verfiel in eine Art Wachschlaf. Erst als Mama zum Mittagessen rief, stand ich auf.

Nun denn. Jetzt muss ich wohl aufstehen. Irgendwann ist es immer so weit.

Ich stand auf und legte meine Decke ein wenig ordentlicher hin. Verschlafen ging ich in die Küche.

„Du hast aber lange im Bett gelegen! Wird dir nicht langweilig?“, fragte mich meine Schwester.

„Nein, eigentlich nicht. Im Gegenteil, das habe ich gebraucht. Was gibt es heute zu essen?“, wechselte ich das Thema.

Ich setzte mich hin und nahm mir ein Frühstücksbrettchen.

„Ein paar Scheiben Fleisch und einen kleinen Salat.“

„Hört sich gut an.“

„Ach übrigens, sollen wir gleich die Tiere kurz zusammen füttern? Ich meine, wir Frauen können so etwas doch …“, Helena beendete den Satz bewusst nicht und grinste Killian und Ramon an.

„Sprich dich nur aus. Was wolltest du uns mitteilen, Schwesterherz?“, fragte Ramon mit zuckersüßer Stimme.

„Ach, nicht so wichtig.“

„So? Nicht so wichtig?“

„Kinder, hört auf, euch zu unterhalten, und esst eure Frühstücksbrettchen leer“, mahnte uns Mama.

Als wir aufgegessen hatten, stellten wir alle die Frühstücksbrettchen in die Spülschüssel. Danach zogen wir uns um und gingen in die Scheune, um die Tiere zu füttern.

„Und was sollen wir an unserem vermutlich letzten warmen Tag vor dem Winter machen?“, fragte Ramon in die Runde.

Er schüttete ordentlich Hafer in die Futtertröge. Schnell war nur noch das Mahlen der Kieferknochen der Tiere zu hören.

„Wir könnten wieder zu Jaron gehen. Ich glaube, der war nicht gerade begeistert, dass Carolin nicht sehr lange geblieben ist“, neckte mich Killian.

„Wir könnten ihn fragen, ob er zum Schwimmen mitkommen möchte“, schlug Helena vor.

„Ja, das ist doch eine gute Idee. Wir gehen schwimmen. Aber Helena, nicht wir fragen Jaron, ob er mitkommen möchte, sondern Carolin!“, korrigierte Killian sie.

Alle Blicke waren auf mich gerichtet, auf eine Antwort wartend.

„Na gut, ich frag ihn“, brach ich das Schweigen.

Ich wollte hier nicht noch länger planlos herumstehen und nichts tun. Wir hatten frei und diesen Tag wollte ich nicht in der Scheune verbringen.

„Also schön. Dann ziehen wir uns nur noch eben andere Sachen an. Mit diesen Sachen gehen wir sonst noch unter“, meinte Ramon und marschierte bereits ins Haus.

Wir liefen ihm hinterher. Helena und ich zogen uns leichte Klamotten an.

„Sollen wir noch ein oder zwei Decken mitnehmen?“, fragte ich Helena. „Dann müssen wir uns nicht ins feuchte Gras setzen!“

Sie stand im Flur und ich in meinem Zimmer. Helena wartete geduldig auf mich.

„Ja. Nimm mal welche mit“, meinte sie.

Killian und Ramon warteten bereits draußen auf uns.

„Ihr habt euch ja mal wieder ganz schön Zeit gelassen“, stöhnten sie, kaum dass wir das Haus verlassen hatten.

„Na und? Jetzt sind wir doch hier. Also, lasst uns jetzt losgehen, bevor wir hier noch Wurzeln schlagen“, meckerte Helena.

„Jawohl, Hoheit. Bitte nach Ihnen.“ Killian verbeugte sich tief.

„Killian, veräppeln kann sich Helena auch selber“, lachte ich und handelte mir dabei einen Seitenhieb von ihr ein.

Wir überquerten den Hof und liefen ins Dorf. Die Straßen waren, außer einer kleinen Handvoll Leute, leer. Wir gingen auf den Schankraum zu, klopften mehrere Male an und warteten, bis jemand die Tür aufmachte. Es dauerte nicht lange und sie ging auf.

„Hallo Leute! Kommt doch rein“, bot Jaron höflich an.

Wir traten ein, konnten aber nicht in die hintere Wohnung gehen, da Jaron uns zu ein paar freien Stühlen geleitete.

„Entschuldigt, aber Mama wollte kurz die Wohnung sauber machen.“

„Macht doch nichts. Das kennen wir schon. Ist schließlich nicht das erste Mal“, meinte ich.

„Stimmt.“ Jaron lächelte mich an. „Wollt ihr etwas trinken?“, fragte er in die Runde.

„Ja, gib uns allen mal Krüge voll Wasser, bitte!“, antwortete Ramon für uns alle.

Jaron lief hinter die Theke, holte vier Krüge aus einem Schrank und stellte sie auf den Tresen.

„Möchtest du nichts trinken? Sonst musst du nämlich noch einen Krug mehr herausholen“, bemerkte Ramon.

„Nein, ich habe gerade schon getrunken“, kam es von Jaron zurück.

Er holte aus der Theke zwei weitere große Krüge hervor und füllte sie mit Wasser. Den Inhalt des einen verteilte er auf die vier Krüge, bis der Krug leer war. Den anderen stellte er daneben.

„Wo hat mein Vater denn schon wieder das Tablett hingelegt?“, fragte er sich und kratzte sich am Kinn.

Ramon bedeutete mir, Jaron zu helfen und ein paar Krüge zu tragen. Jaron suchte währenddessen die Theke nach einem gebrauchsfähigen Tablett ab.

„Warte, ich helfe dir“, sagte ich zu Jaron und ging zu ihm hin.

Er lächelte mir dankend zu. Ich griff nach zwei Krügen und ging zurück zu den anderen, den Blick die ganze Zeit auf den Boden geheftet und mit leichter Röte im Gesicht. Jaron folgte mir und setzte sich auf einen Stuhl, der praktischerweise neben meinem stand. Wir stellten die kühlen Getränke ab. Jeder nahm sich eines.

„Jaron, wir wollten dich fragen, ob du eventuell Zeit und Lust hättest, mit uns schwimmen zu gehen“, kam ich, den Blick immer noch gesenkt, ohne großes Drumherum auf das Thema zu sprechen.

„Ich denke, das geht“, antwortete er.

Ich hob meinen Blick und brachte ein zaghaftes Lächeln zustande, ehe ich wieder diese Hitze aufsteigen spürte und hastig etwas von dem kühlen Wasser zu mir nahm. Jaron war freundlich genug, um auf meine Reaktion nur mit einem Nicken zu reagieren. Sein Lachen musste er sich wohl krampfhaft verkneifen. Ein vorgetäuschtes Husten und schon sah er aus, als wäre nichts passiert.

„Prima, dann können wir ja los. Oder möchtest du dich noch umziehen?“, fragte Helena an Jaron gewandt. „Dann trinken wir schon mal die Krüge aus und warten auf dich.“

„Ja, ich denke, es ist besser, wenn ich mich umziehen gehe“, antwortete er und verließ den Schankraum.

Wir tranken in Ruhe unser Wasser und unterhielten uns noch ein Weilchen. Ich hielt mir das kalte Wasser an die heißen Wangen, wenn gerade keiner hinsah. Nur kurze Zeit später kam Jaron wieder zurück. Ich half Jaron dabei, die Krüge zu spülen und zum Trocknen aufzustellen.

„Dann kann es ja endlich losgehen!“

Den ganzen Weg hatte ich Mühe, nicht rot anzulaufen. Doch zu Jarons sichtlichem Vergnügen wurde ich es trotzdem. Er lachte mich aus. Nicht gemein, nur äußerst amüsiert. Zum Glück hatte Helena gerade etwas Lustiges erzählt und die anderen stimmten ins Lachen mit ein. Sie rettete mich oft aus peinlichen Situationen. Ich bedankte mich mit einem erleichterten Lächeln bei ihr. Sie formte mit ihren Lippen die Worte „Kein Thema".

Ich versuchte Jaron einen bösen Blick zuzuwerfen, doch so richtig gelang es mir nicht. Stattdessen streckte ich ihm, wie eine Fünfwinterige die Zunge heraus.

Endlich am See angekommen, zogen wir unsere Decken zurecht. Die Sonne spendete eine angenehme Wärme. Helena rannte den kleinen Steg entlang und sprang ins Wasser.

„Ist das erfrischend!", jauchzte sie mir aus dem Wasser entgegen.

„Spring rein, Carolin. Es ist einfach herrlich!"

„Ich spring da nicht rein. Nur über meine Leiche." Ich tippte mir mit einem Finger an die Stirn.

„Aber warum denn nicht?", grinste mich mein Bruder Killian an.

„Weil ich lieber reingehe und mich langsam an das Wasser gewöhne, statt schnell reinzuspringen."

Ich ging zielstrebig auf das Wasser zu.

„Halt mal. So leicht werde ich es dir nicht machen", meinte Killian und hielt mich am Arm fest.

Killian stellte sich mir in den Weg und wollte mich nicht vorbeilassen.

„Ihr habt euch doch schon gerächt. Lass mich bitte durch", flehte ich ihn an.

„Wer sagt denn, dass ich dich aus Rache ins Wasser schmeißen werde?", konterte er und grinste hinterlistig. „Vielleicht macht es mir ja einfach nur Spaß, zu hören, wie du schreist?", lachte er.

Ich starrte ihn an, konnte darauf jedoch nichts erwidern. In Sekundenbruchteilen ließ er meinen Arm los, beugte sich ein wenig hinab, fuhr mir mit einem Arm hinter die Knie und riss mir die Beine weg. Mit dem anderen Arm fing er mich auf.

Es war einfach nicht gerecht. Warum konnte er mich tragen, als wäre ich eine Puppe, und ich brachte es nicht einmal fertig, ihm zu entkommen?

Mit sich zufrieden, ging er, mit mir auf dem Arm, den Steg entlang, dem Wasser immer näher kommend.

„Loslassen!“, schrie ich und versuchte mich aus seinen Armen zu befreien.

„Es tut mir Leid, Schwesterchen, aber du hattest genug Zeit, um ins Wasser zu gehen; jetzt möchte ich dich leiden sehen“, lachte er.

„Du hast mir doch gar keine Zeit gelassen!“, widersprach ich.

Ihm schien es nicht im Geringsten etwas auszumachen, dass ich versuchte, wie wild mit den Armen und Beinen zu strampeln. Stattdessen hielt er mich nur noch mehr fest. Schließlich blieb er am Rand des Stegs stehen und sah amüsiert zu mir herunter. Jaron, den ich aus den Augenwinkeln bemerkte, schlenderte zum Steg und genoss es, wie Killian mich quälte.

„Nein! Aufhören! Lass mich los! Ich will das nicht!“, schrie ich immer noch.

Killian ließ mich, ohne jede Vorwarnung, fallen. Ich schrie erschrocken auf und fiel ins Wasser. Als ich wieder an die Oberfläche kam, sah ich, wie Killians Gesicht kreidebleich war und er sich nicht vom Fleck bewegte. Es sah richtig lustig aus, wie er so wehrlos dastand. Jaron stand direkt hinter ihm.

Genauso still.

Genauso blass.

„He, was ist denn mit euch los? Habt ihr ein Gespenst gesehen, oder was?“ Dieses Mal lachte ich sie aus.

Erst jetzt bemerkte ich, dass Killian nicht mich ansah, sondern über den See Richtung Wald starrte. Ich drehte mich im Wasser um meine eigene Achse und verharrte in meinen Bewegungen. Helena bewegte sich ebenfalls nicht mehr. Keiner sagte ein Wort.

Was dort auf der anderen Seite stand, war, zu voller Größe aufgerichtet, ein Drache.

Es war *sie* und sie schaute zu uns hinüber.

Zuerst bewegte sie sich nicht, sondern sah nur einen nach dem anderen an. Ich konnte nicht genau erkennen, auf wem ihr Blick schließlich ruhen blieb. Doch dann verengten sich plötzlich ihre Augen und sie fletschte ihre beeindruckenden Zähne.

Sie knurrte leise, während sie sich bedrohlich hinkauerte, als würde sie über den See springen wollen. Raschelnd glitten ihre weiten Flügel auseinander und schlugen ein wenig auf und ab.

Ich hatte, so wie sie dastand, das erste Mal richtig Angst vor ihr.

Ihre Muskeln verspannten sich. Sie wartete nur darauf, dass sich einer von uns falsch bewegte, um zuzuschnappen. Wir befanden uns alle in einer Art Starre. Niemand rührte sich. Es wurde, glaube ich, nicht einmal geatmet.

Dann schoss ihr Kopf ruckartig nach vorne, wie bei einer Schlange, und sie riss ihr Maul auf. Sie spie Feuer. Es war keine allzu große Flamme gewesen, aber es reichte aus, um uns in Panik zu versetzen.

Wie von einer Tarantel gestochen, schwammen Helena und ich an Land. Jaron und Killian zogen uns hastig aus dem Wasser. Der Drache verfolgte uns mit seinem Blick, machte aber zum Glück nichts weiter.

Immer noch bedrohlich, kauerte sie am anderen Ufer und verlagerte das Gewicht abwechselnd von der einen auf die andere Seite. Wenn sie gewollt hätte, hätte sie uns schon fassen können. Doch sie tat es nicht.

„Bleibt ruhig. Sie tut uns nichts“, befahl ich und sah den Drachen prüfend an.

Die anderen hörten auf zu schreien, standen dicht beieinander und hielten sich fest. Niemand sagte mehr auch nur ein Wort.

Ich hätte mich eigentlich gefreut, sie wiederzusehen, hätte sie uns nicht alle so furchtbar erschrocken. Jetzt war ich mir nicht mehr sicher, was ich empfinden sollte. Ich schaute sie an.

Ihre Augen wurden wieder größer und sie richtete sich auf. Entspannt schüttelte sie ihren Körper. Dann nickte sie uns zu und kam langsam am Ufer entlang in unsere Richtung. Nichts deutete darauf hin, dass sie kurz zuvor sehr bedrohlich ausgesehen hatte.

Seelenruhig tapste sie voran und behielt uns dabei stets im Blick. Ich konnte nur blanke Neugierde aus ihren Augen lesen, während wir uns alle festhielten und gespannt zusahen, wie sie näher kam. Doch dann bemerkte ich mit jedem ihrer Schritte, wie die anderen sich immer weiter verkrampften und ängstlich zurückwichen.

Ich befreite mich aus dem Knäuel aus Armen und drehte mich zu ihnen um. Beruhigend sah ich sie an und versperrte ihnen dabei gleichzeitig die Sicht auf den Drachen. Trotzdem sahen sie nicht mich an.

„Leute, ihr müsst einfach nur ganz ruhig bleiben. Sie wird euch nichts tun!“ Ich wandte mich kurz von ihnen ab und bedeutete dem Drachen stehen zu bleiben.

Erstaunlicherweise tat sie es.

Dann sah ich wieder die anderen an und fuhr fort: „Sie wird niemandem auch nur ein Haar krümmen. Versprochen! Ich weiß, ihr glaubt mir nicht … “, ich trat ein wenig nach hinten, „ … aber gebt mir die Möglichkeit, es euch zu beweisen!“

Ich kam mir vor, als ob ich mit blassen Skulpturen redete. Sie starrten immer noch nicht mich an, sondern den Drachen hinter mir, und rührten sich nicht. Blankes Entsetzen spiegelte sich in jedem ihrer Gesichter. In jedem Augenpaar. Wie sie aussahen! Es tat mir so leid.

Ich wusste nicht, ob sie mich verstanden oder gar gehört hatten, dennoch trat ich wieder ein wenig zurück. Ich entfernte mich weiter von ihnen und näherte mich dem Drachen in meinem Rücken.

„Was machst du da? Bist du wahnsinnig? Möchtest du dich umbringen lassen?“, fragte mich Killian und hielt mich am Arm fest.

Ich hatte ihn noch nie so ängstlich, noch nie so besorgt um mich gesehen. Gedanklich hatte ich es mir anders vorgestellt, sie mit dem Drachen bekannt zu machen, aber ich musste nun das Beste aus der Situation machen.

„Sie wird uns nichts tun“, wiederholte ich und befreite mich aus seiner Umklammerung.

„Woher kannst du das denn wissen?“, bohrte er nach und ließ den Drachen nicht aus den Augen.

Genau! Woher weiß ich, dass sie uns nichts tun wird? Nach alldem müsste ich doch Angst haben, oder?

„Ich … ich weiß es einfach, vertrau mir!“

Ohne hastige Bewegungen drehte ich mich um und ging dem Drachen entgegen. Wir waren jetzt nur noch wenige Schritte voneinander entfernt, als sich plötzlich Ramon zwischen uns stellte. Der Drache schaute ihn verdutzt an, mehr nicht.

„Was soll das? Ich sagte euch doch, dass sie uns nichts tun wird“, meckerte ich nun leicht zornig.

Er sagte nichts, sondern blickte den Drachen nur böse an. Ich streckte ihr, an Ramon vorbei, eine Hand entgegen. Reflexartig hielt er meinen Arm fest.

„Lass mich los!“, befahl ich ihm ruhig, aber bestimmt.

Er sagte nichts. Ich schob ihn beiseite, sodass er mir nicht mehr im Weg stand, und ging das letzte bisschen zum Drachen. Wäre Ramon nicht derart ängstlich gewesen, hätte ich ihn niemals beiseiteschieben können. Nun stand ich direkt unter ihrem wunderschönen Kopf.

„Wie geht es dir, meine Schöne?“, fragte ich sie und streichelte ihren Kopf, den sie zu mir hinabsenkte.

Zur Antwort bekam ich ein leises Knurren, woraufhin sie sich vor mir hinlegte. Ich setzte mich ebenfalls. Ihr Atem war warm an meiner Hand.

„Warum bist du nicht im Wald?“, fragte ich sie.

Sie blickte an mir vorbei auf Killian.

„Ich verstehe nicht?“

Jetzt schaute sie mich wieder an. Ich drehte mich zu den vieren um. Sie rührten sich nicht.

„Ihr könnt ruhig näher kommen. Sie tut euch nichts. Sie ist eine ganz Liebe, nicht wahr?“, sagte ich und streichelte sie.

„Woher willst du das wissen? Und woher weißt du, dass es sich um eine Sie handelt?“, fragte mich Killian erstaunt.

Er war der Einzige, der seine Stimme wiedergefunden hatte.

Helena, Ramon, Jaron und er kamen aber dennoch langsam näher. Helena setzte sich neben mich und umklammerte ängstlich meinen Arm. Jaron sowie Ramon gesellten sich zu mir. Aber als sich Killian setzen wollte, kniff der Drache gefährlich die Augen zusammen und knurrte leise.

„Unterstehe dich!“, warnte ich sie.

Augenblicklich hörte sie auf und schaute mich neugierig an. Killian setzte sich, behielt aber immer den Drachen im Auge.

„Ich weiß nicht, warum sie hergekommen ist. Normalerweise ist sie immer im Wald“, erklärte ich.

Ich musste die Spannung aus dieser Situation bekommen, also fing ich an, belanglose Dinge zu sagen, um meine Geschwister und Jaron zu beruhigen.

Der Drache hatte seinen Kopf wieder neben meine Beine gelegt, doch die Augen waren wachsam geöffnet und ich strich ihm über die Stirn. Es dauerte eine Weile, bis sich der Drache entspannte. Erst dann tauten die anderen auf und warfen mir fragende Blicke zu.

„Woher weißt du das alles?“, wiederholte Killian.

„Ich weiß es nicht. Ich kann es nur spüren. Glaubt mir, ich war erschrocken über mich selbst, als ich sie zum ersten Mal gesehen habe."

„Was heißt hier zum *ersten* Mal, soll das heißen, du hast dich schon öfter mit ihr getroffen?", fragte mich Helena und streichelte den Drachen nun doch noch.

Der Drache schnaufte zufrieden und schloss die Augen. Als hätte sie nie etwas anderes gemacht, lag sie völlig ruhig vor uns auf dem Boden.

„Nun ja, das habe ich. Ich habe sie das erste Mal gesehen, als ich Pilze gesammelt habe, für die Pilzsuppe", erklärte ich ihr.

„War das nicht der Tag, an dem du so komisch drauf warst?", fragte mich Ramon.

„Ja. Genau der Tag war es. Es tut mir leid, dass ich euch nichts gesagt habe. Ich hatte gedacht, dass, wenn ich es euch erzählt hätte, ihr mich nur ausgelacht hättet."

Sie nickten verständnisvoll.

„Das kann ich verstehen. Ich hätte dir nicht geglaubt", bestätigte Killian und lachte ein wenig nervös.

„Sie ist wunderschön", stellte Helena fest.

„Wie heißt sie eigentlich?", wollte Jaron wissen.

„Ich habe ihr noch keinen Namen gegeben", sagte ich und zuckte mit den Achseln.

„Wie wäre es mit Roter Drache?", schlug Ramon vor.

„Nein, sie soll keinen einfallslosen Namen bekommen. Sie soll einen Namen haben, der zu ihr passt. Etwas, was durchaus zu ihrer Schuppenfarbe passt. Etwa … " Ich musste lange überlegen, doch dann fand ich einen passenden Namen. „Etwa: Abendsonne."

„Abendsonne ist ein schöner Name“, sagte Helena versonnen.

„Ihr wollt ihr wirklich einen Namen geben?“, fragte Killian ungläubig und schaute den schnurrenden Drachen an.

„Warum denn nicht? Gefällt er dir nicht?“, wollte ich ehrlich wissen.

„Doch, schon, aber ich weiß nicht. Immerhin gehört sie uns nicht und sie lebt in der freien Natur, da sollte man Tieren keinen Namen geben, finde ich.“

„Aber das ist doch schön, einem Tier einen Namen zu geben. Außerdem zeigt es, wie sehr wir das Tier schätzen“, erklärte Helena ihm und umarmte Abendsonnes Kopf.

So saßen wir eine ganze Weile da; schweigend und die zufrieden schnurrende Abendsonne betrachtend. Sie mussten erst einmal verdauen, dass es wahrhaftig noch so etwas wie Drachen gab, dass sie tatsächlich noch existierten.

Ich wusste, dass sie nun an die vielen Geschichten dachten, die man sich in unserem Dorf erzählte. Ich hatte es ebenfalls gemacht, um die gesamte Situation logisch erfassen zu können. Denn der Gedanke, dass es andere im Dorf gab, die über Drachen redeten, machte es weniger schwierig, diese Tatsache zu akzeptieren, wenn schließlich einer direkt vor einem stand.

Meine Geschwister streichelten ehrfürchtig Abendsonnes Kopf. Sie wirkten zwar noch ein wenig angespannt, aber ich war guter Dinge, dass sie sie akzeptierten. Es war schön, kein Geheimnis mehr vor ihnen und Jaron zu haben. Ich konnte mich immer auf sie verlassen und es war tröstlich, sich jemanden bei einer solch komplizierten Lage anvertrauen zu können. Ich wusste, dass ich mich immer auf sie würde verlassen können.

Es fing bereits an zu dämmern. Abendsonne öffnete schließlich die Augen und stand auf. Wir taten es ihr nach. Sie stupste mich leicht an und schaute in den Himmel. Ich lächelte.

„Gutes Mädchen, weißt immer, wann es Zeit ist, nach Hause zu gehen. Das hat sie beim letzten Mal auch gemacht. Da bin ich aus dem Wald gerannt, erinnert ihr euch? Oder besser du, Ramon? Du hast mich gesehen, als ich nach Hause gerannt bin. Ohne sie wäre ich wahrscheinlich erst um Mitternacht zurück gewesen. Ich war so vertieft gewesen, dass ich die Zeit vergessen hatte“, erklärte ich den anderen und küsste zum Abschied Abendsonnes Stirn.

Sie machte kehrt und stemmte sich anmutig vom Boden hoch. Mit nur wenigen, aber kräftigen Flügelschlägen flog sie über den See und glitt dann hinüber zum Wald. Wir schauten ihr hinterher, bis sie nicht mehr zu sehen war.

Ich werde sie wiedersehen.

Wir sammelten unsere Decken ein und machten uns auf den Weg nach Hause.

„Wollen wir bei uns noch etwas trinken?“, brach Jaron das Schweigen.

„Na klar. Darauf müssen wir einen trinken. Ich meine, wie oft sieht man schon einen echten Drachen?“

„Halt, wartet mal, bitte!“, forderte ich die anderen auf und alle blieben stehen. Mir fiel etwas Wichtiges ein. „Ihr müsst mir versprechen, niemandem etwas zu verraten“, bat ich.

„Aber warum denn?“, fragte Killian.

„Wie, glaubst du, würden die Dorfbewohner reagieren, wenn sie hören, dass es Drachen in diesen Wäldern gibt? Sie würden versuchen, sie zu töten“, antwortete ich.

„Was soll das heißen, Drachen? Heißt das, es gibt noch mehr von denen?“, fragte Ramon bestürzt.

„Ja. Es gibt eine ganze Horde, vermutlich sind es neun oder zehn“, gab ich zur Antwort.

„Was?! Neun oder zehn?! Hast du sie etwa alle gesehen? Ist ja der Hammer!“, platzte es aus Helena heraus.

Sie war die Einzige, die sich darüber freute; alle anderen wirkten verhalten angesichts dieser Nachricht.

„Ja, ich habe sie gesehen. Sagt bitte niemandem etwas davon, nicht einmal unseren Eltern, versprochen?“ Ich schaute einen nach dem anderen der Reihe nach an.

Sie ließen sich Zeit und wogen alles gegeneinander ab. Schließlich willigten sie ein.

„Ja, versprochen! Wir verraten niemandem etwas.“

Ich war erleichtert. Wir reichten uns alle die Hände und schworen, niemandem etwas zu sagen.

Wir liefen die Dorfstraße entlang, auf unseren üblichen Schankraum zu und traten ein. Der Raum war noch nicht allzu voll, da es noch nicht später Abend war. Wir durchquerten ihn und gingen in die Wohnung der Henslins. Im Wohnzimmer setzten wir uns in die Sessel. Ein unheimliches Schweigen trat ein, als sich die Tür hinter uns zur Schenke schloss.

„Ähm, wollt ihr etwas essen oder trinken?“, brach Jaron wieder einmal das Schweigen.

Wir nickten, sagten aber nichts. Jaron verschwand in der Küche und holte Kekse und Krüge, gefüllt mit Wasser.

Plötzlich wurde die Tür zum Nebenzimmer aufgerissen und eine kleine Gestalt kam ins Zimmer gehuscht. Es war der kleine Bruder von Jaron. Er hieß Raphael. Raphael war der Jüngste von uns allen, er hatte gerade mal neun Winter hinter sich. Er war immer auf Zack und wurde komischerweise nie müde. Außerdem hatte er ein Talent, alles Mögliche falsch zu machen. Am meisten mochte er es, seinen Bruder zu ärgern. Einmal hat er ihn in eine äußerst peinliche Situation gebracht. Er verkündete laut vor dem halben Dorf, dass Jaron in mich verknallt sei.

Selbst wenn Jaron in der Regel cool drauf war, vor dem halben Dorf zu stehen, das war auch für ihn zu viel gewesen. Ich glaube, diese Sache hat Jaron Raphael immer noch nicht ganz verziehen.

„Hallo Leute. Wie geht es euch so? Hat das Schwimmen Spaß gemacht?“, fragte Raphael.

„Ja, es war schön erfrischend“, antwortete ich.

In diesem Augenblick kam Jaron mit zwei voll beladenen Tabletts ins Wohnzimmer zurück. Ich ging ihm entgegen und nahm ihm das Tablett mit den Keksen ab. Raphael rannte ebenfalls auf seinen Bruder zu. Er wollte anscheinend helfen, war dabei aber wohl etwas zu stürmisch – das Tablett mit den Wasserkrügen entglitt Jarons Händen und landete laut klirrend auf dem Boden.

„Hoppla, tut mir leid!“ Mit schuldbewusster Miene stand Raphael da und sah auf die Sauerei hinab.

„Oh nein! Mama hat heute schon geputzt. Wenn die sieht, wie es hier aussieht, bekommen wir großen Ärger.“ Jaron deutete auf das Chaos vor seinen Füßen, das aus lauter Scherben in einer riesigen Pfütze bestand.

„Ich hab doch gesagt, es tut mir leid. Ich mach das wieder weg, versprochen!“, erwiderte Raphael und griff nach den ersten Scherben.

„Nicht, Raphael! Lass das! Sonst schneidest du dich noch! Setz dich hin, wir machen das schon sauber“, befahl ich.

Raphael hatte eine beleidigte Miene aufgesetzt. Ich reichte ihm das zweite Tablett mit den Keksen.

Jaron flitzte in die Küche und kam nur wenige Augenblicke später mit zwei Eimern zurück – einer mit Wasser gefüllt, der andere leer – und zwei Tüchern.

„Warte, ich helfe dir“, bot ich ihm an und nahm mir einen Wischmopp.

„Danke! Das ist nett.“

Er lächelte. Ausnahmsweise wurde ich einmal nicht rot und konnte sogar zurücklächeln.

„Kein Thema. Ich helfe doch gern. Schließlich möchte ich nicht, dass ihr Badeverbot bekommt oder ihr uns länger nicht sehen dürft.“

Er verstand, dass ich eigentlich nur ihn meinte, und lachte daraufhin noch mehr. Während Jaron vorsichtig die größten Scherben einsammelte, fing ich an, den Boden zu wischen.

Die anderen hatten sich unterdessen mit neuen Getränken versorgt und saßen bereits gemütlich in den Sesseln. Sie ließen sich von uns nicht ablenken, sondern stellten alles auf den großen Tisch ab und unterhielten sich angeregt.

Als es wieder ordentlich aussah und der Boden nur noch trocknen musste, brachten Jaron und ich die Putzutensilien wieder weg. In der Küche fragte ich nach, wo die Scherben hinkämen.

„Dort unter der Spüle sind mehrere Eimer. In einem davon sammeln wir die Scherben."

Ich ging zur Spülschüssel und öffnete den Unterschrank. Rasch fand ich besagten Eimer und ließ die Scherben hineingleiten. Als ich mich nach Jaron umdrehte und ihn fragen wollte, ob wir nicht zu den anderen gehen wollten, runzelte ich die Stirn. Er hielt mir einen Krug mit einer gelblichen Flüssigkeit darin entgegen.

„Keine Sorge", antwortete er auf meinen skeptischen Blick hin. „Das ist Fruchtsaft, eine neue Kreation meiner Eltern. Schmeckt wirklich gut. Möchtest du ihn mal probieren?"

Er ging auf mich zu und ich nahm ihm den Krug ab. Der Fruchtsaft musste wohl kühl gestanden haben, denn der Krug war außen mit kleinen Wassertropfen besetzt. Bei dem warmen Wetter heute war ein kühles Getränk wahrlich nicht das Schlechteste. Während ich trank, beobachtete Jaron mich und wartete gespannt auf mein Urteil.

„Und?", fragte er neugierig. „Wie findest du es?"

„Mhmm. Sehr lecker! Schmeckt nach Apfel und Birne. Liege ich richtig?"

„Ja, sehr gut! Es ist aber noch eine weitere Zutat drin. Das verändert den Grundgeschmack zwar nicht wesentlich, verleiht dem Fruchtsaft aber unsere besondere Note. Wir müssen uns ja schließlich von den anderen abheben", erklärte er. „Na komm. Gehen wir wieder zu den anderen."

Er setzte sein typisches schiefes Lächeln auf, bei dem meine Knie immer weich wurden wie Butter. Trotzdem schaffte ich es, einigermaßen sicher auf den Beinen, ins

Wohnzimmer. Jaron schloss die Küchentür hinter uns und setzte sich neben mich. Auf dem Tisch in unserer Mitte lagen nur noch wenige Plätzchen. Die anderen hatten anscheinend ordentlich Hunger gehabt.

„Was wollen wir heute noch Schönes unternehmen?“, fragte ich in die Runde.

Es war eine blöde Frage. Aber ich wusste nicht, wie ich sonst das Schweigen beenden sollte.

„Heute machen wir nichts mehr. Es ist schon spät und wir müssen morgen wieder früh raus“, erklärte Killian vernünftig.

„Schade“, meinte Helena.

Kaum war das Wohnzimmer wieder trocken, kam Magdalena, die Mutter von Jaron und Raphael, ins Zimmer.

„Guten Abend!“, strahlte sie.

„Hallo Mama.“ Raphael sprang vom Sessel auf und rannte auf seine Mutter zu.

„Raphael, es ist schon sehr spät. Komm mit, wir ziehen dir deinen Schlafanzug an. Danach kannst du den anderen noch Gute Nacht sagen, bevor sie ebenfalls nach Hause müssen!“

Magdalena streckte die Hand nach Raphael aus, die dieser sofort ergriff, und beide verließen das Wohnzimmer. Wir unterhielten uns so lange weiter, bis sie wiederkamen.

„Ich glaube, eure Mutter wird sich langsam wundern, wo ihr bleibt. Es ist schon recht dunkel. Ihr solltet jetzt besser gehen. Morgen könnt ihr ja wieder rüberkommen“, meinte Magdalena.

„Ist gut. Wir wollten sowieso gerade aufbrechen. Gute Nacht euch allen. Jaron und Raphael, wir sehen uns dann morgen!“, verabschiedete sich Killian im Namen von uns allen.

Jaron begleitete uns noch durch den Schankraum nach draußen.

„Bis morgen!“, rief er und schloss die Tür der Schenke hinter uns ab.

4. Kapitel

Unser Tagesablauf war immer der gleiche; morgens ausmisten und die Tiere füttern und etwas später am Tag eventuell noch das Beet machen und Unkraut jäten.

Die Felder mussten wir nur selten pflügen, aber wenn das der Fall war, dann dauerte es den ganzen Tag. Der Ochse hatte dabei zu unserem Glück die schwerste Aufgabe, da er den Pflug ziehen musste. Wir mussten dann nur dafür sorgen, dass er auf seiner Bahn blieb und nicht alles doppelt bearbeitete.

Wir waren dic cinzige Familie in unserem Dorf, die mehrere verschiedene Felder besaß. Um genau zu sein, befanden sich zwei große und zwei kleine Felder sowie eine Weide in unserem Besitz. Die zwei großen Felder benutzten wir, um Getreide jeder Art anzubauen, um es dann entweder zum Mahlen oder als gebundene Heu- bzw. Strohballen zu tauschen. Damit konnten wir zum Teil unsere Tiere füttern.

Eines der beiden kleineren Felder beanspruchten die vielen unterschiedlichen Kräuter und auf dem anderen hatten wir verschiedene Gemüsesorten gepflanzt. Dort wuchsen Kopfsalate, Tomaten und Gurken. Des Weiteren züchteten wir noch Kartoffelpflanzen, Mohrrüben, Kohlköpfe und Kürbisse. Mit dem gesamten Gemüse erreichten wir den meisten Umsatz beim Tauschen auf dem Markt. Was wir noch tauschen konnten, war die Milch von unseren Kühen sowie die Eier unserer Hühner. Noch hatten wir nicht die Menge an Eiern, die wir uns wünschten, doch das wollten wir ändern. Nach dem anstehenden Winter würden wir unseren Hühnerbestand auf 13 bis 15 Hühner erweitern, sodass wir täglich neben unserem Bedarf an Eiern noch viele weitere zum Tauschen haben würden. Doch bis dahin musste erst einmal der Hühnerstall gebaut und fertiggestellt werden. Mit dem Bau des Stalles könnten wir jedoch bereits im Winter anfangen, sodass er zur wärmeren Jahreszeit bezugsfähig sein würde.

Auf einem so großen Hof war stets neue Arbeit zu finden, und alles, was an Mist der Tiere anfiel, wurde ebenfalls benötigt. Er wurde, wenn die Felder gepflügt wurden, gleichmäßig auf dem Boden verteilt. Diese Vorgehensweise hatten wir von unserer Mutter übernommen, die sie wiederum von ihrer Familie hatte. Würden wir das nicht machen, wäre der Boden nach der nächsten Ernte schon aufgebraucht und wir könnten nichts mehr anpflanzen und die bestehenden Pflanzen würden nur noch vereinzelt wachsen oder sogar vertrocknen – so wie es nach einem Winter der Fall war, wo wir diese unangenehme Aufgabe versäumt hatten.

Dass wir zudem eine Wiese besaßen, diente nur dazu, den Kühen und dem Ochsen ein wenig Weidegang verschaffen zu können. Würden sie nur in ihren Ställen stehen, wäre das schlecht für deren Gesundheit.

Bei der regelmäßigen Arbeit auf dem Hof stellte ich fest, dass die Tage stets kürzer und kälter wurden. Wir gingen seltener baden, da wir in der Sonne nicht mehr richtig warm wurden. Stattdessen liefen wir öfter in den Wald, um die Drachen zu besuchen. Bisher jedoch stets ohne Erfolg. Doch eines Tages, als wir zu sechst in den Wald gingen, kam es anders.

Wir gingen mit vollem Magen, da wir gerade zu Mittag gegessen hatten, den steinigen Pfad entlang. Die Sonne stand schon hoch am Himmel und tauchte den Wald in ein schönes Licht. Die Vögel flogen zwischen den Bäumen umher und die Kaninchen hoppelten zu ihren Bauten. Es war ein ausgesprochen herrlicher Tag.

„Glaubt ihr, wir sehen Abendsonne heute wieder?“, fragte Helena.

Wie jeden Tag stellte sie aufs Neue diese Frage.

„Ich weiß es nicht. Ehrlich gesagt mache ich mir nicht mehr allzu viele Hoffnungen“, antwortete ich, wie so oft.

„Wer ist denn Abendsonne?“, fragte Raphael, der als Einziger gut gelaunt war.

Raphael wollte unbedingt mitkommen in den Wald, was verständlich war, denn wir waren schon oft ohne ihn weg gewesen. Er hatte uns hoch und heilig versprochen, nichts zu verraten. Und eines musste man ihm lassen: Geheimnisse, die wirklich wichtig waren, behielt er immer für sich. Zugegeben, er hatte seinen Bruder schon oft in peinliche Situationen gebracht, aber wenn es um ein Geheimnis ging, hatte er ihn noch nie in Schwierigkeiten gebracht.

„Abendsonne ist ein roter Drache. Sie sieht zwar gefährlich und Furcht einflößend aus, aber sie würde uns nie etwas tun. Kennst du die Geschichten, die man sich immer noch im Dorf über Drachen erzählt? Dann bekommst du eine ungefähre Vorstellung davon, was dich erwarten wird.

Es ist einfach atemberaubend, sie zu sehen“, erklärte ich ihm.

Raphael bekam große Augen und fing begeistert an, mir eine Frage nach der anderen zu stellen. Dabei hielt er aufgeregt eine meiner Hände und gestikulierte wild mit der anderen in der Luft herum.

Ich konnte seine helle Aufregung verstehen, denn so erging es mir jedes Mal, wenn ich an Drachen dachte, also versuchte ich so viele Fragen von Raphael zu beantworten, wie ich nur konnte. Jaron konnte über das Verhalten seines kleinen Bruders nur schmunzeln und schüttelte amüsiert den Kopf. Hin und wieder erinnerte er Raphael an alte Geschichten, die er im Schankraum mitbekommen hatte.

Wir unterhielten uns so angeregt miteinander, dass wir gar nicht mitbekamen, wie schnell wir am Baumstumpf angelangt waren. Ich erklärte Raphael, dass wir hier warten würden, da es diese Stelle hier war, an der ich die gesamte Herde zum ersten Mal – und bis dahin einzigen Mal – getroffen hatte. In weiser Voraussicht hatten wir uns Decken sowie etwas zu trinken und zu essen mitgenommen.

Während Killian und Ramon eine große Decke auf dem trockenen Waldboden ausbreiteten, reichte ich die ersten Krüge Wasser herum und stellte die restlichen auf dem Baumstumpf ab. Dann ließen wir uns auf der Decke nieder und begannen, von den leckeren Backwaren zu essen, die wir bei Herrn Rummen getauscht hatten. „Eigentlich müssten wir hier nur warten. Abendsonne spürt unsere Anwesenheit. Außerdem kann sie uns riechen, denn Drachen haben eine sehr gute Nase“, erklärte ich Raphael weiter.

Aber so langsam, musste ich zugeben, glaubte ich nicht mehr an meine eigenen Worte in Bezug auf ihr Erscheinen. Raphael jedoch war nach wie vor vollkommen aufgedreht und hüpfte auf der Decke hin und her. Ich musste ihn mehrmals auffordern, sich ruhig zu verhalten, da Killian schon zornig die Augen rollte. Ich unterdrückte ein Grinsen und blickte mich zum wiederholten Male um.

Immer noch nichts.

Stattdessen hörten wir die Vögel singen und beobachteten, wie ein paar Eichhörnchen emsig die Baumstämme hinauf- und hinunterkletterten. Vermutlich rochen sie die frische Teigware und hofften, etwas davon abzubekommen. Ich brach mehrere kleinere Stückchen von meinem Gebäckstück ab und warf sie in verschiedene Richtungen zu den Eichhörnchen.

Sie zuckten zusammen, als die Krümel dicht neben ihnen auf den Boden fielen oder gegen den Stamm prallten. Doch kurze Zeit später, nachdem sie mit ihrer feinen Nase die Umgebung beschnuppert hatten, fielen sie über die Stückchen her und flitzen wieder die Baumstämme hinauf, die Krümel in ihren kleinen Mäulern fest im Griff. Eines von ihnen setzte sich auf den erstbesten Ast, nahm den Krümel mit den Vorderpfoten aus dem Maul und futterte ihn hektisch auf, als gäbe es kein Morgen mehr. Die anderen verschwanden mit ihrer Beute in Baumhöhlen. Vermutlich würden sie die Krümel dort als Wintervorrat verstecken.

„Hört Abendsonne auf ihren Namen, Carolin?“, fragte Ramon leicht angesäuert.

Geduld war noch nie seine Stärke gewesen; lange Zeit irgendwo sitzen und warten zu müssen, das war für ihn die reinste Qual. Es war sowieso schon erstaunlich, dass seine Stimmung überhaupt erst jetzt umschlug.

„Wohl kaum. Sie weiß wahrscheinlich noch nicht einmal, dass wir ihr einen Namen gegeben haben“, antwortete ich.

Ich tippte gelangweilt mit meinen Fingern auf meinen Oberschenkel und beobachtete Raphael, wie er bei jedem noch so kleinen Geräusch erwartungsvoll die Augen aufriss. Doch nach dem zehnten oder schon zwanzigsten Mal hörte er auf, aufzublicken.

Unsere Zuversicht sank weiter – bei Killian und Ramon war sie schon im Keller angelangt. Sie warteten nicht mehr auf die Drachen, sondern darauf, dass wir wieder ins Dorf zurückgingen. Vermutlich dachten sie die ganze Zeit darüber nach, was sie alles noch zu erledigen hatten, bevor es dunkel würde.

Die Zeit verstrich und es geschah nichts. Irgendwann konnte ich nicht mehr sitzen und stand auf. Die anderen saßen weiterhin auf dem Waldboden.

„Ich glaube, ich werde ein bisschen umhergehen“, verkündete ich.

Die anderen nickten nur und erwiderten nichts.

Ich ging ins Unterholz. Nichts geschah. Ziellos trottete ich weiter. Im Hintergrund hörte ich, wie sich die anderen unterhielten, dabei drang die laute Stimme von Raphael bis zu mir herüber.

Ich blickte mich in alle Richtungen um, konnte aber nichts Interessantes erkennen. Ich ging noch ein wenig weiter, dann verging mir die Lust und ich blieb schließlich stehen. Würde ich weiter in irgendeine Richtung gehen, wäre ich schnell in einen Teil des Waldes vorgedrungen, den ich noch nie zuvor betreten hatte. Da ich es nicht darauf anlegen wollte, mich zu verlaufen, hielt ich es für das Beste, wieder zu den anderen zurückzugehen. Resigniert drehte ich mich um und lief den weiten Weg wieder zurück. Enttäuscht sackten meine Schultern nach unten. Vorsichtig wich ich Stöcken und großen Steinen auf dem Waldboden aus, bis ich wieder bei den anderen ankam.

„Ich glaube, die Drachen … “, setzte ich an, wurde aber von Raphael unterbrochen.

„Das ist ja unglaublich!“

„Raphael, ich bin es doch nur!“ Ich hob entschuldigend die Hände.

„Carolin, du hast uns gar nicht erzählt, wie schön die Drachen sind!“, schluckte Helena.

Nun stand einer nach dem anderen auf und guckte an mir vorbei. Ihre Müdigkeit war wie weggewischt. Ihre Augen fingen an zu leuchten. Ihre Lebensgeister waren mit einem Mal wieder erwacht. Ich drehte mich um und zuckte kaum merklich zusammen. Direkt hinter mir stand Abendsonne, dicht gefolgt von weiteren Drachen.

„Ich hab dich so vermisst, meine Süße.“

Ich lief auf Abendsonne zu und wollte sie umarmen. Doch als ich sie gerade berühren wollte, machte sich der weiße Drache, der an Abendsonnes Flanke stand, mit einem bedrohlichen Knurren bemerkbar. Das erschreckend große Tier fletschte die Zähne. Neben ihm wirkte Abendsonne wie ein kleines Jungtier. Ich wich zurück und schaute die anderen an. Sie hatten anscheinend, ihren Gesichtsausdrücken nach zu urteilen, ebenfalls Angst bekommen.

Abendsonne sah mich an und durchbohrte mich mit ihrem Blick.

„Er wird euch nichts tun. Er ist es nur nicht mehr gewohnt, dass Menschen von unserer Existenz wissen, und ist daher sehr argwöhnisch. Verhaltet euch einfach ganz ruhig.“

Es war eine sehr melodische Stimme. Ich hatte sie irgendwann schon einmal vernommen, das wusste ich. Doch es überraschte mich, dass diese Stimme jetzt, wie es den Anschein hatte, von Abendsonne kam. Verwirrt sah ich sie an.

„Ich werde es dir später erklären, meine Kleine! Doch zuerst sollte ich mich um meinesgleichen kümmern.“

Damit wandte sie sich ab und drehte sich zu dem weißen Drachen um. Sie sahen sich an, bewegten sich jedoch nicht. Es schien, als führten sie eine stille Kommunikation miteinander. Zwischendurch musterte der große Drache uns, dann sah er wieder Abendsonne an. Bis auf ein anmutiges, langsames Auf-und-ab-Bewegen seines gigantischen Kopfes rührte er sich nicht. Von uns sagte keiner etwas. Wir sahen gebannt zu, was als Nächstes geschehen würde.

Dann, ohne einen für uns ersichtlichen Grund, wandten alle Drachen ihren Kopf Abendsonne und deren Gesprächspartner zu. Als Abendsonne sich mir zuwandte, erklang wieder ihre Stimme in meinem Kopf.

„Rühr dich nicht, meine Kleine. Er würde dich gerne kennenlernen.“

Entspannt breitete sie ihre Flügel aus, nur um sie gleich darauf wieder ineinanderzufalten und an ihren Leib zu legen. Diese einfache Bewegung hatte eine beruhigende

Wirkung auf mich. Ich stellte mir unwillkürlich vor, wie Killian oder Ramon ihre Arme kurz ausschüttelten, nur um gleich darauf wieder ihre Arme vor der Brust zu verschränken. Eine Geste, die mich – vermutlich wegen ihrer Ähnlichkeit zu menschlichen Armen – immens beruhigte.

Abendsonne trat beiseite und ließ den großen Drachen vortreten. Ich wartete gespannt darauf, was nun folgen würde. Der weiße Drache mit einer leichten Blauschattierung, wie mir nun auffiel, streckte mir seinen Kopf entgegen und schnupperte an meinen Haaren. Abendsonne rührte sich nicht, ebenso wie ich.

Nach einer Ewigkeit, so kam es mir zumindest vor, zog er sich zurück. Dann hielt er mich mit seinen eisblauen Augen gefangen. Ich versuchte, nicht zu blinzeln, und schaltete alles andere um mich herum aus.

Erst lag in seinem Blick Verletzlichkeit, dann Argwohn und Besorgnis. Schließlich erkannte ich einen hoffnungsvollen Blick und das Eis in seinen Augen schien zu schmelzen.

„Kleines Mädchen.“

Wieder erklang eine Stimme in meinem Kopf. Erstaunlicherweise klang sie fest und voluminös, obwohl sie körperlos war. Gar nicht gedämpft oder rauchig, wie ich es erwartet hätte. Doch diese Stimme war anders.

Sie strahlte Macht aus.

Grenzenlose Macht und Autorität.

Ich blickte ängstlich zurück. Der Drache hatte seine Miene nicht verändert, sondern sah nur teilnahmslos zurück.

„Ich vertraue dir!“

Nun war das Eis endgültig gebrochen! Ich war erleichtert und brachte ein zaghaftes Lächeln zustande. Der Drache blieb jedoch weiterhin ernst.

„Solltest du mich enttäuschen, wird es für dich schmerzhaft werden. Du hast bereits einen Drachen auf deiner Seite, der dir vertraut. Abendsonne, so hast du sie doch genannt? Woher hast du diesen Namen?“

Reine Neugier lag in seiner Frage. Ich wusste nicht, was die anderen hinter mir machten. Ich hatte einfach alles um mich herum ausgeblendet. Ich sah nur noch diese hellblauen Augen direkt vor meinem Gesicht, welche die Größe meines Kopfes zu haben schienen. Ohne den Blick zu senken, antwortete ich so konzentriert, wie ich nur konnte. Ich wusste nicht, wie ich es anstellen sollte, daher erwog ich die Möglichkeit, einfach langsam zu denken. Als würde ich die Worte zwar aussprechen wollen, sie aber nicht über meine Lippen gleiten lassen.

„Ja, es stimmt. Ich habe ihr den Namen Abendsonne gegeben. Ich dachte, er würde am besten zu ihr passen.“

Zu meinem Erstaunen legte er sich hin. Die anderen Drachen folgten seinem Beispiel, selbst Abendsonne. Immer noch sah ich wie gebannt in seine Augen. Er schien zufrieden mit dieser Antwort.

Ich wusste nicht warum, aber ich fühlte mich wohl. Wohler als ich mich eigentlich hätte fühlen dürfen, vor so vielen Drachen, fand ich.

„Darf ich Ihnen eine Frage stellen?“

Amüsiert neigte er seinen Kopf und wartete. Ich deutete dies als Zustimmung, also sprach ich sie aus.

„Warum können Sie mich verstehen?“

Ich kam mir ein wenig unbeholfen vor. Doch der Drache antwortete darauf ganz unbekümmert:

„Ich heiße L'oro sa Quoros elvanar, aber du kannst mich bei meinem Rufnamen, Loquvanar, nennen, kleines Mädchen! Carolin, nehme ich an, heißt du?"

Ich nickte, anstatt zu antworten.

„Es freut mich, dich kennenzulernen, Carolin!"

„Was passiert hier, Carolin? Antworte doch bitte!"

Ich erkannte Helenas leicht hysterische Stimme und wandte mich ab. Die Augen des Drachen ließen mich los und musterten nun die anderen, die ängstlich hinter mir standen.

Schutz suchend stürzte Helena in meine Arme. Ich strich ihr mit einer Hand sanft über den Rücken, während sie ihren Kopf in meiner Schulter barg. Ich versuchte, sie zu beruhigen.

Über ihre Schulter hinweg sah ich die anderen an. Sie wirkten ebenfalls verstört, wenn auch nicht so sehr, wie ich es erwartet hatte. Ich hatte mit Schlimmerem gerechnet. Sie sahen längst nicht so schockiert und verängstigt aus wie damals, als sie Abendsonne das erste Mal gesehen hatten, wobei dies auch nur schwer zu übertreffen gewesen wäre.

„Ganz ruhig, Helena!"

Immer wieder strich ich ihr beruhigend über den Rücken, bis ich spürte, dass ihr Zittern langsam abebbte.

„Wie wäre es, wenn ihr euch alle mal setzt und ich euch alles erkläre?"

Ich wusste nicht im Mindesten, wie ich das anstellen sollte. Zögernd hockten sie sich hin. Die Drachen rührten sich nicht. Es schien, als wollten sie ebenfalls zuhören.

„Also“, fing ich an, „ich weiß, es ist schwer vorstellbar, das zu begreifen, was ihr hier seht.“ Ich blickte in die Runde. Helena immer noch in meinen Armen haltend, fuhr ich fort. „Ich weiß, es ist schwer zu verstehen, was hier gerade passiert. Aber ihr seid nicht verrückt. Versucht euch die Drachen einfach als große fliegende Eidechsen vorzustellen.“ Was waren sie denn sonst? Nein, das war Quatsch. Ich musste mir etwas anderes einfallen lassen. „Nein, vergesst das wieder. Stellt euch vor … ihr wärt in einem Traum. Dort habt ihr doch auch keine Angst vor Drachen, oder?“

Sie nickten und entspannten sich langsam. Ich redete weiter ruhig auf sie ein und erzählte ihnen alles, was mir so in den Sinn kam, bis sie schließlich anfingen, Fragen zu stellen. Erst zögerlich, dann mit wachsender Neugier. Raphaels Frage war die interessanteste.

„Können Drachen eigentlich sprechen, so wie wir?“

Ich lächelte ihn an, konnte aber nichts erwidern.

„Wäre es zu viel für sie, wenn ich jetzt darauf antworten würde?“

Ich sah mich um. Abendsonne betrachtete mich mit neugierigem Blick.

„Ich denke, das geht in Ordnung.“

So wie meine Geschwister, Jaron und Raphael mich ansahen, wusste ich, dass ich recht hatte. Abendsonne antwortete Raphael mit Gegenfragen.

„Was möchtest du denn hören?“

Ihre Stimme klang genau so wie in meinem Kopf.

Genauso fest.

Genauso melodisch.

Genauso klar.

Raphael lachte und nickte aufgeregt mit dem Kopf.

„Ich habe sooo viele Fragen!“, sagte er und breitete seine Arme weit aus, als wolle er damit das Ausmaß seines Wissensdurstes verdeutlichen. Dann holte er einmal tief Luft und fing an, eine Frage nach der anderen zu stellen. Wie bei einem Wasserfall sprudelten seine Worte nur so aus ihm hervor.

Abendsonne konnte seine vielen Fragen gar nicht so schnell beantworten; kaum hatte sie zu sprechen angesetzt, da stellte er ihr schon fünf weitere Fragen. Doch sie blieb geduldig und beantwortete seine Fragen so ausführlich wie möglich. Irgendwann schaltete sich Loquvanar mit ein und beantwortete ein paar der schwierigeren Fragen.

Nun tauten auch die anderen langsam auf und fingen, wie Raphael, an, gezielt Fragen an die Drachen zu richten. Die Drachen lagen währenddessen immer noch auf dem Boden. Helena hatte sich inzwischen aus meiner Umarmung geschält und hockte nun dicht bei Abendsonne. Wir hatten alle richtig Spaß an dieser Konversation und fanden kein Ende. Nach Ewigkeiten, wie es schien, brach Abendsonne die Unterhaltung schließlich ab.

„Ich möchte ja nur ungern die Spielverderberin sein, aber müsst ihr nicht langsam nach Hause und die Kühe versorgen?“, fragte sie.

„Warum weiß sie das, Carolin? Hast du ihr das erzählt?“, erkundigte sich Killian.

„Ich weiß nicht mehr, könnte sein. Aber es stimmt, wir müssen nach Hause. – Ich hoffe, wir sehen uns wieder.“ Ich schaute zu den Drachen auf.

„Das werden wir“, erwiderte Loquvanar und erhob sich.

Wir anderen standen geschlossen mit auf. Die Drachen verabschiedeten sich alle mit einem Nicken und gingen tiefer in den Wald. Wir anderen liefen den Pfad entlang zum Dorf.

„Mensch, war das aufregend!“, jauchzte Raphael.

„Versprich uns, dass du niemandem von ihnen erzählst“, bat ich ihn.

„Ich verspreche es! Kein einziges Wort wird über meine Lippen kommen.“

Er tat so, als würde er seinen Mund verschließen und mir einen unsichtbaren Schlüssel in die Hand legen. Er meinte es ernst mit dem Schweigen. Er würde sein Versprechen nicht brechen, das wusste ich.

„Schön. Sollen wir bei euch noch etwas trinken gehen, Jaron?“, fragte ich.

„Lasst uns mal in eine andere Schenke gehen. Das bringt ein wenig Abwechslung.“

„Ist in Ordnung. Wir füttern erst noch die Tiere und dann gehen wir gemeinsam in irgendeine andere Kneipe. Schließlich seid ihr nicht die einzigen Wirte in unserem bescheidenen Dorf“, überlegte Killian.

Jaron und Raphael sahen sich an und nickten einstimmig.

„Wir helfen euch dann bei den Kühen!“, verkündete Jaron.

Es war später Nachmittag, als wir den Ochsen und die Kühe von der Weide holten.

„Der Ochse kommt in diese Box, Raphael“, sagte Killian und deutete auf die hinterste.

„Ist gut."

Der gutmütige Ochse ließ sich ohne Widerstand von Raphael in seine Box bringen. Jaron half mir mit den Kühen. Als alle Tiere in ihren Boxen standen und bereits am Haferfressen waren, kontrollierten wir noch schnell ihre Klauen, ob sich keine Steine darunter befanden. Danach gingen wir wieder ins Dorf zurück.

Ich fand unser Dorf damals sehr idyllisch. Wir waren fast wie eine große Familie mit über 2000 Einwohnern gewesen. Hier hatte jeder jeden gekannt. Das musste aber nicht immer unbedingt etwas Gutes verheißen. Gerüchte und Tratsch verbreiteten sich hier schneller als ein Buschfeuer auf der trockensten Wiese. Wenn man jedoch wusste, wie man mit den Einwohnern umzugehen hatte, war es ein schönes Beisammensein.

Das Besondere an unserem Dorf war zum einen der Wald, der uns wie eine liebende Mutter einbettete, und zum anderen der Rulkorsee.

Es hatte zu jener Zeit viele andere Dörfer gegeben, die weit entlegen gewesen waren. Ich hatte bis zu meinem fünften oder sechsten Winter gedacht, dass es außer unserem Dorf keine anderen Menschen geben würde. Doch ich hatte mich damals geirrt. Die Dörfer waren, laut meiner Mutter, alle durch Straßen miteinander verbunden gewesen. Diese „Straßen" waren jedoch nicht viel mehr als etwas breitere Trampelpfade, die sich durch den dichten Wald schlängelten. Sie wurden eigentlich nur zu Vollmondphasen, wenn die Nächte am hellsten waren, genutzt. Dann wurden Waren von Dorf zu Dorf getauscht.

Für die Einwohner bedeutete dies, dass es dann stets vier Tage lang einen riesigen Markt geben würde, auf dem die Waren gehandelt werden konnten. Dieser Vollmond-Markt bestand aus Aberhunderten von Ständen und vielen kleinen Buden. Das Interessanteste an so einem großen Markt war die Tatsache, dass jedes Dorf andere Waren mitbrachte.

Zu unserem Dorf gelangten Verkäufer aus allen vier Himmelsrichtungen. Die Verkäufer aus dem Norden brachten unter anderem sehr viel Fischware und Lampenöl mit, da sie am Meer wohnten. Fisch war in unserem Dorf immer eine sehr knappe Ware gewesen und daher sehr begehrt, ebenso wie das Öl. Unsere Mutter aß für ihr Leben gern Fisch, denn der sei, so sagte sie uns immer, eines der gesündesten Nahrungsmittel, die wir bekommen würden.

Die Dörfer aus den südlichen und teilweise aus den westlichen Gegenden brachten viele exotische Früchte mit. Äpfel, Birnen und Pflaumen konnten wir in unserem Dorf selbst ernten, da die Bäume, die dieses Obst trugen, hier wuchsen. Es waren Früchte wie Bananen, Zitronen, Orangen und sogar Ananas, welche eine Rarität darstellten. Zudem besaßen einige aus jenen Dörfern riesige Baumwollplantagen und stellten daher jede Menge Stoffe her, ebenso wie Färbemittel, die sie ebenfalls bei einem Vollmond-Markt tauschen konnten.

Die Dörfer aus dem Osten hatten sich auf das Gebiet der Jagd spezialisiert. Sie tauschten daher viele Felle. Entweder verarbeiteten sie die Felle zu warmen Winterdecken oder machten sogar Kleidung daraus.

Einige Dorfbewohner kamen aus den nahe gelegenen Hochgebirgen zu uns ins Dorf und boten viele Eisenwaren an, wie Messer, Ketten, Sägen und vieles mehr. Meiner Mutter nach hatten jene Dorfbewohner die anstrengendste Arbeit zu verrichten. Sie trugen Eisen aus den Bergen ab oder aus tiefen Höhlen, je nachdem, wo sich Erzadern befanden. Anschließend mussten sie das gewonnene Erz mit extrem heißem Feuer schmelzen und in vorgefertigte Rohformen gießen. Danach musste das Eisen im glühenden Zustand zurechtgeschlagen werden.

Bevor der Vollmond-Markt losging, mussten wir stets unsere Vorratsräume durchforsten und eine Bestandsaufnahme machen. Wir besaßen zu der Zeit drei Vorratsräume in unserem Haus. Einen dieser Räume hatte ich liebevoll „Eispalast" getauft. In ihm herrschten Temperaturen, die dem harten Winter draußen glichen.

Hier wurden in vielen Regalen hauptsächlich Fleisch und Fisch gelagert, aber das ging nur solange, wie draußen der Winter herrschte. Denn der Vorratsraum besaß hohe Wände und oben unter dem Dach war ein rundherum zwei Fuß hoher Spalt, der die eiskalte Winterluft hereinließ und somit das Fleisch einfrieren konnte. Sobald es wärmer wurde, taute das Fleisch auf, doch bevor das geschah, mussten wir es verbrauchen oder in reichlich Salz einlegen. Dafür befanden sich mehrere große Holzboxen gestapelt an einer Wand. Ein großer Behälter stand daneben. In ihm befand sich bis zum Rand Salz aus den Dörfern der Bergregionen.

Die anderen beiden Räume wurden mit verschiedenen Säften, Gemüse- und Obstsorten sowie allerlei Haushaltswaren bestückt. Den Großteil der Bestände machten jedoch das Öl für die Lampen, welches sich in großen Fässern befand, und das Brennholz für den Kamin aus. Sie hatten normale Raumtemperatur, wie sie überall sonst in unserem Haus herrschte. Ein Eispalast genügte uns auf alle Fälle.

Die Tage des Vollmond-Marktes waren für unser Dorf sowohl aufregend als auch anstrengend. Wir mussten viel von unserer Ware gegen andere Ware eintauschen, und das hieß für uns schweißtreibende Arbeit. Der Vollmond-Markt bescherte uns die meisten Einnahmen. Denn was bei uns in großer Anzahl wuchs und gedieh, war wiederum für die anderen Dörfer lebensnotwendig.

„In welchen Schankraum gehen wir denn jetzt?“, fragte ich Jaron.

Wir waren vor einem großen Gebäude stehen geblieben.

„In diesen hier. Der gehört meinem Onkel Peter.“

Jaron machte die Tür auf und wir traten ein. Es war mit Abstand das größte Haus in unserem Dorf. Hier kamen allerdings nicht so viele hin, da es sich am Rand des Dorfes befand. Drinnen war es nicht ganz so stickig wie bei den Henslins, dafür aber längst nicht so gemütlich. Die Stühle sahen alle noch recht unbenutzt aus und nur wenige von ihnen waren im Moment besetzt.

„Wen haben wir denn da? Sind das nicht meine beiden Neffen Jaron und Raphael?“

Ihr Onkel Peter kam herbeigeeilt. Er hatte keine Ablösung und musste daher den ganzen Tag allein in diesem Raum verbringen. Sein Haus befand sich nebenan. Es war klein, aber für eine Person reichte es allemal.

Insgeheim hatte ich immer gehofft, Peter würde irgendwann seine Traumfrau finden. Er war ein netter und geselliger Mensch. Aber er hatte nie sein Glück finden können. Seine Neffen waren für ihn wie eigene Söhne, die er wohl nie haben würde.

„Hallo, Onkel Peter“, begrüßte ihn Jaron herzlich mit einer Umarmung.

„Was verschlägt euch denn hierher?“, wollte Peter wissen und klopfte Jaron auf die Schulter.

„Wir sind zumeist bei uns. Und da dachten wir, wir gehen zur Abwechslung mal in eine andere Schenke und schauen, wie die Lage bei dir so aussieht“, erklärte ihm Jaron.

„Das freut mich. Ich sehe euch doch so gerne, meine Lieben“, strahlte Peter. „Kann ich euch etwas zu trinken anbieten?“

„Wir nehmen alle Wasser!“

„Kommt sofort.“

Peter verschwand im hinteren Raum.

„Wisst ihr, was mich immer noch bedrückt?“, fragte ich in die Runde.

Wir ließen uns an einem Tisch nahe der Theke nieder.

„Was bedrückt dich denn, Schwesterherz?“, erkundigte sich Ramon.

„Es ist komisch.“

Ich senkte meine Stimme und schaute mich um, ob uns einer belauschte. Die anderen kamen, auf meine Handbewegung hin, näher.

„Die Drachen benehmen sich so komisch. Meint ihr, sie wissen, dass der Wald abgeholzt werden soll?“

„Ich weiß nicht. Wir können sie nicht so gut einschätzen wie du! Du kennst sie schon ein wenig länger als wir.

Außerdem hast du ein Feingefühl für so etwas. Haben sie sich denn anders verhalten als sonst?", fragte Ramon.

„Ja, irgendwie schon. Sie bedrückt irgendetwas. Sollen wir morgen noch mal zu ihnen?", fragte ich.

„Auf jeden Fall. Ich kenne noch nicht alle Drachen. Du musst uns alle miteinander bekannt machen. Damit meine ich nicht nur Loquvanar und Abendsonne, sondern die anderen, die etwas abseits gestanden hatten!", forderte Helena mich auf.

„Das kann ich machen. Aber wenn wir wieder bei ihnen sind, müsst ihr mich zuerst allein mit ihnen sprechen lassen, ja? Schließlich vertrauen sie uns noch nicht völlig, selbst wenn das heute so ausgesehen hat. Vorsicht ist immer besser als Nachsicht", belehrte ich.

Genau in diesem Moment kam Peter mit sechs Krügen an unseren Tisch.

„Das ist aber kein Wasser, Peter."

„Ich weiß. Ich dachte mir, Wasser ist so langweilig im Geschmack, daher habe ich euch einen Fruchtsaft gemacht", erklärte er fröhlich und verteilte die Krüge. Helena probierte ihn als Erste.

„Der schmeckt gut", war ihr Urteil.

„Ja, doch. Man kann nicht meckern", bestätigte Ramon.

„Ich möchte nicht unhöflich sein, aber wenn ihr mich jetzt bitte entschuldigen würdet?" Peter lächelte und ging zu den nächsten Tischen.

Wir tranken unsere Saftkrüge aus und begaben uns dann wieder nach draußen, da Peter offensichtlich genug mit seinen anderen Gästen zu tun hatte.

Wir gingen alle instinktiv zum Rulkorsee. Dort setzten wir uns ans Ufer. Es war inzwischen Abend geworden und die Sonne verschwand allmählich hinter den Bäumen.

„Wir treffen uns morgen hier. Ich denke, wenn die Sonne gerade hinter den Bäumen auftaucht, ist es am besten, oder?", brach ich das Schweigen.

„Ich denke schon. Das müsste gehen", bestätigte Jaron.

Wir saßen noch eine Weile am See, ehe wir uns auf den Weg nach Hause machten. Im Dorf trennten sich dann unsere Wege.

„Bis morgen! Gute Nacht euch beiden!", rief ich Jaron und Raphael hinterher.

Sie winkten uns noch zu, ehe sie im Schankraum ihrer Eltern verschwanden.

„Jaron wird bestimmt fantastisch schlafen, jetzt, da er weiß, dass er dich morgen früh schon wiedersehen wird", neckte mich Killian.

Ich knuffte ihm spielerisch in die Rippen. Wir waren an unserem Haus angelangt und traten ein. Das Abendessen stand schon fertig zubereitet auf dem Tisch.

„Ihr habt heute jede Menge Spaß gehabt, was? Wo seid ihr denn die ganze Zeit gewesen?", wollte Mama wissen.

Wir begrüßten sie jeweils mit einer flüchtigen Umarmung.

„Wir waren am See und im Wald. Wir brauchten heute ein bisschen Abwechslung. Sonst sind wir immer nur bei Jaron", antwortete Ramon für uns alle.

Es entsprach ganz und gar der Wahrheit – trotz der Tatsache, dass er etwas Wichtiges ausließ: die Drachen.

„Schön. Dann mal einen guten Appetit, meine Lieben“, meinte Mama und setzte sich mit uns an den Tisch.

„Danke, dir auch!“, ertönte es viermal.

Wir hatten einen Bärenhunger und verschlangen das Abendessen binnen kürzester Zeit.

„Wer hilft mir beim Geschirrabspülen?“

„Wir übernehmen das, Mama“, boten Killian und Ramon an.

Ich merkte meinen Geschwistern an, dass ihnen, ebenso wie mir, bewusst geworden war, dass der heutige Tag unser Leben auf ewig verändert hatte. Wir hatten die Wahl, ob wir die Drachen ein für alle Mal vergessen oder ob wir sie als Teil unseres Lebens betrachten würden. Egal wie wir uns entscheiden würden, es wäre in jedem Fall ein großes Risiko, mit dem wir von nun an leben würden.

Dass wir alle ziemlich durcheinander waren, war mir spätestens bewusst geworden, als wir den Wald verlassen hatten. Jeder war nachdenklich gewesen und musste für sich eine Entscheidung treffen. Dass wir uns morgen bereits wieder mit den Drachen treffen würden, hatte mir bestätigt, dass sie grundsätzlich bereit waren, dieses Geheimnis zu wahren, statt es aufzugeben.

„Dann können wir ja schon ins Bett gehen. Gute Nacht euch allen!“ Helena und ich verabschiedeten uns vom Rest der Familie und trotteten ins Badezimmer.

Nachdem Helena und ich uns für die Nacht umgezogen hatten, wünschte ich ihr eine angenehme Nacht.

„Ja, ich hoffe, du schläfst auch gut. Ich bin gespannt, wie der Tag morgen wird.“

„Ja, das bin ich auch. Dennoch bin ich froh, dass ich vorher noch einmal zur Ruhe kommen kann. Der Tag heute war schon aufregend genug“, gähnte ich und hielt mir eine Hand vor den Mund.

Kaum hatte ich meine Zimmertür hinter mir geschlossen und mich auf mein Bett fallen lassen, sank ich in einen tiefen, traumlosen Schlaf.

IN EINER ANDEREN ZEIT

Der Wind trieb mir Tränen in die Augen, so schnell flogen wir über die Wälder hinweg. Wogarras schlug nur selten mit den Flügeln, da er sich geschickt von den wärmeren Luftströmungen nach oben treiben ließ, um dann anschließend wieder durch kältere Zonen nach unten zu gleiten.

„Ich denke, die kleine Stadt müsste jeden Augenblick vor uns auftauchen. Am besten wir gehen tiefer, damit wir nicht schon gesehen werden, bevor wir überhaupt eine Möglichkeit der Auseinandersetzung bekommen würden.“

Ich deutete mit einer Hand Richtung Wald, damit die Eskorte, die uns begleitete, Bescheid wusste. Wie eine feste Formation neigten sich alle Drachen zeitgleich gen Wald und zogen ihre Flügel an. Der Sturzflug wurde vom plötzlichen Ausbreiten der Schwingen abgebremst und die Drachen landeten anmutig auf einer kleinen Lichtung, in der Nähe eines breiten Flusses.

„Wenn Sie dann so weit wären, Winnara, würden wir zum Drachenberg zurückfliegen. Wie Ihr wisst, sollten wir Euch nur zu eurem Ziel eskortieren. Dass wir an Eurem Vorhaben beteiligt sein würden, war nicht vereinbart“, erklärte mir der Anführer der Eskorte.

Wir stiegen beide von unseren Drachen herunter.

„Dessen bin ich mir bewusst. Ich danke euch für die Begleitung und hoffe, dass ich schon bald Bericht erstatten kann."

„Möget Ihr weiter laufen als je zuvor, Wasserläuferin!"

„Möget Ihr höher tanzen als je zuvor, Lufttänzer!"

Der Anführer vollführte die Wellenbewegung mit einer Hand, während ich einen langen Pfiff ausstieß.

Der Anführer verneigte sich kurz und legte dabei die Faust übers Herz. Ich tat es ihm nach. Danach schwang er sich wieder in den Sattel seines schneeweißen Drachen. Auf ein stilles Zeichen hin erhob sich die Eskorte zeitgleich zum Himmel und verschwand bereits nach wenigen Flügelschlägen hinter den Baumkronen.

„Dann wollen wir doch mal sehen, wie weit wir es noch bis zu dieser Stadt haben, nicht wahr?"

Ich strich Wogarras liebevoll zwischen den Nüstern und machte mich mit ihm zu Fuß weiter auf den Weg.

„Ich denke, wir sollten es lange vor Nachtanbruch schaffen, dort anzukommen. Dann wirst du genügend Zeit haben, um dir eine Unterkunft für die Nächte in der Stadt zu suchen, und ich werde eine Höhle in den Bergen, die hier in der Nähe sein sollten, beziehen."

„So hatten wir es ausgemacht. Und die Entfernung sollte für unsere Gespräche, die wir miteinander führen wollen, nicht zu groß sein, das heißt so, dass du jederzeit mit mir sehen und hören kannst. Sollte ich irgendwann in Gefahr geraten, wirst du sofort Bescheid wissen."

Trotz seiner beeindruckenden Größe konnte sich Wogarras völlig lautlos durch die Wälder bewegen. Als Raubtier musste man das schließlich bis zur Perfektion beherrschen, da sonst die Beute gewarnt werden und frühzeitig abhauen würde. Man durfte nie vergessen, dass ein Drache kein Haustier war, wie etwa ein Hund, sondern ein eigenständiges, denkendes Individuum.

Es dauerte nicht mehr lange und die ersten Steinhäuser kamen in Sicht. Vorsichtig nahm ich Wogarras eine der Satteltaschen ab und fing an, mir meine Kriegsausrüstung auszuziehen. Schließlich wollte ich mich zunächst als ein Mensch ausgeben, um deren Vertrauen zu gewinnen, ehe ich irgendetwas über Drachen sagen würde.

Ich zog mir dreckige und etwas zerrissene Klamotten über und verstaute meine blaue Ausrüstung ganz unten in der Satteltasche. Meinen Bogen band ich an Wogarras' Sattel fest. Ihn würde ich mir später holen, wenn ich mehr über die Lage in der Stadt wusste.

„Ich habe so weit alles in dieser Tasche dabei. Du kannst dich zu den Bergen begeben."

Wogarras strich mir ein letztes Mal mit seinem Maul über die Haare, ehe er lautlos im Wald verschwand, bevor er sich anschließend in die Lüfte erhob. Als ich mir sicher war, dass Wogarras gut untergekommen war, machte ich mich auf den Weg in die Stadt. Es dauerte nur wenige Augenblicke, bis ich die ersten Menschen erblickte.

Sie befanden sich auf einer Wiese und schlugen mit Äxten auf Holzstücke ein. Das Holz diente offensichtlich für Feuer, damit die Menschen es in ihren Häusern warm hatten, denn sie hackten es in unterschiedlich geformte, kleine Stücke.

Man entdeckte mich schneller, als ich gedacht hätte, als ich vorsichtig auf die drei Männer zuging.

„Na, wen haben wir denn da? Sind Sie ganz alleine unterwegs? Wo kommen Sie her?“, fragte mich einer von ihnen und stützte sich dabei auf seiner Axt ab.

Die anderen beiden hielten in ihrer Arbeit inne und musterten mich neugierig. Entschlossen, mit der Satteltasche in der Hand, trat ich näher.

„Mein Pferd ist mir vor einiger Zeit abhandengekommen. Es musste sich durch irgendetwas erschreckt haben, denn plötzlich befand ich mich auf dem Boden statt im Sattel. Diese Tasche ist das Einzige, was ich noch habe. Ihr habt hier nicht zufällig einen braunen Wallach vorbeigaloppieren sehen?“

Das Lügen fiel mir so leicht wie das Atmen. Deswegen wunderte ich mich auch nicht, dass sie sofort darauf eingingen.

„Nein, tut uns leid, gnädiges Fräulein. Das wäre uns bestimmt aufgefallen. Aber ein Pferd war hier nicht. Können wir Ihnen denn sonst irgendwie helfen? Haben Sie Familie oder Bekannte hier in der Stadt, bei denen Sie unterkommen können?“, fragte mich ein groß gewachsener junger Mann.

Er hatte breite Schultern, wunderschöne, sattgrüne Augen und schulterlange, schwarze Haare. Trotz der Tatsache, dass er ein Mensch war und nur ein Bruchteil so lange leben würde wie ich, konnte ich meinen Blick nicht von ihm lösen. Er reichte mir seine rechte Hand und holte mich damit zurück in die Gegenwart.

„Nein, leider nicht. Ich hatte gehofft, dass ihr mir helfen könntet. Ich komme von weit her und wollte eigentlich weiter in den Norden. Aber das werde ich wohl erst mal vergessen können“, antwortete ich ihm und erwiderte sein Lächeln.

„Das ist kein Problem. Wir haben ein großes Haus, da können Sie erst einmal die nächste Zeit wohnen, wenn es Ihnen recht ist. Selbstverständlich würden wir dafür auch nichts nehmen, wenn Sie uns auf unserem Grundstück ein wenig zur Hand gehen würden“, meldete sich der dritte von den Männern zu Wort.

„Ich denke, da werden wir uns schon einig werden. Vielen Dank für das großzügige Angebot!“, strahlte ich und ließ mich von den drei jungen Männern ins Haus geleiten.

5. Kapitel

Am nächsten Morgen ging ich mit Helena nach draußen. Wir misteten rasch die Boxen aus und molken die Kühe. Danach liefen wir ins Haus zurück und frühstückten.

„Morgen, Jungs!“, begrüßte ich Killian und Ramon.

„Morgen“, antworteten sie.

„Du, Mama, wir gehen heute wieder in den Wald oder im See schwimmen. Nicht, dass du dir Sorgen machst, weil du nicht weißt, wo wir sind“, sagte ich.

„Ist gut. Hauptsache ihr habt Spaß“, meinte sie.

„Mama? Könntest du heute die Tiere füttern? Die stehen schon auf der Wiese. Du brauchst sie nur noch reinstellen und ihnen Hafer geben“, bat Helena.

„Aber nur dieses eine Mal. Sonst lasst ihr euch das zur Gewohnheit werden. Immerhin muss ich mich heute noch um die Ernte im Gewächshaus kümmern. Versprecht ihr mir, dass ihr mir dann zum Abend hin bei dem Gemüse helft?“, fragte sie.

„Ja, Mama. Das ist nur dieses eine Mal, versprochen. Und mit dem Gemüse werden wir dir natürlich helfen!“

„Schön! Wenn ihr das Geschirr abspült, könnt ihr meinetwegen gehen.“

„Danke schön!“, freute sich Helena und umarmte Mama.

Mir fiel nur auf, dass ihr Lächeln ein wenig wehleidig aussah, doch ich war mir nicht ganz sicher. Ich ging nicht weiter darauf ein, was vielleicht ein Fehler gewesen war.

Nachdem wir abgewaschen hatten, liefen wir zu den Henslins. Im Schankraum wischte Magdalena gerade den Boden und war nicht sehr erfreut, dass wir ihn nun wieder dreckig machten.

„Tut uns leid!“, entschuldigte ich mich.

„Ist nicht so schlimm. Ich warte, bis ihr wieder draußen seid, und dann mache ich weiter. Geht dort zurück, wo es jetzt schon wieder dreckig ist, ja?“, murrte sie.

Wir zogen alle die Köpfe ein und nickten schuldbewusst, als wir Richtung Wohnung gingen.

„Jaron? Raphael? Kommt! Wir gehen jetzt in den Wald“, rief ich durch die Wohnung.

„Ich dachte, wir treffen uns am Rulkorsee“, sagte Raphael verwirrt.

Er befand sich außerhalb unseres Sichtfelds in einem anderen Zimmer, daher klang seine Stimme gedämpfter und leiser als sonst. Nichtsdestotrotz konnten wir ihn gut verstehen. Vermutlich waren Jaron und Raphael gerade dabei, sich umzuziehen.

„Wir haben es einfach nicht mehr ausgehalten. Was müsst ihr denn noch machen? Wir helfen euch. Wo seid ihr überhaupt?“, fragte ich.

„Wir sind hier, in der Küche. Das Geschirr spülen.“

Wir folgten dem Ruf.

„Ach du meine Güte! Warum habt ihr denn so viel zu spülen? Ich dachte schon, dass ihr gerade beim Umziehen wärt, weil wir schon so früh hierhergekommen sind“, erklärte ich mich.

„In einem Schankraum gibt es immer viel zu spülen. Das hier ist noch von gestern Abend übrig geblieben“, klärte Raphael mich auf. „Und dass du meinem Bruder gerne beim Umziehen zusehen würdest, hättest du auch direkt sagen können“, feixte er und grinste erst mich und dann seinen älteren Bruder an.

Weder Jaron noch ich gingen auf seinen letzten Kommentar ein. Das verhinderte jedoch nicht, dass ich bereits wieder die Hitze in meinen Wangen aufsteigen spürte.

„Warte, ich helfe euch. Sonst sind wir morgen Abend noch nicht fertig“, versuchte ich das Gespräch wieder auf ein unverfängliches Thema zu lenken.

Ich nahm mir einen Lappen und tauchte ihn ins Wasser. Es dauerte nicht lange und meine Geschwister nahmen die nassen Krüge und das Geschirr entgegen, um es abzutrocknen. Trotz der Tatsache, dass wir jetzt zu sechst anpackten, schien der Berg jedoch einfach nicht kleiner werden zu wollen. Wir standen alle dicht gedrängt um die Spüle herum und arbeiteten jeweils in Paaren, einer spülte und einer trocknete ab. Schließlich zahlte sich unsere tatkräftige Unterstützung aber doch aus: der Berg wurde langsam kleiner, bis er schließlich ganz verschwunden war.

Ich wischte noch einmal abschließend über das feuchte Holz und warf dann meinen Lappen zu den anderen in die Spüle. Jaron versuchte noch das letzte Wasser aus den Lappen zu holen, indem er die Lappen zu kurzen strammen Rollen drehte. Anschließend schlug er sie glatt aus und hängte sie über kurze Leinen, damit sie besser trocknen konnten.

„Das hätten wir geschafft. Auf geht's in den Wald!", rief er fröhlich und klopfte seinem jüngeren Bruder auf die Schulter.

Wir gingen aus der Wohnung und in die Schenke. Dabei kamen wir Magdalenas Bitte nach und folgten unserer Drecksspur nach draußen. Sie hatte bereits in einer anderen Ecke weitergewischt. Ich murmelte nochmals ein „Tut uns wirklich leid!" in ihre Richtung und dann ging es auch schon im Eilschritt in Richtung Wald.

Als er in Sicht kam, blickten wir uns um. Als wir uns sicher waren, außerhalb der Sichtweite jeglicher Dorfbewohner zu sein, rannten wir los und waren nur einige Augenblicke später im dichten Unterholz verschwunden.

„Das hätten wir geschafft", keuchte ich.

Wir gingen wie immer den steinigen Pfad entlang, bis wir unseren Baumstumpf fanden.

„Jetzt müssen wir nur noch ein wenig verharren, bis sie uns bemerken."

Mucksmäuschenstill saßen wir da und warteten ab, was passierte. Bis auf unseren hektischen Atem nahmen wir kaum andere Geräusche wahr. Als sich mein Puls beruhigt hatte, fing ich an, nach den Drachen zu rufen.

„Abendsonne? Loquvanar? Wo seid ihr? Wir müssen euch etwas mitteilen", rief ich in sämtliche Richtungen.

„Glaubst du, dass das funktioniert?", fragte mich Ramon.

„Ich weiß nicht. Wir werden es ja sehen."

Lange Zeit geschah nichts. Die Sonne stand bereits hoch am Himmel.

Plötzlich ertönte wieder das laute Knacken von trockenen Ästen und dann standen sie wieder da. Loquvanar an der Spitze, Abendsonne mit den anderen dicht hinter ihm.

„Ihr habt uns gerufen."

Loquvanar fragte dies nicht; er stellte es fest.

„Ja, das haben wir. Wir haben schreckliche Neuigkeiten für euch. Unser Dorf plant den Wald abzuholzen", platzte es aus mir heraus.

„Das ist uns bereits bekannt. Euer Dorf ist nicht das einzige."

Konnte es sein, dass ich mir das nur einbildete? Jedenfalls vernahm ich den Anflug eines leisen Vorwurfs in seiner samtenen Stimme.

„Was soll das heißen? Meint ihr, es gibt noch mehr Dörfer, die das geplant haben?", hakte Killian nach.

„Ja, leider."

Es herrschte Stille in der Runde. Niemand wollte das Thema weiter fortführen, da wir sonst erfahren hätten, wie die Drachen auf diese Holzrodung reagieren würden. Wir wollten nicht hören, dass die Drachen womöglich wegfliegen würden, und dadurch, dass es die Drachen nicht aussprachen, konnten wir noch hoffen, dass sie bleiben würden. Wir wussten jedoch alle, dass das nicht das Geringste an der Wahrheit ändern würde.

Traurig ließ Abendsonne ihren Kopf hängen. Loquvanar rührte sich jedoch nicht. Als Oberhaupt seiner kleinen Herde musste er trotz unangenehmer Tatsachen stark bleiben und zeigen, dass sich die anderen auf ihn verlassen konnten, wenn er schwierige Entscheidungen treffen musste.

Ich schaute zu Ramon hinüber. Er konnte es immer noch nicht fassen, dass ein Drache sprechen konnte. Sein Mund stand weit offen, als er der Reihe nach alle Drachen in Augenschein nahm.

„Mund zu, Ramon, sonst kommen Fliegen rein“, lachte Helena ihn aus und versuchte damit, die bedrückende Stimmung aufzulockern.

„Kann ich mal einen von denen reiten, Carolin?“, wechselte Raphael abrupt das Thema.

Seine kleinen, unschuldigen Äuglein fixierten mich. Wie schön es doch wäre, wieder so jung wie Raphael zu sein. Er machte sich keine sorgenvollen Gedanken wie wir anderen. Er sah nur die Vorzüge, die sich in einer Situation ergaben, und niemals die Probleme.

Als ich in sein unschuldiges Kindergesicht blickte, hätte ich fast nachgegeben. Fast!

„Nein, Raphael! Das ist nicht möglich“, schüttelte ich den Kopf.

„Bitte, Carolin! Ich bin noch nie auf einem Drachen geritten“, flehte er mich an.

Er kam näher und zog zärtlich an einem meiner Ärmel.

„Nein. Es geht nicht. Die Drachen haben jetzt gerade andere Sorgen. Vielleicht ein anderes Mal“, versprach ich ihm und hätte mir am liebsten die Zunge abgebissen.

Wie sollte ich so ein Versprechen halten? Jetzt kamen die anderen näher und weitere große Augen richteten sich flehentlich auf mich. Egal wo ich hinsah: flehentliche Blicke.

„Nein, heute nicht. Es ist zu gefährlich. Wir alle können nicht unser Gleichgewicht auf ihren Rücken halten. Und ich möchte nicht, dass ihr aus mehreren Fuß Höhe abstürzt. Außerdem haben wir keine Sättel oder anderes

Zaumzeug, womit wir uns festhalten könnten. Oder wollt ihr euch die Beine an den scharfen Schuppen aufreißen?"

Sie ließen enttäuscht die Köpfe hängen, wussten aber, dass ich recht hatte.

„Dann ein anderes Mal?"

Aus Raphaels Mund klang es eher wie eine Frage. Ich lächelte und strich ihm mit meinem Zeigefinger über seine Wangen.

Ja, ich wäre gerne wieder so jung.

Abendsonne mischte sich ein. „Carolin und ich versprechen euch, dass ihr uns irgendwann reiten dürft. Aber sie hat recht. Dafür ist es jetzt noch zu früh. Habt Geduld!"

Raphael nickte verständnisvoll und hob den Kopf.

„Und wie lernen wir, wie wir unser Gleichgewicht halten?", wollte er sofort wissen und blickte Abendsonne erwartungsvoll an.

Doch ich beantwortete seine Frage.

„Wir werden uns einfach ein paar Pferde ausleihen und auf ihnen reiten lernen. Das dürfte kein allzu großer Unterschied sein. Zumindest vorerst nicht. Im Dorf gibt es eine Familie, die sind Großgrundbesitzer und halten einen eigenen Reitstall. Sie züchten viele Pferde. Ich denke, wenn wir sie freundlich fragen und uns im Gegenzug als Arbeitskraft anbieten, dürfte das kein Problem sein. Versprechen kann ich allerdings nichts."

„Und warum reiten wir nicht einfach gleich die Drachen? Sie müssen ja nicht fliegen", überlegte Killian.

„Glaubst du wirklich, dass wir hier im Wald eine ganze Drachenherde einfach so reiten könnten? Nein, dafür stehen hier viel zu viele Bäume. Das ist zu gefährlich. Dazu kommt, dass wir nicht noch öfter in den Wald gehen können, als wir es ohnehin schon tun. Unsere Mutter schöpft sonst noch Verdacht."

Das brachte mich auf ein weiteres Argument.

„Außerdem sollten wir etwas mit ihr unternehmen. Sie ist viel zu oft alleine. Wir fehlen ihr wahrscheinlich sehr. Wir lernen einfach alle zusammen reiten. Das wäre eine gute Gelegenheit, sie aus ihrer Einsamkeit herauszureißen. Das wird bestimmt aufregend. Wir werden bestimmt jede Menge lernen und viel Spaß zusammen haben." Ich konnte gar nicht aufhören zu schwärmen, so begeistert war ich von der Idee, bis Helena eine Hand hob und mich innehalten ließ.

„Ich denke, das reicht als Erklärung."

Sie seufzte und wandte sich nun ebenfalls an die anderen.

„Ich finde, es klingt sinnvoll, was Carolin sagt. Lasst uns erst einmal mit Pferden das Reiten üben. So schlimm wird es schon nicht werden. Ich finde es nämlich ebenfalls nicht richtig, dass wir so oft im Wald sind und nur so selten bei unserer Mutter."

Beschämt sahen Killian und Ramon zu Boden.

„Ja, wir sehen es ein!", brummelten sie.

Ich war zufrieden, dass ich alle hatte überzeugen können, und noch dazu eine gute Alternative gefunden hatte. Es herrschte betretendes Schweigen, was mich wieder auf das Thema zurückkommen ließ, weshalb wir ursprünglich hergekommen waren.

Jetzt, da wir wussten, dass wir die Drachen noch öfter sehen würden, hatte ich den Mut, das auszusprechen, was wir uns vor wenigen Augenblicken noch nicht zugetraut hatten.

„Aber wenn das für euch nichts Neues ist, dass der Wald abgeholzt wird, dann müsst ihr doch schon überlegt haben, was ihr macht, wenn der Wald so klein wird, dass man euch entdecken könnte", schlussfolgerte ich.

Abendsonne nickte beklommen. Loquvanar trat vor.

„Wenn der Wald zu klein wird, dann werden wir gezwungen sein zu fliehen", sagte er rundheraus.

Das war für jeden von uns ein verbaler Schlag mitten in die Magengrube. Wir hatten es bereits befürchtet, doch jetzt diese klare Ansage zu hören, war noch mal etwas anderes. Es war endgültig und nahm uns die letzte Hoffnung. Sosehr wir uns wünschten, ihnen folgen zu können, wussten wir doch, dass wir unser Dorf niemals verlassen würden.

„Aber wohin wollt ihr fliehen?", fragte Raphael schockiert.

„Das wissen wir noch nicht genau. Aber es wird weit weg sein. Dorthin, wo wir geschützt weiterleben können. Wo wir keine Angst haben müssen, gejagt zu werden. Wir mögen zwar beängstigend aussehen, doch selbst wir haben unsere bestimmten Schwachstellen."

Bei dem letzten Wort verzog Abendsonne schmerzvoll das Gesicht und drehte ihren Kopf von mir weg, damit ich den Schmerz in ihren Augen nicht sehen würde. Ich verstand nicht, was das sollte, wollte aber später nachfragen, wenn wir ungestört und unter uns wären.

Ich konzentrierte mich wieder auf das, was Loquvanar gerade gesagt hatte. Plötzlich kam mir eine Idee, aber noch während ich sie aussprach, bezweifelte ich sehr stark, dass es auch tatsächlich klappen würde.

„Und was ist, wenn wir sagen, dass der Wald stehen bleiben soll?“

„Was würde das nützen? Selbst wenn euer Dorf die Rodung des Waldes aufgeben sollte, werden die anderen Dörfer wie geplant mit dem Roden anfangen. Ihr könnt hier leider kaum etwas bewegen.“

Bei diesen letzten Worten schwang ehrliche Trauer mit, obwohl Loquvanar es zu verbergen versuchte, aber sein Blick sprach Bände. Ich schüttelte den Kopf und wischte die Tränen weg, die meine Wangen herunterliefen. Ich wollte eine Möglichkeit finden, damit die Drachen bleiben konnten, doch es schien aussichtslos.

„Wie viele von euch gibt es noch in diesen Wäldern?“, wollte Helena wissen und versuchte so, das Gespräch in eine positive Richtung zu lenken.

„Bis zum jetzigen Zeitpunkt befinden sich nur noch wir sieben in diesen Wäldern. Vor einigen Tagen sind vier weitere von uns geflohen. Immer der Sonne nach. Wenn wir aufbrechen müssen, werden wir ihnen folgen“, antwortete Loquvanar.

„Warum seid ihr denn hiergeblieben und nicht mit den anderen zusammen geflohen?“, wollte ich wissen.

„Zum einen, weil wir einfach noch nicht aufbrechen wollen. Diese Wälder sind seit mehreren Hundert Wintern unser Zuhause gewesen, und zum anderen halten uns andere persönliche Gründe hier“, erklärte Loquvanar und warf Abendsonne einen flüchtigen Blick zu.

Ich wusste nicht, was der Blick zu bedeuten hatte, aber sie benahmen sich ohnehin alle sehr seltsam. Das musste daran liegen, dass die Zeit drängte. Ich würde mich ganz bestimmt nicht anders fühlen, wenn ich meine Heimat für immer verlassen müsste.

„Könnt ihr eigentlich alle sprechen?“, wollte Raphael wissen und reckte seinen Hals, um die anderen Drachen, die sich hinter Abendsonne und Loquvanar befanden, besser sehen zu können. Bei ihrer beider Größe nützte das jedoch nicht sehr viel.

„Ja, die anderen können auch sprechen, genauso wie wir. Soll ich euch mit ihnen bekannt machen? Immerhin kennt ihr uns jetzt schon eine ganze Weile und wisst immer noch nicht den Namen von jedem“, meinte Loquvanar und wandte sich seinen Artgenossen zu.

Es war nur allzu deutlich, dass Loquvanar das Oberhaupt dieser kleinen Herde war, denn niemand wagte sich zu rühren, bevor Loquvanar es erlaubte.

Er zeigte mit dem Kopf auf einen blauen Drachen. Wir gingen um Loquvanars Beine herum und ließen uns in einer lockeren Runde nieder. Abendsonne legte sich hinter mich auf den Boden und schmiegte, wie gewohnt, ihren Kopf neben meine Beine in das dichte, trockene Laub. Ich streichelte sie sanft und lauschte derweil Loquvanars Stimme.

„Das ist W'inn Syr himeres, ihr könnt sie aber Winyrre, nach ihrem Rufnamen, nennen“, stellte er die Drachendame vor.

Winyrre nickte mit ihrem Kopf. Sie sah aus, als würde sie aus purem Wasser bestehen. Ihre Schuppen schimmerten in sämtlichen blauen Schattierungen und machten den Eindruck, als hätten sie ein Eigenleben entwickelt.

Sie besaß schwarze Augen mit einem bläulichen Schimmer. Ihre Kopfform ähnelte der von Abendsonne. Ihren

Hals und ihren Schwanz zierten weiße Hörner, die, vor allem am Kopf, sehr bedrohlich wirkten. Sie war im Ganzen gleich groß wie Abendsonne.

„Er hier ist E'oro Arlelvanar hichor, da ich aber denke, dass auch dieser Name zu schwierig für euch sein dürfte, könnt ihr ihn Eovanaror nennen", machte Loquvanar mit der Vorstellungsrunde weiter und deutete auf einen schwarzen Drachen.

Eovanaror war fast vollständig schwarz, besaß jedoch einen orangegelben Bauch. Seine Hörner am Kopf sowie am Schwanz waren weiß mit einem kleinen Hauch von Gelb darin. Seine Krallen an den Füßen waren genauso weiß wie bei allen anderen Drachen.

Eovanaror beugte sich zu uns hinunter, um an uns zu schnuppern. Im Gegensatz zu Abendsonne war er deutlich muskulöser und besaß einen breiteren und kantigen Kopf, so wie Loquvanar. Seine Augen waren schwarz und hatten einen gelblichen Schimmer.

„L'inn in Hara saraid – oder für euch Linaraid!", machte Loquvanar weiter und bedeutete einem violetten Drachen vorzutreten.

Linaraid nickte erfreut mit dem Kopf und senkte ihn hinab, sodass er auf Augenhöhe mit uns war. Im Gegensatz zu allen anderen Drachen hatte sie nicht schwarze Augen mit einem andersfarbigen Schimmer darin, sondern strahlend weiße Augen. Ihre Iris war nicht zu erkennen und ich dachte kurz, dass sie blind sei, bis sie zielsicher Killian am Bein beschnupperte.

Ebenso weiß wie ihre Augen waren ihre Zacken und Krallen. Ihr gesamter Körper funkelte wie ein einziger, großer Amethyst. Ihr Bauch war nur ein wenig heller als der Rest ihres Körpers. Sie war deutlich kleiner als die anderen, sah dadurch aber nicht weniger gefährlich aus.

„Und hier haben wir E'in arla Imithy – oder auch Erlamity."

Linaraid machte Platz für einen grünen Wirbelwind. Ich dachte spontan, dass sie sehr gut zu meiner Schwester Helena passen würde, als sich Erlamity vor diese hinfläzte. Helena kicherte vergnügt und streichelte den grünen Kopf.

Erlamity schloss ihre schwarzen, grünlich schimmernden Augen und ließ ein zufriedenes Grollen ertönen. Ihre Hörner an Kopf und Schwanz waren längst nicht so eindrucksvoll wie bei Abendsonne oder wie bei Winyrre. Doch sie waren weiß und sahen äußerst spitz aus, ebenso wie ihre weißen Krallen, die sie vor Vergnügen in die Erde bohrte.

Sie hätte sich im hohen Gras nur hinzulegen und sich nicht zu bewegen brauchen, dann hätte man sie glatt übersehen können. Ihre satte, grüne Farbe glich dem von der Sonne bestrahlten Gras, das am Rulkorsee wuchs. Ihr Bauch war türkisfarben, was sehr gut mit dem restlichen Grün harmonierte.

„Und zu guter Letzt E'or sarre Rulkor – oder aber Esark genannt", beendete Loquvanar die Vorstellungsrunde und ließ den letzten Drachen zwischen Winyrre und sich hervortreten.

Ein weiterer schwarzer Drache trat aus der Herde hervor. Er war ein wenig kleiner als Abendsonne.

Er war fast vollständig schwarz, nur ein kleiner, weißer Stern prangte auf seiner Stirn zwischen den beiden Augen. Seine Krallen an seinen Füßen und die Hörner an seinem Kopf und Hals waren weiß wie Knochen.

Er besaß schwarze Augen mit einem auffälligen, weißen Schimmer, die mich neugierig anstarrten. Ich hatte großen Respekt vor ihm und wagte mich nicht zu bewegen. Vorsichtig senkte er seinen gigantischen Kopf und roch an meinen Haaren.

Abendsonne rieb ihren Kopf an seinem Hals und knurrte vergnügt. Wenn ich hätte raten müssen, hätte ich vermutet, dass sie Esark sehr mochte. Abendsonne sah mich bei diesem Gedanken vergnügt an und ich wusste, dass ich mit meiner Vermutung gar nicht so falschlag. Es schien sogar mehr zu sein als nur ein oberflächliches Gefühl, aber sicher war ich mir nicht.

Helena lachte hocherfreut auf, als Erlamity ihr über die Hände leckte. Dann sah sie Helena mit ihren grünlich schimmernden Augen lange an und bewegte sich nicht weiter. Ich wusste nicht, was das zu bedeuten hatte, als Loquvanar ein tiefes Grollen ertönen ließ.

Erlamity zog rasch ihren Kopf zurück und ging hinter Esark in Deckung. Loquvanar schüttelte den Kopf, dann war er wieder still. Es war ein gemütliches Beisammensitzen. Ich bemerkte, wie Esark Jaron neugierig musterte und ihm durch die Haare blies. Die Runde lockerte sich etwas auf, als wir uns alle erhoben und uns gegenseitig mehr Platz machten.

Auf diese Weise bildeten sich viele Paare, wie etwa Killian und Eovanaror oder Ramon und Loquvanar neben Helena und Erlamity. Sie waren alle in verschiedene Gespräche vertieft. Bei Helena und Erlamity drehte sich alles um den Wald und was für einen Spaß man mit anderen haben konnte. Ramon führte mit Loquvanar, ihren Mienen nach zu urteilen, ein ernsteres Gespräch.

Es war ein tolles Gefühl, hier unter den Drachen zu sein und mit ihnen Zeit zu verbringen, ganz selbstverständlich und natürlich wie mit andern Menschen. Ich kraulte Abendsonne immer noch ihren Kopf und genoss es, hier mit ihr im Wald zu sitzen. Im Gegensatz zu den anderen hatte ich mich wieder auf den Waldboden niedergelassen, genau wie Abendsonne. Ich bemerkte schließlich, wie der Himmel über uns dunkler wurde.

„Ich glaube, wir müssen nach Hause, es wird schon spät. Wir sehen uns bestimmt morgen wieder, oder?“, fragte ich Abendsonne.

„Bestimmt. Und wenn nicht, wir sind ja noch nicht weg.“

Noch nicht!

„Du, Carolin? Ich habe da mal eine Frage; kannst du uns beibringen, wie wir mit den Drachen gedanklich kommunizieren können? Ich meine so etwas, was du kannst?“, bettelte Raphael.

Für einen ganz kurzen Moment war ich abgelenkt von unserem gegenwärtigen Problem, das immerzu wie ein drohendes Damoklesschwert über uns schwebte, und warf ihm einen dankbaren Blick zu.

„Mal schauen; wenn die Drachen nichts dagegen haben, werde ich es euch gerne versuchen beizubringen.“

Ich zuckte mit den Schultern und wandte mich an die Drachen oder, besser gesagt, an Loquvanar.

„Das macht uns nichts aus, Carolin. Ganz im Gegenteil, es tut uns gut, ein wenig Abwechslung zu haben. Wir Drachen können nämlich ebenfalls Langeweile bekommen“, erklärte er.

Seine Stimme klang so sanft wie eh und je, doch schwang da noch etwas mit, das ich nicht deuten konnte. War es Trauer? Verzweiflung? Oder sogar Wut?

„Das ist toll! Können wir dann morgen wiederkommen?“

Raphael war kaum zu halten, so aufgeregt war er. Offenbar wollte er die letzte Zeit, die den Drachen noch blieb, ehe sie gezwungen waren aufzubrechen, so oft wie nur möglich mit ihnen verbringen.

„Aber ja, Raphael. Wenn ihr Zeit und Lust habt, schaut einfach vorbei. Ihr wisst ja, wo ihr uns findet.“

„Das mach ich, äh, ich meine, das machen wir.“

Raphael strahlte über das ganze Gesicht.

„Bis morgen, Abendsonne, meine Hübsche.“

Wie immer strich ich ihr noch einmal flüchtig über den Kopf, bevor ich aufstand und den anderen zum Pfad folgte. Mit einem letzten Winken kehrten wir zum Dorf zurück. Die Drachen verschwanden wieder lautlos im Dickicht.

„Wahnsinn! Einfach unglaublich!“

Ich sah Ramon verwirrt an.

„Was ist denn?“

Seine Augen waren riesig, doch nicht aus Angst; vielmehr schien er vor Freude geradezu zu platzen.

„Ich kann es immer noch nicht glauben, dass sich diese wunderbaren Geschöpfe bei uns in den Wäldern aufhalten. Das Gespräch mit Loquvanar war einfach wunderbar.“

Er sprudelte förmlich über vor Freude und lief zügig den Weg entlang. Raphael musste schon fast rennen, um mit ihm mithalten zu können. Doch Ramon ignorierte das.

Er wurde immer schneller, bis er schließlich am Rennen war.

„Nicht so schnell, Ramon. Bitte! Sonst müssen wir gleich alle eine Ruhepause einlegen“, schnaufte ich und hielt dabei Raphaels Hand fest umklammert, damit er nicht den Anschluss verlor.

Es wunderte mich, dass er meiner Bitte nachkam und tatsächlich langsamer wurde, wenngleich er immer noch schneller als gewöhnlich den Pfad entlanglief. Doch es war jetzt viel erträglicher und ich konnte Raphaels Hand loslassen.

Als wir im Dorf waren, blieben wir wie vom Schlag getroffen stehen. Wir stellten mit Erschrecken fest, dass die Holzfäller bereits angefangen hatten, den Wald abzuholzen. Es wurden sogar bereits die ersten freien Flächen für neue Häuser freigeräumt.

„Das darf doch nicht wahr sein!“ Helena hielt den Atem an.

„Doch, es ist leider wahr. Der Wald wird ab heute immer kleiner werden und wir können gar nichts dagegen tun.“ Ich schluckte schwer. Die Zeit rann uns jetzt wie Sand durch die Hände.

„Lasst uns etwas trinken und essen gehen, ich muss hier weg. Ich kann mir das nicht länger ansehen“, bat Helena und griff intuitiv nach meiner Hand.

Wir gingen, ohne uns noch einmal umzusehen, auf direktem Weg in Peters Schankraum.

„Was ist euch denn über die Leber gelaufen?“, begrüßte uns Peter.

„Der Wald wird abgeholzt“, sagte ich matt und setzte mich auf einen Stuhl zwischen Helena und Jaron.

„Ja, ist das nicht fabelhaft? Dann wird unser kleines Dorf endlich größer und ich bekomme mehr Kundschaft. Und wer weiß, vielleicht wird es sogar irgendwann ein kleines Städtchen?“

Peters Augen leuchteten. Das gesamte Dorf schien sich darüber zu freuen. Na ja, fast das gesamte Dorf. Wir konnten Peters Begeisterung nicht zustimmen. Um nicht unhöflich zu sein, nickte ich ihm zu, voll darauf konzentriert, ein Lächeln zustande zu bringen.

„Soll ich euch Wasser holen? Ihr seht ganz schön fertig aus. Was habt ihr denn jetzt schon wieder gemacht?“

„Wir sind einfach nur ein bisschen müde“, log ich.

Es klappte, er schluckte die Lüge.

„Dann bringe ich euch am besten einen Saft, der euch ein wenig aufpäppelt, ist nichts Wildes, nur ein kleiner Energieschub!“

Peter tänzelte davon. Wir setzten uns an einen der Tische. Keiner von uns verlor ein Wort.

„Tja, ich bin gespannt, wer alles neu in unser Dorf kommt. Hoffen wir mal, das es nette Leute sind“, brach Jaron das Schweigen.

„Es sollten eine Menge Carolins kommen!“, neckte Ramon ihn.

„Ich finde, eine ist genug!“, grinste er verschmitzt zurück.

„Jaron ist verliebt! Jaron ist verliebt!“, höhnte Raphael.

„Ist gut, Raphael. Lass es gut sein!“, forderte ich ihn auf.

„Oh, hab ich deinen Liebsten geärgert? Das wollte ich aber nicht.“

Raphael konnte sich vor Lachen kaum noch auf dem Stuhl halten und fiel hintenüber. Nun lachten wir.

„Autsch, das tat weh! He, ihr sollt nicht lachen! Hört auf!“, schrie Raphael.

„Kleine Sünden werden nun mal sofort bestraft“, lachte ich.

„Raphael, warte es nur ab, bis du einmal in unserem Alter bist. Dann wirst du deine eigene Freundin haben“, erklärte Killian ihm sachlich.

„Vielleicht, aber im Moment macht es mir halt Spaß, Jaron und Carolin zu ärgern. Und obwohl Jaron nach außen hin versucht, unberührt zu wirken, ist er innerlich alles andere als gelassen. Als sein Bruder weiß ich ganz genau, wenn es unter seiner Haut zu brodeln anfängt.“ Er lachte erneut, dabei immer noch auf dem Boden sitzend, um nicht erneut herunterzufallen.

„Komm, Raphael. Lass jetzt gut sein! Du hattest deinen Spaß. Überlege dir genau, wie weit du es treiben willst. Es liegt nämlich an Carolin, ob du lernen wirst, wie man mit einem Drachen gedanklich kommuniziert. Und wenn du es dir mit ihr verscherzt, wirst du es nie lernen“, meinte Ramon und zwinkerte ihm zu.

Augenblicklich hörte Raphael auf zu lachen und setzte sich wieder auf seinen Stuhl. Schuldbewusst faltete er die Hände und legte sie vor sich auf den Tisch, den Kopf gesenkt.

„War nicht so gemeint, Carolin! Tut mir leid!“, murmelte er.

„Ich nehme deine Entschuldigung an. Aber ärgerst du uns noch einmal, dann weißt du, mit welchen Konsequenzen du zu rechnen hast, klar?“

Er nickte.

„Schön, dann wäre das geklärt“, meinte Jaron und grinste mich breit an.

Wenige Augenblicke später kam Peter wieder und stellte die gefüllten Krüge auf unseren Tisch. Dazu hatte er uns einige Brote mit Aufschnitt geschmiert.

„Ich hoffe, es schmeckt euch!“

Gierig griffen wir nach den Krügen und besänftigten unsere trockenen Kehlen. Etwas zu essen, tat ebenfalls unsagbar gut. Erst mit dem ersten Bissen bemerkte ich, was für einen tierischen Hunger ich hatte.

„Mhmm, ja, sehr lecker. Wie machst du das nur immer?“, fragte ich.

Die anderen waren zu beschäftigt, um auf Peters Rücksichtnahme einzugehen. Hastig tranken und aßen sie weiter.

„Das ist nicht schwer, man muss nur die richtigen Früchte miteinander kombinieren. Und Brot backe ich, seitdem ich denken kann, selber, nach einem Geheimrezept meiner Großmutter“, erklärte er stolz.

Ich hatte das Gefühl, mich mit Peter unterhalten zu müssen, da er gerade außer uns keine andere Kundschaft hatte. Er setzte sich mit an unseren Tisch. Ich versuchte das Gespräch mit ihm einigermaßen am Laufen zu halten. Helena unterstützte mich dabei, indem sie sich angeregt an unserem Gespräch beteiligte. Irgendwann überließ ich ihr das Gespräch komplett und wandte mich erleichtert ab. Helena besaß die Gabe, tagelang ununterbrochen reden zu können, ohne dass ihr dabei die Puste ausging. Das war jetzt sehr nützlich.

Als ich erneut einen Schluck aus meinem Krug nahm, traf mein Blick Jarons Blick. Er stellte seinen leeren Krug auf den Tisch und machte eine kaum wahrnehmbare Kopfbewegung zur Tür.

Ich nickte und versuchte, die Konversation zwischen Helena und Peter zu beenden. Helena verstand schon nach den ersten Worten, worauf ich hinauswollte, und beendete das Gespräch rasch, aber höflich. Sie trank das letzte bisschen aus ihrem Krug, dann stellte sie ihn zu den anderen fünf leeren Krügen auf den Tisch. Die Brote waren bereits alle aufgegessen. Mit einem „Bis die Tage!“ verließen wir den Schankraum.

„Wir müssen noch unsere Kühe sowie den Ochsen versorgen. Außerdem möchte Mama, dass wir ihr mit dem Gemüse helfen. Wollt ihr noch kurz mit zu uns?“, fragte Killian an Jaron und Raphael gewandt.

„Ja, warum eigentlich nicht? Wir haben sowieso nichts anderes vor“, stimmte Jaron zu.

„Darf ich den Ochsen bürsten?“, bettelte Raphael.

„Mal sehen, du hast dich ja gerade nicht von deiner besten Seite gezeigt“, erwiderte ich, lächelte jedoch dabei.

„Bitte! Ich verspreche euch auch, dass ich euch nicht mehr ärgern werde!“

„Das ist doch ein Wort. Na gut, aber versprich es mir!“

Ich bezweifelte, dass er dies ernst meinte, geschweige denn, dass er es schaffen würde, sein Versprechen ein paar Tage zu halten. Insofern war ich zutiefst überrascht, als er einwilligte.

„Ich verspreche es!“

Feierlich hielt er mir seine rechte Hand hin. Ich nickte zufrieden und schlug ein.

„Dann lasst uns mal aufbrechen, bevor die Sonne komplett untergegangen ist."

Nur unterbewusst war mir aufgefallen, dass Raphael und ich stehen geblieben waren. Zügig schlossen wir zu den anderen auf, ehe sie überhaupt bemerkt hatten, dass wir hinter ihnen zurückgeblieben waren.

Wir gingen die verlassene Dorfstraße entlang. Die Sonne tauchte das Dorf in ein gelbes Licht. Ramon öffnete das Weidentor und legte jedem Tier eines der Halfter um, die immer über dem Weidezaun hingen. Danach brachten wir die Tiere in die Scheune und banden sie vor ihren Boxen an. In der Scheune war es schon recht dunkel, sodass ich das halbe Dutzend Öllampen entzündete, damit wir zumindest ein wenig Licht hätten.

Als wir diese Lampen vor ewigen Zeiten angebracht hatten, war uns bewusst gewesen, dass wir Stroh und Hafer nun nicht mehr direkt an der Wand unter ihnen lagern konnten. Daher hatten wir über die Boxen Bretter verlegt, um dort derlei leicht entzündliche Ballen lagern zu können. Im Nachhinein stellten wir dann fest, dass wir aufgrund der Deckenhöhe und der Tiefe der Boxen viel mehr lagern konnten als vorher.

Den Steinboden der Stallgasse hielten wir streng sauber und zwei, drei Fuß vom Boden aufwärts hatten wir Steine an den Holzwänden hochgeschichtet. So konnte unsere geliebte Scheune kein Feuer fangen, sollte mal versehentlich eine brennende Lampe hinunter auf den Boden fallen.

Eilig holte Raphael die Putzsachen aus der kleinen Abstellkammer und fing an, den Ochsen zu putzen. Ein weiterer Vorteil, dass wir die Bunde nicht mehr direkt in der Stallgasse lagerten, war, dass die Stallgasse breiter war und man die Tiere vor den Boxen anbinden konnte, ohne Platz für beispielsweise Schubkarren machen zu müssen.

„Ich glaube, die Kühe müssen noch gemolken werden. Das mache ich jetzt wohl besser“, sagte ich.

Ich stellte mir einen Eimer zurecht. Gleichzeitig zog ich mir einen Hocker heran, setzte mich darauf und fing an.

„Carolin? Ramon, Helena und ich helfen unserer Mutter bei dem Gemüse. Du brauchst uns wahrscheinlich nicht mehr, oder?“, fragte mich Killian.

„Ja, die Kühe zu melken, schaffe ich noch gerade eben alleine“, scherzte ich.

Ich hörte, wie die Scheunentür aufging und wieder zufiel, drehte mich aber deswegen nicht um. Als die erste Kuh keine Milch mehr im Euter hatte, ging ich zur zweiten und stellte mir den Eimer sowie den Hocker passend hin. Ich vernahm das vertraute Geräusch, als eine Boxentür ins Schloss fiel, dann hastige Schritte und erneut das Öffnen der Scheunentür.

„Ich bin jetzt fertig und geh dann mal, Carolin. Der Ochse steht schon in seiner Box und das Putzzeug ist wieder dort, wo ich es hergeholt habe“, erklärte Raphael.

„Vielen Dank, Raphael! Das war sehr lieb von dir. Dann bis morgen!“, verabschiedete ich mich bei ihm.

„Ja, bis morgen!“

Die Scheunentür ging zu. Dann wurde es wieder still. Das einzige Geräusch, das jetzt noch zu hören war, war, wie die Milch in den Eimer spritzte. Ich ließ mir Zeit beim

Melken. Es war eine mühsame Arbeit, aber es dauerte nicht sehr lange und schon gab die zweite Kuh keine Milch mehr. Ich stand auf und hob den Eimer hoch.

„Soll ich dir beim Tragen helfen?“

6. Kapitel

Beinahe hätte ich den fast halb vollen Eimer Milch fallen gelassen. Mein Herz fing an zu rasen und mein Atem setzte aus. Ich drehte mich blitzartig um.

„Jaron? Was machst du denn noch hier? Ich hatte gedacht, du wärst mit den anderen schon weg. Nein danke, der Eimer ist nicht so schwer, wie er aussieht.“

„Wie du meinst.“

Schulterzuckend beobachtete er mich, wie ich die anderen Kühe molk. Stillschweigend griff er nach einem Kratzer für die Klauen und nach einer Bürste. Er fing bei der Kuh, die ich zuerst gemolken hatte, an, die Klauen zu kontrollieren. Anschließend bürstete er sie noch kurz über und stellte sie in ihre Box. Dann ging er zur nächsten und wiederholte den Ablauf.

Während Jaron mir dabei half, die Kühe zu versorgen, bekam ich immer mehr Milch zusammen und die Eimer reihten sich an der Wand unter den Öllampen auf.

„Was machst du denn noch hier? Musst du nicht nach Hause?“, fragte ich ihn, während ich den Hocker nahm und ihn wegstellte.

„Doch, schon. Aber ich wollte dir noch ein wenig Gesellschaft leisten, wenn ich darf?“, fragte er vorsichtig.

„Ja, natürlich darfst du das! Wenn es für dich nicht zu langweilig ist?“, fragte ich zurück.

„Nein. Ist es nicht.“

Ich wusste nicht, was es war, aber irgendetwas fand er daran äußerst komisch. Ich ließ es schnell bleiben, darüber nachzugrübeln, und sammelte sämtliche Halfter der Kühe ein, um sie an die Haken an der Wand gegenüber der Boxen aufzuhängen. Jaron stand entspannt angelehnt an einer Boxentür und wartete, bis ich fertig war.

„Du scheinst ein Händchen für Tiere zu haben. Du hast die Kühe sehr gut versorgt“, stellte ich fest.

Die Dämmerung tauchte mittlerweile das Innere der Scheune in ein dunkelrotes Licht. Die Kühe fraßen gemütlich ihren Hafer. Das Geräusch ihrer mahlenden Kiefer war das Einzige, was jetzt in der Scheune zu hören war. Ich spürte, dass Jaron mich intensiv musterte.

„Woran denkst du gerade?“, fragte ich ihn nervös.

„Ach, ich hab nur darüber nachgedacht, wie es wohl mit dem Reiten wird“, meinte er.

„Dann werden wir nette Ausritte unternehmen, was?“

„Sehr wahrscheinlich.“

Ich kontrollierte noch mal alle Boxentüren, ob ich auch keine zu schließen vergessen hatte.

„Wenn du mich jetzt entschuldigst? Ich bekomme so langsam Hunger.“

Ich hielt mir die Hand vor den Mund und gähnte ausgiebig.

„Wie mir scheint, bin ich genauso müde wie hungrig“, schmunzelte ich.

„Kein Problem, ich geh jetzt ebenfalls nach Hause. Sonst kann ich mir noch was von meinen Eltern anhören.“

Ich löschte die Öllampen und wir traten aus der Scheune in den immer dunkler werdenden Abend hinaus. Ein paar

Grillen zirpten noch in der Nähe. Sonst war es still. Ich sog die Luft ein und seufzte. Jaron machte hinter uns das Scheunentor zu und trat neben mich.

„Dann sehen wir uns morgen, denke ich. In aller Frühe!“, lachte er.

Ich nickte verschlafen und schloss die Augen.

„Gute Nacht, Carolin!“, flüsterte er in mein Ohr.

Ich fuhr erschrocken zusammen und riss die Augen auf. Er beugte sich nah zu mir hin.

„Entschuldige, ich wollte dich nicht erschrecken.“

Seiner Miene nach zu urteilen, war es aber genau das, was er wollte. Ich lächelte grimmig und widerstand dem Impuls, ihm die Zunge herauszustrecken. Vorsichtig kam Jaron näher. Wäre ich wacher gewesen, hätte ich bemerkt, wie angespannt er war. So aber war ich unvorbereitet auf das, was jetzt kam.

Er strich mir zärtlich eine Haarsträhne hinter das Ohr. Dann verweilte seine glühend heiße Hand auf meiner Wange. Er beugte sich vor und gab mir einen Kuss auf die Stirn. Ganz sanft lagen seine warmen Lippen auf meiner Haut.

Mein Herz machte wilde Sprünge bei dieser Berührung. Ich atmete keuchend ein und aus, meine Augen weit aufgerissen. Ich wusste, er spürte die Hitze, die mir gerade in den Kopf stieg und meine Wangen rot färbte. Er nahm seinen Kopf ein wenig zurück, jedoch nur so viel, dass wir uns direkt in die Augen sehen konnten.

Seine dunkelgrünen Augen waren nur wenige Zentimeter von meinen blauen Augen entfernt. Starr vor Schreck stand ich da, unfähig, mich zu bewegen.

Eine blonde Strähne fiel ihm vor die Augen, doch das schien ihn nicht zu stören. Ein Lächeln umspielte seine

Lippen und erreichte schließlich seine Augen. Sein Blick wurde warm.

„Träum was Schönes!“, hauchte er.

Sein Atem liebkoste mein Gesicht. Ich begann zu zittern. Er roch nach dem leckeren Saft, den wir bei Peter getrunken hatten. Ein sehr angenehmer Geruch.

Inzwischen war ich von meinem schnellen Herzklopfen wieder hellwach. Er ließ seine Hand nach unten zu meinem Kinn gleiten und fuhr dabei meine Wangenknochen nach. Seine Spur hinterließ Tausende von kleinen Flammen auf meiner Haut. Er schien es jedoch nicht zu bemerken.

Wie auch?

Nachdem er flüchtig mit dem Daumen über meine Unterlippe gestrichen hatte, zog er seine Hand wieder zurück. Ich sah ihn an.

„Du auch!“, antwortete ich stockend und ein wenig zu spät.

Er grinste und drehte sich um. Ohne ein weiteres Wort verschwand er mit schnellen Schritten hinter den Häusern. Ich stand noch lange da und starrte ihm hinterher. Dann legte ich eine Hand auf meine brennende Wange, genau dorthin, wo soeben noch seine gelegen hatte. Ich biss mir auf die Lippe und blickte peinlich berührt auf den Boden, dabei unbewusst lächelnd.

Als mir klar wurde, dass ich immer noch draußen vor dem Haus stand, setzte ich mich widerwillig in Bewegung. Drinnen brauchte ich noch einen Moment. Ich blieb stehen und schloss die Augen. Geschwächt lehnte ich mich gegen die geschlossene Haustür. So verharrte ich einige Augenblicke, bis ich wieder einen halbwegs klaren Kopf hatte.

Dann holte ich noch einmal tief Luft und betrat die Küche. Die anderen saßen alle schon am Tisch und aßen.

„Da bist du ja endlich. Möchtest du eine Scheibe Brot essen? Wir haben extra etwas für dich aufgehoben. Was hast du eigentlich noch so lange gemacht? Ich hatte schon befürchtet, dass du das Essen ausfallen lassen würdest“, bombardierte mich Mama mit Fragen.

„Ich war nur noch kurz die Kühe melken.“

„Und wo sind dann die Eimer voll Milch?“

„Oh, die stehen noch in der Scheune.“

„Dann hol sie bitte! Helena kann dir beim Tragen behilflich sein.“

Ich nickte und ging zusammen mit Helena nach draußen zur Scheune. Es war schon recht dunkel und ganz so lange wollte ich nicht mehr wach bleiben. Während ich über den Hof schlenderte, holte mich die Müdigkeit schlagartig wieder ein. In der Scheune griff ich nach zwei vollen Eimern. Helena schnappte sich die letzten beiden und ging mit mir zusammen wieder hinaus. Schwungvoll schubste ich die Scheunentür mit dem Bein wieder zu. Im Haus füllten wir die Milch um. Ich war aber so in Gedanken versunken, dass ich viel Milch danebengoss.

„Carolin, jetzt pass doch auf. Komm, geh mal beiseite, ich mach das schon“, meinte Mama ein wenig gereizt.

Ich setzte mich an den Tisch.

„Und? Warum bist du jetzt so abwesend?“, wollte Helena wissen.

„Nicht so wichtig.“

Ich warf ihr einen Blick zu, der sie wissen ließ, dass ich es ihr später mitteilen würde. Sie nickte ernst und platzte bald vor Neugierde. Ich schüttelte den Kopf und verdrehte die Augen. Schweigend aß ich meine Scheibe Brot und trank ein wenig Milch dazu.

Killian und Ramon hatten sich bereits aus dem Staub gemacht. Mama wusch das letzte bisschen Geschirr, dann verabschiedete sie sich. Wir riefen ihr noch ein „Gute Nacht!“ hinterher, bevor sie ihre Zimmertür hinter sich schloss.

Kaum war es still, konnte Helena nicht mehr länger an sich halten.

„Nun sag schon! Was ist passiert?“

Trotz ihres brennenden Verlangens nach einer Antwort flüsterte sie und kam dafür näher.

„Nun ja, ich habe euch verabschiedet und danach die Kühe versorgt. Du weißt schon: melken, bürsten und Klauen kontrollieren“, erklärte ich ausweichend.

Helena rollte genervt mit den Augen und schüttelte hastig den Kopf.

„Nein. Das meinte ich nicht. Später! Was geschah später? Ist Jaron noch geblieben?“

Ich sah sie fragend an. Ich konnte es nicht verhindern, doch ich blickte beschämt auf mein leeres Frühstücksbrettchen und wurde rot.

„Er hat dich tatsächlich geküsst? Wahnsinn! Herzlichen Glückwunsch, Schwesterchen! Ich hab schon gedacht, er traut sich nie.“

Helenas Stimme war immer noch gedämpft, sprühte aber dennoch vor Freude. Ich sah sie an, als sie mir feierlich die Schulter rieb.

„Woher weißt du davon? Sag bloß, du hast uns beobachtet?!“

Ich sah sie schockiert an und wäre am liebsten im Erdboden versunken, entspannte mich aber wieder, als ich sah, wie sie hastig den Kopf schüttelte.

„Nein, hab ich nicht, genauso wenig wie die anderen. Was denkst du denn von mir?! So gemein bin ich nun auch wieder nicht“, lachte sie, faltete ihre Hände und legte sie vor sich auf den Tisch. Es fehlte nur noch der Heiligenschein, dann wäre der Engelsblick perfekt gewesen.

„Was hast du *dann* gemacht?“, bohrte ich weiter.

Ohne einen einzigen Funken Reue erklärte sie: „Ich habe die anderen nur beiseitegenommen, damit ihr alleine und ungestört in der Scheune zurückbleiben konntet. Jaron hat dich immer schon so liebevoll und schmachtend angesehen, da musste ich handeln.“

Als würde das alles erklären.

„Mehr habe ich aber nicht gemacht. Ich schwöre es. Nur euch zwei alleine in der Scheune zurückgelassen. Ehrenwort!“

Sie hob eine Hand und legte sich die andere auf ihre Brust über dem Herzen. Ihr Blick war sehr ernst.

„Ist ja schon gut, ich glaube dir“, sagte ich zerknirscht. „Aber wissen die anderen davon?“

„Nein, nein! Keine Sorge Die wissen nichts. Sei unbesorgt“, beteuerte sie.

Ich nickte und leerte meinen Krug. Dann spülte ich mein Geschirr ab und stellte es zurück in einen der Schränke.

„Ich werde jetzt schlafen gehen“, verkündete ich und streckte mich ausgiebig.

„Tu das. Du hast es nötig. Du siehst ziemlich müde aus. Bis morgen. Schlaf schön!“

„Danke, du auch!“

„Du, Mama?“, ich lächelte sie an.

Sie sah verwirrt zurück.

„Ja, Liebes?“, fragte sie vorsichtig zurück. „Was gibt es denn?“

Ich biss einmal von meinem Brot ab, kaute und schluckte den Bissen hinunter. Ich hielt ihrem Blick stand. Die Tiere waren für den Morgen versorgt worden und nun lag es an mir, unserer Mutter meine Idee mit dem Reiten mitzuteilen.

Ich bekam immer die unangenehme Aufgabe, unserer Mutter Dinge mitzuteilen, auf die meine Geschwister keine Lust hatten. Ich musste oft zwischen meinen Geschwistern und unserer Mutter vermitteln. Dieses Mal war es jedoch gar nicht schlimm. Es bereitete mir sogar eine gewisse Freude, Mama unser Vorhaben zu unterbreiten.

Die anderen hielten in ihren Bewegungen inne und lauschten gespannt. Ich schluckte erneut. Dann sprach ich es aus:

„Mama, ich habe in den letzten Tagen gemerkt, dass du viel zu oft alleine bist, und das tut uns allen ganz furchtbar leid! Wir möchten das gerne wiedergutmachen, wenn du uns lässt. Wir haben uns gemeinsam überlegt, dass wir mal etwas zusammen unternehmen sollten. Etwas, was wir zusammen bewältigen müssen. So eine Art Gemeinschaftsbeschäftigung, bei der alle Mann an Bord sind.“ Sie nickte und wurde sofort hellhörig. „Was uns da so spontan einfiel, war Reiten. Was sagst du dazu? Hättest du Lust, es mit uns auszuprobieren? Es gibt hier im Dorf eine Familie, die Großgrundbesitzer, die uns genügend Pferde zur Verfügung stellen könnte.“

Dass ich bei besagter Familie noch gar nicht angefragt hatte, musste ich ja nicht erwähnen, aber so schwierig dürfte das schon nicht sein. Ich war erfreut, dass Mama lächelte und den Vorschlag offensichtlich akzeptierte.

„Meint ihr denn nicht, dass ich ein wenig zu alt bin, um mich noch auf ein Pferd zu setzen? Das könnte doch gefährlich werden. Und wahrscheinlich bin ich für euch mehr eine Last als ein Gemeinschaftsmitglied", gab sie zu bedenken.

„Nein, Mama. Das glauben wir nicht. Wir hätten uns diese Aktivität nicht ausgesucht, wenn wir es dir nicht zutrauen würden. Außerdem haben wir alle keine Erfahrung, was das Reiten betrifft. Das wird bestimmt super, wenn wir alle gleichzeitig damit anfangen!"

Ich hasste mich dafür, dass mir das Lügen in dem Moment so leichtfiel. Als ich die Sache mit dem Reiten mit den anderen besprochen hatte, hatten wir nämlich nur uns selbst im Blick gehabt und welche Vorteile wir dabei hätten. Unsere Mutter hatten wir dabei völlig außer Acht gelassen.

„Also, ich weiß nicht, Kinder."

„Bitte, Mama! Wir wollen dich nicht mehr unglücklich sehen. Du bist unsere Mutter! Wir sind deine Familie und deswegen unternehmen wir jetzt etwas zusammen. Lass es uns wenigstens einmal ausprobieren. Wenn es dir nicht gefällt oder du es nicht weitermachen möchtest, dann hören wir sofort auf, versprochen! Aber lass es uns bitte wenigstens versuchen!", bettelte ich.

War es gelogen, als ich es so formulierte?

Ich wusste es nicht. Auf der einen Seite wollte ich den anderen die Chance geben, einmal in ihrem Leben einen

Drachen zu reiten, denn wie oft kam es schon vor, dass Drachen in der Nähe lebten? Auf der anderen Seite tat es mir leid, dass wir unserer Mutter nicht die ganze Wahrheit sagen konnten, warum wir ausgerechnet reiten gehen wollten. Mir lag es sehr am Herzen, etwas mit ihr zu unternehmen, aber durften wir unsere Interessen über das Wohl unserer Mutter stellen? Oder machte ich mir da zu viele Gedanken?

Es war nie einfach, alle glücklich zu machen. Es wäre natürlich alles wesentlich leichter gewesen, wenn unsere Mutter und die Henslins von den Drachen erfahren und sie akzeptiert hätten. Aber ich konnte es schlichtweg nicht riskieren, es ihnen zu sagen.

Was, wenn sie es nicht so aufnehmen, wie ich es will? Was, wenn sie den Drachen nur schaden wollen?

Ich dachte zu viel nach. Ich hatte das Gefühl, mein Kopf würde gleich platzen. Aber nicht nur, als ich Mama überreden wollte, mit dem Reiten anzufangen, sondern schon den gesamten Tag über.

„Ich, also, na gut. Wir versuchen es. Aber ich hoffe, ihr seid nicht zu sehr enttäuscht, wenn es nicht klappen sollte."

„Danke, Mama! Wir wissen deine Einwilligung sehr zu schätzen, ehrlich!"

Ich gab ihr einen Kuss auf ihre rosigen Wangen.

„Wir fragen dann heute mal nach, wann wir anfangen können, und klären alles Weitere."

„Ist gut. Bevor ich es vergesse: Diesen Korb voll Gemüse könnt ihr Peter geben. Als Tausch dafür, dass ihr bei ihm gestern gegessen und getrunken habt."

Wir halfen ihr beim Spülen und gingen dann mit dem Korb in den Händen zu den Henslins hinüber. Jaron stand schon mit Raphael vor dem Schankraum und wartete auf uns.

„Guten Morgen! Und? Was hat sie gesagt?“, erkundigte sich Jaron.

„Sie sagte, dass sie es gerne ausprobieren würde“, berichtete ich.

„Und dieser Korb hier, der ist für euren Onkel Peter, für gestern!“

Jaron runzelte die Stirn, als ich das sagte, offenbar war ihm mein trauriger Unterton nicht entgangen. Zum Glück ging er nicht weiter darauf ein.

„Und, wie haben deine Eltern darauf reagiert? Möchten sie reiten lernen?“, fragte ich nach.

„Sie meinten, dass Reiten nichts für sie ist.“

Raphael zuckte mit den Schultern.

„Das ist schade! Wäre lustig gewesen. Aber wir können sie nicht dazu zwingen. Wer weiß, vielleicht kommen sie doch noch dazu, wenn sie erst einmal sehen, wie viel Spaß uns das bereitet. Sollen wir dann?“, fragte Helena und lief voraus.

Wir anderen folgten ihr schweigend. Jaron trat neben mich und sah mich besorgt an. Ich wandte mich von ihm ab.

„Was ist los?“, wollte er wissen.

Er umklammerte meinen Arm und ließ uns ein wenig zurückfallen. Die anderen bemerkten es nicht.

„Nichts“, log ich.

„Das glaube ich dir nicht. Möchtest du es nicht sagen?“

Seine Stimme war wohltuend. Er nahm mir den Gemüsekorb ab.

„Ich mache mir zu viele Gedanken", gab ich zu.

„Ich weiß. Das ist nichts Neues", schmunzelte er.

„Ich weiß nicht so recht, wie ich das einstufen soll. Ich meine, am Anfang ging es uns nur darum, die Drachen fliegen zu können. Habe ich das Recht, jetzt da meine Mutter einzubeziehen?"

Ich sah ihm tief in die Augen. Er hielt meinem Blick stand und er schien darüber nachzudenken, was ich gesagt hatte.

Dann meinte er: „Du vergisst, dass du mit deiner Mutter zusammen etwas unternehmen wolltest. Und das ist völlig unabhängig von den Drachen. Also ja, es ist dein gutes Recht! Du sorgst dich um deine Mutter und möchtest wiedergutmachen, dass sie in letzter Zeit ziemlich viel alleine war."

„Danke, Jaron!"

„Immer wieder gern. Dafür ist dein Freund doch wohl da, oder? Aber jetzt hör auf, darüber nachzudenken."

Wie selbstverständlich ließ er seine Hand meinen Arm hinabgleiten und umfasste meine Hand. Mit dem anderen Arm balancierte er den Korb auf seinem Hüftknochen. Sanft rieb er mit seinem Daumen über meine Hand. Ich lächelte ihn schüchtern an. Er lächelte zurück und sofort fühlte ich, wie mein schlechtes Gewissen verflog.

Vielleicht war es ihm ja gar nicht so richtig bewusst, aber er hatte sich als „mein Freund" bezeichnet. Das ließ mein Herz schneller schlagen.

„Ich versuche es, versprochen!", gab ich zurück.

Bevor wir den großen Hof erreichten, brachten wir den Korb bei Peter vorbei, der sich herzlichst dafür bedankte.

Schließlich vor dem Hof stehend, sahen wir uns das große Grundstück etwas genauer an.

„Na, scheint nicht viel los zu sein, was?“, fragte Ramon und ließ seinen Blick über den ruhigen Hof gleiten.

„Wer weiß, vielleicht sind alle nur beschäftigt. Lasst uns mal nachsehen“, schlug ich vor und stieß das beeindruckend große Eingangstor auf. Die anderen waren dicht hinter mir.

„Hallo? Ist hier jemand?“, rief Ramon in alle Richtungen, doch es kam keine Antwort.

Wir stoben in verschiedene Richtungen auseinander und riefen erneut. Vergeblich.

„Sehr komisch. So ein Hof sollte normalerweise nicht so leer stehen“, bemerkte ich.

Gemeinsam mit Jaron betraten wir einen der geräumigen Pferdeställe. Leises Gewieher begrüßte uns im Innern. Links und rechts von uns erstreckten sich lange Reihen mit Ställen.

„Sehr bescheiden alles“, bemerkte Jaron, ganz offensichtlich das Gegenteil denkend und ließ seinen Blick in jede Box gleiten.

„Entschuldigung, ist hier jemand?“, rief ich, rechnete aber nicht mehr mit einer Antwort.

Umso schockierter war ich, als ein blonder Kopf aus einem der Ställe weiter hinten erschien.

„Kann ich euch helfen?“, fragte der Junge freundlich.

Der Kopf verschwand und wenige Augenblicke später kam der Junge ganz zum Vorschein, mit einem herrlich schwarzen Pferd am Strick. Er ließ den Rappen drehen und band ihn vor seiner Boxentür an. Dann wandte er sich uns wieder zu. Er machte einen freundlichen Eindruck.

„Ich heiße Leonard. Kann ich euch helfen?“

Er kam auf uns zu und hielt mir seine Hand entgegen. Zögernd schüttelte ich sie kurz.

„Freut mich, dich kennenzulernen, Leonard. Ich bin Carolin und das hier ist Jaron.“

Ich wusste nicht wie man so etwas anging. Jaron bemerkte, dass ich nicht weiterwusste, und half mir dabei, indem er weiterredete.

„Wir wollten das Reiten erlernen und hier auf dem Hof nachfragen, ob uns vielleicht hierfür Reitkurse angeboten werden könnten?“

Seine Stimme war freundlich und er lächelte den Jungen an. Leonard war ein wenig größer als Jaron und könnte durchaus etwas älter sein. Ich musste zugeben, dass er eher wie ein junger Mann als ein Junge aussah, jetzt, wo er so nah vor uns stand und uns abwechselnd betrachtete.

„Freut mich, dass ihr Interesse habt. Ich heiße euch ganz herzlich willkommen und werde versuchen, euch ein paar ruhige Pferde zum Eingewöhnen zu geben. Schön, dass ihr euch an diesen Hof gewendet habt. Wir hatten schon lange kein Frischblut mehr.“

„Oh, wir sind mit meinen Geschwistern und Jarons Bruder hier“, erklärte ich ihm und sah mich um. „Sie sind zumindest hier auf dem Hof und suchen ebenfalls nach Ansprechpersonen.“

„Na, dann können sie aber noch lange suchen.“

Leonard fing an zu lachen.

„Sie werden hier niemanden finden, sie sind alle ausgeritten und kommen erst im Laufe des Tages wieder zurück. Ihr hattet Glück, mich gleich anzutreffen.“

„Wenn das so ist, dann geh ich sie eben holen“, sagte ich und sah Jaron an.

Er lächelte und nickte einmal.

„Viel Erfolg beim Suchen!“, rief Leonard mir hinterher, als ich raus auf den Hof ging.

„Ramon? Killian? Helena? Raphael? Wo seid ihr?“

„Wir sind hier drüben, Carolin. Komm schnell, das musst du dir ansehen. Das ist der Wahnsinn!“

Ich hörte Raphaels Stimme nicht weit entfernt hinter einem weiteren Gebäude. Ich folgte der Stimme und erblickte sie an einem Weidezaun stehend.

„Was macht ihr denn da? Nun kommt schon. Jaron und ich haben jemanden gefunden.“

„Sind sie nicht hübsch?“, fragte mich Helena, ohne auf meine Worte zu reagieren.

Die vier beobachteten begeistert eine kleine Herde Stuten mit ihren Fohlen. Die Stuten hatten ihre Nasen ins nasse Gras gesteckt, währenddessen ihr Nachwuchs Bocksprünge vollführte.

Die Pferde machten alle einen sehr gesunden Eindruck. Alle Farben waren vertreten. Rappen, Schimmel, Schecken, Füchse, Braune und sogar Falben und Apfelschimmel waren unter ihnen, wie uns Leonard wenig später erklärte.

„Sie sind wirklich schön“, gab ich zu und schüttelte den Kopf. „Nun kommt aber. Jaron erklärt gerade jemandem, was wir hier überhaupt wollen.“

„Na gut. Ist vielleicht nicht das letzte Mal, dass wir sie sehen.“

Nur widerwillig rissen sie sich los und folgten mir zurück in den Stall, wo Jaron sich bereits lebhaft mit Leonard über das Arbeiten mit Pferden unterhielt.

„Hey Leute. Da seid ihr ja endlich. Leonard? Das ist mein kleiner Bruder Raphael und das sind Carolins Brüder Killian und Ramon und ihre Schwester Helena", stellte Jaron sie der Reihe nach vor.

Leonard schüttelte jedem kurz die Hand. Sein Blick ruhte kurz auf Helena, dann sah er abwechselnd sie und mich an.

„Zwillinge?", fragte er und zeigte zwischen uns hin und her.

„Nein, Ich bin ihre große Schwester!", erklärte ich und musste mir das Lachen verkneifen.

Egal wem wir uns vorstellten, es lief immer darauf hinaus, dass man Helena und mich für Zwillinge hielt.

„Gut, wenn ihr das sagt; ich sehe keinen Unterschied. Hauptsache ich lerne schnell, euch zu unterscheiden", lachte Leonard.

„Carolin setzt ihren Kopf durch und Helena ist diejenige, die viel erzählt!", neckten uns unsere beiden Brüder.

Ich knuffte sie in die Seiten.

„Müsst ihr uns bei jedem sofort bloßstellen?"

„Na klar! Leonard sollte wissen, mit wem er es zu tun hat. Wir lassen nicht gerne jemanden ins offene Messer laufen, besonders dann nicht, wenn ihr diese spitzen Gegenstände seid."

„Danke für die Warnung", machte sich Leonard bemerkbar und legte freundschaftlich eine Hand auf Killians Schulter. „Also, wenn ihr jetzt dann endlich alle vollzählig seid?" Er ließ seinen Blick fragend durch die Runde schweifen, und als wir alle nickten, fuhr er fort: „Dann kann ich euch ein paar lammfromme Pferde zeigen. Hat jemand schon einmal im Sattel gesessen oder sonst vorher schon einmal mit Pferden zu tun gehabt?“

„Also mit Pferden kennt sich keiner von uns aus. Wir haben ein paar Kühe, aber die reiten wir nie“, erklärte ich.

Leonard wirkte damit zufrieden.

„Immerhin habt ihr mit größeren Arbeitstieren zu tun. Ihr wisst gar nicht, wie sich die meisten Leute anstellen. So oft, wie die sich von den Pferden herumschubsen lassen, ist es ein Wunder, dass bisher keiner unter die Hufen gekommen ist“, meinte er lachend.

Er fing sich aber schnell wieder und marschierte los. Erwartungsvoll folgten wir ihm aus dem Stall. Der schwarze Rappe sah uns hinterher und stampfte empört mit einem Vorderhuf auf den Boden auf. Ein lautes Wiehern folgte uns nach draußen.

„Ist schon gut, Sturm! Ich komme gleich wieder!“, rief Leonard dem Rappen entgegen.

„Sturm heißt der? Passt zu ihm, irgendwie“, bemerkte Helena.

„Ja, wir haben ihn so genannt, weil er ein ganz schönes Energiebündel ist. Er ist ein Hengst und hat gerade erst drei Winter hinter sich. Ich sage euch, der macht mir das Leben nicht leicht“, erklärte Leonard und schüttelte den Kopf, als er zu Sturm zurückblickte.

Wir liefen über den ruhigen Hof die ganzen Ställe entlang. Man konnte hier auf ziemlich vielen Plätzen reiten. Manche hatten Sand, manche Erde und wieder andere waren gepflastert.

Ich fühlte mich ein wenig fehl am Platz, weil alles viel größer war als bei uns. Die gesamte Anlage war mit viel System angelegt worden, wie es schien. Vereinzelt standen ein paar Bäume, die Schatten spendeten. Ansonsten befand sich nichts Grünes oder sonst irgendein Gewächs auf dem Hof. Dafür gab es jede Menge schmale Reifenspuren auf dem gesamten Boden. Ich vermutete, dass diese von den verschiedenen Gespannen, welche die Tiere hinter sich herziehen mussten, verursacht worden waren.

Ich stieß einen leisen Pfiff der Bewunderung aus. Hier machte anscheinend keiner halbe Sachen. So wie Leonard aussah, hätte ich wetten können, dass sie es sich leisten konnten, jemanden einzustellen, der die Verantwortung für den gesamten Hof übernahm.

Leonard steckte in einer nahezu sauberen und vermutlich noch nicht sehr alten, beigen Reithose. Die Ärmel seines dunkelbraunen Hemdes waren bis zu den Ellenbogen hochgekrempelt, die obersten beiden Knöpfe standen offen. Diese Farbkombination betonte sein helles, blondes Haar und seine grünen Augen. Eigentlich sah er nicht schlecht aus.

Ich griff nach Jarons Hand und lächelte ihn an. Meine Wangen färbten sich leicht rosa. Er musste über mich lachen und schüttelte den Kopf. Seine Hand wanderte zu meiner Taille. Dann knuffte er mich leicht in die Seite. Ich schrie kurz auf und wich zur Seite aus. Dabei stieß ich Helena an.

„He, pass doch auf", lachte sie und schubste mich zurück.

Jaron machte es weniger aus, als ich ihn traf. Er musste sich ein Lachen verkneifen und ergriff schweigend wieder meine Hand. Ich hatte gar nicht mitbekommen, dass wir einen Stall betreten hatten. Hier begrüßtc uns eine frische Brise, die angenehm nach Stroh und Heu roch.

„Hier stehen die ganzen Wallache und gutmütigen Stuten für die Anfänger. Die Stuten mit ihren Fohlen sowie die Hengste stehen in den anderen Ställen."

Er ging direkt auf eine Box zu und öffnete deren Tür. Ich staunte, wie leicht und ruhig die massive Tür zur Seite geschoben werden konnte. Kein einziges Quietschen war zu hören.

So langsam wirkte diese Idylle geradezu befremdlich. Hier war es fast schon zu perfekt. Aber ich würde mich schon noch früh genug daran gewöhnen, wenn wir hier erst einmal ein paar Pflegepferde zugeteilt bekommen hätten.

IN EINER ANDEREN ZEIT

Glücklich strahlte ich meine Tochter an. Sie konnte mich schon erkennen und zeigte mit ihrer kleinen, zierlichen Hand in meine Richtung.

„Ja, meine Kleine, ich bin es, die Mama!", sagte ich vergnügt und reichte ihr meinen Zeigefinger, den sie sofort fest umschloss.

Es war ein wunderschönes Gefühl, wieder Mutter geworden zu sein, und dazu noch von einer lang ersehnten Tochter.

„Ich hoffe, du hast nach all den Wintern nicht vergessen, weswegen wir eigentlich gekommen sind?", erinnerte mich Wogarras und konnte nicht widerstehen, an meiner Tochter zu schnuppern.

Sie quiekte vergnügt und griff nach einer Nüster von ihm.

„Ganz die unerschrockene Mutter, möchte man meinen!“, lachte Wogarras und entzog sich der kleinen Hand.

„Nicht wahr? Dennoch hat sie vieles von ihrem Vater. Diese unbändige Kraft und dieser intelligente Ausdruck in ihren Augen kommen definitiv von ihm.“

Stolz zog ich das kleine Deckchen, worin ich meine Tochter eingewickelt hatte, ein wenig herunter, damit es nicht vollgesabbert werden konnte.

„Natürlich habe ich nicht vergessen, weswegen wir hier sind“, sagte ich ernst, um auf Wogarras' Frage zurückzukommen. „Ich denke jeden Tag daran, trotz meiner wunderbaren Kinder, die in mir den Wunsch entstehen ließen, mit ihnen zusammen ein neues Leben zu beginnen, weit weg von all dem, was dort draußen auf sie wartet.“

Ernst sah ich aus der Höhle und ließ meinen Blick über die Stadt schweifen. Es war schon längst Nacht, doch für mich galten nicht diese langen Nachtruhen, wie sie bei den Menschen üblich waren. Als ich bei meinem nächtlichen Rundgang durch das Haus meine Tochter weinen gehört hatte, nahm ich sie kurzerhand aus ihrer Wiege und ging mit ihr den Berg hinauf zu Wogarras' Höhle.

„Du wusstest, in dem Moment, als du dich auf den jungen Menschen eingelassen hattest, dass es nicht leicht werden würde. Dennoch kannst du deinem Schicksal weiterhin nicht entfliehen. Es war vorherbestimmt, dass es so geschehen sollte, wie es schlussendlich kam. Und wenn ich mir deine Tochter so ansehe, weiß ich mittlerweile auch warum. Sie birgt eine Kraft in sich, die entfesselt werden will. So etwas habe ich noch nie gesehen“, meinte Wogarras.

Dabei sah er meiner Tochter tief in die Augen. Vermutlich suchte er in den unergründlichen, blauen Tiefen nach Antworten.

„Was denkst du, hat das zu bedeuten?“, fragte ich beunruhigt und drückte meine Tochter noch enger an meine Brust.

„Das weiß ich leider nicht; ich weiß nur, dass dieses Wesen halb Mensch und halb Elf ist, im Gegensatz zu deinen beiden Söhnen, die beide Menschen sind. Ein Individuum kann aber auf Dauer nicht beides sein; es muss sich entscheiden, was es werden möchte.“

„Wenn sich ihr Körper nicht bald für eine Seite entscheidet, wird sie immer anders sein als jeder andere. Womöglich wird sie sich alleine fühlen, trotz vieler Menschen in ihrer Umgebung“, überlegte ich und strich meiner Tochter den dunklen Flaum auf dem Kopf glatt.

„Eines wissen wir jedoch mit Sicherheit: Du hast dadurch ein entscheidendes Zeichen für die Zukunft gesetzt. Ob das ein Fehler war oder nicht, wird sich noch zeigen.“

„Ich denke nicht, dass es ein Fehler war!“

Wie zur Bestätigung meiner Worte quiekte meine Tochter lauthals in die Nacht hinaus. Sie hatte sich der Welt präsentiert und würde sie verändern, das wusste ich so sicher, wie ich hier mit ihr in meinen Armen auf dem Berg stand.

7. Kapitel

Ein dunkelbrauner Wallach hob den Kopf. Seine Ohren waren nach vorne gerichtet und seine Augen schauten interessiert zu Leonard hinüber. Dieser streckte seinen Arm aus und strich dem Pferd über den Kopf.

„Das ist Kakao. Wir haben ihn nach der Farbe seines Fells benannt; Kakaobraun“, erklärte Leonard und lächelte. „Er ist ein gutes Pferd für Ackerarbeiten, kann aber auch sehr gut geritten werden. Wir nehmen ihn hauptsächlich für die Anfänger, er reagiert auf jeden noch so kleinen Schenkeldruck, was wiederum für Erfahrenere gut geeignet ist“, fuhr er fort.

„Der gefällt mir!“, rief Helena und streckte ihren zarten Arm nach Kakao aus. Das Pferd ließ sich von ihr streicheln und schloss halb die Augen.

„Wenn du möchtest, Helena, könntest du ihn als Pflegepferd bekommen. Für die Ackerarbeiten haben wir auch noch andere gute Pferde. Er wird nur noch für leichtere Arbeiten eingespannt“, erklärte Leonard.

Helena sah mit leuchtenden Augen zu ihm auf und nickte hocherfreut. Leonard lächelte ihr zu. Er trat aus der Box heraus und führte uns zu einer anderen Box, deren Boxentür wiederum geräuschlos aufglitt.

„Dies hier ist Regen. Sie ist eine sechsjährige Stute. Sie ist ebenfalls leicht zu reiten und sie verhält sich anders als die meisten anderen Stuten. Man kann mit ihr problemlos zwischen Wallachen und Hengsten hergehen, ohne dass sie Schwierigkeiten macht. Ihren Namen hat sie aufgrund des Wetters bei ihrer Geburt erhalten. So viel Regen wie in jener Nacht hatten wir hier noch nie. Damals sind uns fast alle Boxen mit Wasser vollgelaufen. Das war eine ganz schöne Arbeit, alles wieder trocken zu bekommen."

Regen streckte ihren wunderschönen Kopf nach vorne, um an uns zu schnuppern. Sie hatte eine schöne weißbraun gefleckte Fellfarbe. Ihre klugen Augen besaßen einen leicht bläulichen Schimmer.

Ich verliebte mich sofort in sie.

„Sie würde gut zu dir passen, Carolin. Sie wird – wenn überhaupt – nur von Frauen geritten, die wenig bis gar keine Erfahrung mit Pferden haben, und wäre daher gut geeignet. Eigentlich wird Regen zur Zucht eingesetzt, aber im Moment wird sie einfach nicht wieder trächtig, das ist sehr schade. Sie sollte ihre außergewöhnliche Fellfarbe an ihren Nachwuchs weitergeben, findest du nicht auch?"

Ich lächelte Leonard zu und nickte ganz euphorisch. Ich betrachtete Regen und strich ihr über den Hals, den sie durchbog, um meiner Handbewegung zu folgen.

„Sie ist in der Tat sehr hübsch!"

„Ja, eine richtige Augenweide. Deswegen ist sie wohl so beliebt in der Zucht."

Wir schlossen ihre Box wieder und gingen weiter den langen Gang entlang der Boxen. Helena blieb bei ihrem Kakao zurück. Wir anderen folgten Leonard, der zielstrebig auf die nächste Box zumarschierte.

Als jeder von uns sein persönliches Pflegepferd zugeordnet bekommen hatte, durften wir sie aus ihren Boxen herausholen und anbinden. Leonard zeigte uns zunächst die grundlegenden Dinge, wie man ein Pferd führte, wie man es anband oder wie man es putzte.

Es war ein ziemlich langer Beitrag, dennoch hörten wir alle gespannt zu. Unser Interesse an dieser Beschäftigung mit den Pferden wurde erst richtig geweckt, als Leonard von seinen Arbeiten und Ausritten mit den Tieren zu erzählen begann.

Unsere Pflegepferde waren eine bunte Mischung aus verschiedenen Fellfarben. Von einem hellen Falben (wie Leonard den Wallach mit einer hellen, beigen Farbe nannte) bis hin zu einem Rappen (ein nachtschwarzes Pferd und ebenfalls ein Wallach) war alles vertreten. Der einzige Schecke unter ihnen war meine Pflegestute Regen, die ich bereits ins Herz geschlossen hatte.

Die Fellfarbe von Leonards Pferd war wohl am außergewöhnlichsten. Es handelte sich dabei um einen Wallach, der Traumfänger hieß. Es war eine Art Falbe, mit schwarzen Beinen. Der Hell-Dunkel-Übergang wurde von einem dunklen Rot-Braun-Ton betont. Traumfänger besaß, wie die anderen Pferde auch, eine ziemlich lange Mähne und einen ordentlichen Schweif. Bei Traumfänger waren diese ebenso schwarz wie seine Beine, was seinen schönen Beige-Ton noch besser zur Geltung brachte.

Es war ein sehr kräftig gebautes Tier, nicht, dass es dick gewirkt hätte, man sah, welch eine Kraft es aufbringen konnte. Oder besser gesagt, ich konnte erahnen, was unter seinem hübschen Fell an Kraft schlummerte. Sein beigefarbenes Fell wurde, bis auf einen kleinen weißen Stern über seinem rechten Auge, nicht unterbrochen.

Ich freute mich, als ich die anderen beobachtete, wie sie vergnügt ihre Pferde kraulten und neugierig, aber nicht nervig Fragen stellten. Leonard hatte eine Engelsgeduld. Er beantwortete jede Frage, und das nicht nur mit knappen Worten. Ich wusste nicht, wie viel Zeit vergangen war, aber nachdem wir die Pferde in ihre Boxen gebracht hatten und wir uns wieder auf dem Hof befanden, stellte ich überrascht fest, dass die Sonne schon über ihren höchsten Stand hinaus war.

„Ich denke, fürs Erste reicht es heute. Ich möchte euch schließlich nicht doch noch vom Reiten abbringen, indem ich zu viel erzähle“, lachte Leonard.

„Ich befürchte, so wie ich das sehe, wirst du uns schon in absehbarer Zeit wiedersehen. Uns hat es sehr gefallen!“, verkündete Helena.

Ich nickte und stimmte ihr zu.

„Natürlich müssen wir noch mit unseren Eltern reden. Aber ich denke, es wird zu deinen Gunsten ausfallen, Leonard.“

„Freut mich, dass es euch so gut gefallen hat. Vielleicht bis die Tage. Ich muss jetzt die Pferde füttern. Die anderen werden bald zurückkommen. Bis dahin muss alles fertig sein.“

Helena zog einen Schmollmund.

„Na gut. Wie du meinst. Dann werden wir jetzt gehen und dich nicht weiter aufhalten. Wir müssen schließlich auch noch ein wenig arbeiten“, erklärte Killian, ganz der Mann und Ernährer in unserer Familie, und reichte Leonard zum Abschied freundlich die Hand.

„Man sieht sich!“, verabschiedeten wir uns.

Laut plappernd schlenderten wir vom Hof.

„Wollen wir noch auf einen Drink bei uns haltmachen?“, fragte Jaron zwischen Helenas Redeschwall, die gar nicht mehr aufhören konnte, von ihrem Kakao zu schwärmen.

„Ja, warum eigentlich nicht? Ich habe den ganzen Tag nur wenig gegessen. Außerdem wartet zu Hause nur Arbeit auf uns. Da brauchen wir etwas im Magen“, lachte Killian.

Als das geklärt war, fing Helena wieder an zu erzählen. Die Worte kamen nur so aus ihrem Mund herausgesprudelt.

Ich schmunzelte und konnte nur den Kopf schütteln.

Typisch Helena!

Immer musste sie allen mit ihrer Leidenschaft, wenn sie denn eine für sich entdeckt hatte, auf die Nerven gehen, bis es keiner mehr wagte, das Thema anzusprechen.

„Freust du dich auch schon auf die nächsten Tage?“, flüsterte Jaron mir ins Ohr.

Jaron und ich hatten uns absichtlich etwas zurückfallen lassen. Wir wollten ein wenig für uns sein. Den anderen wäre es vermutlich gar nicht aufgefallen, ob wir hinter ihnen oder gar gänzlich verschwunden wären, so angeregt, wie sie sich unterhielten.

„Ja, und wie! Ich kann es gar nicht abwarten. Und wenn wir erst einmal sattelfest sind, werden wir mit den Drachen üben.“

Ich war mir sicher, dass wir das schaffen würden. Wenn ich mir einmal was in den Kopf gesetzt hatte, dann konnte mich nichts mehr davon abhalten.

Killian hatte mich schon früher als kleines Kind immer „Dickkopf“ genannt. Egal was ich wollte, es gelang mir immer; mal auf Anhieb, mal dauerte es wenige Tage. Aber mehrere Mondphasen oder gar Winter hatte ich noch nie benötigt.

„Schon komisch.“

Ich sah zu Jaron hinauf. Da er sein Gesicht abgewandt hatte, konnte ich nicht erkennen, was er meinte. Ich folgte seinem Blick. Er war auf den großen Wald gerichtet, der das Dorf wie eine Mauer umgab.

„Was ist komisch?“, fragte ich nach.

Er blieb stehen und scherte sich nicht um die anderen, die weitergingen. Unsicher, ob ich ebenfalls stehen bleiben sollte oder nicht, sah ich abwechselnd zu Jaron und zu meinen Geschwistern hinüber. Als die anderen im Schankraum der Henslins verschwanden, entschied ich mich für Ersteres.

Ich sah zu Jaron auf und versuchte seinen Gesichtsausdruck zu deuten. So wie er dastand, den Blick in die weite Ferne gerichtet, sah er irgendwie … lustig aus.

Ich musste mich zusammennehmen, um nicht laut loszuprusten, doch ein Grinsen konnte ich trotz aller Konzentration nicht verhindern. Ich ging auf ihn zu und strich ihm vorsichtig mit meiner Hand über seinen nackten Arm.

„Meine Güte, Carolin! Du bist ja ein Eiszapfen. Was hast du bloß mit deinen Händen gemacht?“, fragte er, als meine Finger seinen bloßen Ellenbogen entlangfuhren. „Die sind ja schon ganz blau!“, stellte er fest und nahm meine Hand in seine warmen Hände, um sie zu wärmen.

Ich zuckte nur mit den Schultern.

„Ich weiß nicht“, sagte ich versonnen.

Jaron, jetzt wieder ganz geistesgegenwärtig, musste lachen und ich stimmte mit ein.

„Du scheinst ja sehr vertieft gewesen zu sein. Du hattest mich gar nicht wahrgenommen!“ Ich versuchte mich an einem Schmollmund, aber was dabei herauskam, war eher ein Lächeln.

„Ich habe dich nicht wahrgenommen?! Na, gibt es denn so was?!“, fragte Jaron mit gespielter Empörung.

„Ja! Du hast nicht einmal mit der Wimper gezuckt, als ich dich etwas gefragt habe.“

Ich musste erneut lachen. Jaron legte seine Hand an meine Wange. Bei dieser Berührung übertrug sich die Wärme, die von ihm ausging, auf meine unterkühlte Haut und jagte mir einen Schauer über den Rücken. Meine Knie wurden weich und ich musste mich darauf konzentrieren, gleichmäßig zu atmen. Jaron lächelte liebevoll, als er sich langsam zu mir hinunterbeugte.

„Dich könnte ich niemals *nicht* beachten.“

Sein warmer Atem strich mir übers Gesicht. Seine sanften Augen hielten meine in seinem Bann. Er ließ meine Hand los und umfasste mein Kinn. Ich ließ es geschehen. Ich war zu keiner Bewegung fähig. Ich sah Jaron einfach nur an und merkte, wie ich langsam rot wurde. Ob das nun von seiner Hitze kam oder wegen der vielen Schmetterlingen in meinem Bauch, wusste ich nicht.

„Jetzt ist sie sprachlos, die Kleine“, neckte er mich und kam noch näher.

„Ich bin nicht klein!“, murmelte ich an seinen Lippen, die meine fast berührten.

„Aber viel, viel kleiner als ich, meine Liebe.“

„Du bist ja auch ein Riese. So groß wie du möchte ich niemals werden“, konterte ich halb lachend.

„Musst du auch gar nicht“, hauchte er mir ins Ohr und fuhr mit seiner freien Hand an meiner Seite entlang und über meine Taille.

Auf deren Höhe verweilte sie kurz, dann fuhr seine Hand über meinen Rücken und drückte sanft gegen meine Wirbelsäule.

„Ich mag dich, so wie du bist. Nicht zu groß und nicht zu klein. Genau passend.“

Der Druck verstärkte sich ein wenig und ich wurde sanft, aber bestimmt gegen Jarons Brust gedrückt. Zärtlich strich er mit seiner Nase an einer meiner Wangen entlang. Die andere wurde von seiner Hand bedeckt. Doch nun ließ er diese meinen Rücken hinuntergleiten, bis seine Hände auf gleicher Höhe waren. Unbewusst drückte ich meinen Rücken durch und fühlte Jarons Bauch an meinem. Seiner war steinhart, ich dagegen fühlte mich wie Wachs an und hatte das Gefühl, dass mir gleich die Knie nachgeben würden. Zumindest würde ich nicht auf den Boden stürzen, so, wie Jaron mich festhielt. Vorsichtig legte ich meine Hände auf seine Brust.

„Weißt du, dass du im Ablenken ziemlich gut bist?“, flüsterte ich an seinem Ohr.

„Nein, aber ich freue mich, dass ich so einen Einfluss auf dich habe, dass du alles andere um dich herum vergisst.“

Ich zitterte unwillkürlich, doch nicht wegen der frischen Luft. Jaron nahm seinen Kopf ein wenig zurück, sodass er mich gerade eben ansehen konnte.

„Du bist weich wie Butter, weißt du das? Ich befürchte, dass du mir gleich wegfällst", lachte er.

Ich lief rot an und schaute beschämt zur Seite, ein Lächeln auf dem Gesicht. Er nahm eine Hand von meinem Rücken. Dort, wo sie eben noch gelegen hatte, ließ sie Kälte zurück. Es dauerte eine gefühlte Ewigkeit, bis ich seine Hand unter meinem Kinn spürte.

Mit seinem Daumen und Zeigefinger nahm er vorsichtig mein Kinn zwischen seine Finger und drehte meinen Kopf langsam zu sich hin, bis ich ihn ansehen musste.

„Du brauchst dich vor mir nicht zu schämen. Ich lache dich deswegen schon nicht aus", versprach er.

Ich wusste nicht, was ich darauf antworten sollte, aber das musste ich schließlich gar nicht. Er beugte sich wieder zu mir hinunter und seine Lippen legten sich sanft, aber bestimmt auf die meinen.

Feuer traf auf Eis.

Vergnügt schloss ich meine Augen.

Doch leider währte dieser Kuss nicht lange, denn jemand rief plötzlich nach uns.

„Carolin! Jaron! Wo bleibt ihr denn?", ertönte Ramons Stimme.

„Wir kommen ja schon!", rief Jaron zurück.

Jaron löste sich von mir. Das wohlige Gefühl, als mein Bauch gegen seinen gedrückt war, verflog mit der Wärme, die von ihm ausgegangen war. Jaron war genauso verärgert über diese unliebsame Störung wie ich.

„Das holen wir nach", meinte ich zu ihm und lächelte.

„Worauf du dich verlassen kannst!"

In der Schenke herrschte reges Treiben. Eine gemütliche Unterhaltung war fast gar nicht möglich, aber das war jetzt erst mal unwichtig. Jaron und ich saßen nebeneinander. Er versuchte immer noch meine Hände zu wärmen, indem er sie in seinen Händen rieb. So langsam spürte ich meine Fingerspitzen wieder.

Komisch, so kalt ist es heute doch gar nicht. Warum habe ich so kalte Finger?

Ich schob den Gedanken beiseite und horchte auf, als jemand einen Drachen erwähnte. Neugierig blickte ich mich um, woher diese Stimme kam. Es war ein Mann, der sich mit einem anderen darüber unterhielt. Sie saßen nicht sehr weit entfernt von unserem Tisch und so konnte ich recht viel von dem verstehen, was sie sprachen, wenn auch nicht alles.

„Und ich sag dir, Wilhelm, diese Biester tun gut daran, uns fernzubleiben. Sollten sie nach all den Wintern wieder hier auftauchen, dann verarbeite ich sie persönlich zu Tierfutter!“

Ich zuckte zusammen, was Jaron natürlich nicht entging.

„Was ist los, Carolin?“

Ich achtete vorerst nicht auf ihn, sondern belauschte die beiden Herren gebannt weiter. Derjenige, der Wilhelm hieß, antwortete seinem Gegenüber etwas, was ich nicht verstand. Nun war meine Neugier geweckt. Ich beugte mich zu Jaron und schilderte ihm kurz, was ich gehört hatte.

„Die beiden Männer, dort drüben einige Tisch weiter, unterhalten sich über Drachen. Ich würde sie gerne etwas dazu fragen.“

„Warum das denn?“, lachte Jaron, erhob sich jedoch im selben Augenblick wie ich.

Killian sah uns fragend an.

„Wir sind sofort wieder da“, versprach ich und zog Jaron mit einer Hand hinter mir her.

Die Blicke meiner Geschwister folgten uns. Ich bahnte mir einen Weg voran, Jaron dicht auf den Fersen. Als wir näher kamen, konnte ich endlich beide Männer verstehen. Sie unterhielten sich immer noch über die Drachen.

Der, dessen Name nicht gefallen war, wirkte offenbar äußerst aufgebracht und ärgerte sich über irgendetwas. Und dieses Etwas hatte, wie mir schien, mit den Drachen zu tun. Der andere, Wilhelm, wirkte dagegen sehr entspannt und ein dünnes Lächeln war auf seinen Lippen auszumachen.

Als wir an ihrem Tisch standen, räusperte ich mich einmal kurz. Es funktionierte, beide Männer verstummten und sahen neugierig zu uns auf. Ich schluckte einmal, bevor ich sprach.

„Entschuldigung, dass wir Sie stören, aber Sie haben unsere Aufmerksamkeit erregt … “, begann ich und unterbrach mich sogleich wieder.

Jaron strich mir mit seinem Daumen über meine Hand. Ich hatte ganz vergessen, dass ich sie immer noch hielt.

„Sie hatten sich eben über Drachen unterhalten; verstehen Sie mich bitte nicht falsch, wir wollten Sie nicht belauschen!“

„Dürften wir uns vielleicht setzen?“, klinkte sich Jaron jetzt in das Gespräch ein und deutete auf die beiden freien Plätze vor sich.

„Natürlich, setzt euch! Ihr müsst sie gleich nur wieder räumen, wenn die anderen wiederkommen“, erklärte der Mann, dessen Name ich immer noch nicht kannte.

„Vielen Dank! Sehr freundlich!“

Jaron zog die Stühle zurecht und setzte sich nach mir hin.

„Darf ich uns vorstellen? Das ist Carolin und ich bin Jaron.“ Er reichte den beiden Männern über den Tisch die Hand.

Sie schüttelten sie einmal kurz.

„Freut mich, euch kennenzulernen, Carolin und Jaron. Ich bin Wilhelm und das ist mein Freund Hendrik.“

Wilhelm lächelte uns freundlich an. Hendrik hingegen wirkte zurückhaltend, seit ich die Drachen erwähnt hatte. Argwöhnisch verschränkte er seine Arme vor der Brust und musterte uns geringschätzig.

„Nun denn, jetzt, wo wir uns vorgestellt haben, was wolltet ihr uns fragen?“, erkundigte sich Wilhelm.

„Sie hatten sich gerade über Drachen unterhalten. Wir haben uns gefragt, worüber genau. Drachen sind für uns immer ein interessantes Thema, wissen Sie?“, erklärte Jaron und hielt weiterhin meine Hand unter dem Tisch.

Offensichtlich spürte er, dass ich mich unter Hendriks durchdringendem Blick nicht ganz wohlfühlte.

Wilhelm beugte sich frohlockend über den Tisch zu uns hin. Seine Augen fingen an zu leuchten. Hendrik dagegen rückte von uns ab und legte den Kopf in den Nacken. Danach blickte er durch den Schankraum und gab ein genervtes Stöhnen von sich, das deutlich sein Desinteresse zeigte.

Als Wilhelm zu erzählen begann, wirkte seine Stimme ruhig und ausdrucksstark, doch dann wurde sein Redefluss schneller und irgendwann flossen die Wörter ineinander über und ich konnte ihn nur noch sehr schwer verstehen.

„Wisst ihr? Drachen waren schöne Geschöpfe. Sehr edle Reittiere, die sich nur würdige Reiter leisten konnten. Sie regierten den Himmel. Vor vielen Wintern war der Himmel voll von ihnen. Prächtige Geschöpfe, die sich wie eine Familie untereinander verhielten. Es gab sie in den verschiedensten Farben. Manche besaßen sogar besondere Fähigkeiten. Welche es waren, war nicht ganz deutlich zu erkennen, doch jeder von ihnen war einzigartig.“

Wilhelms Augen leuchteten und sein Blick schweifte weit in die Vergangenheit zurück. Ich wusste genau, wovon er sprach. Prächtige Geschöpfe, ja, das waren sie wirklich.

Als er fortfuhr, verschwanden das Lächeln und das Leuchten in seinen Augen. Er wirkte traurig und seine Stimme klang jetzt matt.

„Doch das währte nicht lange, wisst ihr? Früher lebten die Drachen mit den Elfen und Menschen zusammen, doch dann geschah etwas, das alles veränderte. Ein Krieg brach aus. Warum und worum es ging, vermag ich nicht genau zu sagen. Es heißt, man wäre sich über irgendetwas nicht einig gewesen. Als dann die ersten Menschen anfingen, die Drachen zu jagen und zu töten … “, bei diesem Wort musste er schwer schlucken, „ … verschwanden die übrigen Drachen. Es war ein einziges Blutbad. Ich weiß nicht, was aus den letzten Drachen geworden ist, doch ich hoffe, dass es sie noch gibt. Irgendwo auf der Welt. Es wäre einfach zu traurig, wenn so schöne Tiere wegen eines Krieges verloren gegangen wären.“

„Wilhelm, wie oft habe ich dir das schon gesagt? Es gibt keine Drachen mehr! Das ist alles nur erfunden worden, um kleine Kinder ... ", Hendrik sah uns dabei kurz an, „... zu unterhalten. Glaubst du etwa wirklich, dass solche Geschöpfe tatsächlich existieren? Das ist völliger Schwachsinn. Glaubt ihm kein Wort. Elfen! Das ist geradezu lächerlich!" Damit wandte sich Hendrik wieder ab.

Wilhelm wirkte nicht im Mindesten gekränkt oder verärgert über Hendriks herablassende Bemerkungen. Er sah uns einfach nur an und fuhr fort: „Man muss einen Drachen nicht erst sehen, um zu wissen, dass es sie gibt. Man muss nur daran glauben."

Als Hendrik zwei Männern zuwinkte und diese daraufhin auf uns zukamen, standen Jaron und ich auf und machten ihnen Platz.

Ich war von diesem Gespräch gefesselt und verwirrt zugleich.

Diese beiden Männer schienen völlig unterschiedliche Ansichten zu vertreten, wenn es um Drachen ging. Zudem wusste ich nicht genau, was es mit Wilhelms letzter Aussage auf sich hatte. Was sollte das heißen: Man muss einen Drachen nicht erst sehen, um zu wissen, dass es sie gibt? Wollte er uns damit sagen, dass er sie schon einmal gesehen hatte? Dass er ebenfalls mit den Drachen zu tun gehabt hatte?

Jaron nickte Wilhelm kurz zu und verabschiedete sich höflich.

„Vielen Dank, meine Herren! Das war ein interessantes Gespräch."

„Freut mich, dass ihr es unterhaltsam fandet. Vielleicht sieht man sich ja noch mal“, zwinkerte Wilhelm uns zu.

Wir drängelten uns zurück zu unserem Tisch, wo uns die anderen mit Fragen durchlöcherten, kaum dass wir saßen.

„Was habt ihr gemacht? Habt ihr euch etwa mit den Männern da unterhalten? Kanntet ihr die? Es sah so aus, als ob der eine furchtbar wütend war. Ich dachte schon, der will sich mit euch anlegen. Macht das nie wieder, habt ihr verstanden?“

Wie immer, wenn Helena in heller Aufregung war, sprudelten die Worte nur so aus ihrem Mund hervor, ohne Punkt und Komma.

„Ganz ruhig, Helena“, lachte Jaron. „Es ist alles in Ordnung. Wir hatten nur zufällig mitbekommen … “

Nur wie aus weiter Ferne registrierte ich, wie Jaron den anderen das Gespräch mit den beiden Männern wiedergab. Ich selbst war in Gedanken versunken und grübelte über Wilhelms Worte nach.

Es hatte so geklungen, als hätte Wilhelm die Drachen selbst gesehen, oder zumindest hatte er jemanden gekannt, der mit den Drachen zu tun hatte. Ich fragte mich, was es war und ob er wohl noch mehr über Drachen wusste als das, was er Jaron und mir eben erzählt hatte. Jetzt, wo wir selbst involviert waren, was die Drachen betraf, kamen mehr und mehr Fragen auf.

Was Wilhelm jedoch von jenem Krieg erzählt hatte, der in der Vergangenheit stattgefunden hatte, das gefiel mir ganz und gar nicht. Warum mussten die Menschen aber auch so oft Kriege führen, wo doch jeder wusste, dass sie letztendlich immer mehr Verluste als Gewinne brachten?

8. Kapitel

Der Mittag verlief nach dem Gespräch mit Hendrik und Wilhelm ereignislos. Wir verließen die Schenke und verabschiedeten uns vor der Tür von Jaron und Raphael. Nach einem Gutenachtkuss für mich von Jaron schlenderten wir nach Hause und verrichteten unsere noch anstehende Arbeit.

Kaum befanden wir uns im Haus, ging jeder auf sein Zimmer und ließ sich ins Bett fallen. Ans Waschen und Umziehen dachte keiner mehr. Am darauffolgenden Morgen saßen wir alle zusammen gut ausgeruht in der Küche und genossen unser Frühstück.

„Du, Mama?“, fing ich an. „Wir waren gestern bei diesem Hof und haben uns erkundigt. Ich denke, dass wir viele Waren dafür eintauschen müssten, aber wir werden uns für die anliegenden Arbeiten anbieten, sodass wir, wenn wir Glück haben, nicht den vollen Warenumfang werden geben müssen.“

Unsere Mutter sah uns zunächst skeptisch an.

„Meint ihr wirklich, ich sollte mich noch auf meine alten Tage auf ein Pferd setzen? Was meint ihr wohl, was passieren wird, wenn ich herunterfiele? Ich könnte mir etwas brechen, und ich mag gar nicht daran denken, was euch alles widerfahren könnte, wenn ihr alleine durch den Wald reiten wollt, wenn ihr so weit seid.“

Sie schüttelte den Kopf und ich sah sie ein wenig enttäuscht an.

„Du kannst es dir doch wenigstens einmal angucken. Die Pferde, die wir bekommen würden, sind extra für Anfänger. Die sind schon seit Jahren hauptsächlich Arbeitstiere. Die haben bestimmt gar kein Interesse daran, uns abzuwerfen“, erwiderte ich ihr.

Sie sah einen nach dem anderen an. Wir lächelten sie aufmunternd an. Killian nahm ihre Hand und streichelte sie sanft.

„Mama, du solltest wirklich mit uns mitkommen. Wir haben schon ein schlechtes Gewissen, dass wir immer etwas ohne dich unternehmen. Wenn es dir nicht gefällt, kannst du jederzeit aufhören.“

Killian nahm seine Hand wieder weg und sah sie liebevoll an.

„Aber … “, sie sah ihn lange an, dann wandte sie den Kopf zum Küchenfenster und sah hinaus in den frühen Morgen.

Die Sonne stand schon ein gutes Stück über den Baumkronen und färbte die Wiese in ein schönes, gelbliches Licht. Der Tau auf den einzelnen Grashalmen wurde angestrahlt und leuchtete wie Tausende von Diamanten.

Wir drängten sie nicht zu einer Antwort, wir warteten einfach ab. Im Laufe der Zeit hatten wir Geduld gelernt. Schweigend stellten wir unsere leeren Frühstücksbrettchen ineinander. Dann sahen wir unsere Mutter an und warteten.

„Na gut!“, antwortete sie schließlich. „Ich werde es versuchen.“

Wir strahlten sie an und begannen schon zu jubeln, da hob sie einen Finger.

„Aber ich verspreche hiermit nichts. Ich werde heute mitkommen und mir den Hof einmal ansehen. Bis dahin werdet ihr eure restliche Arbeit von gestern und die heutige Arbeit erledigen. Ich werde mich um das Haus und den Garten kümmern."

„Wir werden dich schon nicht enttäuschen, Mama." Ich gab ihr einen Kuss und stand auf, um die gestapelten Frühstücksbrettchen wegzubringen.

„Worauf ich mich da bloß wieder eingelassen habe", dachte Mama laut vor sich hin und schüttelte lachend den Kopf.

Eilig wuschen wir uns, zogen uns unsere Klamotten für den Stall an und verließen das Haus.

„Na, das war leichter, als ich gedacht hatte", meinte Ramon und öffnete die Scheunentür.

„Es wird ihr guttun", war alles, was ich darauf erwidern konnte, und ich war zuversichtlich, dass es tatsächlich so sein würde.

Außer Haus hatte jeder seine Aufgabe. Ramon molk die Kühe, während Helena diese nacheinander putzte. Sie banden sie stets vor ihren Boxen auf der Stallgasse an, damit ich die Ställe ausmisten konnte. Es war wie immer nicht viel Mist, was ich wegbringen musste. Killian spannte währenddessen unseren Ochsen vor den Pflug, der bereits draußen auf unserer Gemüsewiese stand. Es war eine routinierte Arbeit und somit schnell und ordentlich erledigt. Der Ertrag an Kartoffeln konnte sich sehen lassen.

Um den Gemüsegarten und das Gewächshaus kümmerten wir uns ebenfalls. Hier war ebenso wieder viel

Gemüse reif für die Ernte. Ich bekam einen großen Korb zusammen und Helena trug eimerweise Unkraut ab.

Jaron und Raphael ließen sich im Laufe des Tages bei uns zu Hause blicken. Sie fragten sich wahrscheinlich schon, wo wir denn blieben. Ich schnitt gerade die letzte Gurke im Gewächshaus ab, als Jaron nach dem vollen Gemüsekorb griff, um mir beim Tragen zu helfen.

„Wir mussten ebenfalls im Schankraum helfen. So viele Leute wie gestern Abend hatten wir schon lange nicht mehr da. Und das soll schon was heißen", erklärte er.

„Mir ist gestern Abend aufgefallen, dass ich viele von ihnen gar nicht kannte."

„Ja, das wird wahrscheinlich daran liegen, dass es Neue sind, die hier ihr Haus bauen wollen."

Ich sah ihn fragend an.

„Das Dorf holzt schon rundherum den Wald ab und entwirft bereits die ersten Grundrisse für die neuen Häuser. Hast du das gar nicht mitbekommen oder schlichtweg verdrängt?"

Jaron musste wegen meines verdutzten Gesichtsausdrucks lachen. Ich schüttelte langsam den Kopf.

„Vermutlich habe ich es verdrängt", antwortete ich und sah wehmütig zum Wald.

„Na ja. Lass uns jetzt den Korb ins Haus bringen und auf andere Gedanken kommen. Was hat deine Mutter heute Morgen gesagt, wegen des Reitens? Ihr habt es ihr doch schon erzählt, oder?"

Ich schüttelte kurz den Kopf und versuchte mich auf Jarons Fragen zu konzentrieren.

Ich hatte es wirklich verdrängt, dass das Dorf den Wald abholzte. Wahrscheinlich blieb uns nicht mehr viel

Zeit. Sobald die geplanten Häuser alle stünden, würden weitere Menschen kommen und somit weitere Häuser gebaut werden. Es war dann nur noch eine Frage der Zeit, bis die Drachen nicht mehr genügend Platz hätten, um sich zu verstecken.

Was mich beschäftigte, war die Frage, was die Menschen in unserem Dorf wohl machen würden, wenn sie die Drachen entdeckten.

Würden sie sich so verhalten wie Hendrik? Mit Waffen und Fackeln bewaffnet, um sie zu verletzen, oder würden sie sogar versuchen, sie zu töten?

Die Drachen würden sich vielleicht zunächst verteidigen können, doch wir hatten zu viele und gute Jäger in unserem Dorf. Sie würden die Drachen gnadenlos töten.

Oder würden sich die meisten der Dorfbewohner so verhalten wie Wilhelm?

Dass er sich so sehr für die Drachen interessierte, bedeutete doch, dass das Gute noch nicht bei allen Menschen gestorben sein konnte. Vielleicht gab es ja noch genügend Menschen, welche die Drachen eher bestaunen würden, statt sie wie Freiwild zu töten!

Ich konnte es einfach nicht einschätzen. Diese Ungewissheit verbreitete eine Unruhe in mir, dass ich schier daran verzweifelte. Auch konnte ich ja wohl kaum jeden Einzelnen nach seiner persönlichen Meinung zu den Drachen zu fragen.

„Na ja. Ich freue mich auf jeden Fall schon auf gleich, wenn wir wieder zum Reiterhof gehen. Glaubst du, wir dürfen heute schon das erste Mal reiten?“, fragte Jaron mit leuchtenden Augen.

Ich ging neben ihm her ins Haus und zeigte ihm, wo er den Gemüsekorb abstellen sollte. Mit geübten Händen sortierte ich das viele Gemüse in die Regale unserer Vorratsräume, während ich gleichzeitig herausnahm, was wir später am Tag essen würden. Wieder an der frischen Luft, beantwortete ich Jarons Frage nach meinem Ermessen.

„Da wir gestern eine kurze Einführung zum Thema Putzen und Aufzäumen bekommen haben, denke ich schon, dass wir heute das erste Mal reiten dürfen."

Das schien Jaron zu erfreuen, denn sein Grinsen wurde jetzt noch breiter. Er strich mir eine Haarsträhne hinter das Ohr. Seine Hand fühlte sich, wie immer, auf meiner kühlen Haut glühend heiß an.

„Und ich hab mich noch nicht einmal umgezogen." Lachend schüttelte ich den Kopf.

„Dann wird es aber Zeit. Du stinkst nämlich schon ein wenig, meine Liebe."

Jaron rümpfte die Nase, um seinen Worten noch mehr Ausdruck zu verleihen. Ich boxte ihn spielerisch in die Seite.

„Mach du dich ruhig lustig über mich. Du wirst schon noch sehen, was du davon hast"

Abrupt wandte ich mich in Richtung Haus, um mich umzuziehen. Die anderen standen bereits zum Aufbruch vor der Tür.

„Nun mach schon, Carolin. Beeil dich. Wir wollen nicht ewig warten!", hetzte mich meine Schwester.

Im Vorbeihuschen wuselte ich einmal kurz durch ihre langen, schwarzen Haare.

„Nein! Nicht! Lass das!", kreischte sie und versteckte sich Schutz suchend hinter Killian, was gar nicht nötig gewesen wäre, denn ich war bereits im Haus verschwunden und hechtete in mein Zimmer.

In Rekordgeschwindigkeit entkleidete ich mich und zog die erstbesten Klamotten an, die mir in die Hände fielen. Ich wusste gar nicht, was man beim Reiten so anzog. Wie ein Wirbelsturm hinterließ ich meine dreckige Wäsche verstreut auf dem Boden. Die würde ich nachher wegräumen. Gehetzt schloss ich die Haustür hinter mir. Ich war so was von aufgeregt!

„Na endlich! Wir schlagen hier schon bald Wurzeln“, quengelte Helena, während sie sich mit den Fingern durch das dichte Haar fuhr, um es zu entwirren.

„Ich war schneller als du, kleines Schwesterchen“, erwiderte ich.

„Dann können wir ja jetzt los“, freute sich unsere Mutter und ließ uns vorangehen.

Jaron griff nach meiner Hand und wir gingen voraus. Helena lief auf der anderen Seite neben mir. Sie hüpfte wie ein kleines Kind auf und ab.

„Ich bin ja so aufgeregt!“, quiekte sie vergnügt.

„Wirklich? Merkt man gar nicht“, lachte ich.

Unsere Mutter, die hinter uns lief, unterhielt sich etwas leiser mit Ramon. Sie wollte offensichtlich die Sache mit dem Reiten genau abwägen. So war sie nun einmal. Sie musste immer alles dreimal erklärt bekommen und die Dinge von allen Seiten betrachten, bevor sie eine Entscheidung fällte, und sei sie noch so klein.

„Wenn man sich einmal für etwas entschieden hat, kann man nicht einfach auf halbem Wege umdrehen, weil man meint, etwas falsch gemacht zu haben. Man sollte sich im Vorfeld darüber im Klaren sein, was man macht. Gut durchdacht ist weniger Arbeit“, lautete ihre Parole.

Der Weg zu dem Pferdehof war nicht sehr lang und so waren wir rasch da. Er wirkte wie beim ersten Mal überdimensioniert groß und ordentlich. Allerdings herrschte jetzt ein wenig mehr Leben und Treiben auf dem Gelände. Hier und da war vereinzeltes Geklapper von Hufen zu hören und man hörte Stimmen aus sämtlichen Richtungen rufen.

„Ich werde mich wohl nie an diese penible Ordnung gewöhnen“, raunte mir Jaron ins Ohr.

Wir blieben stehen und ließen die anderen vorbeigehen. Ich stellte mich auf meine Zehenspitzen, um ihm ebenfalls etwas ins Ohr zu flüstern.

„Genau das Gleiche habe ich gerade auch gedacht“, schmunzelte ich.

„Tja, wer weiß? Vielleicht kann ich ja deine Gedanken lesen“, lachte er.

„Du meinst, du würdest gerne meine Gedanken lesen können. Aber meine Gedanken werden immer meine Geheimnisse bleiben.“

Ich gab ihm einen flüchtigen Kuss auf die Wange.

„Würdest du mir denn deine Gedanken verraten, wenn ich dich zu überreden versuchen würde?“, fragte er interessiert.

Ich blieb stehen und sah ihn skeptisch von der Seite an. Dabei konnte ich mir nicht verkneifen, ihn verschmitzt anzulächeln.

„Nein, ich denke nicht, aber frag mich bei Gelegenheit noch einmal.“

Er lächelte zurück und zog so lange an meiner Hand, die er immer noch in seiner hielt, bis ich ganz dicht neben ihm stand und er mir seinen Arm um die Taille legen konnte. Ich legte meinen Kopf an seine Schulter und sah den anderen hinterher. Jaron ließ seinen Kopf auf meinem Scheitel ruhen und sah in die gleiche Richtung.

„Jetzt lass uns die anderen mal wieder einholen. Wir sind heute ziemlich langsam. Oder besser gesagt, du bist langsam“, verbesserte er sich.

„Was soll das heißen, ich bin langsam? Es kommt mir heute so vor, als ob ihr mich alle hetzen würdet, obwohl ich alles andere als langsam bin!“ Empört trat ich zurück und löste mich aus Jarons halber Umarmung.

Dieser lachte nur unverschämt und ging den anderen hinterher. Ich öffnete den Mund und verschränkte meine Arme, ohne ein Wort zu sagen, und sah ihm hinterher. Er machte noch einige Schritte, ehe ihm auffiel, dass ich ihm nicht gefolgt war. Verwirrt drehte er sich um und sah mich an.

„Nun komm schon, du beleidigte Leberwurst!“, rief er mir zu.

Ich schüttelte nur den Kopf und grinste, obwohl ich nicht einmal wusste, warum. Er hatte die anderen gerade eingeholt, als ich dazukam. Man entdeckte uns und Leonard kam auf uns zu.

„Na, sieh mal einer an! Da seid ihr ja schon wieder!“ Freundlich reichte er uns allen der Reihe nach die Hände.

„Es freut mich, dich kennenzulernen, Leonard. Meine Kinder lagen mir schon in den Ohren, ich solle doch endlich einmal mitkommen und mir euren Hof anschauen“, erklärte unsere Mutter und schüttelte kurz seine Hand.

„Ja, das habe ich mir fast schon gedacht. Sie waren gestern alle ziemlich euphorisch bei der Sache, als ich ihnen einen kleinen Einblick gegeben habe“, erklärte Leonard und lächelte Gabriela freundlich an.

„Nun, ich denke, es ist das Beste, wenn wir beide als Erstes das Tauschgeschäft regeln würden. Alles andere erübrigt sich dann“, schlug Mama vor.

„Das denke ich auch. Magarete zeigt euch dann den Hof. Sie arbeitet auch hier. Wollen wir?“ Er machte eine ausladende Geste und deutete auf den Stall, an dessen Ende sich der Verwaltungsraum befand.

Als wir tags zuvor dort gewesen waren, war er mir direkt aufgefallen, deswegen wusste ich, warum Leonard unsere Mutter in diesen Stall führte.

„Also, ich denke, ich führe euch erst einmal ein wenig herum und zeige euch den Hof und unsere gesamte Anlage. Ich heiße Magarete. Ich bringe Anfängern auch das Reiten bei. Wenn ihr Fragen habt, könnt ihr euch also an mich oder an Leonard wenden“, erklärte sie uns.

Magarete trug ordentlich aussehende Kleidung. Ihre Hose besaß, genau wie die von Leonard, an den Innenseiten ihrer Oberschenkel mit Leder verstärkte Bereiche. Vermutlich, um so die Reibung an ihrer Kleidung durch den Sattel etwas abzumildern. Sie trug ihre langen blonden Haare offen, die in sanften Wellen bis zur Mitte ihres Rückens hinabfielen. Ihr Gesicht wurde von einem Pony und kurzen blonden Strähnen umrahmt, welche ihre blauen Augen zur Geltung brachten. Sie trug eine schlichte Goldkette um ihren Hals, die auf ihrer dunklen Haut deutlich zu erkennen war.

Als ich die anderen Arbeiter auf dem Hof genauer betrachtete, fiel mir auf, dass sie alle sehr viel Wert auf ihr äußeres Erscheinungsbild legten. Anscheinend sollte jeder Außenstehende ihnen sofort ihren Wohlstand ansehen; auch trugen viele von ihnen wie Magarete eine Goldkette. Ich musste unwillkürlich mit dem Kopf schütteln.

Offensichtlich scheint man mit der Zucht von Arbeitstieren, in diesem Fall von Pferden, gute Geschäfte machen zu können.

„Nun denn, dann wollen wir mal. Ich zeige euch am besten erst dort drüben die Stallungen und dann die Weiden und die verschiedenen Übungsplätze“, meinte Magarete und lief uns voraus.

„Hier befinden sich die Hengste. Dieser Stall liegt ein wenig abseits der anderen, da sie einen unglaublichen Lärm veranstalten, sobald sie in die Nähe der Stuten kommen. Daneben, das kleine Gebäude, ist die Deckstation. Dort kommen die Hengste hin, wenn wieder gedeckt wird.“

Sie öffnete die große Stalltür und ließ uns hineingehen.

Leises Schnauben aus den Boxen begrüßte uns und ein angenehmer Geruch von frischem Stroh und Heu strömte uns entgegen. Durch die großzügigen Fenster der Pferdeboxen fiel ein wenig Licht in die Mitte der Stallgasse. Ansonsten war keine Lichtquelle entfacht und so wirkte die Stallung sehr behaglich.

„Die einzelnen Hengste werde ich euch jetzt nicht vorstellen, das würde zu lange dauern“, lachte Magarete und ging bereits wieder hinaus in den strahlenden Sonnenschein.

„Jeder Hengst hier hat seine eigene Wiese. Durch eine Tür in ihrer Box können sie tagsüber in ihren Stall gehen oder draußen grasen. In der Stallung dort drüben stehen die bereits fertig ausgebildeten Arbeitspferde. Sie kommen zwischendurch auf eine Weide, sofern sie sich untereinander vertragen."

Wir liefen Magarete hinterher und ließen uns alles zeigen. Hier und da fiel mal eine Frage, doch die meiste Zeit schwiegen wir und staunten nicht schlecht, dass alles so ordentlich auf dem Hof war. Selbst die Putzkammern waren allesamt aufgeräumt.

Das Futter wurde in einem Extraschuppen aufbewahrt. Dort gab es das Übliche wie Stroh, Heu, Hafer, aber auch frische Möhren, Äpfel und anderes getrocknetes und gepresstes Obst – eben alles, was das Pferdeherz begehrte.

Die Führung dauerte, wenn man die Größe des Hofes in Betracht zog, gar nicht so lange wie erwartet, sodass wir nun etwas Leerlauf hatten. Wir standen vor dem Stall der ausgedienten Arbeitspferde, als Leonard und Gabriela endlich nach einer gefühlten Ewigkeit aus dem Verwaltungsraum herauskamen. Sie kamen auf uns zu.

„Also", begann Mama, „wir werden hier Reitunterricht bekommen und ihr dürft die Pferde, die euch zugeteilt wurden, reiten. Vorausgesetzt … ", Mama hob einen Finger, als wir gerade begeistert zu jubeln beginnen wollten, „vorausgesetzt, ihr helft hier ein wenig auf dem Hof mit. Alles, was so ansteht. Pferde auf die Weide bringen, füttern, ausmisten und so weiter. Wir können nämlich nicht den vollen Tauschhandel durchführen. Was haltet ihr davon? Wollt ihr das unter diesen Umständen trotzdem machen?", fragte sie.

Sie wartete nicht auf eine Antwort, denn unser Jubel war schon Antwort genug. Sie wandte sich an Leonard.

„Ich denke, sie sind einverstanden“, lachte sie und schlug mit Leonard ein.

„Es freut mich, dass ihr reiten wollt, und ich hoffe natürlich, euch oft und gut gelaunt zu sehen“, erwiderte Leonard den Händedruck.

Danach wurde unserer Mutter auch noch ein Pferd zugeteilt. Es handelte sich um eine beige Stute. Ihr Name war Sharon, benannt nach der Frau, die mitgeholfen hatte, die Stute auf die Welt zu bringen.

Zum Schluss bekamen wir noch gezeigt, wo sich das Putz- und Zaumzeug unserer Pferde befanden.

Am frühen Nachmittag verließen wir den Hof wieder, immer noch vollauf begeistert, dass wir morgen schon anfangen konnten, Unterricht zu nehmen.

„Ich finde, darauf sollten wir anstoßen!“, verkündete Killian. „Sollen wir heute Abend zu euch kommen und ein wenig feiern, Jaron?“, fragte er ihn.

„Ich glaube, es wäre besser, wenn wir nicht bei uns im Schankraum, sondern besser am See feiern würden. Meine Mutter stört es sonst, wenn wir alle den ganzen Abend im Wohnzimmer sitzen“, meinte Jaron.

„Klar, es bleibt ja jetzt noch einigermaßen lange hell und allzu kalt ist es heute auch nicht“, stimmte Helena zu.

„Aber vorher müssen wir nach Hause und die letzten Dinge erledigen. Sollen wir uns danach am See treffen? Wäre das in Ordnung, Mama, wenn wir heute bei Jaron und Raphael übernachten würden?“, fragte ich sie.

„Gerne, meine Lieben. Macht euch einen schönen Abend. Ich hatte ohnehin vor, nachher zu den Henslins zu gehen und mit ihnen zu reden. Geht nur nicht zu spät ins Bett, hört ihr?“

„Nein, natürlich nicht. Danke!“

Ich gab ihr einen Kuss auf die Wange. Wir verabschiedeten uns von Jaron und Raphael und liefen nach Hause. Ich half Mama ein wenig in der Küche beim Spülen, nachdem ich den Wasserbehälter auf unserem Dach wieder mit Flusswasser aufgefüllt hatte. Killian und Ramon waren bei den Tieren. Die Kühe mussten noch gemolken werden und wurden danach auf die Weide gebracht.

Helena räumte weiteres Gemüse in die Regale der Abstellräume ein. Ich war also mit meiner Mama eine Weile ungestört.

„Und? Freust du dich schon, Mama?“, wollte ich wissen, während ich ihr ein tropfnasses Frühstücksbrettchen abnahm und es mit einem Tuch abtrocknete, bevor ich es zu den anderen auf das Regal legte.

„Also, ich muss zugeben, zuerst war mir die Sache etwas suspekt. Aber wenn ich jetzt so darüber nachdenke, was wir alles erleben werden und welchen Spaß ich sonst verpassen würde, ja, ich freue mich darauf. Das war eine tolle Idee, Carolin. Ich danke dir!“

Sie beugte sich zu mir hinüber und gab mir einen liebevollen Kuss auf die Stirn. Ich lächelte zufrieden und umarmte sie.

„Wir hatten ein schlechtes Gewissen, weil wir dich oft alleine gelassen haben. Also haben wir uns etwas überlegt, was wir zusammen machen könnten. Wir vier wissen ja, wie schwer es dir nach Papas Tod ergangen ist. Es tut uns leid, dass wir dich so oft mit deinen Gedanken alleingelassen haben", erklärte ich ihr.

„Das muss euch nicht leidtun. Ihr wart doch noch so klein, da ist es nur gesund, dass man mal aus den eigenen vier Wänden rauskommt und an der frischen Luft ist. Aber ich finde es schön, dass ihr euch Gedanken um mich gemacht habt", gab sie gerührt zu und betrachtete mich mit einem liebevollen Lächeln.

Wenn man bedachte, dass sie vier Kinder hatte, sah sie noch richtig jung aus. Mit ihren schulterlangen, schwarzen, glatten Haaren war sie sogar sehr hübsch und ich konnte mir vorstellen, warum mein Vater Mama so früh geheiratet hatte. Sie würde zwar vom Verhalten her nie wirklich erwachsen werden, dafür besaß sie nämlich zu viel kindlichen Humor, doch genau das machte unsere Mutter aus. Sie hatte immer versucht, ein wenig anders zu sein als all die anderen Eltern. Unsere Mutter war für uns wie eine Freundin, die uns nebenbei halt auch erzog. Sicher, hier und da stritten wir auch mal miteinander, aber der Streit währte nie wirklich lange. Wir genossen eine behütete Kindheit und es mangelte uns nie an etwas. Dennoch kam es mir so vor, als würde bald ein Abschied bevorstehen, doch ich wusste nicht, wovon wir uns verabschieden sollten.

Ich schob diesen Gedanken beiseite und trocknete das letzte Frühstücksbrettchen ab. Als ich schließlich noch den Tisch abwischte, drehte ich mich zu Mama um.

„Sollen wir in den Garten gehen und ein wenig Sonne tanken?", fragte ich sie.

Sie nickte und hängte ihr Tuch an den Haken. Draußen gingen wir ums Haus und legten uns auf die Wiese zu den

Kühen. Wir lagen beide auf dem Rücken, die Beine leicht aufgestellt und die Arme hinter dem Kopf verschränkt, das Gesicht Richtung Sonne.

Das Schöne an Mama war, oder überhaupt an unserer ganzen Familie, dass wir nicht jede Minute mit Gelaber füllen mussten. Wir konnten genauso gut lange schweigen, ohne dass eine bedrückende Stille entstand oder dass einer den Drang zu reden verspürte. So verstrichen einige Momente, bevor Helena um die Ecke des Hauses kam und nach uns rief.

„Was macht ihr denn da in der Sonne? Na ja, egal, seht mal, was haltet ihr von dieser Hose? Meint ihr, die geht fürs Reiten?"

Helena kam auf die Weide und hielt uns eine Hose hin. Mama und ich setzten uns auf und betrachteten sie.

„Ich denke, du solltest eine nehmen, deren Stoff ein wenig fester ist", riet Mama, während sie ein Hosenbein in der Hand hielt, um den Stoff zu begutachten. „Ich verstehe zwar nicht sehr viel vom Reiten, doch ich könnte mir vorstellen, dass diese Hose hier schnell durchgescheuert ist. Mir ist nämlich aufgefallen, dass die Hosen der Leute auf dem Hof alle diese Verstärkungen mit Leder an den Innenseiten ihrer Oberschenkel hatten."

Helena runzelte die Stirn, dann lächelte sie dankbar und eilte zügig ins Haus, um eine andere Hose zu suchen. Mama und ich sahen zu der Sonne hoch, die langsam hinter den Bäumen verschwand.

„Ich glaube, das war es schon für heute mit der Sonne. Wann wolltet ihr noch gleich mit Jaron und Raphael zum See?", erkundigte sich Mama und stand auf.

Wir rieben uns das bisschen Gras von den Klamotten und trotteten von der Wiese zurück zum Haus.

„Ich denke, jeden Augenblick. Je nachdem, wie lange Killian und Ramon noch brauchen.“ Ich zuckte mit den Schultern.

Mama nickte gedankenverloren. Ich bemerkte, wie sie langsamer wurde und am Weidenzaun kurz anhielt, bevor sie das Tor öffnete.

„Du, Carolin?“, fing sie vorsichtig an. Bei dem Tonfall wurde ich hellhörig und wandte mich ihr zu.

Sie strich mit der Hand über das Holz und wartete eine Weile.

„Ja, Mama? Was gibt es denn?“, fragte ich, als sie nicht weitersprach.

„Sei mir nicht böse, dass ich mich da einmische, aber das mit Jaron und dir scheint ziemlich ernst zu werden. Ich weiß, ihr seid beide vernünftig und werdet nichts Unüberlegtes tun, aber gebt trotzdem ein wenig acht, ja? Das soll keine Drohung sein, nur eine Bitte von einer Mutter an ihre Tochter“, sagte sie ausweichend.

Ich ging auf sie zu und nahm sie in die Arme.

„Es wird schon nichts passieren, Mama, versprochen! Es macht mir nichts aus, dass du dieses Thema ansprichst. Du darfst wissen, dass ich stets offen für so etwas bin.“

„Ich bin froh, dass ihr beide schon so erwachsen seid. Es freut mich, dass ihr euch gefunden habt. So, und nun Schluss damit, bevor dieses Gespräch zu sentimental wird. Jetzt machen wir uns alle einen schönen Abend“, lachte sie und öffnete das Tor.

Die anderen warteten bereits vor der Haustür auf uns.

IN EINER ANDEREN ZEIT

„Als ich heute im Dorf war, habe ich gehört, dass du dich in der Ratssitzung mit dem Bürgermeister unserer Stadt gestritten hast. Ist das wahr?“, fragte mich mein Mann beim gemeinsamen Abendessen mit den Kindern.

„Streiten kann man das nicht nennen. Wir hatten eher eine Meinungsverschiedenheit.“

Ich hatte mir im Laufe der vergangenen Winter einen guten Ruf in der Stadt erworben und war sogar zu einem der wichtigsten Ratsmitglieder der Stadt geworden. Eine bessere Ausgangssituation hätte ich nicht erwarten können.

Doch als in der besagten Versammlung das Thema Drachen aufgekommen war, musste ich bitterlich feststellen, dass ich in dieser Stadt rein gar nichts würde ausrichten können.

„Bitte hören Sie uns zu, werte Dame! Wenn ich Ihnen doch sage, dass wir unserer Nachbarstadt wegen der Drachen helfen, dann werden wir das auch tun. – Sag den Vorstehern, sie sollen so viele Männer in die Nachbarstadt entsenden, wie sie entbehren können“, wies der Bürgermeister an und reichte seiner Angestellten mehrere wichtige Briefe, woraufhin diese den Saal verließ.

„Warum gibt es denn diese Probleme mit den Drachen? Wurden etwa Menschen verschleppt?“, hatte ich nachgefragt und lächelte der Frau zu, die als Einzige in diesem Raum derselben Meinung war wie ich.

„Nein, bisher wurden noch keine Menschen als vermisst gemeldet. Doch es ist nur noch eine Frage der Zeit. Sie kommen stets nachts, wenn die meisten Stadtbewohner schlafen, und rauben ihnen ihre Nutztiere wie Schweine, Kühe und Schafe“, erklärte der Bürgermeister dieses Mal etwas ruhiger.

„Dann liegt es vermutlich daran, dass sie im Wald nicht mehr genügend Wild finden. Vielleicht sollten wir den Jagdbetrieb herunterfahren und weniger Wildtiere jagen. Dass die Drachen in die Städte kommen, liegt doch nur an der mangelnden Nahrungsversorgung, vermute ich.“

„Meine Liebe, ich persönlich halte sehr viel von Ihnen. Warum um alles in der Welt stellen Sie sich denn jetzt gegen mich? Wollen oder können Sie nicht einsehen, dass die Drachen eine Bedrohung für unsere Städte darstellen? Denken Sie doch nur mal an die vielen Kinder. Sie selbst haben doch auch drei zu Hause. Wie würden Sie sich denn fühlen, wenn Ihre Kinder eines Nachts verschwinden würden? Würden Sie dann immer noch tatenlos dasitzen und vorschlagen, den Jagdbetrieb herunterzufahren?“

„Natürlich nicht, aber wir wissen doch gar nicht, ob die Drachen tatsächlich auch uns Menschen jagen würden. Solange es bei den Nutztieren bleibt, ist es zwar ärgerlich, aber auch dagegen kann man etwas unternehmen. Zur Not muss mehr Vieh gezüchtet werden.“

„Meine Liebe, ich bitte Sie. Hören Sie sich eigentlich selbst zu? Sie schlagen ernsthaft vor, diese Raubtiere zu füttern, statt sie zu jagen?! Das sind gefährliche Geschöpfe, und wenn sie nicht verstehen, dass sie uns in Ruhe zu lassen haben, dann sollen sie von hier verschwinden; so einfach ist das!" Damit hatte sich der Bürgermeister erhoben und die Ratsversammlung beendet.

„Und worüber ging diese Meinungsverschiedenheit, Liebling?", fragte mich mein Mann und holte mich aus meinen Gedanken wieder zurück an den Küchentisch.

„Darüber, dass er denkt, die Drachen zu jagen und zu töten sei die richtige Entscheidung. Aber das stimmt nicht! Er hat keine eindeutigen Beweise dafür, dass sie uns angreifen würden. Ich finde, man sollte immer erst sehen, ob es eine friedliche Lösung gibt, bevor man zu den Waffen greift, findest du nicht?", fragte ich und sah ihn flehentlich an.

Mein Mann zuckte unentschlossen mit den Schultern.

„Liebling, ich weiß nur, dass wenn ein Drache dich oder eines unserer Kinder bedrohen sollte, ich nicht zögern und selbst zu einer Waffe greifen würde. Wenn sie wirklich so groß sind, wie man sich erzählt, haben wir gegen diese Geschöpfe keine Chance."

„So kannst du doch nicht ernsthaft denken!", stieß ich empört aus und legte mein Besteck neben das Frühstücksbrettchen.

„Mama? Was ist denn los? Warum streitet Papa und du euch?", fragte unser ältester Sohn.

„Aber nein, deine Mama und ich streiten uns doch nicht. Im Gegenteil, wir lieben uns mehr denn je, vergiss das nie, ja?", beruhigte mein Mann unseren Sohn.

Damit war für ihn das Thema erledigt. Mir brach es das Herz, zu wissen, dass mein eigener Mann und ich nicht derselben Meinung waren. Er würde die Drachen verraten, so viel wusste ich. Dabei hatte ich mir schon zurechtgelegt, wie ich es ihm am besten erklären sollte, dass ich Wogarras' Reiterin war. Ein Glück, dass es bisher noch nicht dazu gekommen war und mein Mann nichts von meinem Gefährten wusste. Mir blieb nur noch die Möglichkeit, irgendwie aus dieser Stadt zu verschwinden, um es woanders weiter zu versuchen. Es konnte einfach nicht wahr sein, dass so viele Menschen hasserfüllt über die Drachen urteilten.

„Ich glaube, Kumpel, du und dein Bruder müsst so langsam ins Bett. Ihr gähnt ja schon um die Wette", lachte mein Mann.

„Wenn du dich um das Geschirr kümmerst, bringe ich die beiden direkt ins Bett", schlug ich vor und erhob mich.

Mein Mann schlang mir liebevoll einen Arm um die Taille und drückte mir einen liebevollen Kuss auf die Wange. Es fühlte sich plötzlich nicht mehr richtig an; nicht mehr so wie früher, als ich noch die Hoffnung hatte, wir würden auf derselben Seite stehen.

Ich zog unsere Tochter aus ihrem Kinderstuhl auf meine Arme und wickelte sie wieder in ihre Decke ein, die ich über meine Stuhllehne gehängt hatte.

„Aber natürlich. Ich werde in unserem Schlafzimmer auf dich warten. Gute Nacht, ihr beiden, und dir auch eine gute Nacht, Prinzessin!", murmelte er unserer Tochter ins Ohr.

Zuerst legte ich meine Tochter in ihr gemütliches Kinderbettchen und sorgte dafür, dass es im Zimmer dunkel genug war, sodass sie lange schlafen könnte. Dann sah ich zu, dass die beiden Jungs ordnungsgemäß ihre Zähne putzten und sich noch einmal das Gesicht wuschen, ehe sie ins Bett gingen.

„Denkst du, da draußen gibt es wirklich Drachen? Wie in meinem Lieblingsbuch?“, fragte mich der ältere meiner beiden Söhne.

„Aber natürlich gibt es sie. So prachtvoll kannst du sie dir gar nicht vorstellen. Wenn du ganz fest daran glaubst, wirst du eines Tages bestimmt einen sehen“, versicherte ich ihm und zog ihm die Decke bis ans Kinn.

„Bitte verrate es nicht Papa, aber ich wünschte, wir hätten einen Drachen. Von mir aus auch einen kleinen, auf dem man nicht reiten kann. Das wäre mir egal. Aber ich stelle es mir so schön vor“, erwiderte er und blätterte in seinem Lieblingsbuch, das von Drachen handelte.

Ich musste über seine Aussage lächeln und versprach ihm, kein Wort zu Papa zu sagen. Es erstaunte mich, dass in unserer Familie anscheinend nur mein Mann etwas gegen die Drachen einzuwenden hatte. Alle anderen in diesem Haus waren anderer Meinung.

Dass unser jüngster Sohn ähnlich drachenbegeistert war, hatte ich festgestellt, als ich für ihn einen Kissenbezug bestickt hatte. Zu dem Zeitpunkt war ich noch mit meiner Tochter schwanger gewesen. Damals hatte er sich einen großen, grünen Drachen auf seinem Kopfkissen gewünscht. Natürlich war ich seiner Bitte nachgekommen, ganz gegen den Willen meines Mannes.

Unsere Tochter war ohnehin nicht zu bremsen. Sie war zwar noch sehr klein, doch konnte ich mich in keiner Nacht allein aus dem Haus schleichen, ohne dass sie sich bemerkbar machte, da sie ganz offensichtlich zu Wogarras mitgenommen werden wollte.

Ich gab unserem Ältesten einen Kuss auf die Stirn und wünschte ihm eine gute Nacht. Vorsichtig löschte ich die letzten Lichter. Bevor ich ins Schlafzimmer zu meinem Mann ging, rief ich nach Wogarras.

„*Wir müssen uns heute Nacht unbedingt sehen. Ich muss warten, bis mein Mann eingeschlafen ist, und komme dann mit meiner Tochter zu dir. Wir müssen den weiteren Ablauf neu überdenken. Ich befürchte, ich habe mich in der falschen Stadt niedergelassen. Hier werden wir nichts erreichen.*“

9. Kapitel

Ich lag mit dem Rücken auf dem Gras und starrte in den bereits dunklen Himmel hinauf. Der Boden war noch ein wenig warm von der Sonne, also fror ich noch nicht.

Es dauerte eine Weile, bis Jaron und Raphael angekommen waren. Sie waren schwer beladen, da sie Krüge und Getränke mitgebracht hatten.

„Ich glaube es nicht! Wir schleppen hier alles hin und ihr macht es euch gemütlich.“ Jaron war aus der Puste vom Schleppen und ließ alles behutsam zu Boden gleiten.

„Wir haben doch gesagt, wir treffen uns am See“, neckte ich ihn und verteilte die Krüge.

„Ihr hättet doch kurz reinkommen und eure Hilfe anbieten können“, meinte er.

„Weißt du, ich hatte heute keine große Lust, etwas zu tragen. Außerdem, ihr lebt doch beide noch“, stellte ich fest und betrachtete ihn von oben bis unten.

Jaron lächelte und schüttelte den Kopf.

„Das werde ich mir merken. Irgendwann bekommst du das zurück“, drohte er.

Ich sah ihn zweifelnd an und reichte ihm und Raphael die letzten beiden Krüge.

„Nun setzt euch schon, oder wollt ihr die ganze Zeit stehen? Wie ungemütlich seid ihr denn?“, lachte Helena.

Jaron setzte sich zu mir, was nicht anders zu erwarten gewesen war. Er griff nach einer Tasche, die sie mitgebracht hatten, und holte mehrere Behältnisse heraus.

„Nehmt euch, was ihr wollt. Es gibt Wasser und verschiedene Säfte. Müsst euch einfach durchprobieren“, bot er an.

„Reichst du mir das Wasser?“, fragte ich ihn und zupfte an seinem langen Ärmel.

Er lächelte und kam meiner Bitte nach. Er goss meinen Krug fast bis zum Rand voll, ehe er sich selbst etwas eingoss. Dann reichte er das Behältnis weiter.

Als wir alle etwas zu trinken hatten, fing das Gerede an. Das Reiten war natürlich Hauptthema Nummer eins.

Ich lehnte mich an Jaron an, der zufrieden einen Arm um meine Taille legte. Seine Hand ruhte auf meinem Bauch. Wir waren schon eine kleine Weile zusammen, doch es war immer wieder aufs Neue erstaunlich, wie heftig ich immer noch auf seine Berührungen reagierte.

Dass sein Arm mich umfing, sollte eigentlich nicht wirklich spektakulär sein, doch ich spürte intensiv, wie das Blut durch meine Adern schoss und mein Gesicht wärmer wurde. Ich hoffte nur, dass man es nicht mehr so gut sehen konnte. Ich bekam nur am Rande mit, dass sich die anderen immer noch angeregt übers Reiten unterhielten, denn ich war in Gedanken ganz woanders.

Unwillkürlich blickte ich über den See hinweg in den Wald. Angestrengt versuchte ich zwischen den schwarzen Silhouetten der Bäume etwas zu erkennen. Doch natürlich war es dafür schon viel zu dunkel. Ich merkte gar nicht, dass mein Atem schneller ging, bis Jaron mich ein wenig schüttelte.

„Carolin? Ist etwas? Du atmest so hektisch“, flüsterte Jaron, da er nicht wollte, dass die anderen dies mitbekamen.

Ich sah zu ihm auf. Er grinste ein wenig, doch in seinen Augen las ich leichte Verwirrung.

„Nein, mir geht es gut.“

Erst jetzt bemerkte ich, dass ich äußerst kraftlos an seiner Seite lehnte.

Eigenartig, warum bin ich bloß so erschöpft?

„Wenn du meinst … “

Jaron zuckte mit den Schultern und wandte sich wieder den anderen zu. Ich sah noch einmal kurz zum Wald hinüber, dann nahm ich noch einen kräftigen Schluck aus meinem Krug.

„Carolin, meine Kleine! Wie geht es dir?“

Ich versteifte mich in Jarons Umarmung, was diesem jedoch nicht aufzufallen schien. Diese Stimme klang genau so wie die von Abendsonne, aber das konnte doch nicht sein, oder etwa doch?! Ich vernahm ein leises Lachen in meinem Kopf.

„Natürlich kannst du mich hören! Wir befinden uns doch gar nicht so weit von euch entfernt im Wald. Was macht ihr denn so spät am Tag noch am See?“

Ich war verwirrt. Mit gerunzelter Stirn sah ich zum Wald hinüber.

„Warum kann ich dich so deutlich in meinem Kopf hören, als stündest du direkt neben mir? Und warum weißt du, dass wir am See sitzen?“

„Ich weiß immer, wo du dich befindest, Carolin. Aber erzähl mir doch jetzt lieber ein wenig von deinen letzten Tagen. Wie war es auf dem Hof?“

Ich konnte nur den Kopf schütteln.

„Du bist unheimlich. Warum weißt du, wo ich war, aber nicht, was ich gemacht oder gesagt habe?"

So schnell ließ ich nicht locker. Dafür lagen mir zu viele Fragen auf der Zunge. Es dauerte einen Moment, ehe sie antwortete, dabei klang ihre Stimme ein wenig verhalten.

„Die geistige Verbindung zu dir ist noch nicht vollständig ausgebildet. Es wird noch eine Weile dauern, bis ich genau nachvollziehen kann, was du machst und sagst."

Es kam mir vor, als spräche sie in Rätseln. Zwar verstand ich ihre Worte, doch zwischen den Zeilen meinte sie noch mehr. Sie verheimlichte mir etwas. Das spürte ich nur zu deutlich.

„Nun sag schon!"

Ihre Stimme war wieder fröhlich, ohne jeglichen Unterton.

„Was habt ihr gemacht?"

Ich lächelte. Heute mochte sie gewonnen haben, doch ich würde darauf zurückkommen. Wenn ich sie das nächste Mal sah, würde sie mir Rede und Antwort stehen müssen.

Ich berichtete ihr, dass wir etwas mit unserer Mutter unternehmen wollten, da sie oft allein war. Da wir außerdem vorhatten, die Drachen irgendwann reiten und fliegen zu können, war uns die Idee gekommen, mit dem Reiten auf Pferden anzufangen.

Ich erzählte ihr alles, was mir dazu einfiel, und beschrieb ihr bis ins kleinste Detail unsere Pferde. Abendsonne hörte zum Großteil zu und stellte nur zwischendurch ein paar Fragen.

Etwas daran war jedoch komisch.

Einerseits konnte ich ihr Interesse spüren, doch gleichzeitig wusste ich, dass es für sie nicht neu war, was ich ihr berichtete. Sie hatte zwar gesagt, sie könne nicht wissen, was ich machen oder sagen würde, dennoch beschlich mich der Verdacht, dass sie nicht die ganze Wahrheit gesagt hatte.

„Wir werden heute Nacht bei Jaron und Raphael übernachten. Wir dachten, das sollte gefeiert werden, jetzt, wo wir endlich auf dem Hof angemeldet sind“, schloss ich meine Schilderung der letzten Tage.

Waren wirklich nur wenige Tage vergangen, seit ich Abendsonne das letzte Mal gesehen hatte? Mir kam es viel länger vor.

„Sag mir rechtzeitig Bescheid, wenn ihr euren ersten Ausritt in die Wälder unternehmt, hörst du? Dann könntet ihr ja einen kleinen Abstecher zu uns machen.“

„Ich glaube nicht, dass das so eine gute Idee wäre. Ich kenne mich mit Pferden zwar nicht so gut aus, aber ich weiß, dass sie ziemlich schnell durchgehen. ‚Pferde sind Fluchttiere, das macht sie unberechenbar'. Diesen Satz hat uns Mama, als wir noch kleine Kinder waren, immer wieder eingetrichtert.“

Ich spürte ein Glucksen in meiner Kehle, doch es war nicht ich, die sich ein Lachen verkneifen musste.

„Wenn du meinst … Wäre schön gewesen. Kommt uns dann aber die Tage besuchen!“

„Was war denn daran so lustig? Ich meinte das ernst!“

„Du wirst es noch herausfinden, versprochen. Die Zeit vergeht manchmal schneller, als man möchte!“

Damit breitete sich in mir ein Gefühl der Verlassenheit aus. Ich wusste, Abendsonne hatte sich zurückgezogen und ließ mich mit meinen Geschwistern und Freunden wieder allein.

Ich konnte mir die Drachen schon jetzt nicht mehr wegdenken, doch ich kannte sie noch nicht vollständig, wie ich immer wieder feststellen musste. Es war, als hätte ich sie mein ganzes Leben lang schon gekannt, es war dieses vertraute Gefühl von Geborgenheit und Vertrauen, und trotzdem stellte man bei ihnen immer wieder neue Eigenschaften fest. Es machte mich verrückt.

Zudem kam, dass das Gespräch mit Abendsonne zu lückenhaft war und irgendwie mysteriös wirkte. Einerseits sprach sie klar und deutlich, andererseits verheimlichte sie mir viel. Frustriert fand ich mich damit ab, dass ich zu warten hatte. Sie antwortete nicht auf meine Rufe. Nun schien es Jaron aufzufallen, dass ich geistig abwesend war. Er rieb mir die Arme.

„Mensch, Carolin, du frierst ja! Hier, nimm dir eine Decke!“, meinte er und hielt mir eine hin.

Ich legte die Decke um meine Schultern und genoss das Gefühl der Wärme, das mich einhüllte. Dann kuschelte ich mich an Jaron. Ich richtete meine Aufmerksamkeit auf das Gespräch der anderen und bemerkte, dass sie sich gar nicht mehr über den Hof oder ihre Pferde unterhielten. Es dauerte eine Weile, bis ich begriff, worum es ging.

„Habt ihr mitbekommen, wie viele markierte Bäume es inzwischen gibt? Wenn die alle abgeholzt werden sollen, könnte das Dorf von heute auf morgen doppelt so groß werden“, stellte Killian fest.

„Dann wären wir nicht mehr am Rande, sondern in der Mitte des Dorfes. Das wäre doch schön!“, strahlte

Helena und begriff offenbar nicht, was daran so schlecht sein sollte.

Killian versuchte es zu erklären.

„Momentan sieht es so aus, als wollten sie hier am Rulkorsee vorerst nicht weitermachen. Es ist jedoch nur eine Frage der Zeit, befürchte ich, dass sie diese Stelle hier ebenfalls abholzen werden."

„Aber das steht doch noch gar nicht fest, Killian. Wer weiß, vielleicht belassen sie es ja bei dem großen Stück hinter unserem Haus und bei den anderen markierten Flächen. Oder hast du etwa einen der Holzfäller gefragt, wie die Holzrodung in der nahen Zukunft aussieht?", fragte Ramon und trank einen Schluck von seinem Saft.

Als Killian nichts erwiderte, hakte Ramon nach: „Hast du oder hast du nicht?"

„Nein, habe ich nicht. Aber warum sollten sie sonst so viel auf einmal roden? Kannst du mir das sagen?"

„Leute, Leute! Dass das Ganze niemandem von uns gefällt, sehen wir, glaube ich, alle ein. Aber wir können doch nichts daran ändern, oder? Also sollten wir uns nicht gegenseitig an die Gurgel gehen", schaltete ich mich ein.

Eine Pause entstand, dann schüttelte Killian traurig den Kopf.

„Es sei denn, du hast eine Idee, wie wir den Dorfbewohnern klarmachen können, dass sie den Wald nicht abholzen müssen und das Dorf trotzdem vergrößern können."

„Wir können ihnen wohl schlecht begreiflich machen, dass es in unseren Wäldern Drachen gibt, oder?", fragte ich und kämpfte gegen meine Tränen an.

Ich hatte zwar gewusst, dass der Wald abgeholzt werden würde, doch hatte ich das Ausmaß dieses Vorhabens nicht gekannt. Zu erfahren, dass diese Sache sich nun immer weiter zuspitzte, traf mich tief. Sobald der Wald zu licht würde, würden die Drachen das Weite suchen, bevor jemand merken konnte, dass sie sich jemals dort aufgehalten hatten.

Ich wusste nicht warum, aber der Gedanke, dass Abendsonne mich verlassen würde, schmerzte immens.

Das Licht der Sonne war nun endgültig verschwunden und der Himmel war jetzt pechschwarz. Zum Glück hatten Jaron und Raphael an eine Öllampe gedacht, deren Licht uns nun beim Einpacken unserer Sachen half. Mühsam stand ich auf; ich hatte zu lange gesessen und hatte nun ein taubes Gefühl in den Beinen. Ich wankte, und Jaron hielt mich am Arm fest, während er eine Tasche schulterte.

„Ich glaube, ich helfe dir besser, den Weg zu finden. So wie du läufst, kannst du nicht einen Schritt tun, ohne auf die Nase zu fallen. Du läufst wie eine Betrunkene", lachte er.

Die anderen standen ebenfalls auf. Ich schloss kurz die Augen und öffnete sie wieder. Ich spürte, wie das Blut durch meinen Kopf schoss, und sah für kurze Zeit alles nur schwarz. Dann klarte sich meine Sicht wieder auf und ich konnte einigermaßen etwas ausmachen.

Dennoch war ich dankbar für Jarons Hilfe. Ich sammelte einige Krüge ein und half Helena dabei, sie in eine Tasche zu verstauen, die sie bereits in der Hand hielt. Verwundert stellte ich fest, dass alles andere bereits verstaut war. Ich rieb mir die Schläfen. Wieso hatte ich das gar nicht mitbekommen?

Killian verschwand als Erster in der Dunkelheit; wohlweislich hielt er sich am Rande des Lichtscheins der Öllampe auf, um den Weg zurück zum Dorf zu finden. Nachts war der kleine, gewundene Weg, der an Bäumen und Büschen vorbeiführte, der reinste Albtraum. Ohne Licht war die Gefahr, irgendwo zu fallen oder gegen einen Stamm zu laufen, sehr groß.

Ich hakte mich bei Jaron unter und vertraute ihm, dass er mich sicher ins Dorf führen würde.

10. Kapitel

Als ich meine Decke zum letzten Mal ausschlug, damit sie gerade auf dem Bett zu liegen kam, klopfte es an der Tür.

Jaron musste mit seinem Bruder, Killian und Ramon in einem Zimmer schlafen, damit Helena und ich, als einzige Mädchen, Raphaels Kinderzimmer benutzen konnten. Das war jedoch vollkommen in Ordnung, da sogar zu viert eines der Zimmer immer noch groß genug war. Ich war gerade dabei, das Bett frisch herzurichten, denn warum sollte Jaron das machen, wenn wir darin schliefen?

„Ist offen!“, rief ich über die Schulter Richtung Tür.

Diese glitt fast geräuschlos auf.

„Ich wollte nur sehen, wie ihr hier zurechtkommt. Findet ihr alles?“, fragte Jaron und kam durchs Zimmer auf mich zu.

„Ja, wenn ich Fragen haben sollte, dann rufe ich dich schon, keine Sorge“, lachte ich.

„Wo ist eigentlich Helena?“

Er sah sich im Zimmer nach ihr um.

„Ich glaube, sie ist im Badezimmer und macht sich bettfertig. Was mich daran erinnert, dass ich mich noch waschen muss.“

„Dann möchte ich mal nicht länger stören.“

Jaron grinste mich an. Es war ihm anzusehen, was er dachte, und ich prustete los.

„Jaron, ich habe meiner Mama versprochen, dass wir uns benehmen werden!“, lachte ich.

„Das tun wir doch auch. Gute Nacht!“

Er gab mir einen Kuss auf den Mund und verschwand wieder aus dem Zimmer. Genau in dem Moment, als die Tür zufiel, wurde sie von Helena wieder geöffnet. Sie grinste ein wenig und sah erst mich und dann Jaron an, der den Gang auf das andere Zimmer entlanglief.

„Hat er dir noch ‚Gute Nacht‘ gesagt?“, fragte sie neugierig.

„Ja, er ist der deutschen Sprache mächtig“, scherzte ich und ging an ihr vorbei ins Badezimmer, welches sich praktischerweise direkt neben unserem Zimmer befand.

„Ach, was du nicht sagst. – Lass das!“, schrie sie, als ich versuchte, sie in die Seite zu zwicken.

Ich schloss die Tür hinter mir zu und schlenderte hinüber zum Waschbecken. Draußen war inzwischen der Mond aufgegangen und schien ins Badezimmer.

Ich trat ans Fenster und sah in den sternenklaren Himmel hinauf. Dann öffnete ich es einen Spaltbreit und atmete die frische Nachtluft ein, die um meine Nase wehte. Es roch nach feuchtem Gras und Holz. Holzgeruch vermutlich deswegen, da die gefällten Bäume, die zum Häuserbau geeignet waren, in der Nähe gelagert wurden.

Ich schloss die Augen und stand einige Zeit so da und lauschte dem Wind, der leise durch das dichte Gras wehte. Tiere waren um diese Zeit nicht mehr zu hören, nur hier und da vernahm ich ein entferntes „Huhu!“ einer Eule, ansonsten war es still.

Ich öffnete die Augen wieder, sah noch einmal zum Mond hinauf und machte mich dann ebenfalls fürs Bett fertig. Es dauerte nicht lange und ich befand mich wieder in Raphaels Kinderzimmer. Helena lag schon zusammengerollt unter der Bettdecke und schlief.

Vorsichtig, um sie nicht zu wecken, schlich ich ins Bett und legte mich hinein. Die Bettdecke war ein wenig kühl, doch das machte nichts. Ich zog sie mir bis unter das Kinn hoch und drehte mich in Helenas Richtung. Sie lag mit dem Rücken zu mir, doch lange währte ihre Bewegungslosigkeit nicht und sie drehte sich um.

„Entschuldige, habe ich dich geweckt?“, flüsterte ich und sah in ihre verträumten Augen.

Sie schüttelte müde den Kopf und sah zurück.

„Ich war noch nicht richtig am Schlafen“, lallte sie.

„Na ja, lange hätte das jetzt aber nicht mehr gedauert und nicht einmal lautes Getrappel von Pferdehufen hätte dich noch wecken können“, witzelte ich.

„Wahrscheinlich“, stimmte sie zu und kroch näher zu mir.

Ich nahm sie in den Arm und ließ meinen Kopf auf ihrem ruhen. Es dauerte nicht lange und wir waren beide ins Land der Träume geglitten.

Ich wusste nicht, was es war, doch irgendetwas hatte mich geweckt. Ich lag plötzlich hellwach im Bett und starrte an die Decke. Ich brauchte einen Moment, um festzustellen, dass Helena nun ganz anders im Bett lag, als zu dem Zeitpunkt, als wir eingeschlafen waren. Sie lag jetzt diagonal im Bett und die Bettdecke war ein einziger Stoffballen. Ich setzte mich auf und versuchte nach Geräuschen zu horchen, doch da war nichts. Alles war still im Haus.

Verwirrt schwang ich meine Beine über die Bettkante und stand auf. Es nützte nichts mehr, nun war ich schon wach, dann konnte ich auch genauso gut umhergehen. Erst viel später würde ich wohl wieder schlafen können und dann würde es schon hell werden.

Ich ging aus dem Zimmer und den Flur entlang Richtung Wohnzimmer. Als ich so ganz allein in dem ruhigen, dunklen und menschenleeren Raum stand, wirkte er gleich dreimal so groß. Unschlüssig, was ich eigentlich suchte, ließ ich mich vom Mondlicht ans Fenster locken, wie eine Motte, die vom Licht einer Laterne angezogen wurde.

Als ich so dastand und in die Dunkelheit blickte, fragte ich mich erneut, was mich wohl geweckt hatte. Ich schüttelte langsam den Kopf und fuhr mir mit einer Hand durch die Haare. Ich versuchte mir einzureden, dass ich wohl einfach ein wenig Schlafstörungen hatte, doch es gelang mir nicht. Ich hatte sonst immer lange schlafen können, ohne wach zu werden.

„Meine Kleine. Du bist ja schon wach!“

Ich hätte die Stimme im Schlaf erkannt, so gut kannte ich sie inzwischen bereits.

„Guten Morgen, meine Hübsche. Bist du denn gar nicht müde?“, fragte ich zurück und sah in den Wald.

„Nein, nicht mehr. Wir Drachen brauchen nicht so viel Schlaf wie ihr Menschen.“

„Weißt du, warum ich aufgewacht bin? Ich dachte, ich hätte etwas gehört, aber hier ist alles totenstill. Fast schon beängstigend.“

„Ja, ich denke, ich weiß, warum du nicht schlafen kannst."

„Aber du möchtest es mir nicht sagen, stimmt's?"

Ihre Pause währte zu lange; ich wusste, ich hatte recht.

„Nicht jetzt. Aber bald. Ich werde es dir sagen, wenn du so weit bist."

Ich hasste es, wenn sie so sprach.

Nie gab sie mir Antworten, stattdessen stellte sie mir immer wieder neue Fragen.

„Wann wird das sein?"

Ich wurde schon etwas zornig. Sie spürte es, denn eine leichte Woge der Entschuldigung und des Mitgefühls durchflutete mich. Ich wusste, dass sie von ihr kam.

„Das kann ich dir noch nicht sagen. Aber ich verspreche dir, dass es nicht mehr lange dauern wird. Wir sehen uns vermutlich erst in ein paar Tagen. Ihr seid bestimmt schon ganz aufgeregt wegen des Reitens, oder?"

Sie versuchte mich abzulenken, doch ich ging nicht darauf ein.

„Es tut mir leid, Carolin, aber der richtige Zeitpunkt wird schon kommen. Versuch jetzt zu schlafen", sagte sie auf mein Schweigen hin und verschwand aus meinen Gedanken.

Ich dachte, ich würde sauer werden, doch dieses Gefühl des aufkochenden Zorns im Bauch blieb aus. Komischerweise musste ich feststellen, dass mich eine kleine Welle der Panik ergriff. Warum, konnte ich allerdings nicht sagen.

Ich suchte den Himmel ab, fand aber nicht, was ich suchte: die schwarze Silhouette eines Drachen. Der Mond schien da oben am Himmel immer größer zu werden und nach mir zu rufen. Wie gebannt sah ich zu ihm hinauf.

Dann wandte ich mich von ihm ab und schlich auf Zehenspitzen in den Schankraum und dann nach draußen. Die Tür knarrte ein wenig in der Stille, aber davon würde schon niemand wach werden. Ich ging ums Haus herum und folgte dann dem kleinen Weg zum Rulkorsee. Meine Füße machten keine Geräusche, selbst wenn ich über kleine Steine stolperte.

Ich hatte in meiner Gedankenlosigkeit vergessen, mir etwas Wärmeres anzuziehen. Also ging ich nur mit meinem Nachthemd, das mir gerade mal bis kurz über die Knie reichte, barfuß und hellwach durch die Nacht. Immer wieder sah ich in den Himmel hinauf und suchte vergeblich nach einem Drachen.

„Warum hoffst du so sehr, einen fliegenden Drachen zu sehen?"

Abendsonnes fröhliche Stimme hallte noch lange in meinem Kopf nach.

„Ich weiß es auch nicht so genau. Vielleicht wünsche ich mir einfach nur, einen zu sehen, um zu wissen, dass es euch wirklich gibt. Ich frage mich nämlich manchmal, ob es die ganze Mühe wert ist. Mit dem Reiten, meine ich."

„Ich denke schon, dass es nicht umsonst ist. Du wirst vieles lernen, was du später gut gebrauchen kannst."

Ich hatte den Rulkorsee schon fast erreicht. Dank des Mondlichts konnte ich den Weg zum See gut finden. Ich konnte sogar schon die spiegelglatte, schwarze Oberfläche ausmachen, die mitten im Grünen dalag. Wie ein schwarzer Teppich breitete sie sich vor mir aus.

Plötzlich durchfuhr mich ein Ruck und ich musste stehen bleiben. Mir war, als würde mir der Wind ins Gesicht wehen, und ich schloss reflexartig meine Augen. Ich musste mehrmals tief ein- und ausatmen. Meine Arme fühlten sich ein wenig schwer an. Dann war das Gefühl wieder weg. So schnell wie es gekommen war, verschwand es auch wieder. Verwundert sah ich mich um und horchte auf ein Geräusch.

Nichts.

Es war alles still, nicht mal ein leiser Wind wehte.

„Tut mir leid, das war ich. Du wirst dich schon noch daran gewöhnen."

„Was soll das heißen, das war ich?"

Ich hatte mich noch nicht wieder in Bewegung gesetzt und wartete auf eine Antwort.

„Warte am See auf mich, dann werde ich es dir zeigen. Sieh zu, dass du alleine bist!"

„Wer sollte denn schon – außer mir und dir – um diese Zeit auf sein? Die schlafen alle noch."

„Sei bitte einfach wachsam!"

Ich nickte, was unnötig war, denn sie konnte mich ja nicht sehen.

„Wie du willst."

Ich setzte meinen restlichen Weg fort. Am See angekommen, ließ ich mich im taufeuchten Gras nieder und wartete ab, was passieren würde. In der Ferne konnte ich riesige Schwingen kaum wahrnehmbar schlagen hören. Das Geräusch erfüllte mich mit Zuversicht.

Ich versuchte einfach nicht mehr zu überlegen, was mir in der letzten Zeit alles merkwürdig vorgekommen war, geschweige denn, weiter darüber nachzudenken. Die

Liste wäre einfach zu lang gewesen. Zudem würde sie so oder so nie abgearbeitet sein. Also saß ich einfach nur da und wartete. Worauf ich genau wartete, wusste ich nicht.

Das Gras unter mir ließ mich ein wenig frösteln. Für diese Zeit war es tagsüber noch recht warm, dies zählte jedoch nicht für die Nächte. Sie waren oft schon recht regnerisch und vor allem sehr kalt.

Ein Schatten über den Baumkronen ließ mich aufschauen. Der Schatten wurde größer und bewegte sich in meine Richtung. Er sah aus wie der eines Drachen, der seine Flügel eng an den Körper gepresst hielt, um einen Sturzflug zu starten.

Nichts warnte mich vor, als sich die Schwingen plötzlich öffneten und ich ihre volle Spannweite erkennen konnte. Der Drache flog tiefer und verschwand kurz im Vordergrund der dicht aneinanderstehenden, dunklen Bäume, bevor er nahezu geräuschlos über den See glitt. Die Oberfläche kräuselte sich ein wenig unter ihren Flügelschlägen. Abendsonnes große, kluge Augen waren währenddessen konsequent auf mich gerichtet. Sie leuchteten ein wenig rötlich. Das Mondlicht ließ ihre Schuppen schwarz-rot wirken. Dieses Farbenspiel war einfach überirdisch schön.

Ich stand auf, um ihren weiten Schwingen auszuweichen, mit denen sie ein paar Mal kräftig schlug, um sicher mit ihren Hinterbeinen am Rand des Ufers landen zu können. Dann fächerte sie diese wieder zusammen und ließ sie neben ihrem Bauch hinabhängen.

Langsam, um mich nicht zu erschrecken, ging sie mit ihren Vorderbeinen in die Knie und legte sich hin, den Kopf immer noch hoch erhoben. Neugierig musterte sie mich. Ich konnte mich einfach nicht an ihren Anblick gewöhnen und dennoch waren mir ihre Bewegungen bereits sehr vertraut.

Für jeden anderen musste sie einfach nur Furcht einflößend aussehen, aber ich sah sie mit anderen Augen. Ich sah sie als einen Teil von mir selbst.

Ist es naiv zu glauben, wir seien Seelenverwandte?

Immerhin war sie ein Drache und ich nur ein Mensch von vielen. Ich würde nie verstehen, wie man Drachen hassen konnte oder warum man Angst vor ihnen haben sollte. Schon bevor ich Abendsonne kannte, war so etwas unvorstellbar für mich gewesen – und jetzt umso mehr. Für mich würde sie immer eine Art zweite Mutter und gute Freundin sein, die sich um mich kümmern und mich vor Unheil bewahren würde. Ich wusste nicht warum, aber ich war mir sicher, dass Abendsonne ihr Leben für mich opfern würde, wenn es darum ging, mich zu beschützen, so als wäre ich ihr eigenes Jungtier. Diese mentale Vorstellung ergab – vom reinen, rationalen Verstand her – eigentlich keinen Sinn, aber vom Herzen her wusste ich, dass ich mit meinem Gefühl richtiglag.

Dennoch hoffte ich insgeheim, dass ich niemals in eine solche Situation geraten würde, in der mich Abendsonne beschützen musste. Diese Hoffnung sollte mir jedoch schon in absehbarer Zeit genommen werden, was ich zu diesem Zeitpunkt jedoch nicht ahnte.

„Du hast mich warten lassen“, murmelte ich und ging mit ausgestreckter Hand auf sie zu.

Sie neigte den Kopf und schloss die Augen, als ich ihr über die Nase strich. Ein zufriedenes Schnurren entrang sich ihrem leicht geöffneten Maul. Vielleicht würde das nicht unbedingt jeder als Schnurren bezeichnen, sondern eher als ein Knurren, doch mir war es gleich. Auf mich wirkte es nicht Furcht einflößend.

„Ich weiß und es tut mir leid."

Sie öffnete die Augen wieder und sah mich lange schweigend an. Ihre Augen wurden ein wenig traurig, dann wandte sie den Blick ab, nur um ihren Kopf auf ihre Vorderfüße zu legen. Sie erinnerte mich an einen Hund, wenn sie so dalag. Seufzend setzte ich mich ihr gegenüber und kraulte sie am Kinn.

„Warum ist es für dich so schwierig, Fragen einfach zu beantworten? Musst du immer in Rätseln sprechen?"

„Es ist keineswegs schwierig für mich, Fragen zu beantworten. Aber ich denke, dass du noch nicht so weit bist. Sei froh, dass ich dir noch so manche Dinge verheimliche. Wenn du alles auf einmal erfahren würdest, würde es dir deinen Verstand rauben. Und dein Verstand kann eine sehr mächtige Waffe sein. Doch du wirst lernen, wie du mit dieser Waffe umzugehen hast. Ich werde dir alles Notwendige beibringen, was du wissen musst. Doch bis dahin hab Vertrauen! Ich weiß, was ich tue."

„Und wann werde ich so weit sein?", fragte ich ein wenig zappelig.

„Du bist verdammt ungeduldig, was?"

„Wärest du das an meiner Stelle etwa nicht?", fragte ich zurück.

„Doch, sicher wäre ich das."

Ich erwiderte nichts und wartete, dass sie weitersprechen würde.

„Na gut, ich denke, ein wenig sollte ich dich darauf vorbereiten", willigte sie ein.

„Was soll das heißen, ‚vorbereiten‘? Worauf vorbereiten?“

„Nun warte es doch ab, dazu wollte ich gerade kommen“, sagte sie und musste sich ein Lachen verkneifen.

Sie sah sich nochmals um, um ganz sicherzugehen, dass wir allein waren.

„Also, es mag für dich ein wenig schnell gehen. Manches wird nicht einfach sein, zu verstehen, und ich werde zunächst nicht alles beantworten, aber versuch bitte nicht zu verzweifeln, in Ordnung?“

„Nun sag schon, du machst mich ja ganz wahnsinnig!“

„Wie du willst. Am besten fangen wir da an, als wir uns zum ersten Mal begegnet sind. Kannst du dich daran noch erinnern?“

„Wie könnte ich das nicht? Ganz so lange ist es ja nun nicht her. Wobei es mir mittlerweile wie eine halbe Ewigkeit vorkommt.“

„Ist dir da etwas aufgefallen, als du mich berührt hast? Etwas, was nicht sein sollte? Etwas, was du mit deinem Verstand nicht nachvollziehen konntest?“

Sie sah mir tief in die Augen. Ich blickte zurück und versuchte aus ihren rot-schwarzen Tiefen schlau zu werden. Langsam schüttelte ich den Kopf. Ich wusste nicht, worauf sie hinauswollte.

„Nein, ich denke nicht.“

„Hm, ich denke ich sollte anders anfangen. Hast du dich jemals gefragt, warum wir geheim im Wald leben? Oder warum ich mich gerade dir gezeigt habe?“

„Letzteres des Öfteren“, gab ich zu.

„Weißt du, lange vor deiner Zeit geschah etwas Schreckliches. Etwas, was für uns Drachen alles veränderte und schwerwiegende Folgen hatte. Was es war, werde ich dir später erklären.

Als ich mich dir gezeigt hatte, wusste ich nicht, ob es richtig gewesen war, dich ‚auszuwählen'. Doch nun zweifle ich keinen Augenblick mehr daran. Du bist die, die ich zu finden erhofft hatte."

Ich konnte ihr nicht folgen. Ich verstand nichts von alldem. Ich wusste nur, sie sprach meine Sprache, ab da endete es auch schon.

„Abendsonne, kannst du mir nicht einfach sagen, was dir auf dem Herzen liegt?", bettelte ich.

„Ich versuche es anders."

Ich stöhnte auf und sah sie genervt an.

„Ich weiß, warum du Schlafstörungen hast, und ich weiß, warum du oft eiskalte Hände hast. Ich weiß, was mit dir geschieht, und ich weiß, dass es nicht aufhören wird."

Ohne dass sie etwas Genaues gesagt hatte, lief es mir eiskalt den Rücken hinunter. Abendsonne schüttelte kurz die Flügel aus, warum, wusste ich nicht. Es war, als liefe ihr ebenfalls ein Schauer durch sämtliche Glieder.

„Und, was geschieht mit mir?", flüsterte ich.

„Du veränderst dich. Aber nicht äußerlich, keine Sorge, na ja, gut, ein wenig vielleicht, aber nicht viel. Du wirst dich hauptsächlich innerlich verändern."

Sie wartete auf eine Reaktion meinerseits oder auf irgendeine Einwendung. Doch ich starrte sie einfach nur an.

„Als du mich zum ersten Mal berührtest, habe ich dich als meine Dramârin anerkannt. Das heißt so viel wie, dass du meine menschliche Seelenverwandte, meine andere, schon fast unsterbliche Hälfte bist. Du verwandelst dich in meine Reiterin!"

Ich starrte sie weiterhin an und versuchte mich auf ihre Worte zu konzentrieren.

„Das, was mit dir passiert, geschah bereits mit vielen anderen vor dir. Es ist also nichts Neues, nur neu für dich und mich. Aber ich kann dir helfen und ich werde dir beistehen, wenn dein Körper sich wieder erholen muss."

„Du meine Güte! Was meinst du?"

Ich sprang zornig auf. Sie hob den Kopf und sah mich mitleidig an, blieb aber liegen. Ich spürte die Tränen in meinen Augen aufsteigen und über meine Wangen kullern und wischte sie mir mit einem Zipfel meines Nachthemds weg.

„Dein Körper wird ein anderer. Er braucht viel weniger Schlaf als sonst, ist ausdauernder und du wirst eines der vier Elemente beeinflussen können. Du wirst zu dem, was deine Vorfahren vor langer Zeit waren. Eine Dramârin!"

„Welche Vorfahren denn? Ich kenne sie nicht einmal!", schrie ich sie schon fast hysterisch an.

Sie zuckte nicht einmal mit der Wimper, ließ es nur über sich ergehen.

„Ich wusste, ich hätte es dir nicht sagen sollen", sagte sie und schloss die Augen.

„Du hast mir nicht einmal richtig was erzählt. Mit deinen Antworten kann doch kein Mensch auf der Welt etwas anfangen!", meinte ich trotzig und versuchte nichtsdestotrotz, mich einigermaßen zusammenzunehmen.

Ich wusste, wenn ich nicht aufhörte, so auf ihr herumzuhacken, würde sie gar nichts mehr sagen.

„Tut mir leid, meine Hübsche. Ich habe es nicht so gemeint!", entschuldigte ich mich und versuchte etwas runterzukommen.

Ich setzte mich hin und nahm ihren Kopf in meine Hände. Vorsichtig zog ich ihn in meinen Schoß und strich ihr über den Kopf. So verweilten wir für ein paar Minuten, damit wir uns wieder sammeln konnten, oder vielmehr, damit ich mich sammeln konnte.

„Carolin, was ich dir eigentlich sagen will, ist, dass du es nicht leicht haben wirst. Du wirst vielen Herausforderungen trotzen müssen."

Sie hob wieder ihren Kopf und sah mich an.

„Vor vielen Wintern gab es erbitterte Kriege zwischen den Völkern."

Ich musste genau hinhören, sie sprach jetzt fast schon zu schnell.

„Die Drachen, Menschen, Elfen und all die anderen Völker bekämpften sich viele lange Winter. Warum, weiß niemand mehr. Einige sagen, es sei damals zur Hungersnot gekommen, also haben sie darum kämpfen müssen. Andere meinten, die Hierarchie sei der Grund für den Krieg gewesen. Wir Drachen standen damals an der Seite der Elfen. Die Elfen, auch wenn man heutzutage von friedlichen Wesen spricht, waren damals ganz anders. Sie regierten die anderen Völker. Sie sahen sich selbst als Könige, welche die anderen unterjochen konnten. Die Elfen waren zunächst die Einzigen, die uns Drachen bändigen konnten."

„Es gab wirklich Elfen?", unterbrach ich bass erstaunt.

„Ja, die gab es. Jedenfalls … ", nahm sie den Faden wieder auf, „ … als der Krieg immer weitere Opfer forderte, sahen sich einige wenige Drachen gezwungen, zu verschwinden. Als es dazu kam, gab es nur noch die Menschen, Drachen und Elfen. Alle anderen Völker sind entweder ausgestorben oder weit fortgezogen, wo ihnen der Krieg nichts mehr anhaben konnte.

Meine Familie, ich war damals noch gar nicht geschlüpft, ließ sich hier in diesen Wäldern nieder. Unsere Zahl ist wegen des Krieges mehr als nur geschrumpft, wir waren kurz davor, auszusterben. Also mussten wir vorsichtig sein mit dem, was wir taten. Viele weitere Winter gingen ins Land und wir lebten hier alleine und es fehlte uns an nichts. Es gab Wild, so viel wir fressen konnten, und die Seen und Gebirge in der Gegend waren sehr ergiebig.

Doch es dauerte nicht lange und die ersten Menschen fingen an, hier ihre Häuser zu bauen. Wir hatten schon damit gerechnet, hielten uns aber weiterhin zurück. Wir dachten uns, warum sollen wir sie angreifen, wenn doch so viel Platz für alle da ist. Es schien uns, als seien diese Menschen anders als jene, die uns damals verjagt hatten, also versuchten wir, in Frieden und Eintracht mit ihnen zu leben. Wir versprachen ihnen, dass wir sie vor Räubern und anderen, größeren Gefahren beschützen würden. Im Gegenzug durften sie uns nicht anrühren.

Es klappte so weit ganz gut, doch die Menschen wurden, kaum dass sie zehnmal so viele waren wie wir, ihrer selbst überdrüssig und brachen plötzlich ihr Versprechen. Einfach so über Nacht!

Wir waren darauf natürlich nicht vorbereitet und diejenigen von uns, die gerade am See tranken, hatten ihren letzten Schluck getan, denn sie wurden wie Tiere abgeschlachtet. Diejenigen, die noch übrig blieben, unter ihnen meine Eltern, flohen tiefer in den Wald, fort von den Menschen.

Seitdem leben wir hier, seit genau 80 Wintern, und versuchen die Menschen zu meiden. Doch die Menschen vermehrten sich wie die Insekten. Uns blieb nur noch die Nacht zum Jagen und zum Fliegen. Tagsüber mussten wir aufpassen. Wir wussten nicht mehr, wohin wir noch fliehen sollten, und beließen es daher erst einmal dabei."

Ich wusste nicht, was ich sagen sollte. Ich wollte aber auch gar nichts sagen, sie sollte weitererzählen. Ich konnte mir einfach nicht vorstellen, warum die Menschen so etwas gemacht haben sollten.

„Und was hat das Ganze jetzt mit mir zu tun?", fragte ich schließlich.

„Eine Dramârin war dazu geeignet, Kriege zu führen, aber auch dazu, Frieden zwischen den Völkern zu schließen. Letzteres war der eigentliche Grund, warum es euch gibt oder vielmehr gab. Ihr solltet für das harmonische Zusammenleben von Mensch, Elf und Drache sorgen und Kämpfe zwischen ihnen vermeiden.

Die anderen Völker waren schon immer eine Kultur für sich gewesen. Sie wollten gerne unter sich bleiben. Bis sie schließlich gar keine Entscheidung mehr treffen konnten."

Ich stand auf. Meine Beine waren eingeschlafen und ich wollte mich ohnehin ein wenig bewegen.

„Wenn du Fragen hast, dann stell sie nur. Ich habe nicht mehr vor, dir irgendetwas zu verheimlichen!", versicherte sie und sah mir hinterher, wie ich am Ufer entlangging.

„Ich habe viele Fragen, aber ich weiß nicht, wo ich anfangen soll."

Ich sah in den Himmel. Er färbte sich in der einen Richtung schon dunkelrot. Die Sonne würde bald aufgehen.

„Ich denke, für viele Fragen haben wir nicht mehr die Zeit, aber für die dringendsten sicher noch“, erwiderte Abendsonne und sah nun ebenfalls in den Himmel.

Ich wandte mich ihr zu.

„Warum gerade ich?“

Ich sah sie ein wenig herausfordernd an, mehr nicht. In meinem Blick lag keine Aggression, nur reine Neugier.

„Das ist einerseits schwierig zu erklären, auf der anderen Seite aber intuitiv ganz einfach nachzuvollziehen“, sagte sie.

Vorsichtig stand sie auf und schüttelte ein wenig ihre Flügel aus. Zusammengefaltet, wie sie waren, raschelten sie leise aneinander.

„Versuch es zu erklären, ich kann dir bestimmt folgen“, erwiderte ich und sah sie wie gebannt an.

„Ein anderes Mal.“

„Aber du hast doch eben noch … “

„Ich weiß, was ich gesagt habe. Ich denke jedoch, das werde ich dir erzählen, wenn es so weit ist. Du würdest mir sonst nicht glauben. Du weißt nämlich nicht, was die Menschen in deinem Dorf alles machen würden, wenn es darauf ankäme. Sie sind den Drachen nicht mehr freundlich gesinnt.

Und dieser See hier liegt mir bei hellem Tageslicht zu nahe an eurem Dorf. Ich kann es nicht riskieren, die Menschen auf mich und womöglich auf meine Familie aufmerksam zu machen“, unterbrach sie mich.

„Was soll das heißen? Was meinst du mit ‚wenn es darauf ankäme‘? Was steht uns denn bevor?“

Die Fragen sprudelten nur so aus meinem Mund. Abendsonne konnte nur mit dem Kopf schütteln. Sie versuchte gar nicht erst, meine Fragen zu beantworten, sondern sah wieder in den Himmel.

„Versuche den jetzigen Tag zu genießen und nicht zu viel darüber nachzudenken, was ich dir alles gesagt habe. Oder vielmehr nicht gesagt habe. Ich weiß, das ist einfach gesagt, aber versuch es trotzdem. Du machst dich sonst nur verrückt. Ich werde es dir sagen, versprochen, aber nicht jetzt. Nicht heute.“

Sie neigte ihren Kopf zu mir hinunter und strich mit ihren Nüstern über meine Haare. Dann atmete sie kräftig aus und meine Haare wirbelten in alle Richtungen.

„Lass das!“, lachte ich und schob sie sanft weg.

„Ruf mich, wenn du mich brauchst“, war alles, was sie noch sagte. Dann wandte sie sich dem See zu.

Ich trat ein wenig von ihr weg, um nicht ihre Flügel zu spüren zu bekommen. Abendsonne stemmte ihre Hinterbeine kräftig in den weichen Boden und blieb für eine kurze Zeit auf ihnen stehen. Dann entfaltete sie ihre gewaltigen Schwingen und schlug einmal kräftig. Und schon war sie in der Luft. Wie eine Schlange durchflog sie die Luft. Sie stieg nur knapp bis über die Baumkronen in die Höhe hinauf, dann verschwand sie in dem noch dunklen Wald.

Allein stand ich da, am Ufer des Sees, und sah ihr lange hinterher. Ich wusste, ich sollte schnell wieder zurück zu den anderen gehen, ehe sie merkten, dass ich fehlte. Eine Entschuldigung hatte ich nämlich nicht parat.

Ich besaß nun mal nicht die Gabe, schnell eine plausible Ausrede zu erfinden, ohne dass man mir direkt anmerkte, dass ich log.

Also trat ich den Rückweg an, obwohl es mir schwerfiel, meinen Blick von den Bäumen zu lösen. Das Dorf lag ruhig vor mir; vielleicht hatte ich ja Glück und sie schliefen alle noch.

IN EINER ANDEREN ZEIT

„W'in Neema or Hara Terg, ich bin mir sicher, dass Sie in besten Absichten kommen, doch ich sagte Ihnen bereits, dass sich an der jetzigen Situation nichts ändern wird. Die Menschen jagen unsere Nahrung, ohne auf uns Rücksicht zu nehmen. Daher finden wir, ist es an der Zeit, dass wir uns unser Fressen von ihnen zurückholen."

Der große, grüne Drache, der das Oberhaupt der großen Herde zu sein schien, stieß zornig rauchende Luft aus seinen Nüstern in meine Richtung. Eine ganz klare Warnung, dass ich seine Geduld nicht überstrapazieren sollte.

Wogarras legte die Ohren an und bezog Stellung hinter mir. Ich wusste, dass er mich beschützen würde, wenn es sein musste, doch ich versuchte eine friedliche Lösung zu finden.

„Aber Ihr versteht nicht! Wenn Ihr damit nicht aufhört, werden sie Euch jagen. Es wären zu viele von ihnen, als dass Ihr eine Chance auf einen Sieg hättet. Natürlich kann ich es verstehen, dass Ihr zu fressen braucht, aber dann solltet Ihr Euch überlegen, woandershin zu ziehen.

Es gibt noch viele andere Gegenden, die noch nicht von den Menschen bewohnt werden."

Völlig unerwartet spie der Drache vor mir eine Flamme gen Himmel und senkte den Kopf bedrohlich nah zu meinem hinab. Wogarras knurrte gefährlich und entfaltete seine Flügel. Reflexartig griff ich nach meinem Bogen auf dem Rücken, konnte mich jedoch gerade noch zurückhalten, ihn zu zücken.

Ich würde ihm nicht die Genugtuung verschaffen, eine heftige Auseinandersetzung zwischen uns anzuzetteln. Wenn er der Meinung war, ich sei unangenehm und würde nur Ärger bringen, dann war er ein äußerst dummer Drache.

„Wir werden hierbleiben!", fauchte er mir ins Gesicht.

Seine schwarzen Augen hatten einen grünlichen Schimmer. Unwillkürlich verglich ich ihn mit Krötengift.

„Die Menschen sind lange nach uns hier gewesen."

„Das ist unerheblich. Sie werden zu einer Gefahr und Ihr wollt anscheinend nichts dagegen unternehmen."

„Denken Sie wirklich, dass es damit getan wäre, von hier zu fliehen, nur um uns irgendwo anders niederzulassen? Denken Sie doch einmal nach: Egal wohin wir flöhen, die Menschen würden irgendwann hinterherkommen. Es wird Zeit, dass wir ihnen zeigen, dass sie nicht das Sagen haben. Sie sollen sich ruhig daran gewöhnen, sich uns unterzuordnen."

„Den Menschen aufzuzeigen, wo sie hingehören, ist nicht eure Aufgabe, sondern die meine. Ich wurde dafür winterlang ausgebildet und ich lasse es mir nicht von einer wild gewordenen Herde Drachen nehmen, mein Ziel zu erreichen“, entgegnete ich und warf ihm einen drohenden Blick zu.

Der Drache schmunzelte vergnügt und richtete sich auf. „Sie glauben wohl tatsächlich, Sie hätten leichtes Spiel mit uns. Sie würden schneller Ihren Kopf verlieren, als Ihr Drache auch nur eine einzige Bewegung machen kann.“

„Erkennen Sie denn nicht, dass nicht ich der Feind bin, sondern die Menschen in dieser Stadt? Ich bin Eure Verbündete! Ich würde es niemals wagen, gegen Euch zu kämpfen, das müssen Sie doch sehen. Ich möchte Ihnen helfen! Bitte glauben Sie mir!“

Verzweifelt ging ich hinunter auf die Knie und legte mir die rechte Faust übers Herz. Ich sah zu dem Drachen hinauf und hoffte inbrünstig, dass ich ihn irgendwie überzeugen könnte.

Wogarras wurde hinter mir langsam ungeduldig. Ich konnte verstehen, dass er schnellstens wieder hier wegwollte, doch ich musste es ein letztes Mal versuchen.

„Ich sehe schon, dass ich Euch nicht zwingen kann zu gehen. Dennoch wünschte ich, Ihr würdet meine Meinung teilen und von hier fortgehen. Für das Problem mit den Menschen werden schon allerhand Lösungsvorschläge dargeboten, doch die Umsetzung ist zum einen schwierig und zum anderen nicht sofort ausführbar. Wir brauchen noch etwas Zeit.“

„Dass Ihr Zeit braucht, ist nicht unser Problem. Wir haben lange genug gewartet. Für uns wird es jetzt Zeit, dass wir etwas unternehmen.“

„Wenn Ihr schon so lange gewartet habt, warum wartet Ihr dann nicht noch ein wenig länger? Ich bin mir sicher, dass wir das Problem endgültig beseitigen können, wenn wir so weit sind."

„Was glauben Sie, wie lange unsereins schon auf der Flucht vor den Menschen ist? Sie mögen vielleicht 70, 80 Winter erlebt haben. Viele von uns sind jedoch weit jenseits der 250 und selbst die kennen nichts anderes, als zu fliehen.

Doch wir sind Drachen. Wir sind stolz auf das, was wir sind, und wir haben uns schon viel zu lange unterdrücken lassen. Wir sind es leid, immer auszuweichen, um den Menschen Raum zu geben. Noch sind sie zahlenmäßig nicht genug, als dass sie es mit uns allen gleichzeitig aufnehmen könnten, doch schon sehr bald werden sie es sein und dann wird auf uns Jagd gemacht, bis keiner mehr da ist.

Und jetzt frage ich Sie, Dramârin: Denken Sie wirklich, dass Sie Ihren Drachen einsperren könnten? Dass Sie ihm Raum zum Leben und Tiere zum Jagen nehmen könnten, ohne dass dies irgendwelche Folgen nach sich ziehen würde? Also sagen Sie uns nicht, was wir tun und lassen sollen."

Der Drache wandte sich nun endgültig von mir ab und schritt zu seiner Herde, die uns die ganze Zeit neugierig beobachtet hatte.

Ich wusste, dass er recht hatte, und ich verstand auch, was sein Problem war. Doch dass er nicht ein einziges Mal auf meine Argumente eingegangen war, traf mich tief. Er beharrte auf seiner Meinung und alle anderen würden sich ihm unterordnen. Bis in den Tod.

11. Kapitel

Ich hatte mich geirrt. Ich stand noch nicht lange am Fenster und beobachtete die Sonne beim Aufgehen, als Jaron ins Wohnzimmer kam und auf mich zuging.

Ich war stolz auf mich gewesen, als ich wieder leise hineingeschlichen war und mich drinnen scheinbar keiner gehört hatte. Ich hatte sehr gut darauf geachtet, keine Geräusche zu verursachen.

Als ich am Fenster im Wohnzimmer stand und noch einmal Revue passieren ließ, was Abendsonne alles von wegen Vorfahren gefaselt hatte, war Jaron aufgestanden. Als er jetzt so auf mich zukam, mit kurzer Hose und langem Hemd, und sich die Augen rieb, sah er richtig süß aus. Ich hätte mich direkt in seine Arme kuscheln können.

Ich kicherte leise und ging auf ihn zu, um ihm ein wenig die Frisur zu richten. Seine langen, blonden Strähnen standen in sämtlichen Richtungen vom Kopf ab.

„Guten Morgen!“, murmelte er und gab mir einen Kuss auf die Wange.

Das warf mich ein wenig aus der Bahn und ich verstummte für einen Moment. Meine Hand blieb ruhend auf seinem Kopf liegen. Ich hatte mich noch nicht daran gewöhnt, von Jaron am frühen Morgen so zärtlich begrüßt zu werden. Ich sah in seine verträumten Augen und fand den verlorenen Faden wieder.

„Dir auch einen guten Morgen!“

Ich gab es auf, seine Frisur zu richten und schüttelte amüsiert den Kopf.

„Du siehst aus, als hättest du mitten im Sturm gestanden“, scherzte ich.

„Ich hatte eben einen lebhaften Traum“, rechtfertigte er sich und tat beleidigt.

„Das muss dann wohl ein sehr ungestümer Traum gewesen sein. Du siehst aus, als hättest du dich die ganze Nacht in deinem Bett umhergewälzt.“

Er zuckte gelangweilt mit den Schultern.

„Kann schon sein. Ich bekomme nicht so mit, wie ich mich nachts bewege.“ Dann neigte er den Kopf an mein Ohr und fügte hinzu: „Aber ich weiß, wovon ich geträumt habe.“

Er hatte nichts Eindeutiges gesagt, doch die Art, wie er es sagte und wie er eine Hand an meinem Rücken hoch- und hinunterwandern ließ, sagte mir, dass er von nichts Langweiligem geträumt hatte. Ich spürte die Gänsehaut und wie sich die Härchen auf meiner Haut aufrichteten.

„Hab ich dich peinlich berührt?“, fragte er amüsiert und strich mir mit seiner warmen Hand über den mit Gänsehaut übersäten Arm.

„Ein wenig“, gab ich zu und sah beschämt zur Seite.

„Du weißt doch noch nicht einmal, was ich überhaupt geträumt habe“, lachte er.

Vorsichtig umschloss er mit zwei Fingern mein Kinn und drehte mein Gesicht sanft, aber bestimmt zu seinem, dabei sah er mich spitzbübisch an.

„Ich glaube, das will ich auch gar nicht wissen“, brachte ich keuchend heraus.

Die Art, wie er mich ansah, ließ meine Knie weich werden. Ich hatte das Gefühl, ich würde mich in den Tiefen seiner Augen verlieren. Unwillkürlich fragte ich mich, ob er schon andere junge Frauen so um den Finger gewickelt hatte. Allein bei der Vorstellung, Jaron könnte eine andere Frau in seinen Armen halten, drehte sich mir beinahe der Magen um.

„Ich habe von dir geträumt. Oder besser gesagt, von uns beiden.“

Er gab mir einen Kuss auf die Lippen. Es war kein fordernder Kuss. Er war so leicht und so zart, dass ich seine Liebe, die er mir gegenüber empfand, in diesem Augenblick so intensiv spürte wie nie zuvor. Bis zu diesem Zeitpunkt hatte mich noch kein Junge, geschweige denn ein junger Mann, so geküsst wie er.

Augenblicklich sackte ich an seiner Brust zusammen und atmete stockend ein.

„Meine Güte. Gerade erst wach geworden und schon stellst du mit mir so etwas an. Du solltest dich in Grund und Boden schämen, Jaron!“, japste ich und stieß ihn spielerisch weg.

Jaron lachte und stützte mich mit einem Arm, als er sah, dass meine Beine weich wie Butter wurden und wegzuklappen drohten. Er hätte mich auch einfach nur halten können, doch er drückte mich an sich. Ich legte meinen Kopf an seine Schulter und rieb meine Wange an seinem Hemd. Die Augen hielt ich geschlossen.

Ich spürte seine Körperwärme durch das Hemd hindurch und roch seinen typischen Geruch. Ich genoss es, so dicht an ihm gelehnt zu stehen. So verharrten wir eine ganze Weile. Jaron ließ eine Hand an meinem Rücken auf und ab wandern und legte seinen Kopf auf meinen. Ich konnte seine Atemzüge durch meine Haare auf meiner Kopfhaut spüren.

Es war keine heftige Bewegung. Jaron verlagerte lediglich sein Gewicht von seinem linken auf sein rechtes Bein und hielt mich dabei weiterhin fest. Doch etwas ließ mich jäh erstarren und in meiner Atmung innehalten.

Erst jetzt wurde mir richtig bewusst, dass wir uns mit nichts weiter als ein paar Schlafsachen gekleidet umarmten. Und wir standen allein im großen Wohnzimmer. Ich konnte ganz deutlich Jarons Körperbau und Proportionen spüren, fühlte seine starken, durchtrainierten Muskeln an Bauch und Armen.

Wenn ich seine Muskeln so deutlich spüren kann, dann kann er meine Kurven durch den dünnen Stoff ebenfalls wahrnehmen, schoss es mir durch den Kopf.

Ich verkrampfte mich in Jarons Armen und sah ihn vorsichtig an. Er hob den Kopf von meinem und sah mich fragend an. Seine Hände lagen ruhig auf meinem Rücken.

„Habe ich etwas falsch gemacht?“, wollte er wissen, als er meinen fast schon ängstlichen Gesichtsausdruck sah.

„Nein, das ist es nicht“, antwortete ich und befreite mich aus seiner Umarmung.

Und es stimmte. Er hatte rein gar nichts falsch gemacht. Ich musste mir selbst gegenüber eingestehen, dass ich seine Umarmung sehr genossen hatte.

Zu sehr.

Denn es brachte mich auf Gedanken, auf die mich bisher noch kein Mann gebracht hatte. Ich wusste nur eines:

Ich wollte mehr, und genau dieses Gefühl hatte zu meiner Verkrampfung geführt.

„Was ist es dann?“

„Ich denke, du solltest erst mal duschen und dich anziehen gehen, Jaron“, wich ich aus.

Der sah mich verwirrt an, machte aber keine Anstalten, zu gehen. Er befürchtete anscheinend, dass ich seine Gefühle nicht erwidern würde. Das jedenfalls konnte ich von seinen Augen ablesen. Er sah verletzt aus. Er hing also schon genauso sehr an mir wie ich an ihm. Das wurde mir in dem Moment klar. Diese Tatsache erfüllte mich mit Stolz und Zuversicht. Gerade wollte ich ihn schon beruhigen, da konnte ich es in seinem Kopf förmlich klicken hören. Ein schalkhaftes Grinsen breitete sich plötzlich auf seinem Gesicht aus. Alle Schlaftrunkenheit war verflogen und seine Augen strahlten mich an.

„Ich glaube, ich weiß, woher der Wind weht“, meinte er und zeigte mit einem Finger auf mich.

Ich lief rot an und versuchte einen Schritt rückwärtszugehen, von ihm weg. Doch er war schneller und bevor ich michs versah, hatte er bereits wieder seinen Arm um meine Taille gelegt. Erneut zog er mich an sich heran, diesmal ließ er aber ein klein wenig Platz zwischen uns. Mein Herz pochte wie verrückt. Vorsichtig sah ich ihn mit knallroten Wangen an. Er grinste noch immer wie ein Honigkuchenpferd.

„Gib es doch zu. Du bist verrückt nach mir! Deswegen ist es dir auch so unangenehm, so dicht bei mir zu stehen.“

„Jetzt bin ich auch noch die Schuldige, ja?“, lachte ich und wehrte seinen Arm spielerisch ab.

„Natürlich bist du die Schuldige. Nur du kommst auf solche Gedanken. Ich hätte überhaupt nichts gemacht. Na gut, erst mal … Aber das steht hier nicht zur Debatte“, ruderte er zurück.

„*Erst mal?* Männer!“ Ich fing lauter an zu lachen.

„Ja, Männer! Ein Mädchen bin ich nicht. Und daran soll sich bitte schön auch nichts ändern!“

Nach seinem Gesichtsausdruck zu urteilen, stellte er sich gerade vor, wie es wäre, von jetzt auf gleich ein Mädchen zu sein. Das brachte mich erst recht zum Lachen und ich wieherte los.

„Na, so schlimm ist es auch wieder nicht, ein Mädchen zu sein, aber so hab ich dich viel lieber!“, gestand ich, als ich mich wieder einigermaßen beruhigt hatte.

Um meine Worte noch zu unterstreichen, reckte ich mich und gab ihm einen Kuss auf den Mund. Es dauerte nicht lange und er drückte mich wieder eng an sich. Ich stand immer noch auf den Zehenspitzen, doch das half ihm nicht sehr viel, er musste sich immer noch ein wenig hinabbeugen.

Er strich mir mit seinen Händen über den Rücken, ohne seine Lippen von meinen zu nehmen. Ich vernahm, wie er ein paar Mal tief Luft holte, und erst da bemerkte ich, dass ich einer Ohnmacht nahe war, denn ich hatte tatsächlich vergessen zu atmen und japste wie ein kleines Kind, das kurz vor dem Ertrinken ist, nach Luft.

Jaron legte seine Stirn an meine. Sein Herz schlug ebenso schneller, wie ich feststellte. Ich konnte es gar nicht überhören oder nicht *nicht* spüren, so dicht, wie wir beisammenstanden. Ich legte ihm eine Hand auf seine Brust und spürte seinen kräftigen Herzschlag. Der Wald hätte in

Flammen aufgehen können, ich hätte es nicht mitbekommen, und so, wie Jaron gerade aussah, wäre es ihm wohl ebenso ergangen.

Als ich wieder so weit bei Atem war, hörte ich, wie eine Tür zufiel. Es war Helena, die inzwischen wach geworden war und sich zu uns ins Wohnzimmer gesellte.

„Entschuldigt, habe ich euch etwa gestört?“, fragte sie kichernd und schlenderte auf uns zu, die Augen wegen des einfallenden Lichtes noch halb geschlossen.

„Nicht mehr als sonst auch. Guten Morgen, kleine Schwester!“, lachte ich und sah Jaron an. Dieser grinste und nahm seine Hände von meinem Rücken.

„Wann gehen wir heute zum Hof? Ich kann es kaum erwarten. Unsere erste richtige Reiteinheit! Hauptsache wir blamieren uns nicht allzu sehr. Freut ihr euch ebenfalls? Ich bin voll zappelig!“, sprudelte es aus meiner Schwester heraus.

„Ich denke, wir sollten erst mal den Tisch decken und frühstücken. Mit leerem Magen geht gar nichts, meine Liebe“, belehrte Jaron sie und ging in Richtung Küche.

„Manno, warum muss bei euch immer alles so lange dauern, bis es endlich losgehen kann?“, jammerte Helena und folgte Jaron widerwillig in die Küche, um mitzuhelfen.

„Vorfreude ist doch bekanntlich die schönste Freude, so kannst du dich jetzt noch während des ganzen Frühstücks darauf freuen“, erwiderte ich.

„Ich dachte immer, Schadenfreude sei die schönste Freude?“, korrigierte mich Jaron, als ich ein paar Hängeschränke öffnete, in denen sich die Frühstücksbrettchen und Krüge befanden.

„Für wie viele müssen wir eigentlich decken?“, fragte ich mit Blick auf den großen Stapel Frühstücksbrettchen.

„Für sechs. Oder wollte deine Mutter mit uns zusammen essen?“

Ich schüttelte den Kopf und Jaron fuhr fort: „Meine Eltern werden etwas später essen. Es ist ja noch nicht einmal richtig Morgen. Die Sonne ist gerade erst aufgegangen. Ich denke, das ganze Dorf, außer uns, schläft noch.“

„Vermutlich hast du recht. Dann lasst uns mal schnell den Tisch decken und uns umziehen. Könnte ich gleich eure Dusche benutzen? Wenn die anderen bis dahin immer noch nicht wach geworden sind, wecken wir sie einfach“, bestimmte ich und verteilte die Frühstücksbrettchen.

Die Henslins hatten, genau wie wir, einen großen Wasserbehälter in der Dachstube, wo Brunnenwasser gesammelt wurde, um im Badezimmer und in der Küche fließendes Wasser zu haben. Da sich der große Wasservorrat, genau wie in unserem Haus, an der Wand des Kaminschachtes befand, war das Wasser nie kalt. Meine Mutter war vor einigen Wintern auf diese Idee gekommen und ich musste zugeben, dass es vieles erleichterte. Hingegen war die Anbringung sämtlicher Wasserrohre fast im gesamten Haus äußerst mühselig gewesen und hatte uns sehr viel Gemüse zum Tauschen gekostet, doch es war die Sache wert gewesen.

„Wo habt ihr Brot und Aufstrich, Jaron?“, fragte Helena, während sie bereits einige der anderen Schränke öffnete.

„Dort drinnen wirst du nichts Essbares finden, Helena. Warte, ich hol schon, und ja, Carolin, natürlich kannst du unsere Dusche benutzen. Sag Bescheid, wenn du mich dabeihaben möchtest!“, fügte er verschmitzt hinzu, während er Helena den Aufschnitt aus einem der Schränke reichte.

Helena nahm das Brot entgegen und ihre Augen wurden groß. Ihr Blick wanderte zwischen uns hin und her, sie sagte aber nichts dazu. Daraufhin verschwand Jaron im Schankraum und kam nach einer Weile mit einem vollbeladenen Tablett Brot und allerlei Obst wieder. Ich hielt ihm die Tür auf und gemeinsam stellten wir alles auf den Küchentisch.

Als alles fertig war und uns bereits die Mägen knurrten, wuschen wir uns und zogen uns um. Wir hatten abgemacht, dass wir lange, feste Hosen anziehen würden, da die sich vermutlich am besten fürs Reiten eigneten. Als wir wieder in der Küche waren, saßen zwei halb verschlafene Gestalten am Tisch.

„Guten Morgen, Ramon, und dir auch einen angenehmen guten Morgen, Raphael!“, begrüßte ich sie und schwang mich neben Raphael auf einen der Stühle. Helena ließ sich neben Ramon nieder und Jaron kam auf meine andere Seite.

„Killian kommt gleich noch. Der wollte sich erst umziehen, hat er mir gesagt“, murmelte Ramon und schnitt sich eine Scheibe von dem Brot ab.

Gesättigt und gut gelaunt standen wir vor unserem Haus. Ich wartete mit Jaron auf Mama. Die anderen versorgten in der Zeit die Kühe. Um das Gemüse würden wir uns nachher noch kümmern. Fürs Erste musste es reichen, nur die Pflanzen mit Flusswasser zu gießen.

Endlich machten wir uns auf den Weg zum Hof. Es schien, als herrschte dort bereits Hochbetrieb. Viele Personen führten Pferde über den Hof. Manche konnte man beim Ausreiten im dahinterliegenden Wald ausmachen.

Als wir auf die Stallgasse zugingen, in der unsere Pflegepferde standen, begrüßte uns Magarete, die, wie am Tag zuvor, wieder sehr ordentlich gekleidet war und ihre Goldkette trug.

„Guten Morgen! Wie schön zu sehen, dass ihr schon so früh da seid. Wenn ihr wollt, könnt ihr mir eben beim Holen der Pferde helfen. Es sind nicht viele, nur drei Wallache, die auf einer Weide stehen."

„Klar helfen wir dir, Magarete", antworteten wir.

Sie lächelte und führte uns zu einer kleinen Weide, die hinter der Halle lag. Auf der Weide standen drei braune Wallache, die neugierig die Köpfe hoben, als sie uns hörten. Kauend und das ganze Maul voll Gras, kamen sie an den Zaun und reckten uns die Köpfe entgegen.

„Na, ihr Lieben? Seid ihr auch schön satt geworden?"

Magarete öffnete das Weidentor und reichte uns zwei Halfter, das dritte nahm sie selbst und legte es dem ersten Wallach um.

„Wenn ihr wollt, könnt ihr schon mal üben, wie man einem Pferd das Halfter anlegt. Diese hier sind ganz friedlich und sollten euch den Anfang nicht ganz so schwer machen."

Killian nahm Ramon das Halfter ab und ging zielstrebig auf einen der beiden Wallache zu. Dieser schnupperte interessiert an Killians Kleidung und schubste ihn mit dem Kopf rückwärts.

„Ihr müsst aufpassen, sie können einen manchmal aus dem Gleichgewicht bringen, wenn sie mit dem Kopf so energisch sind“, lachte Magarete und hielt Killian am Arm fest, der einen weiteren, kräftigen Schubs abbekam und beinahe hingefallen wäre.

Ramon versuchte bei dem anderen Wallach sein Glück. Er hatte mehr Erfolg, denn sein Pferd streckte ihm den Kopf freiwillig entgegen. Ungeschickt streifte er das Halfter über das erste Ohr.

„Und jetzt?“, fragte er verwirrt, als der Wallach seinen Kopf hob.

Das Halfter lag ihm quer über dem Gesicht, da der Nackenriemen nur hinter einem Ohr lag. Magarete ging hinüber und erklärte uns die verschiedenen Bestandteile eines Halfters. Das war nicht schwer zu behalten. Ein Halfter war glücklicherweise einfach aufgebaut.

Nachdem alle drei fertig aufgezäumt waren, gingen wir von der Weide. Magarete führte einen Wallach und erklärte uns, was man beachten sollte, wenn man ein Pferd auf die Weide stellen möchte. Sie sagte, welche Pflanzen giftig seien, welche Pferde man zusammen auf eine Weide stellen könne, wie lange sie zu Beginn der wärmeren Tage grasen sollten und vieles mehr.

Es war anstrengend, alles zu behalten, aber wenn man das jeden Tag machen musste, gewöhnte man sich hoffentlich an so etwas. Wir mussten lernen, lange Zeit konzentriert zuzuhören. Oft fragten wir das Gleiche nach, bis es Magarete irgendwann zu viel wurde. Als wir die Wallache in den Ställen hatten, durften wir uns endlich um unsere Pferde kümmern.

Zügig hatte jeder sein Pflegepferd vor dem Stall stehen, vorbildlich angebunden. Leonard half uns, welcher Putzkasten zu welchem Pferd gehörte. Dann holte er ein Pferd heraus und begann es zu putzen. Dabei kommentierte er jeden seiner Schritte und erklärte, warum man was machen musste.

Es dauerte ziemlich lange, bis jeder seinem Pferd die Hufe ausgekratzt hatte. Jeder von uns hatte ziemlich großen Respekt vor seinem Pferd und traute sich noch nicht sehr viel. Pferde bewegten sich eben doch um einiges mehr als Kühe. Leonard hatte wirklich viel zu tun an unserem ersten Tag, an dem wir reiten durften.

Ständig mussten Helena und ich nachfragen, was er jetzt genau gemacht hatte. Wir hatten nämlich das Pech, mit unseren Pferden ganz weit weg zu stehen, und mussten somit verdammt gut hinhören, was er sagte. So half Leonard Helena und mir hinterher noch zusätzlich, als er sein Pferd schon fertig hatte und die anderen bald aufsteigen konnten.

„Den Sattel nimmst du am besten so. Die linke Hand unter die Satteldecke und Sattelkammer; das ist die große Beule hier vorne. Mit der anderen Hand nimmst du hinten die Decke mit dem Sattelpolster. Wenn du jetzt auf die linke Seite des Pferdes gehst, kannst du aufsatteln."

In meinem Arm wog der Sattel viel zu viel. Ich fand, dass man den Pferden ganz schön viel an Gewicht zumutete. Aber vermutlich waren sie daran gewöhnt. Ich schätzte die Entfernung von dem Sattel zu dem Pferderücken ab und warf Leonard einen zweifelnden Blick zu.

„Den bekomme ich doch niemals da hoch!", stieß ich keuchend aus.

Ich versuchte den Sattel höher zu halten und drückte ihn dem Pferd in die Seite, dieses blieb einfach nur stehen und drehte verwundert den Kopf in meine Richtung, die Ohren nach vorne gerichtet. Leonard lachte kurz, dann trat er heran und umschloss meine Hände mit seinen.

„Pass auf, du bist eigentlich groß genug, du musst den Sattel nur kurz ein wenig hochschmeißen. Siehst du?"

Er machte eine schnelle ruckartige Bewegung nach oben und riss meine Arme mit sich. Der Sattel landete halb auf dem Pferderücken und halb auf dem Hals.

„Aber muss der nicht eigentlich viel weiter hinten liegen?", fragte Helena verdutzt, die hinter mir stand und sich innerlich darauf vorbereitete, es gleich selbst auszuprobieren.

Ihr Pferd war das letzte, welches noch nicht gesattelt war.

„Ja, das muss er auch. Aber wenn man ihn jetzt nach hinten zieht, mit dem Wuchs der Haare – das ist die Richtung, in der die Pferdehaare liegen -- kann man ausschließen, dass unter der Satteldecke ein Zug an den Haaren liegen wird. Wenn das nämlich passieren sollte, hat das Pferd ein unangenehmes Ziehen im Rücken und das könnte dazu führen, dass es verspannt läuft oder sich Haare herausreißt", erklärte Leonard und trat von mir zurück.

Helena nickte nur und erwiderte nichts. Ich konnte ihr ansehen, dass die Konzentration bei ihr stetig abnahm. Ich fühlte mich da nicht anders.

Als schließlich Helenas Pferd gesattelt war, galt es die Pferde aufzuzäumen. Das stellte sich als weniger problematisch heraus als das Satteln, denn man hatte nicht dieses gewaltige Gewicht in den Händen. Die Pferde standen zufrieden neben uns und ließen alles gelassen über sich ergehen.

Als es hieß, dass wir nach draußen zum Übungsplatz gehen würden, erwachten Helenas Lebensgeister wieder. Sie schritt eilig neben Leonard voran aus der Stallgasse und löcherte ihn mit Fragen.

Es war ein ungewohntes Geräusch, so viele klappernde Pferdehufe auf Stein direkt um sich herum zu hören. Der Übungsplatz befand sich nicht weit weg. Wir mussten nur ein Stück ums Gebäude herum gehen und dann einfach nur geradeaus, an den Beeten entlang. Wir hatten alle unsere Pferde am langen Zügel.

Die Sonne stand mittlerweile schon recht weit oben und schien durch das dichte Blätterdach der Baumallee hindurch. Der halbe Platz lag noch im Schatten.

Leonard öffnete ein Tor und ließ uns hindurch. Hinter uns lehnte er es wieder an und trat mit seinem Pferd in die Mitte.

„Also, ich werde natürlich nicht die ganze Zeit lang auf dem Pferd sitzen bleiben, das wird gleich noch geritten, aber ich denke, so ist es einfacher, euch den Sitz zu zeigen."

Er warf die Zügel über den Hals seines Reittiers, kommentierte welchen Fuß er in den Steigbügel setzte, und schwang sich hinauf in den Sattel. Dann ritt er auf den Zaun zu, der den Platz begrenzte, und ließ sein Pferd daran entlanggehen.

„Das hier ist der sogenannte Hufschlag. Das ist der Bereich von etwas mehr als einer Pferdebreite am Zaun entlang", kommentierte er und bedeutete uns, hinter ihm herzureiten.

„Ich denke, wir machen heute etwas zu eurem Sitz im Sattel und zum Gleichgewichthalten. Morgen werden wir das dann weiter vertiefen“, erklärte er weiter.

Wir stellten im Laufe des Tages nicht mehr so viele Fragen, sondern hörten ihm vielmehr zu. Bevor Leonard zu Fuß unterwegs war, zeigte er uns noch die drei Grundgangarten eines Pferdes: Schritt, Trab und Galopp.

An dem Tag brummte uns allen der Schädel, vom vielen Zuhören und Lernen. Die letzte Anstrengung war, das Pferd wieder ordnungsgemäß in den Stall zu bringen. Danach verabschiedeten wir uns und bedankten uns für die erste Reiteinheit bei Leonard.

„Freut mich, dass es euch gefallen hat. Dafür, dass es das erste Mal ziemlich viel an Informationen war, muss ich sagen, habt ihr das sehr gut gemacht. Die nächsten Tage werden vielleicht nicht viel weniger anstrengend sein, aber nach wenigen Tagen werdet ihr das alles richtig gut verinnerlicht haben und macht alles schon routinierter“, meinte Leonard und gab jedem von uns die Hand.

„Man sieht sich dann morgen wieder zur gleichen Tageszeit?“

„Ja, das passt uns gut. Bis morgen!“, erwiderte Mama.

Wir anderen waren bereits auf dem Weg vom Hof hinunter.

12. Kapitel

„Du meine Güte! Meine Beine schmerzen immer mehr. Hast du das auch, Carolin? Sieh mal, an den Innenseiten ist der Schmerz am schlimmsten", jammerte Helena.

Sie stand ein wenig gehockt da, um zu zeigen, wo es ihr wehtat, und tastete ihre Innenschenkel ab. Sie war nicht die Einzige, die dieses Problem hatte. Den anderen erging es nicht anders, sogar ich spürte den ungewohnten Schmerz nur zu deutlich und wusste genau, wie sich die anderen fühlen mussten.

„Ja, ich weiß, was du meinst. Aber das wird nach ein paar Tagen schon wieder weggehen. Wir werden uns schon daran gewöhnen", hoffte ich und zuckte mit den Schultern.

Was hätte ich auch sonst erwidern können? Diese unangenehmen Stellen an den Beinen müssten wir ertragen, wenn wir die Drachen reiten wollten.

Wir standen gerade in unserem Schuppen und verabreichten den Tieren die letzte Fütterung für diesen Tag. Die anderen befanden sich schon im Haus und bereiteten das Abendessen vor. Der Tag war so weit ereignislos verlaufen. Unsere üblichen Tätigkeiten hatten wir sowohl vor als auch nach dem Reiten gut bewältigen können. Wir konnten sogar den ersten vollen Gemüsekorb beim Hof vorbeibringen. Ich wusste nicht, wie viele Körbe unsere Mutter ihnen versprochen hatte, aber wir würden damit schon fertig werden. Der nächste Vollmond-Markt war schließlich, wenn ich mir die schmale, aber helle Mondsichel der vergangenen Nacht ins Gedächtnis rief, noch etwas hin.

Wir hatten an diesem Tag ausgiebig reiten können. Dadurch war zwar der halbe Vormittag vergangen, doch wir hatten auf dem Hof erstaunlich viel Stallarbeit bewältigen können. Die Tage waren noch lang und warm genug, dass man sich viel vornehmen konnte.

„Ich werde heute nichts mehr machen. Ich kann nicht mehr“, lachte ich und schlurfte wie eine Buckelige aus der Scheune.

Helena kam hinter mir her, nachdem sie noch einmal kontrolliert hatte, ob die Türen der Boxen alle geschlossen waren. Der Abend war noch jung, die Sonne färbte sich gerade erst hellorange am Himmel. Es dauerte noch etwas, ehe sie gänzlich hinter den Bäumen verschwunden wäre. Das Abendessen fiel heute ein wenig üppiger aus als gewohnt.

„Ich dachte mir, ihr hättet heute bestimmt ordentlich Hunger nach dem Reiten und dem vielen Arbeiten hier und auf dem Hof“, erklärte Mama.

„Hat es dir denn wenigstens gefallen?“, wollte ich wissen und ließ mich vorsichtig auf einen Stuhl nieder.

„Natürlich hat es mir gefallen. Ich war total begeistert! Dass wir so viel erklärt bekommen hatten, macht mir gar nichts. Ich war die ganze Zeit mit vollem Eifer dabei. Schade nur, dass ich erst jetzt entdeckt habe, dass ich mich für das Reiten so sehr interessiere. In meinem Alter muss man schon ein wenig aufpassen, dass man nicht vom Pferd fällt.“

„Ach, Mama. Du bist doch noch gar nicht so alt. Und selbst wenn, was ist denn daran so schlimm? Solange es dir noch gut geht und du dich noch viel bewegen kannst, ist das doch egal. Jeder wird älter“, versuchte ich sie aufzubauen.

„Warte du nur ab, bis du in meinem Alter bist, Carolin. Da fällt dir plötzlich so manches viel schwerer als früher“, lachte meine Mama und biss beherzt in ein geschmiertes Brot.

Da hatte sie recht. Ich konnte mir wirklich nicht vorstellen, wie es wäre, älter zu sein. Ständig irgendwo Schmerzen zu haben oder zu bemerken, dass man nicht mehr so schnell war wie früher, weil der Körper einfach nicht mehr mitmachte und hier und da an seine Grenzen stieß, nein, das hatte ich noch nicht kennengelernt. Wie auch immer, jetzt wurde erst mal zugelangt. Mit Appetit verschlang ich ein Brot nach dem anderen.

Sosehr ich mich auch anstrengte, ich konnte einfach nicht mehr einschlafen. Erschöpft warf ich mich auf die eine und dann wieder auf die andere Seite meines Bettes, ließ abwechselnd ein Bein oder einen Arm heraushängen, rollte mich zusammen oder lag ausgestreckt auf der Matratze.

Nichts half.

Ich lag hellwach im Bett.

Mit einem entnervten Stöhnen warf ich die Decke zur Seite und stand auf. Ich hatte den Drang, mich zu bewegen, vielleicht würde das reichen, damit ich müder würde. Doch nach kurzer Zeit wurde mir klar, während ich in meinem Zimmer wie eine Verrückte auf und ab lief, dass ich nicht mehr einschlafen würde.

Es ist zum Verrücktwerden! Was soll ich denn noch tun, um endlich einzuschlafen?

Ich raufte mir die Haare. Dieses Auf-und-ab-Gehen wühlte mich nur noch mehr auf. Ich trat ans Fenster und sah hinaus. Ich müsste mir irgendwie die Zeit bis zum Morgen vertreiben.

Ich versuchte, draußen etwas auszumachen, doch ich konnte nicht viel erkennen, nur den kleinen Platz vor meinem Fenster, den dahinterliegenden Schuppen und danach die Baumkronen, die wie schwarze Gebilde in den Himmel hinaufzuragen schienen.

Plötzlich fiel mir auf, dass ich die Konturen der Bäume, die sich nur ein klein wenig von dem nachtschwarzen Himmel abhoben, scharf erkennen konnte, und das, ohne die Augen zusammenzukneifen. Augenblicklich zog ich meine Augenbrauen hoch. Dann konzentrierte ich mich bewusst auf etwas anderes: auf den Zaun der kleineren Weide, dessen eine Ecke so gerade eben noch von meinem Fenster aus zu sehen war, bevor der Fensterrahmen und die Hauswand mir die Sicht auf den weiteren Verlauf verdeckten. Ein kleines Lächeln breitete sich auf meinen Lippen aus, als ich nichts Eindeutiges erkennen konnte; ich konnte den Zaun nur erahnen.

Doch sobald ich mich länger auf einen der Zaunpfosten konzentrierte, stellte sich alles scharf. Ich erkannte ein Halfter, das wohl vergessen worden war und noch über dem Zaunpfosten hing. Ich schüttelte den Kopf und überlegte, ob ich es wegbringen sollte, da es mich einen Moment beschäftigen würde. Entschlossen nickte ich mit dem Kopf, stieß mich vom Fenstersims ab, zog mich um und schlich aus dem Haus.

Draußen war es mucksmäuschenstill. Kein Lüftchen wehte durch die Bäume und kein einziges Tier war zu hören.

Ich rieb mir die Arme, doch die Kälte, die mich umgab, ließ mich nicht so sehr frieren, wie ich zunächst befürchtet hatte. Ich ging, ohne zu zögern, auf den Zaun zu. Meine Augen funktionierten wie Katzenaugen, ich musste noch nicht einmal kurz abwarten, bis sie sich an die Dunkelheit draußen gewöhnt hatten.

Als ich das Halfter in die Hand nahm, ließen mich das Geräusch des Materials, welches aneinanderrieb, und das Klirren der Ringe vor Schreck zusammenzucken. Es war weit und breit das einzige Geräusch, daher kam es mir wohl sehr laut vor.

Ich atmete ein paar Mal ein und aus und sah mich um. Hätte ich nur einen kurzen Moment nachgedacht, wäre mir vermutlich wieder eingefallen, dass es mitten in der Nacht war und sehr wahrscheinlich alle am Schlafen waren. Doch ich schlich zum Schuppen und warf immer mal wieder einen Blick über die Schulter.

Die Schuppentür ging knarrend auf und ich quetschte mich, als sie einen Spaltbreit offen stand, hinein. Die Tiere rührten sich nicht, sondern blieben seelenruhig liegen. Vorsichtig hängte ich das Halfter an einen der Haken. Leise, um die Tiere nicht doch noch zu erschrecken, schlich ich mich wieder hinaus und verschloss pflichtbewusst das Tor. Dann drehte ich mich um und wollte gerade ins Haus zurück, als ich ruckartig stehen blieb. Ich sah zum Himmel hinauf und erkannte einen großen Schatten, der über meinen Kopf hinweghuschte und Richtung Dorf verschwand.

„Kannst du nicht schlafen, meine Kleine?“

Ich lächelte unwillkürlich und schüttelte den Kopf.

„Du anscheinend ebenso wenig. Du musst vorsichtig sein, wenn du hier herumfliegst. Man hätte dich hören oder sogar sehen können.“

„Nein, das denke ich nicht, da ich zu lautlos für menschliche Ohren und zu schnell für deren Augen bin. Sollten sie mich dennoch erhaschen, sähen sie nur einen Schatten ohne greifbare Konturen. Du hast mich nur erkannt, weil du bereits an den Anblick gewöhnt bist.“

„Vermutlich hast du recht. Sei aber trotzdem ein wenig vorsichtiger in nächster Zeit.“

Ich klang wie meine eigene Mutter, die sich um die Sicherheit ihrer Kinder sorgte. Dieser Vergleich musste Abendsonne ebenfalls in den Sinn gekommen sein, denn ich hörte sie lachen.

„Was glaubst du, wie oft ich hier schon nachts herumgeflogen bin, während du tief und fest geschlafen hast, wie die anderen Dorfbewohner?“

Ich spürte, wie sie sich zur Landung vorbereitete. Meine Arme spannten sich innerlich ein wenig an, dann merkte ich, durch den erhöhten Druck unter meinen Fußsohlen, wie sie mit den Hinterbeinen aufkam.

„Nun komm schon! Ich möchte dir etwas zeigen und weiß, dass dir langweilig ist. Lass uns etwas unternehmen.“

„Wo wirst du mich hinbringen?“

„Das wirst du schon früh genug sehen.“

Instinktiv ging ich zum Rulkorsee und war nicht im Mindesten überrascht, sie dort mit ausgebreiteten, langsam schlagenden Flügeln vorzufinden.

Ich war gerade in Sichtweite, da wandte sie ihren wunderschönen Kopf in meine Richtung. Ihre rötlich leuchtenden Augen hielten mich in ihrem Bann. Sie nickte kurz mit dem Kopf und breitete ihre Flügel noch weiter aus. Sobald ich neben ihr stand, legte sie sich hin und beugte den Hals ein Stück herunter.

„Hättest du Lust auf einen kleinen Ritt?“, fragte sie mich erwartungsvoll mit großen, leuchtenden Augen und deutete mit dem Kopf auf ihren Rücken.

„Denkst du nicht, ich bräuchte noch ein wenig mehr Übung? Heute war ich ziemlich wackelig auf dem Pferderücken. Wenn ich jetzt mitten im Flug plötzlich abrutsche … “

„Das wirst du schon nicht. Hab ein wenig Vertrauen in deinen Körper. Du wirst sehen, dass es dir um einiges leichterfallen wird als auf einem Pferderücken.“

Skeptisch trat ich an ihre linke Seite und sah hinauf. Sie war deutlich größer als ein Pferd und ich hatte keine Steigbügel, wo ich meinen Fuß hätte durchstecken können, um mich hochzuziehen. Ein Hocker oder dergleichen war ebenso wenig in greifbarer Nähe.

„Und wie soll ich es fertigbringen, auf deinen Rücken zu klettern?“, fragte ich verwundert und sah ihr wieder ins Gesicht.

Ein Grunzen entfuhr ihren leicht geöffneten Lippen. Sie hob ein Bein an und streckte es mir entgegen.

„Danke! Jetzt sollte ich es schaffen“, sagte ich und hievte mich auf das Bein, was schon genug Anstrengung für mich war.

Als ich auf ihrem Bein zu stehen kam, sprang ich das letzte Stück zu ihrem Rücken hoch und landete mit dem Bauch zwischen Rücken und Halsansatz.

„Das sollten wir auf jeden Fall noch einige Male üben. Du besitzt ja gar keine Kraft in deinen Beinen“, lachte Abendsonne und schnappte mit dem Maul nach meiner Kleidung.

Dann hob sie mich wie ein wehrloses Junges hoch und setzte mich breitbeinig auf ihrem Rücken wieder ab.

„Entschuldige, aber ich habe nicht jede Nacht das Vergnügen, mich auf einen Drachenrücken zu schwingen“, verteidigte ich mich und streckte ihr spielerisch die Zunge heraus.

„Dann wirst du dieses Vergnügen in Zukunft öfter haben“, erwiderte sie und ordnete ihre Flügel für den bevorstehenden Flug.

Ihr Blick war auf den See gerichtet und als sie sich erhob, griff ich nach einer ihrer zahlreichen Halszacken, um nicht herunterzufallen. Zusätzlich musste ich mich mit den Beinen an ihrem Leib festhalten. Zum Glück würden die Flügel dafür sorgen, dass ich nicht ihren gesamten Rücken entlangrutschen würde, da ich direkt vor Abendsonnes Flügelansatz auf dem Rücken saß.

„Na, das kann ja was werden“, meinte ich und rückte in eine angenehmere Sitzposition.

Abendsonne ging ein wenig zurück und hob die Vorderbeine. Instinktiv beugte ich mich nach vorne, um nicht doch noch nach hinten wegzurutschen.

„Siehst du? Vertrau einfach auf dein Bauchgefühl. Du vergisst, dass das Blut deiner Vorfahren durch deine Adern fließt, die so etwas Tag und Nacht gemacht haben“, sprach sie mir gut zu.

Sie ließ mir keine Zeit, darauf zu antworten, sondern schlug einmal kräftig mit den Flügeln, machte einen weiten Sprung nach vorne und hob ab. Ich musste mich beim Festhalten sehr anstrengen, da ich den Schub nach oben völlig unterschätzt hatte.

„Du meine Güte! Das Ufer des Rulkorsees bietet dir ja nur wenig Platz zum Abheben, was?“, fragte ich sie und befürchtete, sie würde mit einem ihrer Flügel einen der Bäume erwischen, die in der Nähe standen.

„Rulkorsee“, stieß sie verächtlich aus und eine kleine Rauchwolke entwich ihrem Maul.

„Was stimmt denn nicht mit dem See?“, fragte ich.

Ich musste schon fast schreien, damit ich überhaupt gegen die Windgeräusche ankam. Der Wind blies mir immer stärker ins Gesicht.

„Erinnerst du dich, was ich dir vergangene Nacht erzählt habe, dass eine Gruppe von Drachen an einem See von den Menschen ermordet wurde, während sie tranken?“

„Ja, daran erinnere ich mich nur zu gut.“

Mich schüttelte es bei dem Gedanken, dass Menschen töten konnten, ohne ein schlechtes Gewissen zu bekommen.

„Das ereignete sich an diesem Rulkorsee. Wir Drachen haben ihn so in unserer Sprache genannt, um uns immer daran zu erinnern, was damals geschah, und damit unsere Familie niemals in Vergessenheit gerät. Rulkorsee,

oder eigentlich Res or Rulkor, heißt übersetzt ‚See des Todes' oder ‚Todessee'."

Ich riss die Augen weit auf und sah auf den See hinab, dessen ruhige, spiegelglatte Oberfläche nicht im Geringsten darauf schließen ließ, dass sich dort etwas derart Schreckliches abgespielt hatte.

„Das soll an unserem See gewesen sein? Bist du dir sicher? Der See sieht doch aus wie jeder an … "

Bevor ich zu Ende sprechen konnte, schüttelte Abendsonne den Kopf und sagte kurz angebunden:

„Es ist ein und derselbe See, glaube mir! So etwas könnte ich nicht vergessen."

Mich beschlich ein ungutes Gefühl. Es lag mir eine bestimmte Frage auf der Zunge, die ich aber nicht auszusprechen wagte, und so schwieg ich zunächst und hörte stattdessen Abendsonne einfach zu.

„Ich muss dir recht geben. Ich war damals noch nicht geschlüpft, als man auf uns Jagd machte, dennoch steht es außer Frage, dass es derselbe See ist. Die Drachen, deren Herde ich damals angehörte, meiden den See sogar heute noch. Es gibt nicht viele, die es noch wagen, hier zu trinken."

Sie schwieg einen Moment.

„Eigentlich wären wir Drachen immer noch woanders, zwar nicht weit weg von hier, aber dennoch so tief im Wald, dass wir beide uns nie hätten begegnen können. Eines Tages fasste ich jedoch den Entschluss, meine Dramârin zu ernennen. Ich spürte deine Präsenz bereits seit mehreren Wintern, doch es dauerte, bis ich die Herde dazu gebracht hatte, hierherzukommen, denn sie verachten die Menschen nach wie vor."

Ich konnte meine vielen Fragen, die sich angesammelt hatten, während sie sprach, nicht mehr zurückhalten, und je länger ich schwieg, desto drängender wurden sie.

„Was soll das heißen, ‚meine Präsenz'? Leben die Menschen, die euch das angetan hatten, immer noch in meinem Dorf? Kenne ich sie sogar? Wissen sie, dass ihr wieder hier in der Nähe seid?"

„Carolin, nun warte doch! Gib mir etwas Zeit zum Antworten. Du bist ja fast schon wie deine Schwester! Also, fangen wir mit den Menschen in deinem Dorf an. Ja, es gibt noch ein paar von ihnen, die dabei waren; ob sie jedoch Kinder haben oder nicht, weiß ich nicht.

Was ich, mit dem ‚Ich konnte deine Präsenz spüren' meinte, war die Tatsache, dass jeder Mensch eine einzigartige Präsenz besitzt. Wir Drachen sehen und hören nicht nur die offensichtlichen Dinge, wie ihr Menschen, musst du wissen. Du wirst noch einiges dazulernen, damit du verstehst, was ich meine. Aber zu viel auf einmal ist nicht gut. Kommen wir also auf das eigentliche Thema zurück.

Dank deiner außergewöhnlichen Präsenz, welche du von deinen Vorfahren geerbt hast, wusste ich, dass du eine Dramârin werden könntest, denn dein Blut ist mit dem der Drachen verbunden. Es bindet dich an unsere Rasse, wie es schon seit Urzeiten ist."

Was ich mit diesem ganzen Wissen anfangen sollte, wusste ich nicht. Zudem gefiel es mir gar nicht, an irgendetwas gebunden oder mit irgendetwas verbunden zu sein, ohne dass ich dies selbst beeinflussen konnte.

Abendsonne flog jetzt langsamer und begann sich umzusehen. Es konnte also nicht mehr weit sein. Sie hatte mir immer noch nicht gesagt, was sie mir ursprünglich zeigen wollte, geschweige denn einen kleinen Hinweis gegeben, worum es sich handeln könnte. Also hielt ich nun selbst nach etwas Auffälligem Ausschau.

Ein Meer von Bäumen befand sich unter uns, es sah von hier oben aus wie Moos. Der Mond leuchtete recht hell am wolkenfreien Nachthimmel.

„Wir sind da!“

Das war alles, was mich vorwarnte, als sie plötzlich unter mir verschwand, da sie ihren Hals weit nach unten streckte, um zum Landeanflug anzusetzen. Sie manövrierte sich auf eine freie Stelle, an denen nur kleine Büsche und ansonsten kniehohes Gras wuchsen. Die Landung war unerwartet sanft.

Ich kletterte von ihrem Rücken und sah mich um. Abendsonne faltete ihre Flügel und sah mich neugierig an. Vorsichtig kam sie mit ihrem Kopf näher und schnupperte an meinen Haaren.

„Ich hoffe, du konntest den Flug genießen und hattest nicht allzu viel Angst?“, fragte sie.

„Nein, ich hatte keine Angst. Es war am Anfang kurz ungewohnt, aber es geht mir gut“, versicherte ich ihr und rieb ihr die Nüstern.

„Das ist schön zu hören.“

Sie hob den Kopf und sah kurz in eine Richtung. Ihr Blick war auf etwas zwischen den Bäumen gerichtet, dann sah sie zu mir hinunter.

„Also, ich wollte dir etwas zeigen. Folge mir, wenn du mithalten kannst!“, scherzte sie und trabte auf die Bäume zu.

Ich stand schnell auf und setzte ihr, so schnell ich konnte, auf der großen offenen Fläche nach. Das bekam meinem Muskelkater in den Beinen gar nicht gut und ich hielt an.

Ein Keuchen entwich meinem Mund, was Abendsonne nicht entging. Eines ihrer Ohren richtete sich in meine Richtung aus und sie blieb sofort stehen. Mit großen Augen sah sie zu mir zurück, die Vorderbeine fest in den Boden gestemmt. In ihrem Blick lag zuerst Angst, dann Verwirrung. Langsam trabte sie zu mir zurück.

„Carolin, was ist mit dir? Tut dir etwas weh? Hast du dich beim Fliegen verletzt? Eigentlich dürften dich meine Schuppen nicht verletzen“, erklärte sie und stupste einen meiner Arme, mit denen ich gerade meine Innenschenkel massierte, mit der Nase an.

„Nein, es ist alles in Ordnung. Es ist nur dieser Muskelkater, den ich vom Reiten bekommen habe. Wir haben es wohl ein bisschen übertrieben.“

„Bist du dir sicher? Lass mich mal sehen und nimm deine Arme von der Innenseite weg.“

Ich hob meine Arme und ließ sie gucken. Sie legte den Kopf zur Seite, dann strich sie vorsichtig mit einem Nasenflügel an mein Knie. Sofort breitete sich eine wohlige Wärme aus, stieg mein Bein hoch und floss in meine Zehen hinab. Für einen kurzen Moment zogen sich meine Muskeln zusammen, was ich aber keineswegs als unangenehm empfand. Plötzlich verschwand die Wärme wieder und es war vorbei.

„Was hast du gemacht?“, wollte ich wissen. Ich spürte überhaupt keinen Schmerz mehr. „Oder besser gesagt, *wie* hast du das gemacht?“

„Ich habe deinem Körper dabei geholfen, sich schneller zu regenerieren. Das wirst du später selbst können, aber bis dahin passe ich auf dich auf!“, antwortete sie und sah mich wieder an.

„Danke.“

„Immer wieder gern!“

Sie zwinkerte mir zu und hob ein Bein an. Dann legte sie den Kopf schief und neigte den Hals in die Richtung, aus der sie zurückgekommen war.

„Sollen wir?“

Ich nickte. Dieses Mal lief sie in ihrem normalen Tempo weiter und ich konnte ohne Schwierigkeiten mithalten. Es war ein merkwürdiges Gefühl, die offene Grasfläche zurückzulassen und immer tiefer in den dunklen Wald zu gehen.

Wir schwiegen den größten Teil der Strecke. Nur zwischendurch, wenn Abendsonne mir die Richtung wies, durchbrach ihre Stimme das Unterholz. Erst später fiel mir auf, dass es im Wald erschreckend still war. Man hörte nur den Wind durch die hohen Baumkronen wehen. Hätte ich die Augen geschlossen, hätte ich gedacht, dass es hier auch keine Tiere gab. Doch zwischen den Baumstämmen konnte ich immer mal wieder leuchtende Augenpaare erkennen. Fasziniert und wie hypnotisiert blieb ich ein paar Mal stehen und sah lange zu diesen Augen zurück.

„Versuchst du, die Gedanken der Wölfe zu lesen?“, fragte mich Abendsonne, als sie merkte, dass ich nicht mehr neben ihr herlief, und blieb stehen.

„Ich? Gedanken lesen? Du machst wohl Witze. Denkst du wirklich, dass es hier Wölfe gibt?“, fragte ich und meine Stimme stockte.

Statt mir eine Antwort zu geben, grunzte Abendsonne bloß einmal und stieß eine kleine Rauchwolke aus. Das war eine ganz klare Drohung in die Dunkelheit hinein. Um dem Ganzen noch die Krone aufzusetzen, fletschte sie die Zähne und knurrte im Unterholz den Wolf an, der mich immer noch wie gebannt beobachtete. Erschrocken zuckte dieser zusammen und heulte einmal kurz auf. Dann verschwand er zügig in der Dunkelheit. Rundherum antworteten weitere Wölfe auf sein Geheul.

Erschrocken stellte ich fest, wie viele Schatten sich in meiner unmittelbaren Umgebung bewegten. Ich wurde stocksteif.

„W-waren das etwa alles Wölfe?“, keuchte ich und sah ängstlich zu Abendsonne auf.

Sie nickte nur und grinste frech zurück.

„Die Kleinen hatten Angst vor mir“, gackerte sie, soweit man das als ‚Gackern‘ bezeichnen konnte.

„Das wundert dich?“, versuchte ich zu lachen und sah mich irritiert um. Dann ging ich auf sie zu und blieb neben einem ihrer Vorderbeine stehen.

„Nein, nicht wirklich. Aber es waren genug, um es mit einem Drachen aufnehmen zu können. Hunger genug hatten sie zumindest“, gluckste sie und ging weiter.

Ich blickte nicht zurück, sondern achtete darauf, nicht schon wieder zurückzufallen. Dabei fiel mir gar nicht auf, dass ich rennen musste.

„Ich bin verwirrt“, sagte ich schließlich.

„Warum?“

„Wegen dieser Sache mit den Wölfen. Warum wusstest du, dass sie Hunger hatten? Und warum warst du dir trotzdem so sicher, dass sie uns nichts tun würden?“

„Alles eine Sache des guten Zuhörens“, war alles, was sie sagte.

Wie gewohnt war mein Kopf voll von Fragen. Hätte ich es nicht besser gewusst, hätte man meinen können, er würde gleich platzen. Aber ich nahm mich, wie schon so oft, zusammen und beließ es dabei. Wenn sie von sich aus nicht antworten wollte, dann wollte sie nun mal nicht, ob ich darum bettelte oder nicht.

Es dauerte nicht lange und ich hörte ein leises Plätschern. Ich spürte, wie die Luft drückender und feuchter wurde.

„Was ist das?"

„Warte es ab, du wirst es sehen. Ich verspreche dir, du wirst es nicht bereuen."

Sie trabte jetzt voran und ich legte einen flotten Sprint hin. Der Boden und das Laub unter mir stoben nur so davon. Wäre es ein wenig heller gewesen, hätte ich es vielleicht eher bemerkt, doch so dauerte es etwas, bis mir auffiel, wie schnell ich tatsächlich lief. Ich merkte es daran, dass Abendsonne neben mir immer flacher wurde und ihren Hals immer mehr streckte. Ich schüttelte nur den Kopf. Abendsonne war mir einige Antworten schuldig.

Die Luft um mich herum wurde wärmer. Dann traten wir schließlich aus dem Wald hinaus auf eine Wiese. Dort blieben wir stehen. Das Erste, was ich sah, war der beeindruckende See. Er war umrahmt von Felsen, die zum See hin abgeflacht waren und aussahen, als wären sie geschmolzen. Von unzähligen Büschen und Felsplatten tröpfelte Wasser in den See. Das wirbelte das Wasser ganz schön auf und ein weißer Nebel bildete sich über der schwarzen Oberfläche. Die Nebelzungen schlängelten sich bis zum Ufer und verloren sich zwischen den Sträuchern, auf denen sie Tropfen hinterließen. Das Ufer selbst war durch die glatten Steine am Rand des Sees befestigt und das Gras glänzte, als hätte es geregnet. Oben auf den Felsen erhob sich der nachtschwarze Himmel mit der schmalen Mondsichel, die sich im schäumenden Wasser mehrfach im seichten Wellengang widerspiegelte. Im See selbst befanden sich große und kleine Fische, die dicht unter der Oberfläche umherschwammen und vom Mond angeleuchtet wurden.

Ich stand da und genoss den Anblick in vollen Zügen. Ich nahm mehrere tiefe Atemzüge und trat ehrfürchtig näher an den See.

„Das ist ja fabelhaft!", seufzte ich.

„Das hier ist der einzige Ort, an dem ich mich richtig entspannen kann. Hierher komme ich, wenn ich gestresst bin oder wenn ich einfach nur eine kleine Ablenkung brauche. Hier wird einem nie langweilig, da es immer viel zu sehen gibt."

Ich setzte mich im Schneidersitz ans Ufer und sah hinab in den See. Meine Haare standen in alle Himmelsrichtungen ab. Ich bemühte mich vergebens, sie wieder halbwegs zu richten, doch das spielte nicht wirklich eine große Rolle, denn es gab etwas, was meine Aufmerksamkeit sehr viel mehr erregte als meine Haare.

Abendsonne war hinter mich getreten und ließ sich ebenfalls nieder. Sie schlug ihre Vorderbeine übereinander und sah über meine Schulter hinweg in den See. Es waren ihre Augen, die mich so faszinierten. Sie leuchteten in einem dunklen Rot und die schwarze Iris war beinahe nicht mehr zu sehen. Sie sah mich durch die Spiegelung des Sees an. Die Leuchtkraft nahm noch etwas zu. Dann geschah etwas Unglaubliches.

Plötzlich erschienen auf der dunklen Oberfläche zwei weitere dunkelrot aufleuchtende Augen. Jedoch waren sie viel kleiner als Abendsonnes. Ich blickte zurück.

Schweigen.

Da bemerkte ich, dass es sich um meine eigenen Augen handelte, doch als ich versuchte, sie direkt anzusehen, verschwand das Licht aus ihnen, so als sei es nie da gewesen. Ich stutzte.

„Hast du das gesehen?“, fragte ich und drehte mich zu Abendsonne um.

„Ja, das habe ich. Dein Körper reagiert bereits unbewusst auf unser inneres Band. Du siehst wie ich, selbst wenn du dich nicht direkt darauf konzentrierst“, antwortete sie mit ruhiger Stimme und strich mir mit ihrem Maul durchs Haar.

Wahrscheinlich hätte jeder an meiner Stelle das Ganze als Lächerlichkeit abgetan oder angefangen, an seinem eigenen Verstand zu zweifeln, doch ich tat das nicht.

„Aber was genau habe ich denn gemacht? Kann ich das noch einmal machen?“

Ich hatte bis dahin schon so viel erlebt, dass mich nichts mehr so leicht aus der Ruhe bringen konnte. Schließlich saß ich gerade neben einem Drachen und fühlte mich dabei so sicher wie noch nie. Ich blendete sogar immer mehr die heikle Situation aus, in der wir uns befanden: Der Wald wurde abgeholzt und ich hatte keinen blassen Schimmer, wie ich dies verhindern sollte. Dabei blieb mir nicht mehr viel Zeit und jetzt, wo ich neben Abendsonne saß, sann ich über das rote Leuchten meiner Augen nach. Dabei gab es jede Menge andere Probleme, um die ich mir Gedanken machen musste.

„Natürlich. Aber es dauert seine Zeit. Du wirst es nicht sofort können. Versuchc dich auf dcin Spiegelbild und auf meine Gegenwart zu konzentrieren. Du musst mich spüren, aber nicht sehen können.“

„Was soll das heißen, ich muss dich ‚spüren können‘? Wie mache ich das?“

Abendsonne faltete ihre Flügel auseinander und schlug ein paar Mal kräftig mit den Flügeln. Meine Arme zuckten unwillkürlich mit.

„Ach so, das meinst du. Aber wenn du dich nicht bewegst, weiß ich nicht, worauf ich mich konzentrieren soll“, wandte ich ein.

Daraufhin kam sie mit ihrem Kopf noch näher an mich heran und drückte ihren Hals an mein Ohr, welches daraufhin von dem sanften Rauschen ihres Blutes sowie ihrem gleichmäßigen Atem durchflutet wurde.

„Das schaffe ich nie!“, schüttelte ich den Kopf.

„Nicht jetzt sofort, aber später wirst du es schaffen, versprochen! Wir haben schließlich alle Zeit der Welt“, ermutigte sie mich.

Ich zog einen Schmollmund, beließ es jedoch dabei.

Kommt Zeit, kommt Rat!

Wir saßen eine ganze Weile am See und beobachteten die Fische, die sich unter der unruhigen Oberfläche bewegten. Ab und zu sprang ein Fisch mutig in die Höhe und wir lachten über die kleinen Kunststücke.

Ich tauchte meine Hand in den See und stellte fest, dass das Wasser angenehm warm war. Das musste daran liegen, dass, sobald die Sonne herauskam, sie die vielen kleinen Wasserfälle aufheizte, bevor diese in den See plätscherten.

Abendsonne hatte recht, hier konnte einem wahrlich nur schwer langweilig werden. Wenn ich gekonnt hätte, wäre ich ebenso oft hierhergeflogen, um den stressigen Alltag abschütteln zu können. Ich hätte mir vermutlich oft entspannende Bäder gegönnt, sofern hier keine gefährlichen Fische herumschwammen.

Der Mond wanderte langsam am Himmel entlang, bis er irgendwann die Baumkronen zu berühren schien. Bald würde der nächste Morgen anbrechen. Ich sah in Richtung Osten, wo sich der Himmel schon dunkelviolett färbte.

Ich atmete ein letztes Mal tief ein, bevor ich mich auf Abendsonnes Rücken schwang. Dieses Mal klappte es schon deutlich besser, was wahrscheinlich daran lag, dass ich keinen Muskelkater mehr hatte.

Abendsonne stieß sich kraftvoll vom Boden ab, schlug einige Male mit den Flügeln und schon schwebten wir über den Bäumen. Sie drehte eine sanfte Kurve.

Es war ein wunderbares Gefühl, auf ihrem Rücken zu sitzen und an ihren Flügeln vorbei und auf die Bäume hinabzuschauen, während sie die Kurve flog. Sie neigte ihren Körper in die andere Richtung, um geradeaus zu fliegen. Mir fiel auf, dass sie – im Vergleich zu den Vögeln – deutlich weniger mit ihren Flügeln schlug.

„Ich mache mir bestimmte Aufwinde zunutze. Warme Luft steigt nach oben und das gibt mir einen zusätzlichen Auftrieb, den ich dann nicht aus eigener Kraft bewältigen muss.

Zudem mag ich für meine Größe schwer aussehen, doch du würdest dich wundern, wie leicht ich tatsächlich bin. Das liegt daran, dass wir Drachen keine Knochen besitzen. Hätten wir Knochen, wären wir viel zu schwer und könnten vermutlich gar nicht fliegen, trotz unserer großen Spannweite.“

Wenn ich gedacht hatte, dass ich bereits viel über Drachen wusste, wurde ich hiermit eines Besseren belehrt. Einen Drachen kennenzulernen, bedeutete nicht nur, zu wissen, wie sie sich bewegten und was sie aßen, sondern sehr viel mehr.

Ich wusste, wie wir Menschen sahen, hörten, rochen, schmeckten und fühlten – doch traf das auch auf Drachen zu? Wie nahmen sie ihre Umgebung war? Was konnten sie alles sehen, hören und fühlen, was uns Menschen entging? – Geheimnisse, für deren Antworten ein einziges Menschenleben wohl nicht ausreichen würde.

Ich schloss meine Augen und genoss den Flug. Ich spürte, wie Abendsonne sich bewegte, ich konnte es in meinen eigenen Muskeln nachempfinden. Ich konnte ihre Atmung spüren – oder war es doch meine eigene?

Es gelang mir nicht, Abendsonne zu spüren. Und je mehr ich es während des Fluges versuchte, desto weniger Erfolg hatte ich dabei, stellte ich nach einer Weile frustriert fest.

„Die Konzentration behindert deine Gefühle. Du musst fühlen, Carolin, und nicht konzentriert darüber nachdenken.“

Ich öffnete meine Augen, um mich ein wenig umzusehen. Ich versuchte, an nichts Bestimmtes zu denken, sondern einfach nur zu fühlen.

„Sieh mal, Mama! Wogarras hat ein Stück von meinem Brot abgebissen!“, jauchzte mein jüngster Sohn und hielt sein halbes Brot in die Höhe.

Das war nicht das erste Mal, dass ich all meine Kinder zu Wogarras’ Höhle mitgenommen hatte, und es sollte nicht das letzte Mal gewesen sein, das schwor ich mir. Wenn ich etwas bei den Menschen bewegen wollte, musste ich bei jenen anfangen, die mir am meisten vertrauten; bei meinen eigenen Kindern.

Ich war mir sicher, dass, wenn ich ihre Hilfe eines Tages brauchen würde, ich mich auf sie verlassen könnte. Und hätte ich sie erst einmal so weit, dass ihren Stimmen mehr Gewicht zukam, hätte ich leichteres Spiel, als würde ich es allein versuchen.

„Ja, der liebe Wogarras kann sehr viel essen. Also pass schön auf, dass du selbst genug hattest, bevor du ihm etwas anbietest“, lachte ich und strich ihm über seine blonden Locken.

Wenn er alt genug wäre, würde er dafür sorgen, dass seine Haare nie allzu lang werden würden, denn Männer mit lockigen Haaren galten als nicht maskulin genug.

So ein Blödsinn! Ich liebe seine Locken. Menschen können sich ihr eigenes Leben schon schwer machen. Aber solange ich bei seinen Haaren noch ein Wörtchen mitzureden habe, werde ich sie länger lassen.

„Ja, der hat auch einen viel größeren Mund als ich. Da passt viel mehr hinein. Ich glaube, ich könnte mich ihm sogar ins Maul setzen und hätte immer noch viel Platz. Hm, was denkst du, Wogarras? Dein Maul ist bestimmt so groß, dass ich es mir dort bequem machen könnte“, lachte er und strich dem gutmütigen Riesen über die Nase.

„Wie würdest du das denn finden, wenn sich eine kleine Maus auf deine Zunge setzen würde?“, fragte Wogarras zurück.

Der Junge verzog angewidert den Mund.

„Hast ja recht. Das wäre alles andere als spaßig.“

Statt sich weiter mit dem Gedanken zu beschäftigen, wie es sich in einem Drachenmaul so sitzen ließ, setzte sich mein Sohn vor Wogarras auf den Steinboden der Höhle hin und aß sein restliches Brot weiter.

Meine Tochter im Arm, ging ich neben meinem anderen Sohn her und beobachtete ihn, wie er fasziniert einen der Flügel streichelte.

„Die Haut fühlt sich hier ganz dünn an, Mama. Ob man durch sie hindurchsehen kann, wenn es hell genug wäre?“, fragte er und berührte ehrfürchtig die zarte Flügelhaut mit dem Zeigefinger.

„Wirklich hindurchsehen kann man nicht, aber wenn Wogarras am Himmel fliegt, kann man den leuchtenden Himmel hindurch schimmern sehen“, erklärte ich ihm.

„Wirklich? Das klingt ja toll!“

Wogarras genoss sichtlich die Aufmerksamkeit, die ihm entgegengebracht wurde. Zufrieden zuckte sein Schwanzende hin und her.

Kinder hatten etwas Bezauberndes an sich. Sie waren neugierig, wenn sich ihnen etwas Neues bot, und waren stets unvoreingenommen. Sie sahen sich alles ganz genau an und bildeten unabhängig von anderen ihre Meinung. Dass erwachsene Menschen hingegen, teilweise ohne triftigen Grund, Abneigungen besaßen, wo doch ihre eigenen Kinder sie tagtäglich eines Besseren belehrten, verstand ich nicht.

Ich liebte meine Kinder und hoffte, dass sie stets weiterhin unbekümmert durch das Leben gehen könnten, wie bisher. Und wenn es doch einmal schwierig werden sollte, würden Wogarras und ich da sein, um ihnen zu helfen, das wusste ich.

Ich zog die Decke um meine Tochter etwas enger, da die Nacht ziemlich kühl war. Die Kälte schien meinem Kind jedoch nichts anzuhaben. Es schlummerte in meinen Armen seelenruhig weiter, die Hände zu kleinen Fäustchen geballt, die Nase rot gefärbt. Die lichten Härchen auf ihrem kugelrunden Kopf wurden von Tag zu Tag dichter, sodass ich ihr schon bald zum ersten Mal die Haare schneiden könnte.

Eines Tages wirst du bestimmt wunderschön sein und viele junge Männer verrückt machen, dachte ich und schmunzelte bei dem Gedanken. *Das würde jedenfalls zu meiner Tochter passen.*

Bis dahin jedoch warteten noch viele Winter auf sie. Und wer wusste schon, was die Zukunft noch bringen würde?

13. Kapitel

Kurz vor der Morgendämmerung kamen wir wieder am Dorf an. Wären wir noch ein wenig länger am See geblieben, hätten wir es nicht mehr geschafft, unentdeckt zu bleiben.

Ich legte einen leisen Sprint nach Hause hin und merkte, dass ich irgendwie anders lief als vorher. Irgendwie schneller und sehr viel leiser als sonst. Zu Hause angekommen, schlich ich mich in mein Zimmer und legte mich ins Bett.

In der Stille dachte ich darüber nach, was mir Abendsonne heute Nacht alles erzählt hatte. Vieles von dem, was sie gesagt hatte, konnte ich noch nicht wirklich begreifen. Natürlich bemerkte ich, dass ich mich veränderte, und ich versuchte, dafür logische Erklärungen zu finden. In vielen Fällen gelang mir das auch, doch in manch anderen schaltete sich schlechtweg mein Verstand ab.

Ich betrachtete meine Hände und Füße und konnte keine Veränderungen feststellen. Einen Blick in den Spiegel würde mir zeigen, dass sich mein Gesicht ebenso wenig verändert hatte.

Oder konnte es sein, dass meine Haare dichter und länger waren als sonst? Meine Fingernägel waren ebenfalls viel länger als gewöhnlich. So lang, wie sie jetzt gerade waren, konnte ich sie in der Regel nicht tragen da sie schnell abbrachen. Meine Finger hingegen wirkten wie immer: lang und schlank, ohne definierte Muskeln, wie etwa bei Killian.

Ich stand vom Bett auf und ging zu meinem Spiegel hinüber. Ich konnte absolut keinen Unterschied zu sonst feststellen. Ich fasste meine Haare mit einer Hand am Hinterkopf zusammen, um meine Ohren betrachten zu können. Sie sahen ebenfalls aus wie immer; ich hatte schon fast spitze, elfenhafte Ohren erwartet.

Ich ließ meine Haare wieder fallen und betrachtete intensiv meine Augen und Augenbrauen. Letztere waren wie immer, nicht so buschig wie die von Helena. Helenas waren sehr dicht und besaßen einen satten Schwarzton, passend zu ihren Haaren. Meine hingegen waren deutlich lichter, aber ebenso schwarz. Möglicherweise waren meine Augen etwas dunkler als sonst, aber das konnte genauso gut an dem fahlen Licht liegen, das in mein Zimmer fiel. Es war sehr früher Morgen und noch immer tat sich nichts im Haus. Lange konnte diese Stille aber nicht mehr währen.

Meine Nase war genau so, wie ich sie in Erinnerung hatte: kurz und gerade. Was meine Lippen betraf, so hatte ich, wie bei meinen Augen, den Eindruck, sie seien etwas dunkler als sonst.

Ich löste meinen Blick von meinem Gesicht und betrachtete meinen gesamten Körper. Der Hals und die Schultern waren zart und, für meinen Geschmack, etwas zu knochig. Meine Arme wirkten, wenn überhaupt, nur ein klein wenig muskelbepackter als sonst, was jedoch an der vielen Arbeit der letzten Tage liegen konnte.

Mein Bauch war wie immer flach und gut durchtrainiert. An meinem Busen hatte ich nicht viel auszusetzen. Meine Brüste waren gleich groß und saßen straff am richtigen Platz, was meiner Jugend geschuldet war.

Meine Beine sahen ebenfalls unverändert aus, wobei ich, wie bei meinen Armen, hier ebenfalls etwas mehr Muskelmasse spürte. Dies konnte jedoch genauso wie bei meinen Armen der Arbeit geschuldet sein. Wenn ich körperlich nicht mehr aktiv gewesen wäre, hätten sich meine schönen Muskeln bestimmt zurückgebildet. Ich sah zwar keineswegs so durchtrainiert aus wie Killian oder Jaron, und das wollte ich auch gar nicht, aber ein wenig Muskeln durften es gerne sein, fand ich.

Unwillkürlich musste ich darüber nachdenken, wie Jaron mich wohl sah. Hatte er von mir ein anderes Bild als ich selbst? Ich überlegte, ob ich ihn anders sah als beispielsweise Killian oder Ramon, für die ich nicht diese Gefühle wie für Jaron empfand.

Ich musste grinsen, denn ich sah ihn tatsächlich anders. Wenn er mich angrinste, dann strahlten seine Augen für mich nicht nur, sie leuchteten richtig, und das so sehr, dass ich mir einbildete, das Grün seiner Augen würde noch intensiver werden.

Überdies nahm ich seine Bewegungen deutlicher wahr als die meiner Geschwister, vor allem, wenn er mich berührte. Ich liebte seine Berührungen, egal, wie kurz sie waren.

Der Spiegel verriet mir, dass sich meine Wangen rosa gefärbt hatten. Dies war der Beweis, dass ich Jaron keineswegs als „langweilig“ empfand, wie Killian ihn immer beschrieb.

Ob sich Mama auch so gefühlt hat, als sie mit unserem Vater zusammenkam?

Ich grinste, als ich mich umzog und in die Scheune ging. Die Kühe und der Ochse waren schon wach und begrüßten mich mit Muh-Rufen. Ich brachte sie auf die Wiese und mistete ihre Ställe aus. Anschließend erntete ich Gemüse aus dem Gewächshaus und dem Garten. Missmutig stellte ich fest, dass das Unkraut wieder nachgewachsen war, und rupfte es kurzerhand heraus.

Den reinen Mist aus den Ställen der Kühe verteilte ich auf dem Acker, den Killian tags zuvor nochmals wegen der Kartoffeln gepflügt hatte. Zu guter Letzt ging ich das Weizen- und Maisfeld entlang, um zu sehen, wie lange wir noch bis zur Ernte warten müssten. Erfreut stellte ich fest, dass wir schon heute oder morgen die Felder bestellen konnten. Der Mais war bereits viel höher als ich in meiner Größe und die gelben Kolben sahen äußerst schmackhaft aus. Da der Mais und der Weizen lange frisch bleiben würden, könnten wir an diesem Vollmond-Markt viele weitere Waren eintauschen.

Als ich die Felder verließ und zum Haus zurückkehrte, erhob sich die Sonne über die Baumkronen und strahlte mir ins Gesicht. Gut gelaunt und mit leckerem Gemüse im Korb betrat ich das Haus und ging in die Küche. Ich wusch einige Tomaten für unser Frühstück und machte mich daran, den Tisch mit Geschirr und Besteck einzudecken, dabei ein Lied vor mich hin summend. Heute würde ein guter Tag werden, da war ich mir sicher.

„Du musst die Schenkel mehr an das Pferd drücken, sonst kann es deine Befehle nicht spüren!“, rief Leonard Helena zu, die verzweifelt versuchte, zu galoppieren.

Wir waren alle schon ordentlich am Schwitzen, doch Leonard zeigte keine Gnade. Er scheuchte uns immer weitere Runden um ihn herum und rief uns zu, was wir falsch machten oder was wir ändern mussten.

„Können wir eine kleine Pause machen? Ich habe das Gefühl, ich spüre meine Beine nicht mehr, und meine Lunge ist so trocken wie eine Wüste. Ein wenig trinken wäre zu dieser Tageszeit und bei dieser Sonne sicherlich nicht verkehrt!“, bettelte ich und hielt Regen vor Leonard an.

Dieser sah von einem verschwitzten Gesicht ins andere und gab schließlich nach.

„Na schön, ich denke, eine kleine Pause habt ihr euch durchaus verdient! Geht mit den Pferden Schritt. Ich besorge euch etwas zu trinken.“

Leonard schlenderte vom Platz und war kurze Zeit später im nächsten Gebäude verschwunden.

„Dass es heute so anstrengend werden könnte, hätte ich nicht gedacht!“, schnaufte Jaron und ritt vor mir her.

Er drehte sich in seinem Sattel um und sah mich an.

„Das stimmt! Heute ist keine einzige Wolke am Himmel und die Sonne hat mit uns genauso wenig Erbarmen wie Leonard“, lachte ich.

„Zumindest können wir ihm nicht vorwerfen, dass wir nicht auf unsere Kosten kommen!“, erinnerte Mama uns und trieb ihren Wallach an, der stehen geblieben war.

„Da hast du recht! Ich finde es, einmal abgesehen von der sengenden Sonne, einfach traumhaft schön, im Sattel zu sitzen. Glaubt ihr, wir dürfen heute schon springen?", fragte Helena euphorisch in die Runde.

„Ihr seid zwar schon recht sicher im Sattel, aber so ‚sattelfest' seid ihr dann doch wieder nicht. Das Springen verlangt von euch viel mehr Konzentration als das einfache Reiten. Wenn ihr aber so weitermacht, lässt sich in ein paar Tagen darüber reden!", antwortete Leonard mit jeder Menge Krüge Wasser in den Armen, die er nun reihum verteilte.

Ich hatte gar nicht mitbekommen, dass er bereits zurück auf dem Platz war, bis er auf Helenas Frage geantwortet hatte.

„Ich denke, ihr könnt die Pferde jetzt noch einige Runden weiter im Schritt reiten und dann sollte es für heute gut sein. Ihr wart alle großartig, wirklich! Zwar gab es viel zu korrigieren, aber ich sehe bei euch großes Talent! Kaum vorstellbar, dass ihr nie zuvor auf einem Pferd gesessen habt", lobte Leonard uns und setzte sich auf den Zaun, der zum Platz gehörte.

Ich klopfte Regen, meiner Stute, auf den Hals und lobte sie, indem ich die Zügel länger ließ. Es war ein wunderbares Gefühl, auf dem Rücken eines Pferdes zu sitzen! Wenn man sich in den Sattel schwang, blieben alle Sorgen buchstäblich auf dem Boden zurück und für Grübeleien war dann gar keine Zeit mehr. Ich konnte mir keinen besseren Zeitvertreib vorstellen, bei dem ich so gut hätte abschalten können.

Abgesehen vom Reiten der Drachen.

Für mich gab es keine großen Unterschiede zwischen dem Reiten eines Pferdes und eines Drachen. Der einzige, große Unterschied bestand darin, dass sich das Pferd nicht in der Luft fortbewegen konnte, aber am Boden glichen sich die Bewegungsabläufe schon sehr. In der Luft verhielt es sich jedoch ein wenig anders, da musste man sich, statt an die Beinbewegungen, an das rhythmische Heben und Schlagen der Flügel gewöhnen.

Wenn ich so darüber nachdachte, wurde mir bewusst, dass die Aktivität, die wir uns da gemeinschaftlich ausgesucht hatten, wirklich optimal war. Wenn wir so weitermachten wie bisher, würden wir nicht mehr viel Zeit benötigen, um uns auf die Drachen setzen zu können.

Wir saßen von unseren Pferden ab und führten sie in die Stallgasse zurück. Unten auf dem Boden angekommen und auf meinen eigenen Beinen stehend, fühlte ich mich auf einmal viel zu klein. Der Blick von oben aus dem Sattel war viel beeindruckender.

Wir sattelten und zäumten unsere Pferde ab, um ihnen draußen am Abwaschplatz die Beine abzuwaschen. Ich konnte förmlich fühlen, wie gut es ihnen tat, nachdem sie so schwitzen mussten.

Wir hinterließen die Stallgasse sauber und Leonard zeigte uns unsere heutige Aufgabe auf dem Hof. Sie bestand hauptsächlich darin, die vielen Gartenmöbel aus einem Schuppen nach draußen zu tragen und diese anschließend abzuwaschen.

„Die sind für alle Reiter, die nach ihrem Ritt ein wenig in der Sonne entspannen wollen. Eigentlich hatten wir sie schon für den kommenden Winter im Schuppen deponiert, aber so wie es aussieht, werden die nächsten Tage noch einmal schön warm und sonnig, sodass man das Wetter noch gut genießen kann. Ihr dürft euch gerne noch hinsetzen, nachdem ich euch für heute entlassen habe!“, lud

Leonard uns auf eine weitere Runde Wasser ein, das er auf dem großen Tisch abstellte.

„Danke, das ist sehr lieb von dir!“, erwiderte Mama und genehmigte sich einen Krug Wasser.

Wir saßen in einer lockeren Runde beisammen und beobachteten die Reiter, die ihre Pferde noch ein wenig bearbeiteten.

Ich stellte fest, dass wir nicht die einzigen Anfänger auf diesem Pferdehof waren, nachdem ich ein Mädchen bei dem Versuch, sein Pferd vorwärtsgehen zu lassen, beobachtete, es jedoch kläglich dabei versagte. Die meisten übten sich jedoch darin, Pferde vor Kutschen oder Pflügen hergehen zu lassen und dabei eine zuvor bestimmte Route abzulaufen, und weniger im eigentlichen Reiten, so wie wir es gerade lernten.

Leonard hatte uns erklärt, dass Pferde weitestgehend als Arbeitstiere auf dem Acker, Feld oder als Zugpferd von Kutschen ausgebildet wurden. Die wenigsten wurden ausschließlich im Reiten trainiert; sie waren hauptsächlich Jägern oder Spähern vorbehalten, da diese sich schnell und lautlos fortbewegen mussten.

Ich konnte mir gut vorstellen, wie es wäre, einen eigenen Hof zu führen. Es musste ein schönes Gefühl sein, fremden Menschen das Reiten beziehungsweise das Arbeiten mit Pferden beizubringen und zu sehen, wie sie immer geübter darin wurden. Nach der anstrengenden Arbeit würde ich mich, genau wie jetzt, mit meinen Liebsten in die Sonne setzen und den Nachmittag an mir vorbeiziehen lassen.

Dass ein Pferdehof viel Arbeit machen würde, blendete ich geflissentlich aus, und genoss stattdessen die Wärme der Sonne. Wenn man sich nicht bewegte, war es gar nicht einmal so heiß, wie es sich beim Reiten noch angefühlt hatte.

Die Tage vergingen und wir wurden stetig sicherer im Sattel. Was unsere Vorräte betraf, so konnte der Vollmond-Markt gerne kommen. Wir hatten in diesen Tagen viel ernten können und waren bereit, sie gegen viele schöne Dinge zu tauschen.

In einer Nacht kurz vor dem Vollmond-Markt schlief ich nicht nur kurz, sondern ebenfalls sehr schlecht. Ich träumte, ich würde mich auf dem Rücken eines weißen Pferdes befinden und durch den Wald reiten, als wäre der Teufel höchstpersönlich hinter mir her.

„Renn schneller, mein treuer Gefährte. Uns bleibt nicht mehr viel Zeit!"

Ich stand in den Bügeln und beugte mich so weit über den weißen Hals, wie es mir möglich war. Das Pferd galoppierte in einer Geschwindigkeit durch den Wald, die mir hätte Angst machen müssen. Ich duckte mich unter vielen tief hängenden Ästen und blickte mich kein einziges Mal um. Ich hatte meinen Blick geradeaus gerichtet, immer auf den Weg vor uns.

Mein Körper zuckte im Tiefschlaf auf der Matratze und wich den imaginären Ästen aus.

„Bald ist es so weit, dann wird die Sonne aufgehen. Die beste Zeit zum Jagen!"

Ich klopfte den schweißnassen Hals des Pferdes und ließ es langsamer werden. Wir würden gleich auf die Lichtung kommen, an der ich zu Fuß weitergehen musste.

„Du wartest hier auf mich, mein Großer!“, verabschiedete ich mich von dem Pferd und schlich auf die Lichtung zu.

Ich holte meinen Bogen vom Rücken und legte einen Pfeil, den ich aus dem Köcher an meiner Hüfte zog, an die Sehne. Den Bogen halb gespannt, schlich ich mich vorsichtig durch das kniehohe Gras, ohne Geräusche zu verursachen.

Die Lichtung grenzte an einen Fluss, an dem wie zu erwarten eine kleine Gruppe Rehe weidete. Sie waren für meinen Bogen noch zu weit weg. Ich ließ eine Hand vom Pfeil los und griff in die sandige Erde zu meinen Füßen und ließ mir den Sand durch die Finger rinnen. Der Wind trug ihn weg und in Richtung Wild. Ich musste mir einen anderen Stand aussuchen, wenn ich nicht wollte, dass mich das Wild vorher schon witterte.

Ich legte wieder beide Hände an Pfeil und Bogen und durchquerte das hohe Gras, bis ich mich auf der anderen Seite der kleinen Lichtung befand. Nun stand ich nicht mehr im Wind und konnte wieder meinen Raubzug antreten.

Die Rehe tranken aus dem Fluss, ohne mich wahrzunehmen. Die Vögel zwitscherten weiter ihre Lieder und nichts ließ darauf schließen, dass die Rehe gejagt wurden.

Vorsichtig erhob ich mich, mit voll gespanntem Bogen. Die Füße standen einen halben Schritt weit hintereinander und meine linke Fußspitze wies Richtung Wild, während die andere nach rechts zeigte.

Meinen Oberkörper drehte ich ebenfalls nach rechts. Mein linker Arm war genauso ausgerichtet wie mein linker

Fuß und meine linke Hand hielt den Bogen fest umklammert.

Das letzte Stück Pfeil, bevor die Pfeilspitze kam, lag auf Daumen und Zeigefinger auf. Meinen rechten Arm knickte ich nach hinten weg, in die entgegengesetzte Richtung vom linken. Nun umklammerte ich mit Zeige- und Mittelfinger die Sehne, zog sie zurück, um sie zu spannen, und der eingespannte Pfeil lag locker über meinem Zeigefinger an der Sehne. Die Sehne lag an meinen Lippen und ich atmete ein letztes Mal langsam ein und aus, um mich endgültig zu entspannen.

Ich sah mit beiden Augen ruhig am Pfeil entlang auf das Wild. Ich fixierte einen bestimmten Punkt am Hals des Tieres. Doch ich wusste, bei diesem Wind konnte ich nicht direkt zielen. Die Entfernung war ebenfalls zu weit und der Pfeil könnte zu tief landen.

Ich visierte eine Stelle knapp oberhalb des Punktes, den ich treffen wollte, konzentrierte mich ein letztes Mal und beruhigte meine Atmung und damit meinen Herzschlag.

Mein Körper spannte in diesem Moment jeden einzelnen Muskel an, den er zur Verfügung hatte.

Die Ader an meinem Hals schlug kräftig, aber ruhig. Meine Atmung war ebenso ruhig und ich wappnete mich auf das, was kommen würde.

Ich ließ den Pfeil fliegen und noch ehe er sich in den wunderschönen Hals des großen Hirsches bohren und die restliche Gruppe in wilder Panik fliehen konnte, schoss ich bereits einen zweiten Pfeil ab, der ein Reh niederstreckte. Die anderen Tiere verschwanden so schnell sie konnten im dichten Unterholz und waren nicht mehr gesehen.

Ein zaghaftes Lächeln umspielte meine Lippen, als ich den Bogen auf den Rücken schnallte, um das tote Wild einzusammeln. Ich stand am Fluss und wollte gerade auf die andere Seite hinüberspringen, als mein Blick auf die spiegelnde Wasseroberfläche fiel. Es dauerte nicht lange, bis ich das Gesicht, das mir entgegenblickte, erkannte.

Mit einem Mal war ich hellwach und dazu noch nass geschwitzt! Hektisch sah ich mich um und war für einen kurzen Moment irritiert, mich in meinem Zimmer und nicht im Wald, an diesem Fluss wiederzufinden. Vorsichtig setzte ich mich auf.

Es war nur ein Traum!

Das redete ich mir zumindest ein und ging ins Badezimmer. Ich füllte meine beiden Hände mit Wasser und klatschte es mir ins Gesicht. Diesen Vorgang wiederholte ich noch einige Male, ehe ich nach einem Handtuch griff und mir vorsichtig das Gesicht abtupfte.

Was hatte ich da nur geträumt?

Ich konnte mir keinen Reim darauf machen. Ich betrachtete mein Spiegelbild, das so gar nicht zu dem in dem Fluss passte, und doch wusste ich, um wen es sich handelte. Allein der Gedanke daran sorgte dafür, dass mir ein eisiger Schauer über den Rücken lief. Doch ehe ich Abendsonne fragen konnte, was dieser Traum zu bedeuten hatte, kam Helena mit verschlafener Miene ins Badezimmer.

„Du bist in letzter Zeit verdammt oft früh wach. Kannst du nicht mehr richtig schlafen oder zerbrichst du dir über irgendetwas den Kopf?“, erkundigte sie sich.

„Ich hatte einen schlimmen Albtraum und konnte danach nicht mehr einschlafen“, antwortete ich und machte ihr vor dem Waschbecken Platz.

„Wovon hast du denn geträumt?“, wollte sie wissen und bürstete sich die Haare.

„Ich habe geträumt, mein Pferd würde durchgehen und im Dunkeln durch den Wald galoppieren. Ich konnte es nicht anhalten und musste mich unter tief hängenden Ästen ducken. Es war einfach schrecklich, so hilflos auf dem Pferderücken zu sitzen und nichts ausrichten zu können.“

Es entsprach immerhin fast der Wahrheit. Tatsache war, ich war tatsächlich auf einem Pferderücken unterwegs gewesen, und der preschende Galopp entsprach ebenfalls der Wahrheit.

Dass das Pferd durchgegangen und ich Angst bekommen hatte, war jedoch gelogen, und das Wildschießen hatte ich mit keinem Wort erwähnt.

„Oh! Dabei dürfen wir doch die liebsten Pferde reiten, die es gibt! Die würden so etwas niemals tun!“, rief Helena schockiert aus.

„Vielleicht zeigt es mir ja nur, wie sehr mich dieses Thema beschäftigt und dass ich nicht möchte, dass etwas schiefgeht. Dieser Zeitvertreib ist uns allen viel zu wichtig. Würde ich mir weniger Gedanken machen, würde ich bestimmt keine Albträume mehr haben, da bin ich mir sicher!“, versuchte ich zu erklären.

„Da könntest du vermutlich recht haben“, stimmte Helena mir zu und reichte mir die Bürste.

Gedankenverloren bürstete ich mein Haar, doch es wollte sich nicht so recht bändigen lassen. Ich riss mir viele Haare aus und gab es schließlich auf.

„Na, komm, lass mich dir helfen. Setz dich hierher auf den Hocker und ich versuche mal mein Glück mit deinen

Haaren“, munterte Helena mich auf und deutete auf den soliden Holzhocker in der Ecke.

„Danke! Das ist sehr lieb von dir!“

„Wozu hat man schon das Glück, eine Schwester zu haben, die genau die gleichen Probleme hat wie man selbst?“, lachte sie und fing an, mein Haar zu bürsten.

Bei ihr tat es längst nicht so weh wie bei mir. Sie versuchte es mit mehr Geschick statt wie ich mit brutaler Gewalt, vielleicht war das ihr Geheimnis. Ich war bloß froh, dass meine Haare nun gut gepflegt wurden.

„Ich kann dir zwei schöne Zöpfe links und rechts flechten, wenn du möchtest. So hast du sie früher oft getragen und ich fand, dass dir das immer sehr gut stand“, überlegte Helena und teilte meine Mähne in zwei Hälften.

„Tu, was immer du tun möchtest. Ich bin dir im Moment für jede Hilfe dankbar!“

Ich drehte mich zu ihr um, um ihr einen Luftkuss zuzuwerfen, und lächelte sie dankbar an. Während Helena mir mit der großen Bürste durch die Haare strich, entspannte ich mich ein wenig und konnte den Traum vergessen.

Ich schloss für einen Moment die Augen und kostete das Gefühl der Bürste, die über meine Kopfhaut strich, in vollen Zügen aus. So etwas hatte Helena schon lange nicht mehr bei mir gemacht. Dabei lag die Zeit, in der wir uns gegenseitig Frisuren gemacht und uns darüber amüsiert hatten, noch gar nicht so lange in der Vergangenheit.

Wo ist nur unsere unbeschwerte Kindheit hin, in der wir noch nicht so viel arbeiten mussten?

Ich konnte mich kaum noch daran erinnern, doch während ich darüber nachdachte, fiel mir ein, dass zu der Zeit, wo Helena und ich uns unbeschwert Zöpfe geflochten hatten, unsere Mutter allein für den gesamten Hof verantwortlich gewesen war.

Es waren bisher nur vier oder fünf Winter vergangen, in denen wir alle zusammen den Gemüsegarten und das Gewächshaus aufgebaut hatten. Unsere Anzahl der Kühe im Stall war fünfmal so groß geworden und wir hatten seitdem nie wieder Sorgen, ob wir über den Winter kämen.

Nun, wo wir alle mit anpackten, war es immer noch eine Menge Arbeit, sie konnte jedoch auf viele Hände verteilt werden. Die Arbeit war oft anstrengend, vor allem im Winter, aber wir packten stets alle mit an, denn wir begriffen schnell, dass ohne Arbeit die Hungersnot drohte, wenn nicht gar Schlimmeres.

Wo ich gerade an den Kampf ums Überleben denke …

Ich öffnete meine Augen wieder und stellte fest, dass Helena gerade das zweite Haarband an meinen Zopf band.

„So! Jetzt siehst du richtig toll aus und Jaron wird sich bestimmt freuen, dich so zu sehen."

Helena dirigierte mich zum Spiegel, damit ich ihr Resultat betrachten konnte. Sie war unglaublich gut darin, meine Haare in so ordentliche Stränge zusammenzuflechten. Mit dieser Frisur würde sich Jaron nicht nur freuen, mich zu sehen, er würde fast überschnappen, wenn er mich so zu Gesicht bekam. Diesen Anblick war er von mir gar nicht gewohnt.

„Du bist sehr fingerfertig, kleines Schwesterchen. Danke schön! Sieht richtig klasse aus!"

Ich bedankte mich bei ihr mit einem Kuss auf die Wange.

„Nicht, sonst werde ich noch rot!", lachte sie.

Gemeinsam verließen wir das Badezimmer und bereiteten das Frühstück vor. Da noch keiner wach war, erledigten Helena und ich die Arbeiten im Stall. Es dauerte etwas, aber dann halfen unsere Brüder ebenfalls mit und kümmerten sich um die Felder. Das Weizenfeld war bereits bis zur Hälfte leer und die langen gelben Halme stapelten sich auf einem Haufen. Die Weizenkörner vom Rest zu trennen, war eine mühselige, aber wichtige Arbeit.

Der Vollmond-Markt würde in wenigen Tagen losgehen, aber bis dahin hätten wir genügend Waren zusammen, um es gegen viele andere Dinge eintauschen zu können.

„Die Tomaten schmecken heute besonders gut!", lobte Killian die heutige Ausbeute am Frühstückstisch.

„Ich finde, die Gurken sind auch nicht schlecht. Dafür könnten wir viel verlangen auf dem Markt", pflichtete Ramon bei und überschlug im Kopf die Tauschangebote.

Ich hörte ihnen nicht weiter zu, sondern fixierte unsere Mutter, die auf Killians weitere Bemerkung lächelnd nickte. Sie sah unbeschwert aus, wie ein Kind, das sich keine Gedanken über den bevorstehenden Tag machen musste. Vermutlich stimmte das sogar, denn Killian und Ramon waren wie ein Fels in der Brandung. Sie waren die Ernährer dieser Familie geworden und gaben einem das Gefühl, versorgt und behütet zu sein.

Mama war genauso schlank wie Helena und ich, doch sie hatte nicht so langes und dichtes Haar wie wir. Ihre Augen waren hellblau wie Eis. Manchmal konnte sie einen ansehen und man hatte das Gefühl, sie blicke einem direkt in die Seele. Ich konnte mir nur zu gut ihre Körperspannung vorstellen, wenn sie einen Bogen spannen wollte.

„Wäre das für dich in Ordnung, Carolin?“, riss mich Killian aus meinen Gedanken und sah mich erwartungsvoll an.

Ich starrte ihn an, als hätte er mich beim Stehlen ertappt, und wusste nichts darauf zu antworten.

„Wie bitte? Was hast du gesagt?“, fragte ich ihn verwirrt.

„Ich hatte dich gefragt, ob du damit einverstanden wärest, sobald der Vollmond-Markt anfängt, unseren Stand mit Helena zusammen aufzubauen, damit wir Übrigen überlegen können, was wir alles zum Tauschen anbieten werden“, wiederholte Killian.

„Ja klar! Das ist gar kein Problem, oder Helena? Wir schaffen das schon“, versprach ich ihm.

Das Letzte, worauf ich mich jetzt konzentrieren konnte, war der Vollmond-Markt. Ich musste Abendsonne noch so viele Dinge fragen und hoffte, endlich aufstehen und mit den anderen in den Wald gehen zu können.

„Ich denke, dass wir bei diesem Markt sehr gut tauschen werden. Unser Gemüse ist schließlich für viele andere ebenso heiß begehrt wie deren Waren für uns. Außerdem haben wir jede Menge Mais und Weizen. Eier werden wir zwar nur wenige zusammenbekommen, aber besser als nichts“, überlegte Killian laut.

„Habt ihr euch schon überlegt, welche Waren ihr genau gegen unsere Vorräte eintauschen wollt? Ich würde den ein oder anderen großen Fisch nehmen und Lederware ist auch nie verkehrt. Wie sieht es mit Stoffen und anderen Haushaltswaren aus?“, fragte ich Killian, da dieser, wie mir schien, diesbezüglich am besten im Bilde war.

„Fisch wäre wirklich nicht verkehrt. Was Stoff- und Lederwaren betrifft, ist es im Moment so, dass wir sie höchstens für neue zusätzliche Kleidung benötigen würden. Aber wenn ihr alle der Meinung seid, dass ihr dieses Mal darauf verzichten könnt, würde ich vorschlagen, stattdessen Werkzeuge jeglicher Art einzutauschen, denn in der Hinsicht sind wir nach wie vor schlecht ausgerüstet.

Des Weiteren benötigen wir neue Bürsten jeder Art. Zum Putzen der Tiere und Pflegen von anderen Dingen. Ich werde auch noch mal nachsehen, wie viele Fässer Lampenöl wir haben. Eventuell sollten wir davon auch noch ein oder zwei Fässer eintauschen", überlegte er.

„Das ist eine gute Idee. Kleidung könnten wir zwar schon gebrauchen, aber das Werkzeug, das Öl und die Bürsten haben natürlich Vorrang", bekräftigte ich und stand vom Tisch auf, um ihn abzuräumen.

Helena und unsere Mutter folgten meinem Beispiel. Ich füllte die Spüle halb mit Brunnenwasser und stellte einen zweiten Topf auf das Feuer.

„Wo ich gerade die Töpfe sehe: Dieser hier hat ein Brandloch unten an der Kante. Der wird nicht mehr lange dicht halten. Wenn wir noch was zum Tauschen haben, sollten wir einen in dieser Größe hier auch noch mit auf die Liste setzen", meinte ich und hielt den großen Suppentopf, in dem unsere Mutter immer die Pilzsuppe kochte, in die Höhe.

„Das lässt sich bestimmt irgendwie einrichten", überlegte Ramon und setzte das Wort „Suppentopf" auf die Liste.

„Des Weiteren benötigen wir wieder ein kleines Tintenfässchen, Schreibfedern und Fett oder Öl für das Werkzeug und allerlei Scharniere, da sie anfangen zu quietschen. Alles andere steht jetzt auf meiner Liste. Die letzte Frage, die sich mir stellt, wäre dann nur noch, wo sich die Bretter für unseren Stand befinden. Liegen sie in der Scheune auf der Dachstube bei den Ballen?“, fragte ich, während ich das erste Frühstücksbrettchen sauber schrubbte und es Mama zum Abtrocknen reichte.

„Ja. Ramon und ich werden gleich in die Scheune gehen und die Bretter aus der Dachstube holen. Ihr könnt euch derweil um die üblichen Arbeiten kümmern. Wenn wir alles für unseren Stand beisammenhaben, helfen wir euch. Ihr könnt das gesamte Gemüse in den Vorratskammern schon etwas vorsortieren und anschließend in diese Körbe packen. Das wird alles auf dem Markt getauscht“, wies Killian uns an und verließ zusammen mit Ramon die Küche, um sich Arbeitssachen anzuziehen.

Als die Küche so weit aufgeräumt war, zogen wir Frauen uns ebenfalls um und gingen hinaus auf den Hof. Die Sonne war gerade erst über den Baumkronen und strahlte schon eine angenehme Wärme aus. Das Gras und die Blätter an den Bäumen waren mit dem letzten Tau bedeckt und verliehen der Luft eine herrliche Frische. Ich ging in den Stall und holte die erste Kuh aus ihrer Box. Die Eimer füllten sich schnell mit Milch und ich war froh, dass es sich um eine gute Ausbeute für den Markt handelte.

Da der Vollmond-Markt kurz bevorstand, wollten wir nicht zum Pferdehof und dort Zeit verschwenden. Wir würden die nächste Zeit viel zu tun haben, genauso wie Jaron und Raphael mit ihrer Familie. Aber viel Arbeit hin oder her, ich würde heute Abend noch in den Wald gehen, ob mit den anderen zusammen oder nicht. Ich musste dringend mit Abendsonne sprechen.

„Carolin? Wenn du möchtest, kannst du, sobald du fertig bist, Jaron diesen kleinen Gemüsekorb und diese Milchkanne geben“, bot Mama mir an und stellte besagte Gegenstände in den Schatten der Stallgasse.

„Danke, das werde ich sofort machen. Ich muss nur noch ein paar Kühe melken, was nicht mehr allzu lange dauern sollte“, antwortete ich und griff bereits nach dem nächsten Eimer.

„Soll ich dir dann beim Tragen helfen oder möchtest du lieber alleine zu Jaron gehen?“, bot mir Helena an, die gerade eine Kuh nach draußen auf die Weide bringen wollte.

„Das wäre sehr lieb von dir! Ich würde zwar beides tragen können, aber dann habe ich auf dem Weg wenigstens Gesellschaft. Und außerdem … “, ich beugte mich zu ihr hinüber, damit kein anderer das, was ich nun sagen würde, belauschen konnte, „ … muss ich dir und Jaron etwas erzählen!“

Helena, die sich verstohlen umsah, kam noch näher und strich der Kuh beruhigend über den Hals.

„Ist denn etwas Schlimmes passiert?“, fragte sie besorgt nach.

Ich beruhigte sie schnell, indem ich sofort den Kopf schüttelte. Sie atmete einmal tief ein und nickte dann.

„Immerhin! Ich helfe dir dann jetzt noch hier bei den Tieren. Ausgemistet habe ich so weit schon und um den Weizen und den Mais kümmert sich Mama. Dann können wir gleich los.“

Ich nickte und war mir plötzlich unsicher, ob ich ihr wirklich sagen sollte, was mich bedrückte.

Zum einen wollte ich mich jemandem aus meiner Familie mitteilen und erklären, was ich im Moment durchmachte. Zum anderen wollte ich Helena aber nicht unnötig beunruhigen. Über den Traum von vergangener Nacht würde ich mit ihr auf jeden Fall nicht reden. Da würde Abendsonne mir mehr helfen können.

Als ich die letzte Boxentür schloss und nach dem Gemüsekorb griff, bemerkte ich auf einmal, welch eine Last auf meinen Schultern lag.

Ich hatte nicht nur die Probleme wie jeder andere Dorfbewohner auch, der für sein Leben vorsorgte und sich Gedanken über den Vollmond-Markt machte, ich hatte zudem das Bedürfnis, unserer Mutter zu helfen, indem wir mit ihr etwas unternahmen, wie momentan das Reiten. Hinzu kam die gesamte Geschichte mit den Drachen. Ich wusste nicht, wo ich da hineingeraten war, aber ich wusste, dass ich in etwas verwickelt war, wo ich nicht so schnell wieder herauskommen würde. Dann hatte ich erfahren müssen, was für eine schreckliche Vergangenheit über unserem eigentlich friedlichen Dorf lag und was das für uns alle bedeutete. Und zu guter Letzt war da noch mein kleines „Problem“, dass sich mein Körper umzustellen schien, und in welche Richtung sich das Ganze weiterentwickeln würde, gefiel mir absolut gar nicht. Aber wem, außer Abendsonne, konnte ich mich anvertrauen? Meine Geschwister hatten genügend eigene Sorgen, jetzt, wo sie von den Drachen erfahren hatten.

Wir durften den Dorfbewohnern nicht von ihnen erzählen, denn wir wussten nicht, ob sie friedlich oder feindlich reagieren würden. Das Risiko war einfach zu hoch. Dabei musste ich an Wilhelm und Hendrik denken. Sie waren ganz gewöhnliche Dorfbewohner, doch ihre Meinungen unterschieden sich wie Feuer und Wasser.

Warum ich die Drachen und alles, was mit ihnen zu tun hatte, nicht einfach vergessen und mein normales Leben wieder aufnehmen konnte, wusste ich nicht. Eigentlich wäre es doch ganz leicht, ihnen den Rücken zu kehren und sie schlichtweg zu vergessen, doch das war es absolut nicht.

Was soll ich nur tun?

Eine einzelne Träne rann mir die Wange bis zu meinem Hals hinunter. Ich versuchte sie hastig wegzuwischen, bevor Helena etwas mitbekäme.

„So, ich bin fertig! Dann lass uns eben zu Jaron hinübergehen“, rief Helena vergnügt und hüpfte aus der Scheune hinaus.

Wenn ich doch nur ein klein wenig unbeschwerter sein könnte wie Helena, dann würde ich mir nicht so sehr den Kopf zerbrechen.

Ich ging zunächst schweigend neben ihr her ins Dorf, doch sie platzte fast vor Neugierde, was ich ihr wohl erzählen wollte.

„Ich weiß ehrlich gesagt gar nicht, wo ich anfangen soll. Das ist schwierig und du würdest mir vermutlich nicht einmal die Hälfte von dem, was ich dir sagen würde, glauben“, gestand ich ihr.

„Du kannst mir alles erzählen! Ich bin doch deine kleine Schwester! Außerdem, was kann schon so unglaubwürdig sein, dass ich dir nicht glauben würde? Immerhin habe ich erst vor Kurzem erfahren, dass es Drachen gibt“, sie dämpfte ihre Stimme, um kein Aufsehen zu erregen, und fuhr fort: „Danach kann mich so schnell nichts mehr schockieren, es sei denn, du verkündest mir gleich, dass du an irgendeiner schrecklichen Krankheit sterben wirst. Das würde ich nun wirklich nicht verkraften!“, erwiderte sie und sah mich leicht besorgt von der Seite an.

„Nein, da kann ich dich beruhigen! Ich denke nicht, dass ich so bald sterben werde“, versprach ich ihr.

„Was ist es dann? Jetzt spann mich nicht so auf die Folter! Du weißt genau, dass ich das ganz schrecklich finde!“

Wir hielten vor der Schenke der Henslins an und sahen uns um. Niemand war in der Nähe, der hätte lauschen können.

„Du weißt doch, dass ich … “

„Guten Morgen, Carolin! Guten Morgen, Helena! Kommt doch herein! Habe ich mich also doch nicht verhört, als ich dachte, ich würde euch vor der Tür reden hören“, strahlte Jaron uns an, einen Wischmobb in der Hand haltend.

Er schwang die Tür weit auf, stützte sich auf dem Mobb ab und grinste über das gesamte Gesicht. Völlig aus der Bahn geworfen, stand ich stocksteif vor der Tür und sah ihn mit schreckgeweiteten Augen an.

„Sorry, habe ich euch etwa erschreckt? Das war keine Absicht!“, beteuerte er und wirkte ehrlich besorgt.

Er lehnte den Mobb an einer Wand an und strich mir über die linke Wange. Vorsichtig beugte er sich vor und küsste mich zaghaft.

„Nein, Jaron, du hast uns nicht erschreckt. Carolin wollte mir nur gerade etwas erzählen und du hast sie durch dein stürmisches Auftreten unterbrochen“, lachte Helena und hielt dabei die Milchkanne hoch.

„Wir haben euch Gemüse und Milch vorbeigebracht. Wir dachten, so kurz vor dem Vollmond-Markt wäre das eine gute Idee“, plapperte Helena weiter, während ich immer noch kein einziges Wort herausbrachte.

„Das ist superlieb von euch! Ich nehme euch das ab und bringe es nach hinten zu meinen Eltern. Und danach … “, er sah mich schelmisch an, „ … kannst du weitererzählen, Liebste!“

Mit einem weiteren, schnellen Kuss nahm er die Kanne und den Korb entgegen und stiefelte nach hinten. Unschlüssig, was wir machen sollten, blieben wir vor der Tür der Schenke stehen. Es dauerte nicht lange und Jaron tauchte wieder auf.

„Also! Erzähl, was du auf dem Herzen hast!“, schlug Jaron vor und deutete auf einen Tisch, der sich nahe der Tür befand.

Helena wollte gerade den Schankraum betreten, da griff ich nach ihrem Arm, um sie zurückzuhalten.

„Nicht hier!“, schüttelte ich den Kopf und sah in die Schenke, wo Magdalena und Ludwig gerade erschienen.

„Guten Morgen, ihr beiden! Vielen lieben Dank für das Gemüse und die Milch! Die können wir gut gebrauchen“, riefen sie uns zu und widmeten sich wieder ihrer Arbeit.

„Guten Morgen! Das freut uns sehr. Wir werden es unserer Mutter ausrichten“, erwiderte Helena und sah mich an.

„Hättest du kurz Zeit, damit wir am See reden könnten?“, fragte ich Jaron und sah ihn eindringlich an.

„Ich denke schon, ich muss nur zu Ende wischen. Wenn das für euch in Ordnung ist, frage ich eben meine Eltern. So kurz vor dem Vollmond-Markt ist hier immer viel zu tun."

Damit machte er auf dem Absatz kehrt und sprach kurz mit seinen Eltern. Er deutete ein paar Mal in unsere Richtung. Wir konnten nicht verstehen, was genau er zu ihnen sagte, aber das Gespräch schien erfolgreich zu verlaufen, denn seine Eltern nickten kurz und winkten uns beiden zu.

„Gut, wir können kurz gehen, aber ich soll dann gleich weiterhelfen", erklärte Jaron und wischte die letzten Bretter.

„Ist verständlich! Wir warten solange draußen!", erwiderte ich und machte mich mit Helena schon mal langsam auf den Weg in Richtung See.

„Du weißt schon, dass du Jaron nichts erzählen musst, wenn du das nicht möchtest, oder? Ich habe nämlich gesehen, wie zurückhaltend du ihm gegenüber warst", begann Helena.

„Ich denke, ich sollte es euch beiden erzählen. Dir möchte ich es erzählen, weil du mich von unserer übrigen Familie am besten verstehen wirst, und Jaron ist zwar mit mir zusammen, aber er steht ein wenig außerhalb des ganzen Geschehens. Ich möchte seine objektive Meinung dazu hören", erklärte ich ihr und kickte einen kleinen Stein weg.

„Es scheint dich ja wirklich sehr zu beschäftigen, wenn du es nicht einmal unserer Mutter erzählen möchtest. Du machst mir gerade schon ein wenig Angst, Carolin!", gestand Helena und griff nach meiner Hand.

Sie drückte sie, um mir mitzuteilen, dass, egal was passieren würde, sie immer an meiner Seite bleiben würde.

Diese kleine Geste rührte mich so sehr, dass ich meine Tränen nicht zurückhalten konnte.

„So, da bin ich! Wir können dann jetzt los.“

Jaron brach abrupt ab, als er mein Gesicht sah.

„Was ist passiert, Carolin? Bist du verletzt? Kann ich dir irgendwie helfen?“, stieß er hervor, ganz der besorgte Freund, weswegen ich ihn so sehr liebte.

Er schloss mich in seine Arme und streichelte mir beruhigend über den Rücken. Er küsste meine Haare und versuchte mich mit einem leichten Wiegen in seinen starken Armen zu beruhigen.

„Danke! Es geht schon wieder. Lasst uns zum See gehen, dann sind wir ungestörter“, schlug ich vor und schälte mich aus Jarons Umarmung.

Ich griff nach seiner Hand und Helena hakte sich auf der anderen Seite bei mir unter. Zu dritt gingen wir den Weg zum Rulkorsee entlang, ohne ein einziges Wort zu sprechen.

Am See angekommen, setzte ich mich an den Steg und sah auf das Wasser hinab. Die anderen folgten meinem Beispiel. Keiner von ihnen sagte ein Wort und ich wusste, dass ich anfangen musste.

„Also, Helena, du weißt doch, dass ich die letzten Nächte so schlecht geschlafen habe, oder?“, fing ich an und sah dabei Helena an.

Sie nickte nur, wagte aber nicht, etwas zu sagen, damit ich weitererzählen würde.

„Ich kann seit einigen Nächten nicht mehr durchschlafen und werde schon weit vor dem Morgengrauen wach. Ich wusste nicht, woran dies lag, daher bin ich eines Nachts, als wir bei dir übernachteten, Jaron, hier zum See gelaufen. Dort unterhielt ich mich mit Abendsonne. Sie sagte mir, sie wisse, was mit mir los sei."

Ich versuchte, das Gespräch mit Abendsonne so wortgetreu wie möglich wiederzugeben, so wie ich mich eben noch daran erinnern konnte. Während der ganzen Zeit sprachen weder Jaron noch Helena ein einziges Wort. Sie hörten mir nur gebannt zu, wofür ich ihnen sehr dankbar war. Als ich mir sicher war, dass ich alles erzählt hatte, schwieg ich und wartete auf ihre Reaktionen.

„Heißt das, dass du Kriege führen musst? Gegen uns Menschen?", war alles, was Helena herausbrachte.

„Um ehrlich zu sein, weiß ich im Moment gar nichts mehr", gab ich zu und zuckte niedergeschlagen mit den Schultern.

„Und was hat das mit dieser Dramârin auf sich? Was genau bedeutet das für dich und für uns?", fragte Jaron und betrachtete mich eingehend.

„Ich habe absolut keine Ahnung!"

Ich war einem Nervenzusammenbruch nahe. Es tat unsagbar gut, sich Helena und Jaron endlich anzuvertrauen, aber was ich jetzt tun sollte, wussten auch sie nicht.

„Also, ich sehe das so: Egal, was angeblich deine Bestimmung oder so etwas in der Art sein soll, bist du immer noch du selbst. Du wirst immer deine eigenen Entscheidungen treffen können, denk immer daran! Keiner hat eine dermaßen große Macht über dich, um dich gegen deinen Willen zu irgendetwas zu zwingen. Kann sein, dass eine Dramârin früher bestimmte Aufgaben zu erledigen hatte, aber das haben wir, hier und jetzt, doch schließlich auch. Und jede Tätigkeit lässt sich variieren oder ausgestalten. Lass dir nicht etwas einreden, wohinter du nicht stehst!“, versuchte Jaron mich aufzubauen.

Tatsächlich beruhigten mich seine Worte sehr und ich konnte dadurch wesentlich entspannter in die Zukunft blicken. Ich wusste, dass er recht hatte. Ich nahm mir vor, meine persönliche Meinung und meine eigenen Interessen zu vertreten und nicht etwas zu sein, was ich nicht war.

Jaron und Helena sahen mich mitfühlend an.

„Jaron hat recht, Carolin. Ich hätte es nicht besser sagen können. Du bist dein eigener Herr, egal, was in der Vergangenheit mal gewesen sein soll. Und du weißt, du kannst uns immer sagen, wenn dich etwas bedrückt. Meistens siehst du die Zukunft viel düsterer, als sie eigentlich ist. Außerdem ist nichts in Stein gemeißelt“, bekräftigte Helena Jarons Worte und strich mir über den Rücken.

Ich lächelte beiden zu. Ich war unendlich dankbar, dass sie offensichtlich immer die richtigen Worte fanden, um mich aufzumuntern.

„Wir werden schon herausfinden, was angeblich deine Aufgaben sein sollen, und bis dahin versuch dir nicht allzu viele Sorgen zu machen. Egal was auf dich zukommen wird, wir gehen das gemeinsam an!“, versprach Jaron und drückte meine Hand.

Ich nickte zuversichtlich und bedankte mich bei beiden. Dann umarmte ich sie nacheinander und wir standen schließlich auf.

„Ich denke, es wird am besten sein, wenn wir uns jetzt auf den Vollmond-Markt konzentrieren und erst einmal so weitermachen wie bisher. Und denk an deine Familie, die braucht dich jetzt dringend“, versuchte Jaron vorsichtig das Thema zu wechseln. „Und selbst wenn du dich in eine hübsche Elfe mit erstaunlichen Fähigkeiten verwandeln solltest, werde ich immer an deiner Seite bleiben, genau wie deine Familie!“, versicherte er mir und gab mir einen zärtlichen Kuss.

„Da hat Jaron recht, Carolin. Wir werden immer für dich da sein. Aber im Moment liegt wirklich viel Wichtiges an. Wie wäre es, wenn wir, sobald der Markt vorüber ist, mit dir zusammen in den Wald gehen und nach Antworten fragen?“, schlug Helena vor und strich mir über den Arm.

Ihre Hand fühlte sich, im Vergleich zu meinem Arm, unglaublich warm an. Ich nickte beklommen und sah ihr in die Augen. Sie hatten recht, dass wusste ich. Während alle anderen sich Gedanken über alltägliche Dinge in ihrem normalen Leben machten, grübelte ich über etwas nach, was ich nicht verstehen konnte.

Was soll mir schon Schlimmes bevorstehen? Ich werde noch genügend Zeit haben, alles zu hinterfragen und zu verstehen, wenn der Markt vorbei ist.

Und dann, so nahm ich mir vor, wollte ich wissen, welchen Platz ich in diesem Leben hatte.

14. Kapitel

„Helena, aufstehen! Wir müssen heute den Stand für den Markt aufbauen. Vielleicht können wir danach doch noch zu den Drachen, bevor es mit dem Vollmond-Markt so richtig losgeht.“

„Ja, Carolin, ich bin ja schon wach. Nur keine Hektik am frühen Morgen, bitte!“, maulte sie und schälte sich aus ihrer warmen Decke.

„Nun komm schon, Helena! Lass uns schnell frühstücken, den Stand aufbauen und dann in den Wald gehen. Oder möchtest du nicht mit?“, fragte ich sie etwas enttäuscht.

„Nein, lieber nicht! Dass du gehen wirst, ist schon schlimm genug. Außerdem dachte ich, dass wir uns die Tage am See darauf geeinigt hätten, dass du dir darüber erst einmal keine Gedanken mehr machen wirst“, entgegnete Helena und zog sich derweil an.

„Das hatte ich auch nicht vor, aber ich habe, seitdem ich heute Nacht aufgestanden bin, den unüberwindbaren Drang, heute Abendsonne zu besuchen. Das muss wohl eine dieser Veränderungen sein, die ich im Moment durchmache. Ich verstehe mich selbst kaum noch“, entschuldigte ich mich bei ihr und dirigierte sie ins Badezimmer.

Ich wusste wirklich nicht, ob ich wegen der Drachen so aufgeregt war oder ob ich einfach nur froh war, dass der Vollmond-Markt endlich losgehen würde.

„Carolin, hast du daran gedacht, dass wir nicht nur den Stand aufbauen, sondern auch noch die letzten Waren zusammentragen müssen, bevor du in den Wald gehen kannst? Oder hast du schon wieder mitten in der Nacht gearbeitet? Wie sollen wir das eigentlich unserer Mutter erklären? ‚Du, Mama, Carolin kann heute nicht lange am Stand bleiben, denn sie verspürt den unbändigen Drang, in den Wald zu gehen.' Oder wie möchtest du ihr das mitteilen?", fragte sie mich, während sie ihre Haare bürstete.

„Ich möchte doch gar nicht lange bleiben. Nur kurz in den Wald, und ehe jemand merkt, dass ich fehle, wäre ich wieder hier."

„Musst du dann überhaupt in den Wald gehen?", fragte sie und sah mich an.

Ich wusste, was dieser Blick zu bedeuten hatte. Sie fand die Idee mehr als bescheuert, war aber zu lieb, um es mir direkt ins Gesicht zu sagen. Ich zuckte mit den Schultern und erwiderte nichts darauf.

Wir trotteten zusammen in die Küche. Killian und Ramon waren noch nicht wach, aber Mama hatte schon das Frühstück auf dem Tisch stehen.

„Guten Morgen, Mama", begrüßten Helena und ich sie und gaben ihr beide einen Kuss auf ihre leicht rosafarbenen Wangen.

„Guten Morgen, ihr Lieben!", lächelte sie und reichte uns das Brot, als wir uns setzten.

„Ich bin sehr gespannt, wie der Markt heute so wird und wie viele Leute dieses Mal in unser Dorf kommen. Beim letzten Mal dachte ich schon, wir hätten gar keinen Platz für alle. Zum Glück haben die Dorfbewohner angefangen den Wald abzuholzen, dadurch bieten sich viele Ausweichmöglichkeiten, sollte es doch zu eng werden“, überlegte Mama zwischen zwei Bissen.

Peng! Da waren sie wieder, meine Sorgen! Das Dorf holzte willkürlich Waldbestand ab und ich konnte nur zusehen, wie der Lebensraum der Drachen immer kleiner wurde. Die Zeit drängte mehr denn je.

„Carolin, ist dir nicht gut? Du siehst so blass aus! Vielleicht sollte ich Helena lieber begleiten und du ruhst dich einen Moment lang aus?“, bot meine Mutter an und tastete meine Stirn ab.

Sie zog die Stirn in Falten, als sie meine viel zu kalte Körpertemperatur feststellte, zumindest für normale Menschen. Für mich hingegen war diese Kühle völlig normal, aber das konnte ich ihr schlecht mitteilen.

„Nein, Mama. Das ist kein Problem, Helena und ich bekommen das schon hin, nicht wahr, Helena?“, fragte ich und diese antwortete mit einem Nicken.

„Carolin ist nur aufgeregt wegen des Vollmond-Marktes. Es ist ja auch jedes Mal immer wieder aufregend, oder?“, lenkte Helena Mama ab, damit sie nicht die Gelegenheit bekam, weiter über meine zu kalte Stirn nachzudenken.

„Vermutlich habt ihr recht. Sind die Jungs denn immer noch nicht auf? Hab ich’s doch gewusst, sie waren gestern zu lange wach, um die letzten Warenbestände zu protokollieren. Wenn sie einmal dabei sind, sind sie nicht mehr zu bremsen!“, lachte Mama und schüttelte den Kopf.

„Wir bekommen die beiden schon wach, keine Sorge, Mama!“, versprach ich ihr und erhob mich vom Tisch.

Helena folgte mir, ein spitzbübisches Grinsen im Gesicht. Wir schlichen den Gang entlang. Helena öffnete vorsichtig die Tür von Killians Zimmer und bedeutete mir, das Gleiche bei Ramon zu machen. Ganz vorsichtig schlich ich mich an Ramons Bett und beugte mich über ihn.

„Guten Morgen. Möchtest du gar nicht aufstehen? Heute beginnt der Vollmond-Markt. Den möchtest du doch nicht verpassen, oder?“, flüsterte ich Ramon ins Ohr und strich ihm mit dem Handrücken über die Wange.

„Lass mich noch etwas schlafen, Mama“, flehte Ramon und schubste meine Hand weg.

„Ich bin nicht Mama“, korrigierte ich ihn und gab ihm einen dicken Kuss auf die rechte Wange.

„Lass das, bitte!“, murrte Ramon und drehte sich weg, ohne die Augen zu öffnen.

„Na, komm schon. Steh auf!“

Ich kitzelte ihn mit meinen Haaren im Gesicht.

„He, was soll das? Carolin?“

Ramon setzte sich augenblicklich auf.

„Hast du gerade von hübschen Frauen geträumt, als ich dich gestört habe?“, lachte ich vergnügt und schlug die Hände zusammen.

„Nein, natürlich nicht. Na warte, dafür wirst du büßen, das schwöre ich!“

„Du bist so süß, wenn du sauer bist“, ärgerte ich ihn weiter.

„Ich würde gerne wissen, wie du reagieren würdest, wenn ich das bei dir machen würde“, entgegnete er und stieg aus dem Bett.

Nebenan hörte ich einen ebenso muffeligen Killian wach werden und eine gackernde Helena verließ sein Schlafzimmer.

„Das haben wir gut hinbekommen!“, freute sie sich und schlug mit mir ein.

„Lass uns jetzt zusehen, dass wir uns die Bretter für den Stand schnappen und damit ins Dorf gehen. Wir hatten beim letzten Mal schon Probleme, noch einen Platz zu finden!“, meinte Helena und zog mich an einem Arm hinter sich her und aus dem Haus hinaus.

„Wenn ihr noch einmal in den See geworfen werden wollt, dann macht nur so weiter!“, rief Killian uns hinterher, konnte sich aber ein Lachen nicht verkneifen.

In der Scheune schnappten wir uns so viele Bretter, wie wir tragen konnten. Im Dorf herrschte bereits ein reges Treiben. Es standen noch nicht viele Stände, daher konnte ich Jaron mit seinen Eltern schnell ausmachen, die ihren Stand wie immer an der gleichen Stelle aufgebaut hatten. Er befand sich nicht weit von ihrem Schankraum entfernt.

„Seid ihr auch endlich mal wach? Das ganze Dorf ist schon längst auf den Beinen!“, begrüßte uns Jaron und nahm uns die Bretter ab.

„Ich wünsche dir auch einen schönen, guten Morgen, Schatz!“, erwiderte ich und gab ihm einen Kuss.

„Soll ich euch mit eurem Stand helfen? Wir sind so weit fertig“, bot er dankenswerterweise an und Helena und ich schlugen sein Angebot nicht aus.

„Ich befürchte nur, dass die Beine vom Tisch fehlen, aber das sollte auch schon alles sein. Ich gehe sie eben holen und bin gleich wieder da!“, sagte Helena und rannte zur Scheune zurück.

„Was habt ihr zum Tauschen? Sind eure Früchte schon reif genug gewesen?“, fragte ich Jaron, als Helena weg war.

„Noch nicht sehr viele. Die meisten werden erst richtig reif, wenn es wieder kälter wird. Aber ich denke trotzdem, dass wir gute Ware zum Tauschen haben“, antwortete Jaron.

Er deutete auf die vielen Körbe, die sich bereits auf der Tischplatte ihres Standes befanden. Jarons Familie besaß viele verschiedene Obstbäume, aber sie hielten ebenso viele Schafe, deren Wolle sie eintauschen konnten.

Es hatte sich die letzten Male bewährt, unsere Stände nebeneinander aufzustellen, denn wer Gemüse tauschen wollte, würde sicherlich ebenso Obst haben wollen. Zumindest bisher hatten wir immer recht behalten.

Außerdem hätte ich einen schlimmeren Standnachbarn als meinen Freund mit seiner Familie haben können, fand ich.

„Sobald wir diesen Stand aufgebaut haben, werde ich kurz in den Wald gehen“, teilte ich Jaron mit.

„Du siehst aber schon, was hier gerade los ist, oder? Kannst du da so einfach weg?“, hakte er nach und runzelte die Stirn.

„Ich weiß, aber ich muss in den Wald. Ich kann es dir nicht erklären. Könntest du mir einen Gefallen tun, also für den Fall, dass jemand nach mir fragen sollte, meine ich?“, ich klimperte mit den Augen.

„Nun sag schon, was verlangt meine Liebste von mir?“,* erwiderte er und verdrehte kurz die Augen.

„Sag ihnen einfach, dass ich mir kurz den Markt ansehen wollte, aber sofort wieder da sein würde, ja? Ich werde auch nicht lange wegbleiben, versprochen!“

„Ich denke, das sollte ich hinbekommen!“, scherzte er und half mir den Stand so weit aufzubauen, wie es ohne Tischbeine ging.

„Hier sind sie! Ich habe mich tierisch beeilt!“, keuchte Helena und reichte uns die Beine.

Schnell war der Stand fertig aufgebaut, es fehlten nur noch unsere Waren. Ich warf Jaron einen kurzen Blick zu und dieser erwiderte mit einer Kopfbewegung, dass ich gehen und schnell wiederkommen sollte. Dankbar drückte ich ihm kurz die Hand, dann war ich auch schon in Richtung Wald unterwegs.

Während ich rannte, überlegte ich mir, was ich wohl sagen könnte, da ich nicht viel Zeit hatte.

Was waren die dringendsten Fragen?

Ich wollte wissen, wie lange sie noch in diesen Wäldern bleiben konnten und was sich für mich ändern würde, wenn sie gingen. Für meinen Traum der vergangenen Nächte hätte ich keine Zeit mehr.

„Wenn das nicht meine Kleine ist!“

Ich mochte den Klang ihrer Stimme in meinem Kopf und suchte bereits den Wald nach ihr ab.

„Wo bist du, meine Hübsche? Ich würde dich gerne ein paar Dinge fragen, aber ich habe nicht viel Zeit!“

„Und ich muss dir dringend etwas zeigen!“

„Denkst du, dass ich dafür Zeit habe?“

„Dafür ist immer Zeit. Wenn du die nächste Linksbiegung erreichst, geh einfach weiter geradeaus, dann bist du gleich bei uns.“

Ich konnte nur den Kopf schütteln, tat aber wie geheißen. Der Waldboden war mit vielen Blättern bedeckt, die unter meinen Schuhsohlen laut raschelten. Es dauerte nicht lange und ich erreichte eine kleine Lichtung, in der sich sämtliche Drachen zusammengefunden hatten.

„Hallo, meine Kleine! Da scheint ja ordentlich was los zu sein, in eurem Dorf!“, begrüßte mich Abendsonne und streckte mir ihren Kopf entgegen.

Ich sah mich um und zählte schnell nach. Es befanden sich 14 Drachen auf dieser Lichtung.

„Wir bereiten uns gerade auf den Vollmond-Markt vor. Seid ihr die letzten Drachen?“, wechselte ich das Thema und betrachtete die wunderschönen Geschöpfe.

„Ja, bis vor wenigen Tagen waren wir noch doppelt so viele, aber die anderen haben diese Wälder bereits verlassen. Wir werden ihnen bald folgen, aber noch können wir nicht“, erklärte sie.

„Deswegen wollte ich unter anderem mit dir sprechen; was glaubst du, wie viel Zeit euch noch bleiben wird?“

„Nun, wir werden auf jeden Fall noch ein paar Tage hierbleiben müssen, weil – deswegen wollte ich mit dir sprechen – ich wohl bald Mutter werde!“, strahlte Abendsonne und wippte mit ihrem großen Kopf auf und ab.

„Du wirst Mutter? Das freut mich für dich!“

Ich freute mich tatsächlich für sie, denn das waren ausgesprochen gute Neuigkeiten, von denen es leider in letzter Zeit zu wenige gab.

„Wer wird denn dann stolzer Papa?“, wollte ich wissen und sah einen Drachen nach dem anderen an.

„Esark!“, antwortete Abendsonne und schnappte liebevoll nach seinem Ohr.

„Herzlichen Glückwunsch, Esark!“

Ich konnte den Namen kaum aussprechen, was sehr wahrschcinlich daran lag, dass es sich um einen Drachennamen handelte, der von Drachen ausgesprochen werden musste, denn als Abendsonne ihn aussprach, klang es um einiges besser als bei mir.

„An die Aussprache der Namen wirst du dich noch gewöhnen. Mein Name ist jedoch deutlich einfacher auszusprechen als seiner!“, erklärte Abendsonne mir.

Erst in diesem Moment fiel mir auf, dass ich ihr zwar den Namen Abendsonne gegeben hatte, sie aber natürlich vorher schon einen Namen besessen haben musste. Zu jenem Zeitpunkt hatte ich jedoch nicht gewusst, dass Drachen tatsächlich Namen trugen, geschweige denn, dass sie mit anderen Lebewesen kommunizieren konnten.

Abendsonne musste meine Gedanken gelesen haben, denn sie beschwichtigte sogleich: „Das ist doch gar nicht schlimm! Ich finde den Namen ‚Abendsonne‘ sehr schön. Das passt außerordentlich gut zu mir, finde ich!“, überlegte sie und stupste mich freundschaftlich mit ihrer Schnauze an.

„Wie lautet denn dein richtiger Name?“, wollte ich dennoch wissen.

„F'inn Gartho wehl, oder kurz: Fingawe!“, antwortete sie voller Inbrunst.

„Bedeutet er etwas Bestimmtes oder warum bist du so stolz auf diesen Namen?“, fragte ich und ein Grinsen breitete sich auf meinem Gesicht aus.

„F'inn Gartho wehl bedeutet so viel wie ‚Die, die Hoffnung bringt‘. Und Esark, oder besser E'or sarre Rulkor, lautet übersetzt ‚Der stille Tod‘. Unsere Namen haben alle eine Bedeutung, denn ohne sie wären wir nicht die, die wir sind. Durch unsere Namen wird uns eine große Verantwortung übertragen.

Ihr Menschen gebt eurem Nachwuchs oftmals irgendeinen Namen, ohne euch Gedanken über dessen Bedeutung zu machen. Aber wir Drachen wissen, wann die Zeit reif ist, einen Namen zu tragen. Ein neugeborenes Drachenjunges besitzt zunächst keinen Namen. Erst wenn es weiß, wer es ist und wo sein Platz im Leben ist, manifestiert sich sein Name", erklärte Abendsonne.

Esark leckte ihr über das Gesicht und knurrte leise.

„Das heißt also, dass eure Namen mit eurem Charakter zu tun haben?", versuchte ich mir das Gesagte zu erklären.

„Ich bevorzuge die Formulierung, dass unsere Namen unsere Bestimmung festlegen", korrigierte Esark mich und sah mich dabei an.

„Dann möchte ich nicht wissen, warum du so heißt, wie du heißt!", lachte ich ein wenig ängstlich.

„Das erkläre ich dir, wenn du mehr Zeit hast!", versprach Abendsonne. „Hast du denn sonst noch Fragen an uns?"

„Jede Menge, aber ich fürchte, mir fehlt momentan die Zeit dazu. Ich muss nämlich zurück. Die anderen werden sich vermutlich schon fragen, wo ich bleibe. In wenigen Tagen ist der Markt vorbei, dann werde ich wiederkommen!", versprach ich und strich ihr liebevoll über ihre Nüstern.

„Wenn du so lange alleine bleiben kannst!"

Ich hatte mich schon halb umgewandt, um zum Dorf zurückzugehen, hielt jedoch mitten in der Bewegung inne und sah sie an. Abendsonne, oder besser gesagt Fingawe, rieb ihren Kopf an Esarks Schulter und nichts ließ darauf schließen, dass sie etwas geäußert haben könnte. Verwirrt schüttelte ich den Kopf und machte mich auf den Weg zurück.

Den gesamten Rückweg überlegte ich, wo ich da nur hineingestolpert war. Diese Geschichte wurde immer komplizierter, dabei war allein die Tatsache, dass sich Drachen seit ewigen Wintern in diesen Wäldern aufhielten, eine Besonderheit für sich.

Fingawe hatte mir bisher recht viel über die Vergangenheit erzählt, doch längst nicht genug. Ich konnte mir einen Krieg in dieser Gegend schlechtweg nicht vorstellen, wo doch nichts auf eine derartige Brutalität hinzudeuten schien.

Doch was wäre, wenn Fingawe recht hatte? Ihre Version der Geschichte unterschied sich gar nicht mal sehr von der, die Wilhelm mir erzählt hatte. Fingawe hatte sie zwar mehr ausgeschmückt als Wilhelm, aber die Kernaussage war bei beiden Geschichten identisch.

Wenn ich schon nicht mit Fingawe reden kann, vielleicht sollte ich mich dann mit Wilhelm zusammensetzen? Wird er mir die Antworten auf meine Fragen geben können?

Ich wusste, dass ich, jetzt wo der Vollmond-Markt anfing, keine weitere Gelegenheit bekommen würde, in den Wald zu gehen, außer bei Nacht, wenn ich mich aus dem Haus schlich. Doch ich wollte nicht bis zur nächsten Nacht warten. Meine Neugierde musste, zumindest was die Veränderungen an mir selbst betrafen, gestillt werden.

Wo ist mein Platz in dieser Welt?

Es war noch gar nicht so lange her, da hätte ich geantwortet, dass ich Jaron zum Mann nehmen, kleine süße Kinder in die Welt setzen und einen eigenen Hof führen würde. Mein Leben schien, wie so viele andere, einen ganz gewöhnlichen Verlauf zu nehmen: Familie, Haus und Hof, eine gesicherte Zukunft, wo der Nachwuchs sicher und geborgen hätte aufwachsen können. Das Gleiche würde auf meine Geschwister zutreffen.

Nun war jedoch mit einem Schlag alles anders – oder machte ich mir da etwas vor?

Was würde sich für mich persönlich ändern, wenn die Drachen davonflögen? Wären sie vor wenigen Tagen mit den anderen aufgebrochen, hätte ich beim nächsten Morgengrauen als ganz normaler Mensch aufstehen können, nur mit der Erinnerung, dass es sie gab.

Vielleicht war ich einfach zur falschen Zeit am falschen Ort gewesen, als ich Fingawe begegnet war. Vielleicht wollte sie gar nicht mich, sondern eine andere Frau auserwählen. Warum auch sollte jemand einen Menschen wie *mich* auserwählen? Ich war weder eine Kämpferin noch wusste ich, wie man Frieden schließen sollte zwischen Kulturen, die geschworen hatten, sich bis auf den Tod zu bekämpfen. Was sollte da ein kleines Mädchen wie ich schon dagegen ausrichten können?

Wie verhält sich eine Dramârin?

Eines wusste ich jedenfalls: Sie ging auf gar keinen Fall auf Menschen zu, um sich ihnen zu offenbaren, ohne vorher zu wissen, ob es sich bei dem Gegenüber um einen Freund oder um einen Feind handelte.

Wie sollte ich mich überhaupt auf solch eine Art Auseinandersetzung vorbereiten? Was für eine Waffe könnte ich schon führen, außer einem Auskratzer für Hufe?

Wer bin ich?

Ich schaute zu den Baumkronen hinauf und hielt kurz inne, um die Augen zu schließen und den Duft des Waldes tief in mich aufzusaugen. Doch etwas stimmte nicht. Die Atmosphäre des Waldes schien sich plötzlich zu verändern. Viele Vögel verstummten oder flogen tiefer in den Wald hinein.

Instinktiv hockte ich mich an einen dichten Busch und sah mich um. Meine rechte Hand hielt ich auf dem warmen Waldboden, die andere ruhte auf meinem Oberschenkel. So verharrte ich einige Augenblicke, ohne den kleinsten Laut von mir zu geben. Meine Atmung verlangsamte sich; das Einzige, was ruhelos blieb, waren meine Augen, die den Wald systematisch absuchten.

Es wurde jetzt vollkommen still im Wald. Aber dann spürte ich etwas. Ich bemerkte eine leichte Vibration an meiner rechten Hand. Verwundert blickte ich auf sie hinab. Doch noch bevor ich mich fragen konnte, worum es sich dabei handeln könnte, drangen Stimmen und Gelächter zu mir herüber.

Verblüfft hob ich wieder meinen Blick und entdeckte, wie in einiger Entfernung ein Planwagen hinter einem bewachsenen Hügel auftauchte. Er wurde von zwei riesigen braunen Zugpferden gezogen. Auf dem Planwagen selbst saßen zwei junge Männer und unterhielten sich, während sie die Pferde mit einer Peitsche weitertrieben. Diesem Planwagen folgten weitere, und da wurde mir klar, worum es sich bei dieser Karawane handeln musste; dies mussten die Bewohner der entlegeneren Dörfer sein, die zum Vollmond-Markt in unser Dorf kamen.

Erleichtert über diese Erkenntnis, stand ich auf und rannte zum Dorf zurück, vorbei an dem friedlichen See.

Noch bevor ich das Dorf erreicht hatte, wusste ich, dass dort Hochbetrieb herrschte. Laute Rufe kamen mir entgegen und jeder einzelne Dorfbewohner, selbst die Kinder, die kaum ein halbes Dutzend Mondphasen gesehen hatten, schienen auf dem Platz zu sein. Unsere Späher mussten die Neuankömmlinge bereits gesichtet und im Dorf angekündigt haben, denn Einzelne fingen an, aufgeregt auf den Wald zu deuten.

Ich konnte meine Familie erkennen, wie sie versuchten, von ihren Ständen aus einen Blick erhaschen zu können. Helena, die Kleinste neben mir, reckte sich so hoch, wie sie konnte, war aber dennoch zu klein, um über die geballte Masse hinweg etwas sehen zu können.

Vorsichtig schlich ich mich von hinten an Jaron heran und flüsterte ihm ins Ohr: „Jedes Mal ein tolles Erlebnis, nicht wahr?“

Ich wieherte los, als ich beobachtete, wie Jaron zusammenzuckte und sich mit schreckgeweiteten Augen zu mir herumdrehte.

Ich stellte mich auf die Zehenspitzen und schlang meine Arme um ihn. Meinen Kopf legte ich an seinen Hals und küsste seine straffen Halsmuskeln, die sich jetzt ein wenig lockerten.

„Wie konntest du mich so erschrecken?“, rief er entrüstet und hielt mich auf Armeslänge von sich.

Ich spürte den hektischen Pulsschlag seiner Hände, die sich in meine Oberarme festkrallten.

„Ich hab mich noch nicht mal angeschlichen. Du warst nur viel zu sehr in dieses Geschehen vertieft!“, erklärte ich lachend und wedelte mit einer Hand in Richtung Wald, wo bereits die ersten Planwagen unser Dorf erreicht hatten.

„Mach das nicht noch einmal, es sei denn, du möchtest, dass ich dich übers Knie lege, wie man das mit kleinen, unartigen Kindern macht!“, drohte er mir, doch sein spitzbübisches Lächeln verlieh dem Ganzen etwas Sanftes.

Ich lächelte ihm zu, als er mich an sich zog und seine Hände meinen Rücken hinunterwanderten. Meine Arme lagen um seinen Hals und ich küsste ihn auf die Wange. Ich konnte spüren, wie er tief Atem holte und wie seine Umarmung fester wurde.

„Es ist einfach mega aufregend! Meint ihr, wir sollten zu ihnen gehen und ihnen beim Aufbauen ihrer Stände helfen?“, fragte Helena in die Runde, bekam jedoch keine Antwort, da alle wie gebannt dem Spektakel folgten.

„Ich wüsste in der Zeit etwas viel Schöneres anzufangen!“, raunte mir Jaron ins Ohr und ließ seine Hände weiter hinabgleiten.

Er zog scharf die Luft hinter meinem Ohr ein und wurde plötzlich am ganzen Körper steif, als seine Hände unter mein Oberteil glitten und über meine nackte Haut strichen.

Ich zitterte ein wenig und genoss seine provokanten Berührungen. Ich war noch nie von einem Jungen oder einem jungen Mann auf diese Art angefasst worden. Natürlich gab es schon ein paar Jungs, mit denen ich früher Händchen haltend durch das Dorf gezogen war. Küsse wurden jedoch selten gegeben und wenn, so waren sie um einiges keuscher, als ich es derzeit von Jaron gewohnt war.

Ich öffnete meine Augen und stellte erleichtert fest, dass wir ein wenig abseitsstanden, um die Aufmerksamkeit der anderen nicht zu erregen. Die Neuankömmlinge waren anscheinend durchaus interessanter als wir. Ich öffnete leicht meinen Mund und seufzte leise an Jarons Schulter.

„Unsere Hilfe wird bestimmt gleich vonnöten sein, Jaron! Was sollen die Wanderer aus den anderen Dörfern von uns denken, wenn wir nicht die Finger voneinander lassen können?“, keuchte ich.

„Dass wir frisch verliebt sind, natürlich! Außerdem muss ich doch ein klein wenig mit dir angeben. Wer kann von den jungen Männern hier im Dorf schon behaupten, eine so wunderschöne und ebenso intelligente Freundin zu haben?“

Nur am Rande bekam ich mit, dass wir uns irgendwohin bewegten, und war erstaunt, plötzlich eine Wand in meinem Rücken zu spüren. Ich öffnete die Augen und sah mich um. Jaron hatte uns um die nächste Ecke des Hauses laviert, sodass wir jetzt von der Allgemeinheit abgeschieden waren.

„Jaron, du bist verrückt! Lass uns zurückgehen!“

„Warum möchtest du denn zurückgehen, wenn du mich hier und jetzt ganz alleine für dich haben könntest?“, neckte er mich und zog eines meiner Ohrläppchen in seinen Mund.

Zaghaft saugte er daran. Seine Hände kamen aus meinem Oberteil wieder hervor und fuhren an meinen Armen entlang. Er umfasste meine Handgelenke, die hinter seinem Kopf verschränkt gewesen waren, und drückte meine Arme sanft, aber bestimmt über meinen Kopf an die Wand.

Er hielt sie mit einer Hand dort fest, damit er die andere frei hatte. Hätte ich gewollt, wäre ich durchaus in der Lage gewesen, mich zu befreien, so locker wie er sie festhielt. Doch ich wollte mich gar nicht wehren.

Als Jarons Hand meinen nackten Bauch streichelte, hinterließen seine Finger dort eine heiße Spur. Ich schloss erneut die Augen und fühlte, wie mein gesamter Körper heißer wurde, bis er schließlich in Flammen zu stehen schien.

„Du bist so unglaublich schön! Ich könnte im Moment von dir gar nicht genug bekommen, Carolin!“

Ich war unfähig, darauf zu antworten. Ich spürte, wie Teile meines Körpers erwachten, die bis zu diesem Zeitpunkt in einem tiefen Schlaf gelegen haben mussten.

„Du riechst verdammt gut und du bist so unglaublich weich! Wie kommt es, dass ich das erst jetzt feststelle, wo wir uns doch von klein auf kennen und wir jede Menge Zeit hatten, das herauszufinden?“, fragte Jaron und konnte ein leises Stöhnen nicht unterdrücken.

Mit einem Schlag war es bei mir vorbei mit der Romantik und ich entriss ihm meine Handgelenke. Aufgebracht stemmte ich meine Hände gegen seine Brust und hielt ihn auf Armeslänge von mir entfernt, was tatsächlich leichter ging, als ich gedacht hätte.

„Was hast du da gerade gesagt?“

„Dass du wunderschön bist“, sagte Jaron ein wenig irritiert, aber dennoch heiser.

„Nein, ich meinte das mit der Zeit.“ Ich stieß ihn nun gänzlich von mir weg und zog mein Oberteil wieder herunter. „Du sagtest, dass dir das erst jetzt auffallen würde.“

Diese Erkenntnis traf mich so schlagartig, dass ich anfangen musste zu lachen.

„Was ist denn daran bitte so komisch?“, fragte Jaron und wirkte plötzlich beleidigt.

„Komm mit, ich erkläre es dir, ich habe da so eine Vermutung!“, schmunzelte ich und führte ihn noch weiter von der Menschenmenge weg.

Als ich sicher war, dass uns keiner mehr belauschen könnte, hielt ich an und sah ihm tief in die Augen.

„Kannst du dich noch an das Gespräch am Rulkorsee zwischen Helena, dir und mir erinnern?“, fragte ich und sah, dass in Jarons Kopf Erinnerungen aufblitzten.

„Wie kommst du jetzt darauf?“, antwortete er mit einer Gegenfrage.

„Kannst du dich noch daran erinnern, dass ich sagte, ich würde mich verändern? Ich glaube, dass das hier … “, ich machte eine vage Handbewegung zwischen uns beiden, „ … etwas damit zu tun hat!“, endete ich und sah ihn erwartungsvoll an.

„Denkst du etwa, dass ich dich nur begehrenswert finde, weil du dich auf eine komische Art veränderst? Möchtest du mir das damit sagen?“ Jaron klang enttäuscht und sogar etwas verletzt. „Ich mochte dich schon, seitdem ich denken kann. Dass du dich jetzt derartig veränderst, ändert nichts an meinen Gefühlen dir gegenüber. Aber wenn du mich nicht … “

„Halt! Sag bitte so etwas nicht!“, hielt ich ihn auf, seinen Satz zu beenden, und legte ihm eine Hand auf seinen Mund. „Ich möchte nicht, dass du so etwas auch nur denkst, hast du mich verstanden?“

Er nickte nur, da ich ihm immer noch die Hand auf den Mund hielt.

„Ich war nur gerade eben so überrumpelt von deinen Gefühlen. So etwas kenne ich gar nicht von dir, aber es gefällt mir. Sehr sogar!“

Ich nahm meine Hand wieder von seinem Mund und spürte, wie ich rot anlief. Beschämt senkte ich den Kopf und sah auf meine Schuhe hinab, als ich bemerkte, dass sich Jarons zu meinen gesellten. Vorsichtig umschloss er mein Kinn mit zwei Fingern und hob mein Gesicht so weit an, bis ich ihm in seine grünen Augen sehen musste, die so voller Liebe auf mich hinunterblickten.

„Wenn es dir so sehr gefallen hat wie mir, warum hast du mich dann weggestoßen?"

„Es tut mir leid! Das wollte ich nicht, ehrlich! Aber in letzter Zeit passiert so viel mit mir und mein Körper verwandelt sich immer mehr in etwas, was mir selbst noch so fremd ist. Ich wollte dich nicht verletzen! Ehrlich nicht! Aber ich hatte befürchtet, dass deine Gefühle zu mir nicht echt, sondern nur eine Folge meiner Veränderungen seien", erklärte ich ihm und legte meine Hand auf seine Wange.

Er schmiegte sein Gesicht in meine Hand und ein Lächeln umspielte seine Lippen.

„Ich nehme an, dass das alles ein wenig zu viel für dich war und zu schnell ging. Ist das dein eigentliches Problem? An meinen Gefühlen zu dir musst du jedenfalls nicht zweifeln!"

Ich sah ihm in die Augen und nickte langsam mit dem Kopf. Es stimmte, dieser Gefühlsausbruch hatte mich überrumpelt. Ich hatte ihn aber zugleich sehr genossen, das konnte ich nicht leugnen. Ich mochte Jaron sehr und war unendlich erleichtert, dass er mich zu verstehen schien, und vor allem, dass seine Gefühle für mich anscheinend schon vor der ganzen Geschichte mit den Drachen vorhanden gewesen waren. Ich nahm einen tiefen Atemzug und sortierte meine Gedanken.

„Ich würde es gerne wieder aufnehmen, aber dann zu gegebener Zeit, wäre das in Ordnung für dich?“, fragte ich ihn vorsichtig.

Er nahm meine Hand, die immer noch auf seiner Wange lag, in die seine. „Aber natürlich, meine Kleine! Es tut mir auch leid, dich so zu bedrängen, während du ganz andere Sorgen hast. Ich verspreche dir, dass ich mich zügeln werde!“, erwiderte er und es wirkte aufrichtig.

Ich nickte ihm erleichtert zu und genoss das Gefühl seiner Wärme. Vorsichtig näherte er sich meinem Gesicht und wartete auf ein stummes Eingeständnis meinerseits, als sich seine Lippen meinen näherten.

Ich hob entschlossen mein Kinn, mehr brauchte er als Aufforderung nicht. Er küsste mich sanft und so liebevoll, dass ich den Tränen nahe war. Sanft rieb er meine Kopfhaut, die zwischen den beiden Zöpfen am Hinterkopf zu sehen sein musste, ehe er sich von meinem Mund löste. Er lehnte seine Stirn an meine und lächelte mich an.

„Ich kann warten, versprochen!“

IN EINER ANDEREN ZEIT

Als ich bei meinen Einkäufen meinen Rundgang entlang der verschiedenen Geschäfte machte, fiel mir auf, dass sich viele Menschen in Grüppchen zusammengedrängt hatten und sich aufgeregt miteinander unterhielten. Ich versuchte herauszufinden, was es mit dem Ganzen auf sich hatte, und quetschte mich in eine Menschentraube hinein, die sich nahe einer Hauswand befand.

Meinen kleinen Korb, in dem ich bereits die wichtigsten Lebensmittel für unser Mittagessen zusammenhatte, drückte ich fest an meine Brust, damit er mir bei dem Trubel nicht abhandenkommen würde. Endlich, nach einer gefühlten Ewigkeit, stand ich vor einem großen Plakat. Es war handgeschrieben, doch die Schrift war groß und gut leserlich, sodass man sie auch schon aus weiter Ferne hätte lesen können, was vermutlich sogar beabsichtigt war. Mir blieb vor Schreck der Mund offen stehen, als ich las, was dort stand.

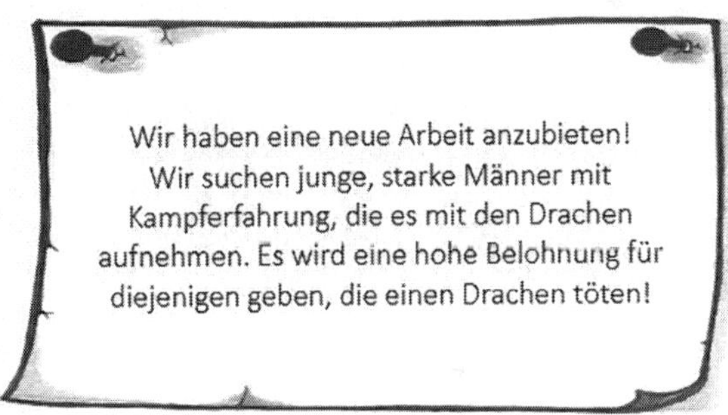

„Das war ja vorherzusehen gewesen, dass diese Biester irgendwann genug von unserem Vieh haben würden. Jetzt ist es so weit, die ersten Menschen werden vermisst, sonst würden sie nicht diese Arbeit anbieten. Wir müssen handeln, bevor es auch unsere Stadt trifft."

„Du hast recht, ich werde diese Arbeit annehmen. Wirst du auch mitkommen? Je mehr wir sind, desto größer ist die Wahrscheinlichkeit, dass wir die Biester endgültig von hier verjagen."

„Ob Drachenfleisch wohl schmeckt? Wir könnten uns wochenlang davon ernähren. Das wäre nur rechtens, wenn man sich überlegt, wie lange sie sich schon an unserem Vieh vergreifen."

„Ich sage euch, morgen im Laufe des Tages werden wir uns auf den Weg in die Stadt machen. Wir sollten nur dafür sorgen, dass unsere Kinder von alldem nichts mitbekommen. Meine Tochter kann schon seit Nächten nicht mehr vernünftig schlafen."

Ich konnte die aufgeregten Stimmen der Menschen um mich herum nicht ausblenden, daher bahnte ich mir schnellstens einen Weg hinaus aus der dicht gedrängten Menschenmasse.

Schnellen Schrittes ging ich zurück nach Hause. Wobei es, wenn ich so darüber nachdachte, nicht mehr lange mein Zuhause sein würde. Ich musste zusehen, dass ich das Wichtigste zusammentrug, ehe die beiden Städte außer Rand und Band sein würden.

Noch ehe ich die Tür aufstieß, kam mir mein Mann entgegen. Er schien sich über irgendetwas sehr zu freuen, was dem genauen Gegenteil meiner derzeitigen Gefühlslage entsprach. Irritiert, was es wohl so Gutes zu berichten gäbe, sah ich zu ihm auf.

„Hast du es schon gehört?", fragte er mich, während er mir meinen Korb abnahm und mich eintreten ließ.

„Ich weiß ehrlich gesagt nicht, was du meinst", sagte ich zögernd und folgte ihm in die Küche, wo wir uns hinsetzten.

„Der Bürgermeister unserer Stadt geht umher und fragt an, wer in unserer Nachbarstadt auf Drachenjagd gehen würde. Stell dir vor, vor wenigen Augenblicken war er bei uns, um mich zu fragen, ob ich da mitgehen möchte. Ist das nicht fantastisch?

Er setzt eine große Belohnung für all diejenigen aus, die es schaffen, einen Drachen zu töten; weißt du, was das heißt? Wir werden fünf Pferde von der Stadt bekommen! Das hattest du dir doch immer gewünscht, also einen eigenen Reitstall, meine ich. Dein Wunsch könnte schon bald wahr werden!"

Er setzte den Korb auf den Tisch ab und umschloss aufgeregt meine Hände. Seine Augen leuchteten vor Übermut und ich konnte ihm anmerken, dass er am liebsten sofort losgezogen wäre.

„Aber du darfst die Drachen nicht jagen, Papa! Die sind sehr lieb und würden dir ja auch nichts antun!", rief unser ältester Sohn empört, als er die Küche betrat, nachdem er seinen Vater gehört hatte.

„Weißt du was, Liebling? Mama geht gleich mit dir spielen und erklärt dir, was der Papa gerade gemeint hat. Geh du schon mal vor und such deine Spielsachen zusammen, ich werde gleich da sein!", sagte ich und versuchte ihn bereits aus der Küche zu dirigieren.

„Ist gut. Aber sag Papa, dass der das nicht machen darf!"

„Aber natürlich! Das war bestimmt nur ein großes Missverständnis."

Ich schloss die Küchentür hinter mir und drehte den Schlüssel im Schloss herum, um zu verhindern, dass noch einmal eines unserer Kinder ungeplant in die Küche hereinplatzen würde. Dann wandte ich mich meinem Mann zu.

„Das kannst du unmöglich ernst gemeint haben, mit der Drachenjagd!"

Er hatte schon angefangen, das Gemüse aus dem Korb zu holen, und legte es in die Spüle zum Waschen. Verblüfft drehte er sich zu mir um.

„Sagst du das jetzt nur, weil du befürchtest, unsere Jungs würden uns belauschen? Weißt du, ich liebe dich dafür, dass du versuchst, unseren Kindern jegliche Angst zu nehmen, damit sie nachts schlafen können. Aber eines Tages werden sie lernen müssen, dass die Drachen keine lieben Kuscheltiere sind, sondern gefährliche Raubtiere. Und sie werden verstehen, warum ich diese Arbeit angenommen habe“, fuhr er fort und lehnte sich an den Küchenschrank.

Ich ging zu ihm hinüber und schlang meine Arme um ihn. Ich wusste, dass ich nicht an seinen guten Willen appellieren konnte, daher versuchte ich einen anderen Weg.

„Darum geht es mir doch gar nicht! Überleg doch mal, warum für das Töten eines Drachen eine so hohe Belohnung ausgesetzt wurde. Wäre es leicht, einen von ihnen zu töten, wäre sie bestimmt nicht so hoch. Zudem würde die Nachbarstadt nicht hierherkommen, um unsere Bewohner um Hilfe zu bitten.“

„Soll das etwa heißen, dass du nur gegen diese Jagd bist, weil du befürchtest, ich könnte verletzt oder im schlimmsten Fall gar nicht mehr zurückkommen?“, fragte er und sein Blick wurde weich.

Ich wusste nicht, wie ich darauf reagieren sollte, daher versuchte ich es mit einem Nicken. Ich hoffte, er sah in meinen Augen nichts als Sorge um ihn und nicht die Wut, die ich zu unterdrücken versuchte.

„Ach, mein Engel! Ich würde doch niemals alleine auf eine Drachenjagd gehen. Natürlich werden mich meine beiden Brüder und deren Freunde begleiten. Wenn dann noch weitere Kämpfer mitkämen, wären wir so viele, dass wir gegenseitig auf uns aufpassen könnten“, versuchte er mich zu beruhigen.

Ich musste mich zusammennehmen, um nicht aus völliger Verzweiflung auf seine Brust einzuschlagen. Ich konnte nicht verstehen, warum er so blind war und auf Drachenjagd gehen wollte. Stattdessen legte ich meine Energie in meine Umarmung und hielt sie lange aufrecht, denn ich wusste nun mit Sicherheit, dass es die letzte sein würde, die ich ihm geben konnte.

15. Kapitel

„So, ich denke, wir haben jetzt lange genug hier gestanden und dem Spektakel zugesehen. Ich werde jetzt zu ihnen hinübergehen und meine Hilfe anbieten, wer kommt mit?“, fragte Helena und stemmte die Hände in die Hüften.

„Ich denke, das ist keine schlechte Idee. Aber wer bleibt solange an unseren Ständen? Wir können schlecht alle hinübergehen“, überlegte ich und sah dabei abwechselnd meine und Jarons Familie an.

„Wir Erwachsenen werden hierbleiben. Ihr Jungvolk könnt eure Hilfe anbieten, da ihr besser mit anpacken könnt als wir alten Damen“, lachte Magdalena und winkte ihre Jungs voran.

Nachdem die Rollen klar verteilt waren, bahnten wir uns einen Weg durch die dicht gedrängte Menge der einheimischen Dorfbewohner. Wir kamen gerade rechtzeitig, als ein zierliches Mädchen vergebens versuchte, ein viel zu großes und anscheinend viel zu schweres Brett aus einem Planwagen zu ziehen. Sie sackte unter dem Gewicht zusammen und konnte nur mit Mühe verhindern, unter dem Brett begraben zu werden. Killian eilte ihr gerade noch rechtzeitig zu Hilfe.

Erleichtert blickte das Mädchen zu ihm hoch und lächelte ihn dankbar an. Killian lehnte das Brett an den Planwagen und half dem Mädchen wieder auf die Beine.

„Vielen Dank! Deine Hilfe kam gerade rechtzeitig“, bedankte sie sich, immer noch etwas außer Atmen.

„Ist doch klar! Können wir dir denn sonst noch helfen? Wir haben unseren Stand schon aufgestellt und auf euch Neuankömmlinge gewartet. Jetzt haben wir etwas Zeit zum Helfen. Ich heiße übrigens Killian!“, stellte er sich vor und schüttelte ihr kurz die Hand.

„Ich bin Cristin und ja, ich würde sehr gerne eure Hilfe annehmen. Wir hatten eine ziemlich weite Reise und könnten jetzt jede helfende Hand gut gebrauchen“, erklärte sie.

Sie sah an Killian vorbei und begrüßte uns mit einer ausholenden Armbewegung.

„Oh, entschuldige, wie unhöflich von mir. Darf ich dir meine Geschwister Ramon, Carolin und Helena sowie meine beiden besten Freunde Jaron und Raphael vorstellen?“, stellte Killian uns einen nach dem anderen vor. „Leute, darf ich euch Cristin vorstellen?“

„Wir freuen uns, dich kennenzulernen“, erwiderte Helena freundlich und winkte Cristin kurz zu.

„Danke, ich freue mich auch! Ich bin das erste Mal dabei. Vorher habe ich nie mein Dorf aus dem Norden verlassen. Für mich war es bisher ein sehr spannendes Erlebnis. Ich wusste bis vor Kurzem gar nicht, wie groß und unheimlich der Wald sein kann, wenn man mehrere Tage und Nächte mit dem Planwagen fährt“, gestand sie und kicherte sehr mädchenhaft.

Mir fiel auf, dass sie Killian sehr bewundernd ansah und dass sich ihre Wangen leicht rosa färbten, als dieser sie zurück anlächelte. Ich hatte sofort das Glitzern in ihren Augen bemerkt und konnte mir ein Grinsen nicht verkneifen. Vielleicht wäre Cristin eine ganz nette Freundin für Killian. Rein optisch passten sie jedenfalls sehr gut zusammen und sie schienen auch in etwa das gleiche Alter zu haben.

Sie war zwar zierlich, aber nicht schmächtig. Sie hatte ein schönes, weibliches Gesicht mit großen, blaugrünen Augen. Diese wurden von haselnussbraunen Augenbrauen umrahmt und verliehen ihr einen träumerischen Ausdruck. Ihre Nase sowie ihre Ohren waren ebenso zierlich wie der Rest ihres Körpers. Ihre Haut war deutlich heller als unsere, was durch ihre dunkelbraunen und schulterlangen Haare besonders betont wurde. Ihre Finger waren kürzer als beispielsweise Helenas und meine.

Trotz ihrer an sich zierlichen Figur besaß sie sowohl im Gesicht als auch an den Armen und Beinen noch ein wenig Babyspeck. Dieser Babyspeck war jedoch, wie sie mir beim Aufbauen ihres Standes erklärt hatte, kein wirklicher Babyspeck mehr, sondern ein typisches Merkmal der Dorfbewohner aus dem Norden, denn ihre Eltern wiesen ihn ebenso auf.

Da sie deutlich länger und ebenso kälteren Wintern ausgesetzt waren als wir, waren sie sehr auf ihre kleinen Fettreserven angewiesen. Ihre Finger, Nasen und Ohren fielen kleiner aus. Dies lag ebenfalls an den langen Wintern, denn Gliedmaßen und Körperregionen, die weit vom Körper abstünden, würden schwieriger durchblutet, hatte uns Cristin kurze Zeit später erzählt. Während sie uns dies erklärt hatte – sie war dabei sehr aufgeregt gewesen und ich hatte ihr angemerkt, dass der Vollmond-Markt für sie mehr als nur ein spannendes Abenteuer war – hatte sie auf ihre Familie gedeutet und sie uns vorgestellt.

Ihre Eltern besaßen ebenfalls kleine Ohren und Nasen und waren genauso blass wie ihre Tochter. Ich fand es äußerst interessant, Cristin zuzuhören, da ich mir vorher nie Gedanken über so etwas gemacht hatte. Doch als Cristin unsere schlanken, langen Finger erstmals erblickte, war bei ihr kein Halten mehr gewesen und wir bekamen einen guten Einblick in ihre Lebensweise. Sie erzählte uns zudem, dass sie es ungewohnt fand, kein Meeresrauschen mehr zu hören, und fragte uns, wo wir denn hier in dieser Gegend fischen gehen würden.

Als wir ihr erklärten, dass dies bei uns nicht möglich sei, und wir daher sehr begierig die in Unmengen von Salz eingelegten Fischwaren musterten, die sie ausluden, musste sie lachen und erwiderte, dass sie dafür kaum drei verschiedene Gemüsesorten kennen würde. Ich war mir sicher, dass wir, allein schon mit Cristin und ihrer Familie, gute Tauschgeschäfte abschließen würden.

„Wo wirst du denn demnächst wohnen, Cristin?“, fragte ich sie, als sie eine kurze Redepause einlegte.

„Meine Familie und ich werden die Nächte während des Marktes in unserem Planwagen verbringen. Aber ich befürchte, dass Mutter gerne hier in euer Dorf ziehen möchte, da sie, wie sie immer mehr betont, die kalten Winter in ihrem hohen Alter nicht mehr so vertrage wie früher.“

Cristin klang ein wenig traurig, dem Meer, welches nun mal ein wichtiger Bestandteil ihrer Heimat gewesen war, womöglich Lebewohl gesagt gehabt zu haben.

„Sieh es doch von der positiven Seite, Cristin. Wenn du tatsächlich hierbleiben würdest, hättest du jetzt schon jede Menge Freunde“, versuchte Killian sie aufzumuntern und berührte ihren Oberarm.

Sie sah zu ihm auf und lächelte ihm zu. Ihr entfuhr wieder dieses mädchenhafte Kichern und ihre Wangen nahmen einen satten rosa Farbton an.

„Du, sag mal, Cristin, hast du denn gar keinen Freund, den du vermissen würdest, wenn ihr hierbleiben würdet? Oder kommen noch andere Leute von dir nach?“, fragte ich und platzte fast vor Neugier.

Cristins Lächeln erlosch und sie schüttelte betrübt den Kopf.

„Nein, ich habe keinen Freund, da, wo ich herkomme. Und was gute Freundinnen angeht, ist das seit ewigen Zeiten schon vorbei. Ich hatte eine beste Freundin, doch die dachte, dass ich ihr den Freund ausspannen wollte. Danach stritten wir uns mehrere Mondphasen lang und irgendwann wollte ich nichts mehr mit ihr zu tun haben.“ Sie zuckte mit den Schultern, als sei das jetzt kein großes Problem mehr.

Ich nickte verständnisvoll, da ich mir sehr gut vorstellen konnte, welch einen emotionalen Verlust Cristin erlitten haben musste. Meine beste Freundin war eigentlich bisher immer meine kleine Schwester gewesen. Natürlich war ich nicht nur mit meinen Geschwistern, Jaron und Raphael unterwegs. Ich kannte viele Menschen in meinem Dorf, die in meinem Alter waren, sehr gut.

Wenn der Winter wieder vorüber wäre, würden wir mit fast 30 Leuten am Rulkorsee tagelang feiern und schwimmen gehen. Das hatte sich mit der Zeit bei uns im Dorf eingebürgert und war nicht mehr wegzudenken.

Die viel interessantere Sache war Cristins Liebeslebens. Killian, der an den Mädchen hier im Dorf nie Interesse gezeigt hatte, war hellhörig geworden, als er erfuhr, dass Cristin keinen Freund hatte.

„Das hört sich aber nicht nach guten Erinnerungen an, was du da erzählst. Und du hattest niemanden, der dir in der schweren Zeit zur Seite gestanden hat?", fragte Killian mitfühlend und half beim Ausladen der Waren mit.

Ich stupste Helena und Jaron vorsichtig mit dem Ellbogen an und signalisierte ihnen sowie Raphael und Ramon, dass wir die beiden allein lassen sollten. Wir könnten noch genug anderen Leuten helfen, wenn wir weitergingen.

Helena krallte sich bei mir am Arm fest und flüsterte, kaum dass wir außer Hörweite von Killian und Cristin waren: „Die verstehen sich ja gut! Das hätte ich bei unserem Brüderchen fast schon nicht mehr für möglich gehalten, so eigenbrötlerisch, wie er manchmal ist."

„Tja, bei Männern muss nur die richtige Frau kommen und schon kann sich vieles ändern. Gewohnheiten lassen sich zwar nicht leicht ablegen, aber wenn man als Mann weiß, wofür man kämpft, dann hat man ein Ziel vor Augen!", erklärte Jaron ihr und umfasste dabei besitzergreifend meine Taille.

„Also, wenn du mich fragst, ich finde du und Carolin passt wirklich gut zusammen. Und Killian habe ich schon sehr lange nicht mehr so zwanglos eine Unterhaltung führen sehen, und schon gar nicht mit einem Mädchen in seinem Alter! Ich denke, mit etwas Geduld und Glück könnten sie zueinanderfinden.

Aber ich für meinen Teil denke, dass es für mich nicht den richtigen Partner geben wird. Ich glaube, erst wenn ich schon alt und grau bin, wird der Richtige geboren, aber dann wäre es zu spät!“, überlegte sie niedergeschlagen und musterte die vielen neuen Dorfbewohner.

„Das glaube ich nicht! Ich denke eher, dass du auch zeitnah einen Freund finden wirst. Du bist in der Hinsicht halt genau wie ich, Schwesterchen, du gibst dich eben nicht mit dem Erstbesten zufrieden, sondern wartest auf den Richtigen. Ich finde nicht, dass das eine schlechte Einstellung ist.

Im Gegenteil, stell dir nur einmal vor, wie es wäre, wenn du schon fünf, zehn oder fünfzehn verschiedene Freunde gehabt hättest und immer noch alleine wärst. Das würde dich viel mehr frustrieren, weil du dann bei allen Freunden womöglich immer nur an die besten Eigenschaften denken und dir daraus den perfekten Freund zusammenbasteln würdest.

Aber so jemanden kann es nicht geben, denn das würde bedeuten, er wäre in jeglicher Hinsicht perfekt. Das ist illusorisch und du hättest das Problem, dass du viel zu hohe Erwartungen an dein Gegenüber stellen würdest, die er nie erreichen kann.“

„Außerdem, selbst wenn du denkst, dass du den Richtigen gefunden hast, kann dir keiner versprechen, dass das so bleibt, bis ihr beide alt und grau werdet. Und selbst wenn es mit dem Vertrauen, der Treue und sogar mit der Liebe funktionieren würde, es kann immer ein Unfall oder dergleichen passieren oder einer bekommt eine schwere Krankheit“, ergänzte Jaron und klang dabei viel älter, als er eigentlich war.

„Helena, wenn du keinen finden solltest, ich würde dich wohl nehmen! Du bist für mich zwar mehr wie eine

Schwester, die ich nie hatte, aber ich würde dich immer lieben, so wie jetzt! Und ich würde dich niemals verlassen oder dir wehtun wollen!“, versprach Raphael hoch und heilig und nahm Helena bei der Hand.

„Das ist lieb, Raphael! Du bist für mich auch immer schon der kleine Bruder gewesen, den ich nie hatte“, bedankte sich Helena bei ihm und gab ihm einen Kuss auf die Wange.

„Lass das, das ist ekelig! Das brauchst du dir gar nicht erst anzugewöhnen!“, murrte Raphael und rieb sich die Wange.

Helena und ich fingen gleichzeitig an zu lachen, während Jaron sich bei Raphael für Helenas Verhalten mit einem kurzen Schulterzucken entschuldigte.

Wir kamen an vielen Ständen vorbei, die Waren präsentierten, die ich vorher noch nie gesehen hatte. Helena blieb an einem Stand stehen, der Perlen und Ketten im Angebot hatte. Ich hingegen wurde von dem Stand dreier Männer angezogen, die allerhand Waffen ausgestellt hatten; angefangen bei Bögen, Schwertern und Dolchen, die ich erkannte, aber nie geführt hatte, bis hin zu schweren Kugeln mit vielen Zacken, die am Ende einer dicken Kette hingen.

Ich fragte mich unwillkürlich, was man mit Waffen anstellen wollte, die kein Mensch würde heben können. Ich betrachtete ein weiteres Mal die drei stämmigen Männer und dann die komischen Kugeln und überlegte, dass es wohl doch Menschen geben musste, die diese Waffen heben und bedienen konnten, nur dass ich nicht einer von ihnen sein würde.

„Ich denke, ich habe da vorne etwas Interessantes gefunden! Ich bin sofort wieder da, lauf aber nicht weg, ja, Helena?“, sagte ich zu ihr und zupfte sie am Ärmel.

Sie war völlig vertieft in die verschiedenfarbigen Perlen und nickte gedankenverloren. Vermutlich hätte ich ihr in dem Moment alles sagen können und sie hätte genickt. Demnach hätte ich mir die Worte sparen können.

„Wo möchtest du denn hin? Kann ich mitkommen? Perlen sind ehrlich gesagt nichts für mich, es sei denn, ich kann für dich eine tauschen, die dir gefallen würde!“, klinkte Jaron sich in das Gespräch ein und sah mich erwartungsvoll an.

Ramon und Raphael waren derweil zu Ständen gegangen, die mit komisch aussehenden Früchten beladen waren. Vermutlich kamen die Besitzer aus den südlicheren Regionen.

„Ich wollte zu diesen drei Männern, welche die Waffen ausgelegt haben. Nicht, dass ich mich sehr für Waffen interessieren würde“, rechtfertigte ich mich.

Aber ich kann schließlich nicht wissen, ob ich sie vielleicht doch benötigen werde. Wer weiß, was mir noch alles bevorsteht.

„Und warum möchtest du dann dorthin? Ich begleite dich auf jeden Fall, allein schon um zu sehen, wie du dich abmühen wirst, um solch ein Schwert zu heben. Die können verdammt schwer sein, musst du wissen.“

Ich sah ihn von der Seite an und überlegte, woher er das wissen konnte, als er mir auch schon selbst die Antwort lieferte.

„Ich gehe jedes Mal zu ihnen, wenn sie in unser Dorf kommen. Sie sind erstens sehr nett und lassen dich die

Waffen, nur unter strengster Aufsicht natürlich, mal austesten. Beim letzten Markt habe ich versucht, so ein Schwert hochzuheben, und konnte die Schwertspitze kaum einen Fuß hoch vom Boden heben.“

Jaron musste lachen, als er sich daran erinnerte. Ich rollte mit den Augen und schüttelte belustigt den Kopf.

Wir drängten uns zu dem Waffenstand durch. Schon von weiter weg sah das Waffenarsenal beeindruckend aus, aber als wir direkt davorstanden, konnten wir die bedrohlich aussehenden Klingen erst richtig betrachten. Die wenigsten Klingen, genau genommen keine einzige, wie ich schnell feststellte, außer die der Schwerter, waren gerade und ohne Zacken. Jede Klinge war entweder gebogen, gezackt oder beides. Neben den Klingen gab es kleinere Waffen, die aussahen wie hübsche Sterne, die kaum größer waren als meine Handfläche. Ich hielt eine von ihnen hoch und sah einen der drei Männer fragend an.

„Das sind sogenannte Wurfsterne. Du kannst sie nach Feinden werfen. Sie bleiben fast an allen Oberflächen stecken, was sie sehr gefährlich macht. Oft bemerken die Opfer erst viel zu spät, dass sie einen solchen Stern im Fleisch stecken haben, wenn sie kurz vorm Verbluten sind“, erklärte er und ich legte den Stern schnell wieder an Ort und Stelle zurück.

„Was sind das hier für Dinger?“, fragte ich und hielt ein dünnes metallisches Seil hoch, an dessen Enden Kugeln mit kleinen Widerhaken befestigt waren.

„Sie sind sehr nützlich, wenn man den Feind zum Fallen bringen möchte. Du hältst das Seil mit einer Hand in der Mitte und wirbelst es dann ganz schnell im Kreis über deinem Kopf. Mit der richtigen Geschwindigkeit der

Kugeln wirfst du das Seil in die Richtung deines Feindes. Durch die Drehung können die Kugeln um die Beine des Opfers fliegen und dadurch, dass sie mit diesem stählernen Seil miteinander verbunden sind, wickeln sie sich mehrfach um die Beine und schnüren sie ein. Durch die Widerhaken, sie sind nicht unbedingt Pflicht an dieser Waffe, greifen die Kugeln ineinander und das Opfer kann nicht so schnell fliehen. Sie werden oft bei Pferden eingesetzt, um sie zu Fall zu bringen, damit man den Reiter töten kann."

Meine Augen weiteten sich vor Schreck und ich legte diese Waffe ebenso schnell wieder zurück.

„Haben Sie auch etwas, was Frauen bedienen können? Ich finde diese Waffen alle äußerst schwer. Ich kann mir nicht vorstellen, mit solchen Waffen umzugehen."

Der stämmige Mann fing lauthals an zu lachen. Ich wusste nicht, was daran so komisch sein sollte, und sah zu Jaron. Dieser musste sich ebenfalls ein Grinsen verkneifen, versuchte aber, ernst zu blicken, als er merkte, dass ich ihn ansah.

„Frauen wie du solltem Waffen wie diese hier nie führen müssen, Liebste! Du wirst nur schwer eine geeignete Waffe für Frauen finden. Überlass das mal besser den Männern. Ich finde schon eine gute Alternative für dich, versprochen!"

Jaron drückte mich an sich und gab mir einen flüchtigen Kuss auf die Wange.

„Da könnte ich, denke ich, behilflich sein. Wartet mal kurz", forderte der Mann uns auf und verschwand hinter seinem Planwagen.

Er kam mit etwas Großem wieder zum Vorschein, was er in einiger Entfernung aufstellte. In etwa Augenhöhe befand sich ein roter Kreis, der von vielen schwarzen, stetig größer werdenden Ringen umrandet wurde. Der rote Kreis befand sich in der Mitte. Irritiert sah ich Jaron an, der offensichtlich wusste, was nun folgen würde, als der Mann wieder im Inneren des Planwagens verschwand.

„Das dort drüben ist eine Zielscheibe“, erklärte Jaron mir und deutete auf das kreisrunde Brett mit dem roten Kreis und den vielen schwarzen aufgemalten Ringen.

„Eine Zielscheibe? Und wofür?“, fragte ich ihn, doch die Antwort hielt der Mann, der wieder aus dem Planwagen stieg, bereits in den Händen.

„Wenn die junge Dame den roten Kreis trifft, darf sie ihn samt Pfeile und Köcher behalten“, bot er an und bedeutete mir, hinter den Stand auf seine Seite zu treten.

Die anderen beiden Männer unterbrachen gerade ihren Tauschhandel und sahen ihren Kumpanen fragend an. Dann richteten sie ihre Aufmerksamkeit auf mich. Ich spürte, wie die Dorfbewohner in meiner unmittelbaren Umgebung – natürlich waren alle Dorfbewohner männlich – in plötzliches Schweigen verfielen. Ich lief so rot an wie die Tomaten, die ich aus unserem Gewächshaus immer erntete, und sah Jaron Hilfe suchend an. Dieser blickte sich kurz zur schweigenden Meute um und zuckte mit den Achseln.

„Es ist nur ein Angebot, du musst nicht, wenn du nicht möchtest. Du musst es ihm nur sagen“, versuchte Jaron mir zu helfen.

Unentschlossen sah ich zu dem Mann auf der anderen Seite des Standes. Er hielt den Bogen in der Hand und streckte ihn mir fragend entgegen.

Für einen kurzen Moment wollte ich das Angebot ausschlagen. Ich hob bereits die Hand zum Abwinken, doch dann überlegte ich, was ich schon groß zu verlieren hatte, als einzige Frau unter diesen Männern. Ich konnte mich nicht blamieren, denn sie stießen sich gegenseitig mit den Ellbogen an und grinsten frech, als wollten sie sagen, dass ich nicht das Zeug dazu hatte.

Ich reckte entschlossen das Kinn vor und sagte: „Gut, ich werde es versuchen!"

Damit hatte wohl keiner gerechnet, denn das Grinsen auf den Gesichtern erlosch und sie sahen mir gebannt zu, wie ich um den Stand herumging und den Bogen entgegennahm. Der Mann, der mir dieses Angebot unterbreitet hatte, wirkte fassungslos. Er dachte anscheinend, ich würde ablehnen, doch er sagte nichts, als ich mir einen Pfeil aus dem Köcher nahm.

Er trat beiseite und erklärte mir, dass ich mich mit dem Rücken zu der Menschenmenge stellen solle, damit ich im schlimmsten Fall an der Zielscheibe vorbei und in den Wald schießen würde. Ich nickte und legte den Pfeil bereits an die Sehne. Vorsichtshalber warf ich einen Blick über meine Schulter und sah Jaron noch mal an. Dieser ermutigte mich mit einem entschlossenen Kopfnicken, das Ganze durchzuziehen.

Eine Einweisung, wie ich den Bogen zu bedienen, zu halten und zu spannen hatte, bekam ich nicht. Das wäre sonst durchaus ein schlechtes Angebot gewesen, dachte ich mir, war jedoch ein wenig enttäuscht, so ganz allein auf mich gestellt vor der Zielscheibe zu stehen.

„Horche in dich hinein. Du bist eine geborene Kämpferin!"

Wenigstens stand mir neben Jaron Fingawe noch bei und glaubte an mich. Ich schloss die Augen und holte tief Luft. Plötzlich überkam mich eine Erinnerung, die mir fast den Atem nahm, doch ich gehorchte instinktiv.

Die Füße standen einen halben Schritt weit hintereinander und meine linke Fußspitze wies Richtung Wild, während die andere nach rechts zeigte. Meinen Oberkörper drehte ich ebenfalls nach rechts. Mein linker Arm war genauso ausgerichtet wie mein linker Fuß und meine Hand hielt den Bogen fest umklammert.

Das letzte Stück Pfeil, bevor die Pfeilspitze kam, lag auf Daumen und Zeigefinger auf. Meinen rechten Arm knickte ich nach hinten weg, in die entgegengesetzte Richtung vom linken. Nun umklammerte ich mit Zeige- und Mittelfinger die Sehne, zog sie zurück, um sie zu spannen, und der eingespannte Pfeil lag locker über meinem Zeigefinger an der Sehne. Die Sehne lag an meinen Lippen und ich atmete ein letztes Mal langsam ein und aus, um mich endgültig zu entspannen.

Als ich meine Augen wieder öffnete, stand ich genau so, wie ich es vor einigen Nächten geträumt hatte. Völlig reglos stand ich da und versuchte mein Herz, das mir vor lauter Nervosität aus der Brust zu springen drohte, zu beruhigen. Ich hielt einige Augenblicke still und konzentrierte mich auf meine Atmung.

In der Zeit beobachtete ich den Wind und überlegte, wie weit ich höher zielen müsste, um den roten Kreis zu treffen. Die Entfernung war geringer als in meinem Traum und ich hatte keinen allzu starken Wind, wie ich feststellte. Als die drei Männer, die sich an ihrem Waffenstand aufhielten, unruhig wurden, sah ich sie kurz an. Sie verstummten, als ich ihnen siegessicher zuzwinkerte.

Ich holte ein letztes Mal tief Luft, wartete, bis sich meine Atmung und mein Pulsschlag vollständig beruhigten, und ließ die Sehne nach vorne schnellen. Der Pfeil sauste mit einem Zischen an meiner linken Hand vorbei. Er verließ den Bogen, nur um wenige Momente später mitten im roten Kreis stecken zu bleiben.

Hinter mir hörte ich nur Jaron, der mich lauthals bejubelte. Allen anderen stand der Mund weit offen und sie sahen erst mich und dann den Pfeil an. Strahlend drehte ich mich zu meinem verblüfften Publikum um und vollführte einen kleinen Knicks. Kaum kam ich wieder zu Jaron auf die andere Seite des Standes, war es dahin mit dem ruhigen Herzschlag. Ich war so aufgeregt, dass ich es tatsächlich geschafft hatte, und sprang Jaron in die Arme.

„Ich hab's doch gewusst, dass du es schaffen würdest, meine Kleine!“, triumphierte Jaron und grinste bis über beide Ohren. „Es tut mir leid, meine Herren, aber ich befürchte, ihr seid dieser wunderschönen Dame noch etwas schuldig!“, jubelte Jaron und deutete auf die Pfeile und den Köcher, als er mich wieder absetzte. „Sie hat den roten Kreis, wie abgemacht, getroffen, oder sehe ich das falsch?“, fragte er in die Runde, als sich niemand rührte.

Zuerst herrschte Stille, doch dann fing ein Mann an zu klatschen. Prompt folgten drei, vier weitere seinem Beispiel und schon bald johlte und beglückwünschte mich die gesamte anwesende Männerrunde.

Ich schüttelte vielen, teilweise völlig fremden Männern die Hände und bedankte mich für ihre Glückwünsche. Die Einzigen, die sich nicht überwinden konnten, sich anzuschließen, waren die drei Männer, die hinter ihrem Waffenstand herumlungerten. Zwei von ihnen knallten dem Dritten, dessentwegen sie einen Bogen und einen Köcher voll Pfeile verloren hatten, mit der flachen Hand auf den Hinterkopf. Sie murrten und warfen mit Beschimpfungen um sich, als sie mir den Köcher aushändigten.

„Versprochen ist versprochen! Nimm deine Sachen und verschwinde von unserem Stand!“, blaffte mich einer der Männer an und warf mir den Köcher entgegen.

Zum Glück konnte Jaron ihn fangen, ehe sämtliche Pfeile herausgefallen wären.

„Was ist denn hier los?“, rief uns Killian entgegen.

Er war nicht allein gekommen. Cristin war ihm dicht auf den Fersen und versuchte über seine Schulter in der nach wie vor johlenden Menge etwas sehen zu können.

„Siehst du den Pfeil da?“, schrie Jaron zurück und deutete auf die Zielscheibe, in der immer noch mein Pfeil steckte.

Killian folgte seinem Finger mit dem Blick und nickte dann. Erwartungsvoll wandte er sich wieder Jaron zu. Dieser grinste nur breit und deutete dann auf meinen Kopf.

Killian blieb der Mund offen stehen. Ich musste bei diesem Anblick lachen und drängte mich mit Jaron aus der Menge. Der Waffenstand wurde nun dichter bedrängt als vorher, was wohl mein Verschulden war. Doch mir war es gleich.

„Das musst du mir mal erklären!“, verlangte Killian, als wir aus dem Gedränge heraus waren und es nicht mehr so laut um uns herum dröhnte.

„Wie, bitte schön, konntest du aus dieser Entfernung diese Zielscheibe treffen?!“

Er klang völlig fassungslos und sogar etwas wütend. Wenn ich hätte raten müssen, hätte ich geschätzt, dass ihm dieses Kunststück nicht gelungen war.

„Weißt du, Bruderherz, ich denke, das erzählen wir dir in Ruhe bei einem leckeren Fruchtsaft am Stand von Jarons Eltern“, antwortete ich und schlug ihm beiläufig mit der Hand auf die Schulter.

„Und dann hat sie den Pfeil fliegen lassen und das Ding blieb doch tatsächlich genau in der Mitte des roten Kreises stecken. Killian, du hast leider nur das Resultat sehen können, aber es war einfach beeindruckend“, lobte Jaron mich und küsste mich auf die Schläfe, nachdem er seine ausführliche Rede beendet hatte.

Meine sowie Jarons Familie hörten der Erzählung gespannt zu und nickten anschließend sehr beeindruckt.

„Das klingt sehr eindrucksvoll, Carolin. Hast du vorher schon mal mit Pfeil und Bogen geschossen oder warum konntest du so sicher die Mitte treffen?“, fragte Magdalena und betrachtete eingehend den Bogen, der reihum gereicht wurde.

„Ich denke, dass das einfach Glück war. Ich hatte vorher noch nie einen Bogen in der Hand gehabt und habe erst befürchtet, dass ich mich völlig blamieren würde“, gluckste ich und nahm einen großen Schluck von meinem Fruchtsaft.

„Dafür, dass du mit so etwas angeblich keine Erfahrung hast, sah das aber sehr professionell aus, wie du geschossen hast. Sogar einige Männer, die dich beobachtet hatten, dachten, du würdest regelmäßig jagen gehen", meinte Jaron.

Ich zuckte nur mit den Schultern. Der Bogen war schließlich bei meiner Mutter angekommen und ich beobachtete sie unauffällig, wie sie das Holz und den Griff eingehend musterte. Ich war mir nicht sicher, doch ich hatte den Eindruck, dass sie ein wenig das Gefühl ausstrahlte, einen alten Freund wiederzusehen. Sie wirkte regelrecht erleichtert und umschloss mit der linken Hand, für mich eine Spur zu selbstsicher, den Griff. Genau wie in meinem Traum.

Oder hatte ich mir das nur eingebildet?

„Du solltest öfter Bogen schießen, Carolin. Wenn du ein Talent dafür hast, könntest du sehr gute Erfolge bei der Jagd verzeichnen. Doch bis du richtig sicher darin wirst, musst du viel trainieren. Stell dir nur einmal vor, was das für uns alle bedeuten würde, wenn wir unser eigenes Wild schießen könnten!", stieß Killian begeistert aus und überschlug anscheinend eine gewaltige Rechnung im Kopf, denn seine Stirn legte sich in tiefe Falten der Konzentration.

Meine Mutter hingegen wirkte alles andere als stolz auf mein neu erwachtes Talent und reichte mir den Bogen mit ausdrucksloser Miene zurück.

Das Einzige, was sie sagte, war: „Du wirst ihn zurückgeben müssen. Es ist nicht deiner, solange du nichts dafür gegeben hast! Und Geschenke nehmen wir nicht an! Wir werden auch so weiterhin gut über die Runden kommen. Die Ernte fällt nach jedem Winter immer größer aus, sodass wir uns keine Gedanken um eine weitere Einnahmequelle machen müssen."

Ich sah sie schockiert an und schüttelte langsam den Kopf. Das konnte sie doch nicht wirklich ernst gemeint haben! Bestürzt sah ich auf meinen bereits lieb gewonnenen Bogen und fuhr an der straff gespannten Sehne entlang.

„Ich habe ihn rechtmäßig erworben, was Jaron und vielleicht ein Dutzend anderer Dorfbewohner bezeugen können. Er gehört somit mir und ich werde ihn behalten. Killian hat recht. Wenn ich trainieren würde, könnte ich eine gute Jägerin werden. Entweder bin ich gut im Schießen und wir können uns glücklich schätzen oder aber ich bin es nicht und stürze mich in meine gewohnten Arbeiten. Ich könnte es immer noch sein lassen, aber warum sollte ich es nicht wenigstens versuchen, wenn wir doch nichts zu verlieren haben?“, fragte ich sie flehend.

„Der Bogen gehört dir nicht! Gib ihn jetzt gleich zurück. Das war keine Bitte!“, forderte unsere Mutter mich auf und damit war die Sache für sie offensichtlich beendet.

Killian hätte beinahe seinen Fruchtsaft, den er gerade hinunterschlucken wollte, wieder ausgespuckt. Er verschluckte sich und Ramon musste ihm heftig auf den Rücken klopfen, damit er wieder Luft bekam.

„Aber Mama, das kannst du doch nicht wirklich … “

„Und ob ich das kann! Wenn du ihn nicht zurückgibst, dann tue ich es eben!“

Sie streckte eine offene Hand nach dem Bogen aus und ihr Blick sagte mir, dass, wenn ich ihn ihr nicht reichen würde, ich ein großes Problem hätte. Niedergeschlagen atmete ich aus.

„In Ordnung, ich werde ihn selber zurückbringen. Jaron, würdest du mich begleiten?“, fragte ich ihn verzweifelt.

Jaron, ganz der zuvorkommende Freund, nickte und nahm mich bei der Hand.

Der Markt lief noch auf Hochtouren und es wurden lauthals Waren angeboten und getauscht. Wir mussten uns einen Weg durch die Menge bahnen. Hätten wir uns nicht an den Händen gehalten und hätte Jaron mich nicht so stark hinter sich hergezogen, hätten wir uns schnell verloren. Es dauerte ziemlich lange, doch letztendlich standen wir wieder an dem Waffenstand der drei stämmigen Männer.

„Du solltest dein Glück nicht zu oft herausfordern, Mädel!“, belehrte mich einer der drei Männer.

„Ich muss schon sagen, das vorhin war eine beeindruckende Leistung von dir. Hätte ich dir gar nicht zugetraut, Mädel! Wirklich, alle Achtung! Und obwohl ich noch sauer auf meinen Kumpanen bin, dass er dir, ohne die kleinste Gegenleistung, den Pfeil und Bogen angeboten hatte, muss ich sagen, dass ich es auch gemacht hätte. Die wenigsten können mit diesem Bogen schießen. Er hat uns bisher immer viel Ware eingebracht, musst du wissen. Ein tragischer Verlust für uns, aber du hast ihn dir rechtmäßig verdient!“

„Darüber wollte ich mit Ihnen reden“, fing ich an und legte Bogen samt Köcher bestückt mit allen Pfeilen zurück auf den Waffenstand.

„Ich möchte ihn zurückgeben. Meine Mutter war alles andere als erfreut, dass ich ihn ohne Gegenleistung angenommen habe. Sie möchte nicht, dass wir derartige Geschenke annehmen.“

Einige Männer – diejenigen, die mein kleines Kunststück mit angesehen hatten – verstummten und sahen auf Pfeil und Bogen hinunter.

„Das ist sehr freundlich, Mädel, und glaube mir, ich würde ihn nur allzu gerne wieder an mich nehmen, aber er gehört jetzt rechtmäßig dir. Ich bin ein Ehrenmann und werde ihn daher nicht zurückverlangen. Richte deiner Mutter aus, dass sie gerne mit mir persönlich darüber sprechen kann, sollte sie nicht begeistert sein, den Bogen bei dir zu sehen. Außerdem denke ich, dass du die Einzige bist, die ihn benutzen kann, also nimm ihn wieder mit, Mädel!“, grinste der Mann und reichte mir Bogen und Köcher zurück.

„Du kannst ihn erst einmal mit zu uns nehmen und bei mir verstecken, wenn du möchtest. Ich werde deiner Mutter auch nichts sagen, versprochen! Aber dann kannst du ihn wenigstens behalten!“, bot Jaron mir an und nickte mir ermutigend zu.

„Klingt vernünftig und wenn ich du wäre, würde ich auf meinen Freund hören, Mädel. Er ist sehr klug, für sein Alter“, stimmte der Mann zu und nickte.

Ich sah Jaron an. Mein Entschluss stand fest. Ich griff nach Bogen und Köcher und begab mich auf den Weg zum Haus der Henslins; Jaron dicht hinter mir.

„Das war die richtige Entscheidung, Carolin. Du wärst eine Närrin, wenn du ihn zurückgegeben hättest, nur damit deine Mutter nicht von Almosen hätte leben müssen. Wer weiß, vielleicht ist es ja deine Bestimmung! Du hättest ihn, bevor du Abendsonne kennengelernt hast, nie bedienen können. Ich glaube, das sollte so sein, Carolin“, meinte Jaron äußerst sicher.

Ich sah ihn fragend an und konnte mir ein Grinsen nicht verkneifen. Jaron schob Bogen und Köcher unter sein Bett und ließ die Bettdecke davor hängen, damit ihn niemand versehentlich sehen würde.

„Außerdem finde ich es äußerst anziehend, wie du mit diesem Ding umgehen kannst, musst du wissen. Es wäre echt traurig gewesen, wenn du ihn weggegeben hättest, wo du doch so eine gute Figur mit diesem Bogen machst!“, erklärte Jaron und zog mich in seine Arme.

„Du findest also, dass ich eine gute Figur damit mache?“, fragte ich ihn zurück und erhielt ein anzügliches Grinsen von ihm.

Er sah auf meine Lippen hinunter und küsste mich leidenschaftlich. Seine Hände wanderten unter mein Oberteil und er knetete meine Rückenmuskeln.

„Lass uns schnell wieder hinaus zu den anderen gehen, bevor ich noch auf dumme Gedanken komme!“, raunte Jaron und nahm all seine Vernunft zusammen.

Er ließ mich los und zog mir mein Oberteil wieder zurecht. Ich küsste ihn dankbar und ein klein wenig enttäuscht auf die Wange und ging mit ihm wieder hinaus auf den Platz.

„Du hast ihn echt weggegeben“, stellte Killian betrübt fest, als wir wieder zu ihnen stießen.

„Das musste sie auch. Es war das Richtige!“

Meine Mutter nickte mir knapp zu und tauschte ein paar Tomaten gegen ein paar Schreibfedern ein, die ihr eine ältere Dame anbot. Ich betrachtete unsere wenigen Waren, die noch übrig waren, und packte alle neu erworbenen in einen leeren Korb zusammen.

Im Korb befanden sich nachher besagte Federn, mehrere kleine Fische, einige Laibe Brot, ein guter Hammer, viele Nägel, eine volle Rolle Draht, schöne dickwandige bunte Krüge und jede Menge Bürsten. Für den ersten Tag eine erstaunliche Ausbeute, aber wir hatten dafür ebenfalls gute Ware hergeben müssen.

„Ich werde diese Dinge schon mal nach Hause bringen. Soll ich anschließend mit neuem Gemüse kommen oder reichen die übrigen bis heute Abend aus?“, fragte ich und ging bereits in Richtung unseres Hauses.

„Ich denke, das sollte für heute genügen. Killian, Ramon und Helena haben mir heute beim Tauschen sehr geholfen. Sie haben sich ihren Feierabend redlich verdient“, fügte Mama hinzu, ohne mich eines Blickes zu würdigen.

Sollte das jetzt etwa die ganze Zeit so gehen, dass sie mich versuchte zu ignorieren? Ich wusste, dass sie stur sein konnte, aber ich war von ihrem Blut; was sie konnte, das konnte ich schon lange. Wenn sie es so haben wollte, konnte sie sich für den Kampf bereit machen. Ich würde nicht auf sie zukommen, denn ich hatte nichts Unehrenhaftes getan, was solch eine Strafe gerechtfertigt hätte.

„Wenn du die Ware weggebracht hast, kannst du meinetwegen ebenfalls gehen. Ich werde noch ein wenig hier stehen bleiben und weiter versuchen, das ein oder andere zu tauschen. Den Rest nehme ich danach mit“, sagte Mama und sortierte die letzten Gemüsesorten auf dem Stand.

Ich nickte und nahm mir vor, dass sie diesen Vollmond-Markt niemals vergessen würde. Ich wusste zu diesem Zeitpunkt nicht einmal ansatzweise, wie recht ich damit haben sollte.

16. Kapitel

Der nächste Morgen brach an. Gedankenverloren bürstete ich mir im Badezimmer die Haare durch. Helena machte mit Mama bereits Frühstück und Killian und Ramon waren voller Tatendrang im Gewächshaus am Arbeiten. Um die Kühe hatte ich mich bereits gekümmert und nun fraßen diese gemütlich auf der Weide das vom Morgentau noch feuchte Gras.

Ich band mir meine dichte, schwarze Mähne mit einem Band hinten im Nacken zusammen. Danach drehte ich den langen Zopf ein paar Mal ein und schlang ihn um das Haarband, mit einem zweiten fixierte ich den Knoten am Hinterkopf. Ich betrachtete mein Werk argwöhnisch im Spiegel, war mit dem Ergebnis aber zufrieden. Für die anstehende Arbeit würden sie mich so nicht stören können, dachte ich. Entschlossen reckte ich mein Kinn und ging in die Küche, wo bereits das warme Brot lockte.

„Ich denke, der heutige Tag wird vergleichsweise gut wie gestern. Am besten, wir gucken, wer welche Waren noch anzubieten hat, und versuchen gezielt, mit denjenigen zu einem Tausch zu gelangen, deren Ware wir am dringendsten benötigen. Wir haben gestern zwar gute Arbeit geleistet, aber die Reisenden haben eine schnell erschöpfte Menge ihrer Waren mitgenommen.

Für heute Mittag habe ich auf jeden Fall schon Essen, das heißt, dass wir daran nicht mehr denken müssen. Ramon hat eine sehr detaillierte Liste zusammengestellt, die wir heute weiter abarbeiten sollten“, ging Mama bereits den heutigen Tag durch.

Helena nickte ihr mit vollem Mund zu und begrüßte mich mit einem breiten Grinsen, als ich mich zu ihnen an den Tisch gesellte.

„Guten Morgen, ihr beiden! Ich sehe schon, ihr habt euch einen guten Arbeitsplan für heute überlegt“, meinte ich und griff nach ein paar Scheiben Brot.

„Das sollten wir auch besser. Die Tauschgeschäfte schienen gestern überall sehr gut über den Tisch gegangen zu sein. Anscheinend waren wir nicht die Einzigen, die in dieser Mondphase gute Ernten erzielen konnten“, erklärte Mama.

Ich nickte und biss beherzt von meinem Brot ab.

„Du hast deine Haare schön hochgesteckt. Das sollte ich auch gleich einmal versuchen. Gestern haben mich meine Haare, trotz Haarband, mehr als genervt. Bei der Arbeit auf dem Markt hatte ich bei dieser Haarpracht schnell angefangen im Nacken zu schwitzen. Das ist ein sehr unangenehmes Gefühl, findest du nicht auch?“, fragte mich Helena und schüttelte sich bei der Erinnerung daran.

„Ich kann dir gerne gleich helfen. Aber genau aus diesem Grund habe ich sie mir heute hochgebunden. Nass geschwitzte Haare im Nacken braucht niemand!“, stimmte ich ihr zu.

„Ihr beiden habt Sorgen! Zum Glück habe ich nicht so lange Haare, um mir darüber Gedanken machen zu müssen, wie ich sie mir am besten hochbinden muss", lachte Mama und schüttelte den Kopf.

Sie schien heute Morgen wieder freundlich zu sein und das Gestrige bereits vergessen zu haben. Ich wollte es jedoch nicht darauf ankommen lassen und blieb weiterhin in Habachtstellung.

Killian und Ramon leisteten uns Gesellschaft und erörterten mit Mama, welche Gemüsesorten wir noch zum Tauschen hatten, und besprachen äußerst genau, was eingetauscht werden sollte. Sie zogen ihre Liste heraus und markierten in Rot die wichtigsten Dinge und die weniger wichtigen in Grün.

Bereit für den zweiten Markttag, gingen wir an unseren Stand, beladen mit mehreren Gemüsekörben, Kannen voll Milch und Säcken voll Mais und Weizen. Jaron war noch nicht da, aber seine Eltern und Raphael besprachen ebenfalls angeregt die heutige Lage.

„Wo ist Jaron?", fragte ich, nachdem wir uns gegenseitig einen guten Morgen gewünscht hatten.

„Der ist heute schon sehr früh auf den Beinen gewesen, um einem Paar ein gutes Tauschangebot zu unterbreiten. Wenn das klappen sollte, wäre das unser bester Tausch auf diesem Vollmond-Markt. Das Paar tauscht sehr viele schlichte Krüge, die sie selbst herstellen. Wir benötigen dringend Nachschub an solchen Dingen, daher hoffe ich, dass das klappt", erklärte Magdalena und unterstrich derweil ein paar weitere Dinge auf ihrer Liste, die sie anscheinend ebenfalls dringend benötigten.

Sie erklärte bereits ihrem Mann, wo er heute hinzugehen hatte und was er zum Eintauschen mitnehmen sollte, als ich mich auf den Weg zu Jaron machte. Ich konnte mir schon denken, was er vorhatte, und das hatte nichts mit irgendeinem besagten Tausch zu tun.

Energisch lief ich in die Dorfmitte, nur um dann, sobald ich außer Sichtweite der Henslins war, im weiten Bogen zurück zu ihrem Haus zu gelangen.

Vorsichtig schlich ich mich an ihren Hintereingang heran. Bevor ich einige Male schnell hintereinander klopfte, sah ich mich um, um sicherzugehen, dass mich niemand beobachtete. Ich behielt mit meiner Vermutung recht, denn ein nervös dreinblickender Jaron öffnete die Tür vorsichtig einen Spaltbreit. Als er sah, wer geklopft hatte, atmete er erleichtert auf.

„Wen hast du denn erwartet, deine Eltern vielleicht?", fragte ich ihn und stapfte an ihm vorbei ins Haus.

„Ehrlich gesagt, ja. Wissen sie, dass du hier bist?", fragte er nervös, sah sich draußen einmal schnell um und schloss dann hastig die Tür.

„Nein, keine Sorge, die denken, ich hätte mich ins Gedränge gestürzt, um ebenfalls nach guten Tauschpartnern Ausschau zu halten. Was mich zu der Frage führt, welchen Tausch du vorgegeben hattest. Mit wem möchtest du denn tauschen und vor allem was möchtest du denen anbieten?", fügte ich hinzu und sah mich in dem Haus um.

Ich konnte keine einzige Ware entdecken, die lohnenswert gewesen wäre, mitzunehmen. Jaron rieb sich die Hände und fing leise an zu flüstern: „Das ist mein Problem. Meine Eltern haben nicht mehr genügend Waren zum Tauschen. Ich musste mir etwas einfallen lassen, denn wir brauchen dringend neue Krüge und Werkzeug für unser Spinnrad, wenn wir in der nächsten Mondphase über die Runden kommen wollen. Nur mit den Schafsfellen allein würden wir es dieses Mal nicht schaffen und ohne Krüge und allerlei Backzutaten könnten wir nur wenigen Gästen ein Getränk und Essen in unserem Schankraum anbieten. Ich brauche daher dringend deine Hilfe!“, erklärte Jaron verzweifelt und führte mich in sein Zimmer.

Fragend sah ich ihn an, doch mir war klar, worauf das hinauslaufen würde, als er meinen Bogen und Köcher unter seinem Bett hervorholte.

„Natürlich helfe ich dir, gar keine Frage! Was ist dein Plan? Sollen wir beide auf die Jagd gehen? Ich habe damit kein Problem! Ich möchte nur, dass du bedenkst, dass, selbst wenn wir erfolgreich sein sollten, du niemanden hast, der uns das Wild abnehmen würde, oder etwa doch?“, fragte ich ihn und staunte, als er lächelte.

„Darum habe ich mich tatsächlich schon gekümmert. Es war nicht alles gelogen, was ich meinen Eltern gesagt hatte. Ich habe mich tatsächlich heute Morgen ganz früh mit einem Paar getroffen, das sehr viele Krüge und verschiedenste Zutaten zum Backen auf einen Schlag eintauschen würde. Es wären die perfekten Tauschpartner für meine Familie und mich.

Aber für so viele Dinge, wie sie uns angeboten hatten, wollten sie natürlich im Gegenzug eine große Menge Ware haben. Ich hatte ihnen versprochen, dass ich mir etwas Gutes überlegen würde und später mit dir noch einmal zu ihnen kommen würde, wenn ich mich mit dir beraten hätte“, erklärte Jaron und sah mich dabei entschuldigend an.

Ich ging auf ihn zu und legte ihm eine Hand auf die Wange. Er sah mir in die Augen und ich konnte ihm deutlich ansehen, wie wichtig ihm das Ganze war. Ich wusste auch, dass er sich Sorgen um seine Familie machte, darum, dass sie womöglich in der folgenden Mondphase nicht genügend zum Überleben haben könnten.

Es tat mir in der Seele weh, zu sehen, wie schlimm es um die Henslins stand. Kein Wunder, dass seine Eltern gestern sehr angespannt gewirkt hatten. Das waren wahrlich keine guten Aussichten für sie.

„Ich werde dir helfen, versprochen! Wir gehen zu unseren Eltern und erklären ihnen, dass ich dir helfen möchte. Meine Familie wird schon hoffentlich ohne mich zurechtkommen. In solchen Zeiten müssen wir schließlich zusammenhalten. Ihr habt uns auch mehrmals helfen müssen und ich bin froh, dass ich mich endlich einmal erkenntlich zeigen kann."

Entschlossen versteckte ich den Bogen wieder und zog Jaron nach draußen. Er hastete hinter mir her. Als wir uns draußen befanden, hielt er mich kurz zurück.

„Ich weiß gar nicht, wie ich dir danken soll!", war alles was er sagte, doch seine Augen sprachen Bände.

„Das ist doch selbstverständlich!", gab ich zurück.

Bei den Ständen nahm ich Mama kurz beiseite und schilderte ihr schnell die Situation der Henslins. Sie wirkte äußerst schockiert und hörte mir ruhig zu, bis ich geendet hatte. Dass ich mit dem Bogen unterwegs sein würde, um Wild zu jagen, ließ ich dabei bewusst aus.

„Natürlich darfst du ihm helfen! Ich wusste ja gar nicht, in welch einer Lage sich die Henslins befinden. Warum haben sie mir gegenüber denn nichts erwähnt? Vermutlich waren sie zu stolz, da sie uns bisher immer geholfen hatten und jetzt nicht schwach wirken wollten. Geh mit

Jaron und versucht einen guten Handel zu erzielen. Wir werden das schon ohne dich schaffen“, antwortete Mama.

Ich nickte ihr stumm zu und wollte mich gerade zu Jaron aufmachen, als sie mich an einer Hand zurückhielt.

„Wenn so etwas wieder sein sollte, brauchst du mich nicht um Erlaubnis zu bitten. Ich würde den Henslins ebenfalls gerne helfen, wenn ich nur wüsste wie. Ich verdanke ihnen schließlich das Leben meiner beiden Töchter!“, fügte sie hinzu und küsste mich auf die Wange.

Ich wusste, was sie meinte. Es hatte eine Zeit gegeben, genauer gesagt, die Zeit, kurz nachdem mein Vater gestorben war, wo wir es sehr schwer hatten. Meine Mutter war von jetzt auf gleich allein gewesen, mit vier kleinen Kindern, die kaum ein halbes Dutzend Winter hinter sich hatten. Sie hatte nicht nur um ihr eigenes Überleben, sondern vor allem um das Überleben ihrer vier Kinder gekämpft.

Damals hatte sie die Henslins kennengelernt, die von ihrer Situation erfahren und kurzerhand Helena und mich mehrere Winter in ihre Obhut genommen hatten, damit sich unsere Mutter auf ihre Arbeit konzentrieren konnte.

Sie hatte nicht nur den Hof allein aufgebaut und weitergeführt, sie hatte sogar bei den Henslins in deren Schenke als Kellnerin ausgeholfen. Diese Zeit war mehr als schwer gewesen. Doch schließlich war der Tag gekommen, an dem Killian und Ramon auf dem Hof mithelfen konnten. Etwa zur gleichen Zeit hatte unsere Mutter Helena und mich wieder zu sich genommen und war stolz, fortan allein über die Runden zu kommen.

Dass sie Helena und mich weggeben musste, wo wir doch erst wenige Mondphasen hinter uns hatten, war für sie die schlimmste Entscheidung in ihrem Leben gewesen. Doch sie hätte sich niemals um zwei Säuglinge und zwei Kleinkinder gleichzeitig kümmern können. Helena und ich hatten es bei den Henslins sehr gut gehabt und sie hatten sich wie eigene Eltern um uns gekümmert.

Ich hatte mich lange Zeit mehr zu ihnen als zu meiner eigenen Familie zugehörig gefühlt und hatte nicht verstanden, warum ich eines Tages zu einer nahezu fremden Frau zurückgebracht wurde.

Doch die Tage und Mondphasen waren vergangen und Helena und ich hatten uns sehr schnell an unser neues Leben gewöhnt. Wir hatten zwei weitere Brüder, Killian und Ramon, bekommen, mit denen wir uns schnell verstanden hatten. Wir spielten sehr viel mit ihnen und dennoch waren Helena und ich immer mal wieder zu den Henslins hinübergegangen, wenn wir Heimweh bekommen hatten.

Unsere Mutter hatte uns stets gehen lassen, da sie nachvollziehen konnte, welch eine Umstellung das für uns gewesen sein musste. Doch ihr war klar, dass das allemal besser war, als wenn sie uns ganz an den Hungertod verloren hätte. Es kam in unserem Dorf nicht selten vor, dass Säuglinge aufgrund des drohenden Hungertodes vernachlässigt wurden und starben. Säuglinge, das wusste jeder, überlebten in so schwierigen Zeiten selten die ersten Winter, vor allem, wenn sie bereits mehrere Geschwister hatten.

Die Henslins hatten zu dem Zeitpunkt nur einen Säugling, Jaron, der großgezogen werden musste; die Sorge ums Überleben war auch bei ihnen stets präsent gewesen.

Daher hatten sie erst viel später, als die Zeiten merklich besser wurden, dann auch noch Raphael bekommen.

Jeder Dorfbewohner, egal, ob er aus unserem oder einem anderen Dorf kam, wusste, was es hieß, wenn es so weit war, dass dem eigenen Hof der Stillstand drohte. Nicht wenige Familien hatten deswegen ihr Leben lassen müssen. Seitdem sorgte jede Familie dafür, dass sie stets mehrere Eisen im Feuer hatte.

Die Henslins hatten jedoch erst kurz vor dem Winter eine sehr gute Tauschphase. Ansonsten hatten sie stets weniger Tauschgeschäfte als alle anderen. In der letzten Mondphase hatten sie mit offensichtlich deutlich weniger zerbrochenen Krügen gerechnet. Zu allem Überfluss war dann auch noch ihr einziges Spinnrad auseinandergebrochen. Entweder sie besorgten sich ein neues – doch das hätten sie sich keinesfalls leisten können – oder sie reparierten ihr altes. Aber dazu benötigten sie das richtige Werkzeug und die richtigen Ersatzteile. Ohne ihr Spinnrad konnten sie ihre gesammelten Schafsfelle nicht spinnen und damit folglich auch keine Stoffe herstellen und färben. Mit ihren gefärbten Stoffen konnten sie sehr gute Tauschgeschäfte erzielen, wenn diese jedoch ausblieben …

„Ich werde dich und Jaron nicht enttäuschen, Mama, das verspreche ich! Ich werde tun, was ich kann, um ihm und seiner Familie zu helfen“, beteuerte ich ihr und legte meine Hand auf ihre.

„Das weiß ich, ich kenne doch meine wunderbare Tochter!“, antwortete sie und hatte Tränen in den Augen.

Bevor wir beide gleich in Tränen ausbrechen würden, ging ich schnell zu Jaron und sicherte ihm zu, dass ich mitkommen könne. Seine Eltern wirkten darüber zunächst alles andere als begeistert, eher waren sie verärgert, dass Jaron ihre missliche Lage offensichtlich bereits herumerzählt hatte. Doch meine Mama kam ebenfalls zu ihnen und legte Magdalena eine Hand auf die Schulter.

„Lasst euch von meiner Tochter helfen! Ohne euch würde es sie heute vermutlich gar nicht geben", war alles, was meine Mama dazu sagte.

Magdalena brach in Tränen aus und schluchzte herzzerreißend an Mamas Schulter, die sie, wie ein Kind, im Arm hin und her wiegte. Sie versuchte sie zu beruhigen und bedeutete Jaron und mir zu gehen und signalisierte uns, dass sie alles unter Kontrolle habe.

Jaron und ich verschwanden in der Menge und liefen vorsichtig zum Haus, um meinen Bogen zu holen. Dann machten wir uns hastig auf den Weg zum Wald.

„Wie genau bekommen wir eigentlich das Wild, wenn wir welches erlegt haben sollten, in das Dorf? Tragen kommt nicht infrage, das würden wir alleine nicht schaffen", überlegte Jaron und blieb stehen.

„Du hast recht, wir brauchen dabei Hilfe. Aber wir können schlecht andere Dorfbewohner um Hilfe bitten. Die haben alle genug eigene Arbeit."

Wir hielten kurz vor dem Wald inne und überlegten uns eine Möglichkeit. Die Sonne kletterte immer weiter den Himmel hinauf und es schien eine halbe Ewigkeit zu dauern, bis mir schließlich die einzig logische Erklärung kam.

Dabei war es doch so einfach!

„Pferde! Wir benötigen zwei Pferde, Jaron! Die würden mit Leichtigkeit das Gewicht tragen können“, stieß ich hervor.

„Und wo sollen wir jetzt auf die Schnelle zwei Pferde herbekommen, ohne unnötig Aufmerksamkeit zu erregen?“, fragte er frustriert und schlug die Hände über dem Kopf zusammen.

„Ich denke, wir sollten am Pferdehof bei Leonard oder Magarete nachfragen. Wir sind doch immerhin schon etwas erfahren im Reiten und ich könnte mir vorstellen, dass sie nichts dagegen hätten.“

„Und was möchtest du denen sagen, wenn die uns fragen, warum wir, mitten im Vollmond-Markt, in den Wald reiten wollen? Noch dazu ganz alleine? Außerdem kann ich mir nicht vorstellen, dass sie uns einfach so gehen lassen würden, ohne sich davon eine gewisse Gegenleistung zu versprechen.“

„Da könnte etwas dran sein. Wie wäre es, wenn wir ihnen dafür ein Reh anbieten würden und sie uns alleine und, ohne unnötige Fragen zu stellen, in den Wald reiten lassen würden?“

„Wenn du ihnen etwas Derartiges versprichst, musst du es aber auch einhalten können. Würdest du das schaffen?“

„Jaron, ich muss es einfach schaffen. Immerhin geht es hier um dich und um deine Familie. Glaubst du, da interessiert es mich, dass wir Leonard und Magarete enttäuschen müssten, sollten wir gar keinen Erfolg haben? Die sind mir nicht so wichtig wie du!“

Jaron schien vor Erleichterung nahezu überzuschnappen und küsste mich leidenschaftlich auf den Mund. Er umrahmte mein Gesicht mit seinen Händen. Worte der

Dankbarkeit waren nicht nötig, denn sein Blick sagte mehr als tausend Worte.

Wir machten uns auf, um unseren Plan in die Tat umzusetzen. Doch vorerst deponierte ich Pfeil und Bogen im Wald, um ihn nicht mit zum Pferdehof mitnehmen zu müssen. Am Hof angekommen, setzten wir uns eilig mit Leonard zusammen und erklärten ihm unser Vorhaben. Er sprach sich mit seinen Eltern ab. Sie schienen nicht sonderlich begeistert zu sein, willigten aber, zum Glück für uns, letztendlich doch ein, als wir ihnen Wild versprachen.

Leonards Eltern boten uns sogar an, dass, wenn wir ihnen zwei Tiere bringen würden, wir ihnen für die noch anstehenden Reiteinheiten keine weiteren Waren geben müssten. Doch die Hofarbeiten würden nach wie vor auf uns warten, wenn wir zurückkämen. Letzteres war jedoch das kleinere Übel.

Leonard half uns beim Satteln und Zäumen und gab uns mehrere Seile unterschiedlicher Längen und Stoffe mit. Er erklärte uns, wie wir das Wild einwickeln und auf den Pferderücken oder auf den Hals festbinden sollten, und schon waren wir unterwegs.

Wir trabten aus dem Dorf und kaum dass wir im Wald waren und ich den Bogen wieder einsammeln konnte, ließen wir die Pferde davongaloppieren. Ich wusste nicht genau, in welche Richtung wir auf Wild stoßen würden, doch ich hielt mich instinktiv von den Trampelpfaden fern.

Es war ein unbeschreibliches Gefühl, auf dem Pferderücken zu sitzen und davonzustürmen. Ich dachte unwillkürlich an meinen Traum und bemerkte irgendwann, dass mir die Gegend, die an uns vorbeiflog, bekannt vorkam.

Ich wusste, wohin ich reiten musste, und schlug eine sanfte Linkskurve ein. Jaron folgte mir wortlos, was jedoch nicht anders möglich war, bei dem Tempo, welches ich vorlegte. Es dauerte eine ganze Zeit und ich befürchtete schon, dass wir unsere Pferde anhalten lassen mussten, da sie anfingen zu schwitzen, als vor uns eine Lichtung in Sicht kam.

Ich hob eine Hand und bedeutete Jaron, sein Pferd zu zügeln, bis wir schließlich im Schritt waren und stehen blieben. Ich legte einen Finger an den Mund und deutete vor uns. Jaron verstand sofort und stieg leise aus dem Sattel. Er bedeutete mir, weiterzugehen, während er beide Zügel von den Pferden in den Händen hielt und sie etwas grasen ließ.

Ich schlich auf die Lichtung zu und suchte den mir bekannten Flusslauf ab. Es war erschreckend, wie ähnlich alles meinem Traum war, so als wäre ich vor wenigen Tagen schon einmal hier gewesen.

Vorsichtig schlich ich auf eine kleine Felsformation zu und kletterte hinauf. So hatte ich einen besseren Überblick über den Fluss und die Lichtung. Gleichzeitig hatte ich keinen Wind im Rücken und lief nicht Gefahr, vom Wild gerochen zu werden.

Ich machte schnell eine kleine Gruppe Rehe aus, die aus dem Wald zum Fluss lief. Vorsichtig zog ich einen Pfeil aus dem Köcher und legte ihn an die Sehne. Ich wusste, sobald ich einen Pfeil abgeschossen hätte, müsste ich schnell den zweiten anlegen. Vier Tiere auf einmal würde ich nicht schießen können, doch zwei mussten es mindestens werden.

Ohne großartig darüber nachzudenken, was ich anschließend machen sollte, kam ich aus meiner gebückten Haltung auf die Beine und spannte den Bogen. Ich positionierte mich so, wie ich auf die Zielscheibe geschossen hatte.

Ruhig sah ich an dem Pfeil entlang und konzentrierte mich auf meine Atmung. Genau in dem Moment, wo ich den ersten Pfeil davonfliegen ließ, flaute der Wind ab. Er traf sein Ziel und noch bevor der große Hirsch am Boden lag, war er bereits tot.

Ich hatte ihm in den Hals geschossen.

Schnell schoss ich einen zweiten Pfeil ab. Da mir jedoch nicht die Zeit blieb, lange zu zielen, schoss ich fast blindlings auf die Gruppe und erwischte eine Hirschkuh am Bauch, die bereits tiefer in den Wald hinein davonrannte.

Völlig geschockt, ging diese zu Boden und kämpfte sich unter Todesangst wieder auf die Beine, schaffte es jedoch nicht rechtzeitig. Noch bevor sich das arme Tier lange weiterquälen musste, schoss ich einen dritten Pfeil ab, der dem Tier Erlösung brachte. Es krachte auf dem Boden zusammen und war ebenso schnell tot wie der Hirsch kurz zuvor.

Der Rest der Herde war bereits in den Tiefen der Wälder verschwunden und ich legte mir den Bogen auf den Rücken, um von der Felsformation hinunterzusteigen.

Doch noch bevor ich auf dem Boden ankam, hörte ich Getrampel von mehreren Hufen und sah mich hektisch um. Die Herde, die sich in wilder Panik davongemacht hatte, kam um die kleine Felsformation herum.

Schnell zog ich den Bogen vom Rücken und legte einen weiteren Pfeil an. Ich zielte kurz und ließ den vierten Pfeil fliegen. Dieser bohrte sich in die Flanke einer jungen Hirschkuh und ließ sie straucheln. Voller Hast rannte diese in die Seite eines weiteren Tieres, woraufhin beide kopfüber in den Fluss fielen.

In dem knietiefen Wasser kamen sie nur schwer wieder auf die Beine und so hatte ich genügend Zeit, um zwei weitere Pfeile abzuschießen. Ich traf ein Tier hinter den Ohren und das zweite am Hals, wie bei dem Hirsch ganz zu Anfang. Jaron kam mir zu Hilfe, um das letzte Stück hinabzusteigen.

„Das war echt beeindruckend, Carolin! Mit welch einer Leichtigkeit du diese Rehe gejagt und niedergestreckt hast, einfach unglaublich! Du weißt gar nicht, wie stolz ich auf dich bin. Versprich mir nur, solltest du jemals sauer auf mich sein, dass du mich nicht mit Pfeil und Bogen jagen wirst, ja?“, lachte Jaron, nahm mich in den Arm und drehte sich einmal mit mir um die eigene Achse.

Das Jagen selbst war, im Gegensatz zum Rest, wirklich ein Kinderspiel gewesen. Nur mit Mühe und Not schafften wir es, die Rehe aus dem Fluss zu ziehen und zu den Pferden zu tragen oder, besser gesagt, über den Waldboden zu ziehen. Jaron hatte die Pferde an einen dicken Ast eines Baumes angebunden, damit sie nicht weglaufen konnten.

Die anderen beiden Tiere mussten wir höchst konzentriert über den Fluss tragen. Die Steine im Flussbett waren äußerst glatt und beinahe hätte sich Jaron das Knie an einem Fels aufgeschlagen, als er ausrutschte.

Als wir je zwei Tiere auf den Pferden festgebunden hatten, setzten wir uns hin, um uns eine kurze Pause zu gönnen. Es schien, dem Stand der Sonne nach zu urteilen, ewig gedauert zu haben, bis wir uns auf den Rückweg zum Dorf begeben hatten.

Zum Glück hatte Jaron das Paar gebeten, auf ihn zu warten, denn als wir endlich – hoch zu Ross – im Dorf bei ihnen ankamen, bemerkten wir, dass die meisten ihre sieben Sachen bereits wieder verstaut hatten. Das Paar wirkte sichtlich erleichtert, als es Jaron und mich erblickte, und wirkte höchst erstaunt, was wir ihnen zu bringen hatten.

Der Handel war schnell abgeschlossen. Sie wollten den großen Hirsch haben, da sie für das Geweih, welches – gut für uns – unversehrt geblieben war, noch Verwendung hatten. Wir sagten, dass wir die vereinbarten Habseligkeiten später abholen kämen und erst die Pferde wegbringen würden.

Mit den Pferden und den restlichen drei Tieren machten wir uns auf den Weg zum Pferdehof. Dort erwartete uns ein bereits nervös dreinblickender Leonard, doch ihm fiel sofort ein Stein vom Herzen, als er sah, dass wir nicht nur erfolgreich, sondern ebenso mit gesunden wie unverletzten Pferden wieder da waren.

Er rannte schnell zu seinen Eltern und dann halfen sie uns, zwei weitere Tiere loszubinden. Für das letzte und vierte Tier hatte ich noch Verwendung und bat Leonard, mir Regen kurz ein weiteres Mal auszuleihen. Ich versprach ihm, dass ich im Dorf bleiben würde.

Ich erklärte Jaron, dass er zuerst die Krüge und die Backzutaten zu seiner Familie bringen sollte. Anschließend sollte er seine Eltern fragen, welche Ersatzteile und Werkzeuge für das Spinnrad benötigt würden. Danach sollte er bei Killian nachfragen, wie es um das Werkzeug stand, das meine Familie noch benötigte. Zum Schluss sollte er zu dem Stand kommen, an dem das gesamte Werkzeug getauscht wurde, um die letzten Waren einzutauschen.

Ich klopfte Regen auf den Hals und ritt sie zum Werkzeugstand. Ich kam gerade noch rechtzeitig, da die beiden Männer bereits einpackten. Auf einen Wink von mir hielten sie kurz inne, um sich meinen Tauschhandel vorschlagen zu lassen. Sie schienen interessiert und legten die Ware wieder aus. Ich stieg aus dem Sattel und begutachtete das viele Werkzeug.

„Also, Killian hat kein Werkzeug eintauschen können, dafür aber viele Stoffe, Kleidung, ein oder zwei Tintenfässchen, Fette und Öle. Er reichte mir diese Liste, was er auf jeden Fall noch gebrauchen könnte“, schnaufte Jaron, als er zu mir gerannt kam und sich halb auf Regen abstützte. „Meine Eltern gaben mir diese Liste hier.“

Auf Killians Liste standen Dinge wie Sägen in unterschiedlichen Größen und mit ein oder zwei Griffen. Hinzu kamen verschiedenste Ketten und einzelne Metallringe sowie viele Schlösser mit je zwei Schlüsseln. Ich nickte und las die zweite Liste durch, die deutlich weniger enthielt. Ich reichte beide Listen den zwei Männern. Diese überflogen sie rasch. Bis auf eine große Säge mit zwei Griffen schienen sie mit dem Tausch einverstanden zu sein und gaben mir die Listen zurück. Ich schlug in den Handel ein.

Jaron und ich banden das Reh los und trugen es in den Planwagen der beiden Männer, während diese die Werkzeuge in einen Korb packten und für uns bereitstellten.

Zufrieden mit dem heutigen Tag, brachten wir Regen zu Leonard zurück. Als sie sicher und sauber in ihrer Box stand und ihr Heu fraß, begab ich mich mit Jaron auf den Weg zu unseren Familien zurück.

Mama und Helena packten die letzten Dinge, die noch da waren, zusammen und Killian und Ramon unterhielten sich über den heutigen Tag. Die Henslins hatten ihren Stand bereits geräumt und begutachteten die neuen Krüge und Zutaten. Magdalena liefen Tränen der Erleichterung über die Wangen. Als sie uns erblickte, stürmte sie auf uns zu und umarmte mich stürmisch.

„Vielen lieben Dank, Carolin! Du weißt gar nicht, wie sehr du uns damit heute geholfen hast. Das werde ich dir nie vergessen!“, schluchzte sie und strich mir kurz liebevoll über die Wangen, bevor sie das Werkzeug und die Ersatzteile für das Spinnrad aus unserem Korb fischte.

Killian kam uns ebenfalls entgegengelaufen, um den Korb zu begutachten, den Jaron freundlicherweise trug. Killian machte große Augen, als ihm auffiel, was er alles dabeihatte.

„Wie zum Teufel habt ihr diese ganzen Sachen bekommen? Habt ihr die geklaut?“, wollte er wissen und konnte sich ein Lachen nicht verkneifen.

Ich wollte ihm gerade eine Antwort liefern, als Mama angestürmt kam.

„Ich dachte, ich hätte mich in Bezug auf den Bogen deutlich ausgedrückt, Carolin! Du solltest ihn doch zurückgeben!“, sagte sie und klang dabei tief enttäuscht.

Ich hatte ganz vergessen, meinen Bogen wieder bei Jaron zu verstecken. Stattdessen prangte er an meinem Rücken wie ein Wappen und der Köcher hing an meiner Hüfte.

„Nun mach deiner Tochter doch deswegen kein schlechtes Gewissen, Gabriela. Sie hat uns heute sehr geholfen. Du kannst stolz auf deine Tochter sein!“, winkte Magdalena ab und wirkte dabei ebenfalls sehr stolz auf mich.

„Vielleicht hast du recht, tut mir leid, wenn ich gestern diesbezüglich zu hart zu dir gewesen war, mein Kind! Aber der Gedanke, dich mit dieser Waffe zu sehen, ist mehr, als ich ertragen kann, verstehst du?“, erklärte Mama, doch ich merkte ihr an, dass das Thema für sie noch lange nicht vom Tisch war.

„Nun sagt aber, Kinder, wie habt ihr all das eintauschen können? Was habt ihr den Leuten anbieten können?“, wechselte Magdalena das Thema und wirkte sehr interessiert.

„Carolin und ich sind heute Morgen im Wald jagen gewesen, genauer gesagt, Carolin war jagen, ich habe ihr zugesehen. Ich kann euch sagen, ich hatte zwischendurch schon Angst, sie würde alles niederstrecken, was ihr über den Weg lief, und bin sicherheitshalber hinter einem Baum in Deckung gegangen“, begann Jaron mit seiner Erzählung.

Die anderen hörten ihm zu und nickten anerkennend in meine Richtung, während sie der Erzählung lauschten.

„Erstaunlich, dass du deine Affinität zum Jagen entdeckt hast, Carolin. Von wem hat sie das wohl, Gabriela?“, fragte Ludwig, als Jaron geendet hatte, und sah Mama erwartungsvoll an.

Diese zuckte mit den Schultern und meinte bloß, dass sie nicht gewusst habe, welch ein Talent in ihrer Tochter stecke. Sie betonte jedoch, dass das Jagen sehr gefährlich sei und sie es besser finden würde, wenn ich damit nicht weitermachen würde.

„Wie viele Tiere habt ihr eigentlich mitbringen können? Das konnten ja nicht nur ein oder zwei Tiere gewesen sein, um so viele Waren dafür zu bekommen“, überlegte Killian laut.

„Insgesamt hat Carolin vier Tiere geschossen. Einen Hirsch und drei Rehe. Den Hirsch habe ich für die Krüge und die Backzutaten hergeben müssen, da sie sein großes Geweih haben wollten. Zwei Rehe haben wir dem Pferdehof gegeben, die uns freundlicherweise zwei Pferde bereitgestellt hatten. Wir hätten ja schlecht vier Tiere zu zweit aus dem Wald tragen können. Außerdem müssen wir somit nur noch die anfallende Stallarbeit bei ihnen erledigen. Auf den Rest der Waren verzichten sie, dank der beiden Wildtiere.

Na ja, und das letzte Tier ist für das Werkzeug eingetauscht worden. Bis auf die große Säge mit den beiden Griffen waren sie mit allem anderen einverstanden“, erklärte Jaron.

„Ich kann mich nur noch einmal in aller Form bei dir bedanken, Carolin, dass du das für uns getan hast! Jetzt kann ich beruhigt in die nächste Mondphase blicken, ohne dass wir uns Sorgen machen müssen. Auch wenn jetzt jede Menge Arbeit auf mich wartet. Aber die nehme ich nur allzu gerne in Angriff“, meinte Magdalena und umarmte mich erneut.

Ich war froh, dass ich ihnen hatte helfen können, und lächelte Jaron zu. Der Tag war ein voller Erfolg gewesen und im Gegensatz zu meiner Mutter bereute ich nicht einen einzigen Augenblick davon.

„Da wir im Prinzip alles bekommen haben, was wir brauchen, finde ich, dass wir uns morgen früh freinehmen können. Wir brauchen erst später wieder am Stand zu stehen“, meinte Killian. „Was sollten wir auch noch groß eintauschen können? Wir haben schließlich nicht mehr sehr viel übrig“, fügte er hinzu und klopfte mir auf die Schulter.

Wir machten uns daran, die Waren in die Häuser zu bringen. Mama war während des gesamten Rückwegs nach Hause still und sagte kein Wort, zu niemandem. Ich hingegen bereute nach wie vor nicht einen Moment des heutigen Tages, denn ich war mir sicher, dass ich das Richtige getan hatte.

ᛁᚾ ᛖᛁᚾᛖᚱ ᚺᚾᚦᛖᚱᛖᚾ ᛉᛖᛁᛏ

Während mein Mann auf besagter Drachenjagd war, kümmerte ich mich um die Kinder. Ich hatte bereits die wichtigsten Dinge in Satteltaschen untergebracht und legte dem weißen Hengst die Gurte um.

Wie ich an ihn gekommen war, daran wollte ich gar nicht erst zurückdenken. Ich mochte vielleicht meine Ideale haben und ein bestimmtes Bild von der Zukunft, für die ich einiges auf mich nehmen würde, aber Stehlen gehörte eindeutig nicht zu den Dingen, die ich regelmäßig praktizieren wollte.

Ich tröstete mich mit dem Gedanken, dass der Hengst erst am nächsten Tag vermisst werden würde, da die beiden Städte vollauf damit beschäftigt waren, die Kinder aus den Städten zu schaffen, damit, falls etwas schiefgehen sollte, niemand von ihnen zu Schaden käme.

„Wann gehen wir denn jetzt endlich zu Wogarras?“, fragte mich mein jüngerer Sohn und hielt sein Drachenkopfkissen im Arm.

„Es dauert nicht mehr lange, mein Liebling. Habt dein Bruder und du die Sachen für die Übernachtung gepackt?“

Ich hatte meine Kinder unter dem Vorwand zum Sachenpacken bekommen, dass wir gemeinsam in der Höhle bei Wogarras schlafen würden. Sie würden bei Wogarras schlafen, allerdings nicht so, wie ich es ihnen versprochen hatte.

„Ja, und er fängt schon wieder an, mich zu ärgern. Er zieht mir die ganze Zeit das Kissen aus den Händen“, beschwerte er sich und drückte mir besagtes Kissen in die Hände.

„Vermutlich ist er nur neidisch, dass er nicht auch so eines hat“, versuchte ich ihn zu beschwichtigen.

„Da könntest du recht haben.“

Ich ging mit ihm Hand in Hand ins Haus zurück. Die Sonne stieg immer höher und so langsam musste ich zusehen, dass wir hier wegkamen, bevor die Männer die Jagd antraten.

Ich lief in die Kinderzimmer und kontrollierte die Stapel auf den Betten meiner Söhne. Sie hatten an viele frische Klamotten gedacht. Das sollte hinkommen, zumindest für die erste Zeit. Alles Übrige war sicher in den Satteltaschen verstaut.

„Also, wenn ihr euch gewaschen habt und frische Klamotten anhabt, können wir losgehen“, meinte ich und wurde von meinen beiden Söhnen stürmisch umarmt.

„Das wird aber auch Zeit!“

Ich ging noch ein letztes Mal durch sämtliche Zimmer, um sicherzugehen, dass ich nichts Wichtiges vergessen hatte. Dann warf ich mir einen großen Rucksack um, der meine Kriegsausrüstung enthielt, und steuerte das dritte Kinderzimmer an.

Meine Tochter hatte ich frisch gewickelt und ebenfalls in neue Klamotten gesteckt. Ich beugte mich über die Kinderwiege.

„Bald schon werden wir ein neues Zuhause haben, wo dir kein Mensch mehr Leid zufügen wird“, versprach ich ihr und küsste sie auf ihre kleine Stirn.

Sie sah mich neugierig an und deutete dann auf die Tür. Sie hatte sich bereits von diesem Haus und von diesem Leben verabschiedet, das wusste ich.

„Zum Glück weißt du nicht, was hier um dich herum geschieht, meine Kleine!“

Doch schon eines Tages sollte ich eines Besseren belehrt werden. Bevor ich meine Tochter hochhob, schulterte ich meinen Rucksack. Vorsichtig, mit meiner Tochter in den Armen, verließ ich das Kinderzimmer und schloss die Tür hinter mir. Meine beiden Söhne hörte ich vor dem Haus wieder miteinander streiten.

Ich sollte einfach ein zweites Kissen nähen. Vielleicht hören sie dann endlich damit auf.

Doch ohne die nötigen Nähutensilien könnte ich diesen Plan nicht in die Tat umsetzen.

So zügig wie ich konnte lief ich zurück ins Wohnzimmer und griff nach meinem Nähbeutel, der alles Wichtige enthielt. Den nötigen Kissenbezug würde ich noch besorgen müssen. Während ich diesen Beutel trug, musste ich unwillkürlich schmunzeln. Ich hatte mir immer alles so zurechtgelegt, dass ich es schnell zusammenpacken und verschwinden könnte. Nie hatte ich Dinge, die zusammengehörten, überall im Haus verteilt. Denn tief im Innern hatte ich gewusst, dass ich dieses Leben nicht ewig leben würde. Ich verschwendete keinen Gedanken daran, was ich zurückließ, als ich mit meinen Kindern auf den Wald zulief.

In ein neues Leben!

17. Kapitel

Der nächste Tag begann, zumindest für mich, sehr früh, wie so oft in letzter Zeit. Ich konnte irgendwann nicht mehr schlafen und zog mich an. Vorsichtig und leise schlich ich mich aus dem Haus ins Dorf.

Ich war neugierig, wie sich das Dorf in den letzten Tagen verändert hatte, von den vielen Planwagen einmal abgesehen. Ich ging zum Rand des Dorfes und betrachtete die Weite, die nun frei lag, da hier alle Bäume gefällt worden waren. Erschrocken stellte ich fest, als ich am Rand der Fläche entlanglief, die freigeräumt worden war, dass diese gut die Hälfte (wenn nicht sogar mehr) des bisherigen Dorfes ausmachen musste.

An vielen Stellen nahe dem Dorf waren bereits viele viereckige Flächen ebenerdig gemacht worden und die ersten Steinreihen standen. Sie kennzeichneten die späteren Größen der Häuser, die bald dort stehen würden. Allein dort, wo ich stand, erkannte ich die Umrisse von mindestens zwei Dutzend neuen Häusern.

Cristin und ihre Familie könnten wirklich Glück haben und direkt nach dem Vollmond-Markt hierbleiben, denn ich erkannte unter diesen zwei Dutzend angefangenen Häusern eine Handvoll, die kurz vor der Fertigstellung zu sein schienen. Sobald der Vollmond-Markt vorüber wäre, würden die Arbeiter hier ihre Arbeit wieder aufnehmen und das Dorf in kürzester Zeit in Größe und Einwohnerzahl fast verdoppeln.

Bei dem Gedanken, dass dies nur der Anfang von weiteren Waldrodungen sein würde, wurde mir flau im Magen. Ich wollte nicht darüber nachdenken, wie das alles genau weitergehen würde, wenn die Drachen fliehen mussten.

Wo wird mein Platz auf Erden sein, jetzt, wo ich meine neue Persönlichkeit und das Leben mit den Drachen gerade erst zu akzeptieren anfange?

In Gedanken versunken und über die Ziegelreihen hinwegsteigend, bemerkte ich nicht, wie mich ein gelbes Augenpaar gebannt beobachtete. Ich stieß mit dem Fuß einen kleinen Stein weg. Dieser prallte von einer bereits bestehenden Hauswand zurück und flog in eine andere Richtung weiter.

Ich sah dem Stein hinterher und blickte plötzlich in das gelbe Augenpaar. Sie taxierten mich, ohne zu blinzeln. Ich konnte in der Dunkelheit erkennen, dass sie sich nicht sehr weit von mir entfernt befanden, höchstens 15 oder 16 Schritte entfernt. Ich konzentrierte mich, um die Gestalt auszumachen, die sich im Schatten eines der fast fertiggestellten Häuser befand.

Dank meiner guten Nachtsicht, an die ich mich noch nicht vollkommen gewöhnt hatte, konnte ich die beeindruckende Gestalt eines Wolfes erkennen. Ich wagte mich nicht zu bewegen.

Gänzlich unerwartet hob der Wolf seinen Kopf und tapste vorsichtig auf mich zu. Ich schrak innerlich zusammen, als ich erkannte, wie groß er war, während er aus dem Schatten trat. Vorsichtig schnupperte er in der Luft und machte einen weiteren Schritt auf mich zu. Ich rührte mich immer noch nicht, wappnete mich jedoch auf eine schnelle Flucht Richtung Dorf. Meine Nerven waren zum Zerreißen gespannt und meine Beinmuskeln waren hart wie Stein, bereit zur Flucht.

Meine Mutter hatte mir einmal erzählt, dass der Körper, wenn er sich in einer lebensbedrohlichen Situation befinde, sich für eine der beiden Möglichkeiten – Flucht oder Kampf – entscheide.

Mein Körper bereitete sich auf die anstehende Flucht vor, denn ich hätte einen Kampf verloren, das wusste ich mit tödlicher Sicherheit. Mein Herz fing an zu rasen und ich überlegte fieberhaft, wie ich diesem Ungetüm überhaupt davonrennen sollte Er würde einen Satz machen, für den ich drei Schritte benötigte. Mir wurde klar, dass ich niemals gewinnen konnte. Ich würde mich dem Unvermeidlichen stellen und wohl doch kämpfen müssen.

Ich hätte nie gedacht, dass mein Leben womöglich auf eine solche Art enden würde. Immerhin würde es schnell gehen. Vielleicht würde ich vor Schreck sterben, noch bevor mich der Wolf umbringen konnte. Dann würde ich wenigstens keinen Schmerz spüren.

Den Wolf und mich trennte nur noch eine Distanz von höchstens drei Schritten. Sein Kopf befand sich fast auf der Höhe von meinem, als er sich streckte. Er öffnete sein Maul und zeigte die langen Fänge. Seine Ohren wiesen nach hinten und ein Knurren ertönte aus seiner Kehle. Er knickte mit seinen Vorderfüßen ein wenig ein, bereit zum Sprung auf seine Beute.

Dann machte der Wolf plötzlich einen Satz auf mich zu. Instinktiv wandte ich mich von ihm ab und kauerte mich zusammen. Ich hatte bereits mit meinem Leben abgeschlossen und wartete auf den Aufprall des Wolfes.

Doch nichts passierte.

Vorsichtig öffnete ich wieder die Augen und sah in die Richtung, aus welcher der Wolf mich angesprungen hatte, doch da war er nicht mehr. Er war verschwunden.

Nicht, dass er selbst weggerannt wäre, nein, er wurde von etwas noch Größerem gepackt. Noch ehe der Wolf einen letzten Schmerzenslaut von sich geben konnte, hörte ich Knochen brechen und der leblose Körper des einst so prachtvollen Tieres fiel ein paar Schritte von mir entfernt auf den Boden. Sogar in liegender Lage und bewegungslos blieb er Ehrfurcht gebietend und Furcht einflößend.

Fassungslos sah ich auf den Kadaver des Wolfes und versuchte auszumachen, was das gewesen sein konnte. Ich sah in sämtliche Richtungen, blickte auch ins schattige Dickicht, konnte aber nichts entdecken.

„Dafür, dass du so gut mit dem Bogen umgehen kannst, hätte ich nie gedacht, dich in einer solchen Lage jemals ohne diesen vorzufinden!“

Erschrocken fuhr ich herum und blickte in ein großes, schwarzes Augenpaar mit einem weißen Schimmer darin. Durch seine schwarze Farbe fiel er so, wie er da auf dem Dach kauerte, kaum auf. Bis auf seine weißen Klauen, Hörner und dem Stern auf seiner Stirn verschmolz er mit seiner Umgebung. Anmutig schwang er seinen Schwanz hin und her und neigte amüsiert seinen Kopf zur Seite.

„Jetzt weiß ich, warum du ‚der ‚stille Tod‘ genannt wirst!“

Ich schloss kurz die Augen und war so erleichtert, ihn zu sehen, dass mir die Beine den Dienst versagten. Unsanft fiel ich zu Boden, während der Schweiß aus allen meinen Poren drang. Sämtliche Energie meines Körpers schien sich in Luft aufgelöst zu haben.

„Du musst vorsichtig sein, Kriegerin. Zu dieser Tageszeit alleine herumzulaufen, noch dazu unbewaffnet, ist mehr als unbesonnen gewesen. Der Wolf hätte dich zum Frühstück verspeisen können und niemand hätte dir noch rechtzeitig zu Hilfe eilen können."

Er ermahnte mich zu Recht. Ich war mehr als töricht gewesen, mich hier allein bei Nacht herumzutreiben. Ich hätte beinahe mit dem Leben dafür bezahlt und keiner hätte gewusst, was mit mir passiert wäre.

Es hätte das Ende sein können.

Ich beugte mich zur Seite und erbrach mich. Ich spuckte so lange, bis sich mein Magen komplett entleert hatte und nur noch Galle hochkam.

Mit zitternden Händen wischte ich mir, so gut es ging, den Mund ab. Es war beschämend, vor einem Drachen derart die Nerven zu verlieren und zu würgen, doch was hätte ich machen sollen? Immerhin lebte ich noch, weil er rechtzeitig da gewesen war.

„Warum bist du eigentlich hier?"

„Wäre es dir lieber gewesen, wenn ich nicht auf Fingawes Befehl hin hergeflogen wäre?"

„Nein, so meinte ich das nicht! Ich wollte nur wissen, woher du wusstest, dass ich in Gefahr war."

„Dein Band zu Fingawe ist stärker, als du denkst, sie ist in der Lage, derartig intensive Gefühle zu spüren. Da du dich in Lebensgefahr befandest, sollte ich nach dir sehen und dich retten, bevor etwas Schlimmes passieren konnte.

Du kannst froh sein, dass ich so schnell hier war. Nächstes Mal hast du vielleicht weniger Glück, Kriegerin.“

„Ich bin keine Kriegerin. Ich fühle mich dem nicht gewachsen. Also hör bitte auf, mich so zu nennen!“

„Du musst lernen, das einzusehen. Du kannst deiner Bestimmung nicht davonlaufen. Das kann niemand.“

Esark sah sich um und reckte dann seinen Hals zu mir herunter.

„Lass mich dich zum See bringen, damit du dich sauber machen kannst, bevor ich zu meinem Weibchen zurückfliegen muss. Sie braucht mich, denn unser Junges ist gerade geschlüpft.“

Ich sah ihn fassungslos an und mir wurde schlagartig noch übler. Während mein Leben in Gefahr war, musste die arme Fingawe ihren Partner fortschicken, um ihre dumme und naive Reiterin zu retten, und das ausgerechnet genau in dem Moment, wo der Nachwuchs schlüpfte. Ich übertraf mich wirklich selbst.

„Sei nicht zu hart zu dir, Kleines! Ich werde immer dafür sorgen, dass dir nichts passiert, auch wenn ich nicht selbst zu Hilfe eilen kann.“

„Womit habe ich eine so treue Freundin wie dich nur verdient?“

„Horche ihn dich hinein und du wirst wissen, warum!“

Ich stand auf und ging mit wackeligen Beinen auf Esark zu. Fingawe hatte eine bessere Reiterin als mich verdient, das wusste ich. Ich schwor mir, dass ich es wiedergutmachen würde. Was passiert war, war passiert und ließ sich nicht mehr ändern. Ich konnte nur dafür sorgen, dass solch unbesonnene Situationen meinerseits nie wieder vorkämen.

Esark packte mich mit einem vorsichtigen Biss in meine Kleidung, um mich auf seinem Rücken absetzen zu können. Nachdem ich dicht hinter den beeindruckenden Halszacken Platz genommen hatte, hob Esark seinen großen Kopf und blickte über das Dach des Hauses hinweg, auf dem er saß. Die Luft schien rein zu sein. Lautlos erhob er sich mit einem einzigen Flügelschlag, stieg hoch in die Luft und glitt mit weit geöffneten Flügeln zum See.

Am Rulkorsee angekommen, ließ er mich absteigen. Er beobachtete mich, wie ich mir mit immer noch zitternden Händen Wasser ins Gesicht spritzte. Er blickte sich um und als er keine Bedrohung ausmachen konnte, stieg er wortlos in die Lüfte und machte einen weiten Bogen über dem See, bevor er im Wald verschwand.

Der weitere Morgen verlief zum Glück ereignislos. Die anderen wurden einer nach dem anderen wach und setzten sich an den Frühstückstisch, den ich gedeckt hatte. Ich schlug ihnen vor, zur Feier des freien Morgens in den Wald zu gehen. Sie waren begeistert über diese Idee, da sie eine gute Abwechslung darstellte.

„Aber nur, wenn du uns zeigst, wie du mit diesem Bogen umgehen kannst. Jarons Meinung nach sollten wir uns das nicht entgehen lassen“, meinte Killian und trank seine Milch.

„Na gut, wie ihr wollt, ich zeige es euch. Ihr würdet ja sonst sowieso keine Ruhe geben“, gab ich mich schnell geschlagen.

„Stimmt!“, erwiderte Ramon und grinste frech.

„Jaron und Raphael wollen aber bestimmt mitkommen. Ohne die gehe ich nicht in den Wald!“, drohte ich.

Wenn ich wirklich gehofft hatte, dadurch um das Bogenschießen herumzukommen, hatte ich mich gewaltig getäuscht.

„Das ist das kleinere Problem! Wir gehen sofort nach dem Frühstück und der Arbeit hier los und holen die beiden ab“, meinte Killian und zuckte lässig mit den Schultern.

Wir misteten die Ställe aus und kümmerten uns um das Gemüse und die Felder. Danach machten wir uns zu viert zu Jaron und Raphael auf. Unsere Mutter hatte nichts zu unserer Unternehmung, speziell zu dem Teil mit dem Bogenschießen, gesagt und uns einfach wortlos gehen lassen.

In der Wohnung der Henslins warteten wir, bis sich Jaron und Raphael umgezogen hatten. Es schien eine halbe Ewigkeit zu dauern.

„Wieso braucht ihr ausgerechnet heute Morgen so lange zum Umziehen? Wir wollen aufbrechen und sehen, wie Carolin schießt“, meckerte Helena Richtung Zimmer.

„Nun werdet mal nicht ungeduldig, meine Lieben. Es wird bestimmt nicht das letzte Mal gewesen sein, dass wir Carolin in Aktion erleben dürfen“, antwortete Jaron und trat ins Wohnzimmer.

„Das vielleicht nicht, aber ich möchte das noch vor dem nächsten Winter erleben, wenn es sich einrichten ließe“, erwiderte Helena.

„Carolin würde für mich bestimmt so lange warten, oder?“, fragte mich Jaron.

„Nein, da muss ich dich leider enttäuschen. Bis zum Winter wäre noch eine viel zu lange Zeit. Die würde ich für keinen auf der Welt absitzen, nur damit er mir beim Bogenschießen zugucken könnte“, meinte ich und streckte Jaron die Zunge heraus.

„Jetzt weiß ich wenigstens, wie wenig ich dir bedeute“, tat Jaron beleidigt.

„Als ob du so lange auf mich warten würdest. Jetzt tu nicht so unschuldig, Jaron!“

„Wer sagt denn, dass ich das nicht tun würde? Ich würde bis zum Ende der Zeit auf dich warten!“

„Nein, würdest du nicht! Warten kann ziemlich langweilig werden.“

Bevor Jaron darauf etwas erwidern konnte, platzte Raphael ins Wohnzimmer.

„Sieht so aus, als würden wir endlich loskommen“, bemerkte Killian und erhob sich zuerst.

„Das hat ja jetzt auch lange genug gedauert“, stellte Ramon fest.

„Wo wollen wir denn überhaupt hin?“, fragte Raphael völlig außer Atem und streifte sich das letzte Oberteil über.

„Wir wollen in den Wald gehen und in gemütlicher Runde, während wir Carolin beim Bogenschießen zugucken, den gestrigen erfolgreichen Tag feiern!“, erklärte Jaron seinem jüngeren Bruder und wuselte ihm durch die Haare.

„Du kannst echt so richtig damit schießen?“, fragte Raphael erstaunt und kam zu mir herüber, um sich den Bogen genauer ansehen zu können.

Er strich ehrfurchtsvoll über das Holz und kam aus dem Staunen gar nicht wieder heraus. Ich musste lachen, weil mich Raphael mit seinen großen Augen an einen kleinen, neugierigen Hund erinnerte.

Wir gingen aus dem Wohnzimmer in den Schankraum. Jaron hatte beim Vorbeigehen an der Bar nach einigen Äpfeln und Bananen gegriffen. Killian bedeutete er, einige Wasserkrüge mitzunehmen.

Draußen im Dorf herrschte ein reges Treiben auf dem Markt, das aber – im Vergleich zum ersten Tag des Vollmond-Marktes – weniger lebhaft war. Einige hatten sogar, den leeren Stellen in den Standreihen nach zu urteilen, unser Dorf bereits wieder verlassen.

„Sieht so aus, als hätten wir mit dem gestrigen Erfolg sehr viel Glück gehabt", bemerkte Jaron und drückte mich dabei stolz wie ein Schneekönig an seine Seite.

Raphael gab mir meinen Bogen zurück und als ich ihn mir wieder umlegte, nahm ich Jaron die Staude Bananen ab.

„Aber nur, weil du auf den Gedanken mit dem Bogenschießen gekommen bist. Wobei, es hätte auch verdammt in die Hose gehen können. Stell dir nur einmal vor, wir wären mit leeren Händen wiedergekommen oder wir hätten die Pferde nicht bekommen!"

„Wenn das mit den Pferden nicht geklappt hätte, hätten wir zur Not Abendsonne gefragt. Sie hätte die Tiere natürlich nur bis zum Rand des Dorfes bringen können, aber dann hätten wir das schon irgendwie hinbekommen", sagte Jaron und grinste mich an.

„Wusstest du eigentlich, dass sie Fingawe heißt?", fragte ich ihn zurück, um das Thema zu wechseln.

„Abendsonne heißt Fingawe?! Das verstehe ich jetzt nicht!", antwortete Raphael, der neben mir herstapfte.

„Weißt du, Raphael, die Drachen besaßen, bevor wir ihnen Namen gegeben hatten, schon eigene Namen. Wobei ich finde, dass der Name Abendsonne einfacher auszusprechen ist, als Fingawe oder Esark“, erklärte ich ihm und erkannte an seinem fragenden Blick, dass ich ihnen darüber wohl noch nichts erzählt hatte.

Ich erklärte ihnen kurz, was ich bei meinem letzten Treffen, als ich nicht schlafen konnte, herausgefunden hatte; die Sache mit den Namen – dass sie sie erst im Laufe der Zeit herausfinden würden – oder dass Esark der Partner von Fingawe sei oder dass die beiden an dem Morgen Eltern geworden seien.

„Ihr Junges ist heute Morgen geschlüpft? Wie aufregend! Ob wir es besuchen dürfen?“, fragte Helena überrascht, als ich meinen Bericht geendet hatte.

Ich zuckte mit den Schultern, da ich ihr darauf keine voreilige Antwort geben wollte.

„Sie meinten allerdings auch, dass, sobald ihr Junges längere Strecken würde fliegen können, sie zu weit entlegenen Regionen aufbrechen würden, wo wir Menschen ihnen nicht den Lebensraum wegnehmen können“, antwortete ich etwas traurig.

„Wo wir gerade von den Drachen sprechen, meint ihr, wir können Cristin in diese ganze Geschichte einweihen? Was denkst du, Carolin?“, fragte mich Killian und hielt mich mit einer Hand zurück. „Ich würde es ihr gerne erzählen, weil ich sie, nun, ja, sehr gern habe“, fügte er noch hinzu.

Ich ließ mich zurückfallen und bedeutete den anderen, schon mal weiterzugehen. Offensichtlich wollte Killian, dass das, was ich zu sagen hätte, nicht sofort alle erfuhren.

„Ich kenne sie noch nicht sehr gut und kann sie daher noch nicht richtig einschätzen. Sie scheint ganz nett zu sein, aber das tun viele Dorfbewohner, und wenn du ihnen dann näher auf den Zahn fühlst, erfährst du, dass sie den Drachen am liebsten den Kopf abhacken würden, wenn sie die Möglichkeit dazu hätten. Könnte ich Cristins Meinung zu diesem Thema vorhersagen, würde ich mir die Mühe bei jedem einzelnen Dorfbewohner machen. Die Drachen liegen mir nämlich sehr am Herzen. Daher kann ich es nicht riskieren, allen Dorfbewohnern zu verraten, was wir über diese Wälder wissen. Wer garantiert uns, dass Cristin es nicht weitersagen würde?", erwiderte ich und sah Killian an.

„Was würde ich weitersagen?"

Wie elektrisiert drehten Killian und ich uns um und starrten Cristin an. Wir hatten gar nicht mitbekommen, dass sie uns Richtung Rulkorsee gefolgt war, und waren daher mehr als überrascht, sie jetzt plötzlich vor uns stehend zu sehen.

Die anderen von uns hatten nicht mitbekommen, dass wir gänzlich stehen geblieben waren, sondern waren am See vorbeigelaufen, direkt in den Wald.

„Was zum Teufel machst du denn hier? Du hast uns ganz schön erschreckt!", war alles, was ich herausbrachte.

„Das könnte ich genauso gut euch fragen", erwiderte sie unbeirrt.

„Wir wollten heute Morgen nur einen kleinen Spaziergang im Wald unternehmen, da der Tag für uns alle gestern sehr erfolgreich war", fing ich an und wusste nicht so recht, was ich noch sagen sollte, ohne zu viel zu verraten.

„Wirklich? Das ist tatsächlich ein guter Grund, um sich ein wenig zu entspannen, bevor es in die letzten Tage des Marktes geht. Hättet ihr etwas dagegen, wenn ich mich euch anschließen würde? Ich hatte euch gesehen, wie ihr das Dorf verlassen habt, und da ich mit meiner Familie nur noch wenig für den Markt zu tun hatte, dachte ich, ich frage euch mal, ob ich mich zu euch gesellen darf; gemeinsam etwas zu unternehmen, macht mehr Spaß als alleine. Ihr dürft aber gerne sagen, wenn ich störe, ehrlich! Ich möchte mich euch schließlich nicht aufdrängen!“, fügte sie hastig hinzu und sah entschuldigend zu Killian auf.

„Mach dir darüber mal nicht so viele Gedanken! Wir würden dir schon sagen, wenn du uns stören würdest. Du kannst uns gerne jederzeit fragen, ob du mitkommen kannst“, antwortete Killian und lächelte sie dabei sehr vertraulich an.

Ich war mir nicht sicher, wie ich den Blick, den Cristin darauf Killian schenkte, deuten sollte, aber ich hatte plötzlich das Gefühl, dass ich überflüssig war. Die beiden wollten ganz offensichtlich unter sich sein.

Sie bekamen nicht einmal mit, wie ich hinter den anderen hinterherhechtete, so vertieft waren sie bereits in ihr Gespräch. Ich hatte die anderen gerade eingeholt, als Helena sich umdrehte.

„Wo ist Killian abgeblieben?“, wollte sie wissen und sah an mir vorbei zum See.

„Er steht dort drüben am See mit Cristin. Sie wirkten so fixiert aufeinander, dass ich sie nicht stören wollte. Wie es aussieht, müssen wir uns schnell überlegen, ob wir Cristin bezüglich der Drachen einweihen sollten oder nicht. Killian hat sie nämlich gerade eingeladen, uns bei unserem ‚Spaziergang durch den Wald' Gesellschaft zu leisten", erklärte ich und betonte dabei den Teil mit dem Spaziergang.

Helena sah mich an und schüttelte entschlossen den Kopf.

„Wenn wir bei ihr anfangen, die Regeln zu brechen, können wir gleich bei jedem Dorfbewohner eine Ausnahme machen. Ich denke, es ist besser, wenn wir ihr im Moment noch nichts erzählen. Wir kennen das Mädchen ja nicht einmal richtig. Es bricht mir, genau wie dir, Carolin, das Herz, sie auszuschließen, vor allem, weil Killian anscheinend echtes Interesse an Cristin zeigt. Aber aufgeschoben ist schließlich nicht aufgehoben!", entgegnete Helena.

Sie ging mit mir zu Killian und Cristin zurück. Den anderen erklärten wir, dass wir gleich wieder da sein würden.

„Dann kannst du mir bestimmt helfen, mein Bett aufzubauen. Meine Eltern haben ohnehin schon genug mit der restlichen Einrichtung unseres Hauses zu tun", freute sich Cristin, als wir in Hörweite kamen.

Killian wollte daraufhin gerade etwas erwidern, doch Helena unterbrach ihn.

„Hallo Cristin! Schön, dich wiederzusehen! Ich unterbreche euch wirklich nur äußerst ungern, aber wir haben heute nicht ganz so viel Zeit, Killian. Wir wollten gerade in den Wald gehen. Versteh das jetzt bitte nicht falsch, Cristin, wir freuen uns wirklich, dich in unserer Mitte zu haben. Aber nicht heute. Wir wollten ein bisschen für uns sein. Tut uns leid!"

Ich sah Helena entgeistert an.

So unfreundlich hatte ich sie selten erlebt und wusste nichts darauf zu erwidern. Cristin hingegen hatte vermutlich nicht sehr viel mitbekommen, von dem, was Helena von sich gegeben hatte, denn sie lächelte Killian immer noch selig an, wie entrückt. Was sie streng genommen auch war, zwar nicht physisch, aber mental.

„Ist doch kein Problem. Ich kann das verstehen, wenn man unter sich sein möchte. Ich bin auch gerne alleine oder mit meinen Eltern ohne andere unterwegs. Das Angebot mit dem Bett aufbauen steht aber, Killian?“, lächelte sie ihn an.

„Versprochen ist versprochen, Cristin! Sag mir heute im Laufe des Tages oder morgen auf dem Vollmond-Markt Bescheid. Dann werde ich vorbeikommen“, antwortete Killian und drückte kurz ihre zierliche Hand.

Im Vergleich zu Killians Händen wirkten Cristins Hände noch kleiner und blasser, als sie ohnehin schon waren. Sie schenkte Killian zum Abschied ein zuckersüßes Lächeln, dann drehte sie sich ohne ein weiteres Wort um und ging Richtung Dorf zurück. Killian blickte ihr lange nach und sah aus wie ein allein gelassener Welpe.

Sachte legte ich ihm eine Hand auf die Schulter, als stillen Beistand.

„Das hast du ja super geregelt“, fauchte Killian Helena zornig an.

„Was hätte ich denn bitte schön sagen sollen? Du weißt genauso gut wie wir alle, dass es ein unkalkulierbares Risiko gewesen wäre, Cristin mitzunehmen. Lass sie uns erst mal besser kennenlernen, bevor wir Hals über Kopf solche Entscheidungen treffen!“

„Das weiß ich! Aber du hättest ihr gegenüber netter sein können!“

„Kommt, hört auf, euch zu streiten! Cristin hat vermutlich nicht viel mitbekommen, so wie sie dich angesehen hat. Du hast es ihr wirklich angetan und ich denke, dass sie das, was Helena eben gesagt hat, bald wieder vergessen hat. Spätestens wenn du ihr beim Bett hilfst, ist alles wieder gut", versuchte ich Killian zu beschwichtigen.

„Ich hoffe, du hast recht, Carolin. Sie bedeutet mir mehr als irgendeine vor ihr, verstehst du? Ich möchte sie nicht jetzt schon verlieren müssen, nur weil Helena sich nicht freundlicher ausdrücken konnte", knurrte Killian und warf Helena einen wütenden Blick zu.

„Es tut mir leid! Was möchtest du noch hören? Ich versuche nur, etwaige Risiken zu vermeiden. Du möchtest schließlich genauso wenig wie wir, dass hier ein Krieg ausbricht, oder?"

„Natürlich möchte ich keinen Krieg! Ich gebe dir in der Hinsicht ja auch recht, sei nur nächstes Mal ein wenig netter zu ihr, ja? Ich möchte nämlich auch nicht, dass du dich mit ihr nicht verstehst", versuchte sich Killian zu erklären.

„Sie bedeutet dir wirklich viel, nicht wahr?", fragte ich.

Killian nickte und sah dabei sehr verletzlich aus.

„Wenn dir wirklich so viel an ihr liegt, werden wir das mit den Drachen schon irgendwie hinbekommen, versprochen! Aber erst zu gegebener Zeit und mit den richtigen Worten!", versprach ich ihm und ging mit den beiden in den Wald zu den anderen.

„Seid ihr euch mit Cristin einig geworden? Was wollte sie überhaupt?", begrüßte Ramon uns.

„Sie wollte mit uns kommen, aber wir konnten ihr das ausreden. Es wäre zu riskant gewesen, sie jetzt schon mit alldem zu konfrontieren. Aber Killian scheint sie sehr zu mögen, also zieh ihn damit nicht auf, ja?“, bat ich ihn im Flüsterton, damit Killian nichts mitbekam.

Ramon nickte ernst und fragte nicht weiter nach.

Schweigend gingen wir den Pfad bis zum Baumstumpf entlang. Dort angekommen, warteten wir wie üblich geduldig, bis ein Knacken im Unterholz zu hören war. Erwartungsvoll schauten wir in den Wald hinein und entdeckten Fingawe.

„Welch eine schöne Überraschung, euch alle wiederzusehen! Das letzte Mal ist lange her und es gibt jede Menge zu erzählen!“, begrüßte sie uns und neigte leicht den Kopf.

„Ja, wir haben von Carolin erfahren, dass du heute früh Mutter geworden bist, richtig? Wo ist denn das Kleine?“, fragte Helena, bereits ungeduldig herumzappelnd.

Ich musste daran denken, unter welchen Umständen ich erfahren hatte, dass Fingawe und Esark Eltern geworden waren. Esark hatte es mir heute früh erzählt, aber da war ich gerade knapp dem Tod entronnen und hatte mir die Seele aus dem Leib gekotzt. Ich wollte mich gar nicht an diese entwürdigende Situation erinnern und konzentrierte mich auf hier und jetzt.

Fingawe musste mein Schweigen wohl richtig interpretiert haben, denn sie erwiderte nichts darauf. Sie sah mich nur liebevoll an und blies mir warme Luft aus ihren Nüstern durch die Haare.

„Danke!“

Dieses eine Wort sagte, so hoffte ich zumindest, mehr als jedes weitere Wort es getan hätte.

„Ich würde dich niemals wegen so einer Geschichte verurteilen, Kleine! Geht es dir denn jetzt wieder besser?“

„Jetzt, wo ich wieder bei dir bin, könnte es mir gar nicht besser gehen!“

„Wo befindet sich dein Junges denn jetzt, Fingawe?“, fragte Helena und platzte bald vor Neugier.

„Und dürfen wir es sehen?“, fügte Raphael hinzu.

„Natürlich dürft ihr sie sehen. Die Kleine hat Esark und mich heute früh und den Tag über ganz schön auf Trab gehalten. Kommt, ich führe euch zu ihr. Passt aber auf, sie ist ziemlich wild und kann ihre eigene Kraft noch nicht so recht einschätzen. Und haltet ihr am besten keine Hände entgegen, sie schnappt so ziemlich nach allem, was sich bewegt“, warnte sie uns und führte unsere kleine Gruppe an.

„Ich habe noch nie ein Drachenjunges gesehen!“, bemerkte Helena und hüpfte neben Fingawe her.

„Bis vor Kurzem hast du nicht einmal einen einzigen Drachen gesehen, ob groß, klein, jung oder alt, vergiss das nicht!“, korrigierte ich sie.

Helena streckte mir die Zunge heraus und machte mit ihrem nervigen Gehüpfe weiter.

„Versuch dich bitte zu beruhigen, Helena! Das Junge könnte sich bei deinen hektischen Bewegungen erschrecken“, ermahnte Fingawe sie sanft.

„Tut mir leid! Ich bin nur so unglaublich aufgeregt“, entschuldigte Helena sich und versuchte, ruhig neben ihr herzulaufen.

Wir liefen noch ein gutes Stück weiter und Helenas Nerven wurden stark auf die Probe gestellt. Doch sie hielt sich tapfer. Endlich stießen wir auf die übrigen Drachen, die noch nicht geflohen waren. Ich konnte schnell Esark ausmachen, denn er war der einzige, vollständig schwarze Drache in der Runde. Ich glaube, ich hatte ihn noch nie so glücklich gesehen. Er war ganz aufgeregt und seine weiß schimmernden Augen leuchteten mehr als sonst. Fingawe ging es nicht anders, als sie auf ihren Partner zustapfte. Ich erkannte einige Eierschalen auf dem Waldboden.

Zwischen Esarks Beinen wand sich ein kleines, zierliches Geschöpf. Es konnte sich dabei nur um den stürmischen Nachwuchs handeln. Als die Kleine uns erblickte, sprang sie vergnügt auf uns zu. Es war kaum zu glauben, dass sie erst vor wenigen Augenblicken geschlüpft sein sollte. Sie hatte jetzt schon eine stattliche Größe. Als ich so dastand, stellte ich fest, dass sie nur ein wenig kleiner war als ich.

Sie war komplett schwarz, nur ihr Bauch war rötlich. Auf ihrer Stirn befand sich eine kleine Zeichnung, die einem orangeroten Blitz ähnelte. Sie hatte die gleichen roten, runden Augen wie ihre Mutter. Im Großen und Ganzen war sie noch sehr dünn und besaß sehr schlanke Gliedmaßen, aber das war ja nicht anders zu erwarten gewesen.

„Sie ist wahrlich ein hübscher Drache! Ist sie euer erstes Junges?“, fragte Raphael und streichelte ihren zarten Kopf, den sie an seine Brust drückte.

Offenbar fand sie uns ebenso interessant wie wir sie. Sie beschnupperte uns, einen nach dem anderen, und tollte herum, wie eine ausgelassene Raubkatze. Als Helena ihr eine Hand hinstreckte, schnappte die Kleine danach. Helena quiekte vergnügt und zog rasch ihre Hand aus der Reichweite der kleinen Zähne.

„Ja, das ist unser erstes Drachenjunges. Esark konnte es kaum erwarten, Vater zu werden. Ich persönlich hätte mir noch etwas Zeit gelassen, gerade jetzt, wo im Wald so viel los ist. Aber nun bin ich froh, dass wir den Schritt gewagt haben", meinte Fingawe und leckte ihrer Kleinen über den Bauch.

„Aber du bist doch schon sehr erwachsen für einen Drachen, oder nicht? Warum ist das denn erst euer erster Nachwuchs?", hakte Ramon nach.

„Wäre ich ein Mensch, wäre ich durchaus schon erwachsen, aber als Drache bin ich dies noch lange nicht. Drachen wachsen ihr Leben lang. Wir sind daher, streng genommen, erst erwachsen, wenn wir sterben."

„Das ist ja unglaublich! Wie alt könnt ihr Drachen denn werden?"

„Ich denke, dass wir ungefähr gut 500 Winter erleben können. Aber es gibt auch einige, die deutlich mehr erlebt haben."

„Das ist ja unglaublich! Und wie alt bist du?", fragte Raphael sie entgeistert.

„Ich habe erst 79 Winter erleben dürfen, hoffe aber auf viele weitere."

Raphael blieb der Mund offen stehen.

„79 Winter? Dann bist du ja jetzt schon älter, als es mein Großvater war. Der ist nach 67 Wintern von uns gegangen."

„Was ich dabei nicht verstehe, wenn ihr so alt werden könnt, warum gibt es dann nicht viel mehr von euch?", fragte Killian Fingawe.

„Ich weiß nicht, was Carolin euch bereits erzählt hat, also werde ich euch einen groben Überblick über die wichtigsten Dinge geben. Alles begann vor ziemlich genau 100 Wintern, da war dieser Wald voll von uns Drachen; wir waren bestimmt mehrere Tausend. Aber mit der Zeit wurden es immer weniger."

„Aber warum?"

Wir setzten uns alle hin und lauschten gespannt Fingawes Geschichte.

„Alles fing damit an, als sich die ersten Menschen hier niederließen. Zuerst kamen wir mit ihnen zurecht. Wir lebten hier gemeinsam in diesem Wald, friedlich und in voller Eintracht. Bis die Menschen anfingen, unseren schönen Wald zu zerstören, um ihre Häuser zu bauen. Wir sagten ihnen, sie sollten damit aufhören. Sie taten es aber nicht und fällten immer weitere Bäume. Irgendwann fertigten sie sich Waffen und versuchten uns aus dem Wald zu vertreiben. Wir machten ihnen jedoch so schnell keinen Platz.

Dann, eines Nachts, als viele von uns zu dem einzigen See, der sich in unserem Wald befand, zum Trinken gingen, töteten sie unsere Artgenossen. Einer nach dem anderen ließ in jener Nacht sein Leben und wir konnten nicht das Geringste dagegen tun, denn es kam zu überraschend. Wir hätten nie gedacht, dass sie den Mut hätten, Drachen anzugreifen. Wir waren davon ausgegangen, dass die Menschen viel zu sehr von uns eingeschüchtert waren. Nur wenige von uns überlebten in jener Nacht, und von diesen wenigen verdursteten manche, da sie sich nicht mehr zum See oder zu anderen Gewässern trauten.

Und dann kam die Zeit, wo wir uns nicht mehr blicken ließen. Wir versteckten uns tiefer im Wald. So überlebten wir, denn die Menschen dachten, sie hätten uns alle getötet und suchten nicht mehr nach uns. Wir lebten bis zu dem Tag geheim, als Carolin und ich uns getroffen haben."

„Also, waren wir Menschen daran schuld, dass ihr nur noch so wenige seid?", fragte Raphael mit matter Stimme.

Fingawe nickte und sah liebevoll auf ihre Tochter hinunter. Was für ein wundervoller Hoffnungsschimmer für die Zukunft, jetzt, wo sie es gewagt hatte, eine Familie zu gründen.

„Wenn du solch eine Verachtung gegenüber uns Menschen empfindest, warum hast du dich dann eigentlich Carolin gezeigt?", wollte Killian von ihr wissen.

„Ich glaube, ich hatte gehofft, dass wir Drachen mit den Menschen wieder friedlich miteinander leben könnten. Schließlich kenne ich jene Zeit nur von den Geschichten, die man mir erzählt hat. Ich habe es mir aber einfacher und schöner vorgestellt, wenn niemand, weder Mensch noch Drache, sich Sorgen darüber machen müsste, ob man die nächste Nacht überleben würde oder nicht. Dann müssten wir auch kein Geheimnis um unser Dasein hier im Wald machen.

Ich wollte mit Carolin einen neuen Anfang wagen und die zwei verschiedenen Welten wieder miteinander vereinen und somit ein friedliches Zusammenleben wiederherstellen. Ich hatte keine Lust und keine Kraft mehr, mich länger zu verstecken. Ich bin ein stolzes Geschöpf und möchte nicht den Rest meines Daseins fliehen oder immer auf der Hut sein müssen. Also habe ich den Versuch gewagt und mich gezeigt. Na ja, und ich denke, dass mir der Anfang schon ganz gut gelungen ist, wenn ich euch jetzt so betrachte", endete sie und sah in die Runde.

„Ja, sieht ganz so aus“, stimmte Killian ihr zu.

Ich stand auf und nahm Fingawes Kopf in die Arme. Ich schämte mich ein wenig dafür, ein Mensch zu sein und zu wissen, dass meine eigenen Vorfahren so etwas Furchtbares getan hatten. Die Tatsache, dass die Vergangenheit sich womöglich wiederholen könnte, machte mich wütend. Ich versprach Fingawe und mir selbst, dass ich für einen Neuanfang kämpfen würde.

18. Kapitel

Ich kauerte bewegungslos am Boden, hinter einem Gebüsch. Mein rechtes Bein hatte ich gerade zur Seite weggestreckt und das linke befand sich direkt unter meinem Gesäß. Mein Oberkörper beugte sich leicht über mein linkes Knie. Die linke Hand hatte den ledernen Griff des Bogens fest umklammert. Die Sehne war nicht gespannt, aber ich hatte bereits einen Pfeil eingespannt, den ich locker in der rechten Hand an die Sehne hielt.

Ich war froh, dass ich heute Morgen meine Haare zu einem strammen Knoten am Hinterkopf befestigt hatte. So dicht, wie ich mich hinter dem Gebüsch befand, hätten sich sämtliche Strähnen in den vielen kleinen Ästen verfangen.

Ich starrte bereits eine ganze Weile auf den Bach hinunter, der nur wenige Schritte vor mir plätscherte. Das Gebüsch, hinter dem ich kauerte, wuchs auf einem kleinen Hügel am Ufer des Baches. Der Hügel war hoch genug, um einen guten Überblick zu haben. Ich wusste, dass die anderen, derentwegen ich auf der Jagd war, in den Bäumen über mir in Deckung gegangen waren. Sie mussten sich, bevor Fingawe sie im Baum abgesetzt hatte, mit Erde einschmieren und Teile ihrer Wäsche in das Wasser des Baches halten. Sie durften schließlich von dem Wild, das ich erhoffte, schießen zu können, nicht gewittert werden.

Ich sah zu ihnen hoch und musste grinsen. Helena hatte sich lang auf einem dicken Ast ausgestreckt und reckte den Hals in sämtliche Richtungen. Killian und Ramon lehnten sich, auf verschiedenen Ästen befindend, an den Stamm an und dösten vor sich hin. Jaron und Raphael bemerkten, dass ich zu ihnen sah, und winkten vorsichtig zurück.

Plötzlich fuchtelte Helena hektisch mit den Armen in eine Richtung und machte die anderen auf das, was sie sah, aufmerksam. Ich folgte der Richtung ihres ausgestreckten Armes und verhielt mich ganz ruhig.

Helena hatte ein kleines Rudel Wölfe entdeckt. An der Spitze befand sich ein sehr großes Tier. Ihm liefen mehrere kleinere Versionen hinterher. Es musste sich demnach um das Muttertier mit seinem Nachwuchs handeln, der noch nicht sehr alt sein konnte, da die Tierchen in dem hohen Gras kaum zu erkennen waren.

Die Kleinen hüpften ausgelassen hinter ihrer Mutter her und ich konnte nur ab und an ihre Köpfe erkennen, wenn sie mit einem weiteren Sprung versuchten, über das Gras hinwegzuschauen.

Das Muttertier lief zum Bach hinab und wartete dort auf ihren Nachwuchs, der auf wackeligen Beinen versuchte, den kurzen, aber sehr steilen Hang zum Bach hinunterzutapsen. Die Mutter hob den Kopf und witterte in sämtliche Richtungen, ganz darauf bedacht, ihre Kleinen zu beschützen.

Langsam kam ein junger Wolf nach dem anderen an den Bach. Sie schnupperten an der Wasseroberfläche und fingen vorsichtig an zu trinken. Das letzte der fünf Wolfskinder rannte auf seine Geschwister zu und schubste zwei von ihnen ins Wasser. Es folgten leise Klagelaute und Geheul. Doch das währte nicht lange, sie sprangen sich gegenseitig an und zogen einander an den Ohren. In kürzester Zeit waren die fünf ein einziges Knäuel, bestehend aus Fell, kleinen Pfoten und Zähnen.

Das Muttertier starrte auf die Kleinen hinunter und knurrte, als sie einen Wolf am Nacken aus der Runde herauszog. Der Kleine protestierte lautstark und versuchte, kaum dass seine Mutter ihn ein Stück entfernt wieder abgesetzt hatte, zu den anderen zurückzuhüpfen.

Ich wusste, dass, solange die Wölfe hier am Bach waren, kein Wild vorbeikommen würde. Ich erhob mich vorsichtig aus meiner gebückten Haltung und signalisierte den anderen über mir, dass ich mich zurückziehen würde.

„Keine erfolgreiche Jagd, Kleines?“

Ich spürte, wie sie in unsere Richtung geflogen kam, und half Helena, aus dem Baum zu klettern. Herunter würden sie schon irgendwie kommen, und wenn sie fallen würden.

Als wir alle sicheren Boden unter den Füßen hatten, landete Fingawe ein Stück weit entfernt, wo die Bäume nicht so dicht standen. Die Wölfe mussten sie gehört haben, denn das Muttertier stieß ein gefährliches Knurren aus, wagte jedoch nicht, sich von seinem Nachwuchs wegzubewegen. Fingawe starrte den Wolf kurz an und dieser hörte auf zu knurren. Der Wolf leckte sich mit der Zunge über die Nase und wandte sich den Kleinen wieder zu.

„Dass Wölfe aber auch immer befürchten, ich würde ihren Nachwuchs fressen. Warum sollte ich das tun? An den kleinen Wölfen ist fast nichts dran. Für mich würde sich ein großer Wolf viel mehr lohnen.“

Sie wandte sich uns zu und bedeutete uns, ihr zu folgen. Ich legte mir meinen Bogen wieder um und folgte ihr, wie die anderen auch.

„Schade, dass das nicht geklappt hat. Wären nur nicht die blöden Wölfe gekommen!“, meinte Raphael und kickte einen Stock zurück ins Unterholz.

„Aber die waren doch richtig süß, findest du nicht? Was die für wuschelige kleine Ohren hatten! Und wie die sich an dem Bach gerauft haben, einfach herzallerliebst!“, erwiderte Helena und legte sich beide Hände an die Wangen.

„Die sind doch nicht süß gewesen! Die haben die Rehe ferngehalten und ich konnte Carolin nicht in Aktion erleben. Die konnten froh sein, dass ihre Mama dabei war, sonst hätte ich mit Stöcken nach denen geworfen“, entgegnete Raphael und verschränkte missmutig die Arme vor der Brust.

„Sei nicht so gemein, Raphael! Die Kleinen haben dir schließlich nichts getan!“, verteidigte Helena die Wölfe.

Ehe ich michs versah, verfielen sie in eine angeregte Diskussion, was denn schöner gewesen wäre, den kleinen Wölfen beim Raufen zuzusehen oder mir beim Jagen, mit Pfeil und Bogen. Ich schüttelte amüsiert den Kopf und versuchte ihr Gezanke auszublenden.

„Dann kann ich jetzt wenigstens in Ruhe zu Cristin gehen und ihr mit dem Bett helfen“, überlegte Killian laut und versuchte, der versäumten Zeit etwas Positives abzugewinnen.

„Das klingt doch gut. Grüße sie ganz lieb von uns und sag ihr, dass wir nicht unverschämt klingen wollten heute Morgen, ja?“, fügte ich hinzu.

„Ich hatte eigentlich nicht vor, dieses Thema wieder aufzugreifen, aber ja, ich werde es ihr ausrichten. Würdest du unserer Mutter sagen, dass ich zu tun hätte, wenn ihr gleich noch Waren tauscht? Ich vermute mal, dass nicht mehr allzu viel los sein wird, aber wer weiß … “

Ich nickte und grinste ihn frech an. Killian lächelte ein wenig schüchtern zurück, versuchte jedoch schnell wieder ernst zu wirken.

„Ich denke, wir könnten versuchen, noch ein paar Lederwaren zu bekommen. Leder kann man immer gut gebrauchen, und sei es nur für haltbare Kleidung für die Hofarbeiten. Und nicht zu vergessen Nadel und Faden!“, meinte Mama und ging unsere letzten Bestände durch.

„Ich werde versuchen, mit der Familie dort drüben einen Tausch abzuschließen, Mama. Was kann ich denen denn anbieten?“, fragte ich sie und betrachtete die kleine Auswahl.

„Versuch, die Gurken und Kürbisse zu tauschen. Wenn sie möchten, kannst du ihnen auch ein paar dieser Maiskolben anbieten.“

Sie packte alles in einen kleinen Korb zusammen, den ich mitnehmen sollte. Mama war den ganzen Tag mir gegenüber sehr schweigsam gewesen, sodass ich bereits über dieses kurze Gespräch mit ihr sehr erleichtert war.

Als wir vom Wald wieder nach Hause gekommen waren, hatte sie mir nur einen missbilligenden Blick zugeworfen, der ganz klar signalisierte, dass sie nach wie vor nicht damit einverstanden war, dass ich den Bogen immer noch besaß.

Als ich ihn in meinem Zimmer verstaut und ihr angeboten hatte, ihr beim Tragen behilflich zu sein, hatte sie mich aus dem Haus geworfen, mit den Worten: „Mach dich lieber in dem Gewächshaus nützlich!“

Seitdem hatte sie kein einziges Wort mehr zu mir gesagt. Bis zu diesem Moment!

Ich ging also mit dem Korb zu der Familie, die auf dem Vollmond-Markt bereits viele Stoffe und Lederwaren getauscht hatte, und versuchte bei ihnen ebenfalls mein Glück.

Es waren nette Leute, die vorhatten, heute unser kleines Dorf zu verlassen, da sie nicht mehr viel zum Tauschen hatten. Sie waren jedoch froh über das, was ich ihnen anbieten konnte, und gaben ihre letzten Waren her. Es war zwar nicht sehr viel, aber besser als nichts. Sie reichten mir einige Schrittlängen hellblauen Stoff und fünf gute Lederhäute von Schweinen sowie kleine Garnrollen in verschiedenen Farben und zwei Nähnadeln. Ich bedankte mich ganz herzlich bei ihnen und wünschte ihnen eine gute Heimreise.

„Wenn uns nicht so ein Wolf anfällt wie der, der heute früh im Dorf aufgefunden wurde, dürfte uns so schnell nichts Schlimmes passieren“, erklärte der Mann und verstaute den Gemüsekorb im Planwagen.

„Was denn für ein Wolf?“, fragte ich ihn und drehte mich wieder zu dem Mann um.

„Na, der, der am Rand des Dorfes tot aufgefunden wurde. Wer weiß, was den wohl umgebracht hat, immerhin war nicht ein Tropfen Blut vergossen worden. Er lag dort drüben, wo bereits die neuen Häuser gebaut werden“, fügte er hinzu und deutete in die Richtung, die mir nur allzu bekannt vorkam.

Ich wusste genau, wie groß das Tier gewesen war, denn es konnte sich nur um das Tier handeln, das mich angreifen wollte. Allein bei dem Gedanken, dass das heute früh böse hätte enden können, wurde mir schon wieder schlecht. Krampfhaft vergrub ich meine Finger in die neu erstandenen Stoff- und Lederwaren.

„Geht es dir nicht gut, Mädel? Du siehst ein wenig grün aus im Gesicht. Wenn du dir Gedanken um den Wolf machst, hab keine Angst! Der wird so schnell niemandem mehr etwas antun können. Du kannst beruhigt sein!“

Ich nickte nur, da ich meiner Stimme nicht traute. Mit der Ware in der Hand ging ich zurück und reichte sie unserer Mutter. Sie stutzte kurz, war aber dann zufrieden angesichts dessen, was ich ihr gebracht hatte.

„Mit den Sachen kann ich gut etwas anfangen. Ich denke, das sollte für heute genug sein. Lasst uns den Stand abbauen und zurück nach Hause gehen. Auf diesem Vollmond-Markt werden wir nichts mehr tauschen können.“

„Du, Mama, wenn wir auf diesem Markt nichts mehr vorhaben, können wir dann wieder zusammen reiten gehen?“, fragte Helena hoffnungsvoll und ihre Augen wurden groß.

Mama sah uns einen nach dem anderen an und bemerkte, dass wir erwartungsvoll auf ihre Antwort warteten.

„Na gut, von mir aus! Aber sagt Killian auf jeden Fall Bescheid. Ich möchte nicht, dass er sich hintergangen fühlt, wenn wir ihm nichts sagen. Außerdem müsst ihr mir mit diesem Stand noch helfen“, erklärte Mama und nahm bereits die Beine des Standes in die Hand.

Wir halfen ihr, die Bretter zurück zu unserem Schuppen zu tragen. Vorsichtig lehnten wir die großen Bretter an die Stallwand an. Killian und Ramon mussten später dafür sorgen, dass sie wieder auf die Dachstube kamen.

Die Stoff- und Lederwaren, die Nähutensilien sowie das große Ölfass, das wir morgens am Tag eingetauscht hatten, brachten wir ins Haus in die Vorratskammern. Als Helena und ich uns von unserer Mutter verabschiedet hatten, machten wir uns auf den Weg zurück ins Dorf.

„Weißt du, wo diese Cristin wohnt?", fragte sie mich, als wir wieder im Dorf waren.

„Nein, leider nicht, aber es gibt noch nicht allzu viele neu gebaute Häuser. Ich denke, wir sollten einfach auf gut Glück an den wenigen anklopfen und nachfragen", schlug ich vor.

Wir liefen zu den Neubauten und standen nervös vor dem ersten Haus. Entschlossen hob ich die Hand und klopfte an die Tür. Wir hatten gesehen, dass sich im Inneren Leute befanden, und horchten auf, als sich Schritte der Haustür näherten.

Sobald der Mann die Tür geöffnet hatte, wussten wir, dass es sich um das falsche Haus handelte. Dieser Mann, der uns neugierig ansah, war nicht Cristins Vater.

„Entschuldigen Sie! Ich glaube, wir haben uns in dem Haus geirrt. Wir suchen eine gewisse Cristin. Sie ist mit ihrer Familie aus dem Norden hierhergezogen. Kennen Sie sie zufällig und könnten uns sagen, wo sie wohnt?", fragte ich ihn und rieb mir nervös die Hände. „Unser Bruder ist nämlich bei ihr", schob ich noch nach.

„Ich glaube, ich weiß, wen ihr meint. Versucht es mal bei dem Haus dort drüben“, antwortete er und deutete in eine Richtung.

Wir folgten seinem Blick und ich erschauerte innerlich. Es war genau das Haus, in dessen Schatten sich der Wolf versteckt hatte, kurz bevor er mich angreifen wollte.

„Haben Sie vielen Dank und entschuldigen Sie die Störung.“

„Kein Problem! Wünsche euch beiden noch einen schönen Tag!“

Helena lief zielstrebig voraus, sodass ich mich anstrengen musste, um nicht zurückzubleiben. Dieses Mal klopfte sie an und wir warteten gespannt. Und siehe da, wir hatten Glück: Cristins Mutter öffnete die Tür.

„Hallo! Entschuldigen Sie die Störung, aber ist unser Bruder Killian noch bei Ihnen?“, fragte Helena die Dame.

„Ihr müsst Carolin und Helena sein, Killian hat von euch erzählt. Kommt doch herein, er ist mit Cristin in ihrem Zimmer. Einfach dem Flur folgen und dann am Ende die zweite Tür rechts“, erklärte sie uns in aller Ruhe.

Wir bedankten uns bei ihr und gingen den kahlen Flur entlang, bis wir leises Stimmengemurmel vernahmen. Helena klopfte demonstrativ laut an der Zimmertür. Das Gemurmel verstummte sofort und kurze Zeit später, öffnete Cristin ihre Zimmertür.

„Oh, mit euch habe ich nun wirklich nicht gerechnet. Aber bitte, kommt doch herein. Ich nehme an, ihr sucht Killian?“, fragte sie uns und machte die Zimmertür weit auf.

Wir traten ein und sahen Killian, der gerade an einem Schrank herumhantierte. Das Bett und ein paar weitere Kleinmöbel hatte er bereits aufgebaut. Das Zimmer sah schon recht gemütlich aus, doch es fehlte noch einiges.

„Hallo, ihr beiden! Was führt euch denn her?“, begrüßte uns Killian und klopfte sich etwas den Staub ab, ehe er uns in eine kurze Umarmung zog.

„Wir möchten nicht lange stören. Mama schickt uns, weil wir gleich noch zum Pferdehof gehen wollten. Du sollst Bescheid wissen, damit du gegebenenfalls mitkommen kannst“, erklärte ich ihm.

„Ich werde noch diesen Schrank aufbauen. Dann haben wir für heute schon sehr viel geschafft“, sagte er und lächelte Cristin an.

„Ihr könnt reiten? Das ist ja toll! Meine Eltern haben mir das früher nie erlaubt. Sie sagten, dass sei viel zu gefährlich“, meinte sie und wirkte ein wenig traurig.

„Na ja, wir können noch nicht gut reiten. Wir lernen noch. Aber wenn du das noch nicht kannst, wie würde es dir gefallen, mitzukommen? Das wird bestimmt lustig und außerdem würde ich mich freuen!“, fügte Killian hinzu und griff nach ihrer kleinen Hand.

Helena verdrehte die Augen, als sie mich ansah. Ich konnte ihr ansehen, was sie dachte. Aber ich gönnte es unserem Bruder, dass er glücklich war. Er und Ramon hatten viel zu früh in ihrem Leben stark und erwachsen werden müssen. Sie hatten nicht die Kindheit gehabt, die Helena und ich hatten. Sie mussten unsere Familie bereits nach nur wenigen erlebten Wintern ernähren. Ich fand es nur gerecht, wenn Killian nun ein wenig Spaß im Leben haben würde. Ich sah es von der positiven Seite; wenn

Cristin mitkäme, könnte ich sie kennenlernen und Killian würde den Tag am Pferdehof in vollen Zügen genießen können.

„Ich weiß nicht. Ich müsste meine Eltern fragen“, überlegte Cristin.

„Ich kann dir ja dabei helfen, wenn du möchtest“, bot Killian ihr an.

Er strich mit seinem Daumen über die Außenseite von Cristins Hand. Sie sah mit großen Augen zu ihm auf und ihre Wangen färbten sich leicht rosa. Killian zog sie an sich und schlang ihr einen Arm um die Taille. Sie wirkten so vertieft ineinander, dass sie uns, die wir uns immerhin im gleichen Zimmer aufhielten, gar nicht mehr wahrnahmen.

Ich räusperte mich diskret, um auf uns aufmerksam zu machen. Es funktionierte, denn Cristin wirkte plötzlich nervös und blickte auf den Fußboden hinunter. Killian legte ihr einen Finger unters Kinn und zwang sie sanft, den Blick wieder zu heben.

„Lass uns zu deinen Eltern gehen“, sagte er sanft und navigierte sie vorsichtig Richtung Zimmertür.

„Das war sehr gut, Raphael! Klopf ihn, denn das hat er heute sehr gut gemacht. Ihr wart heute alle sehr gut! Ich denke, sehr viel kann ich euch nicht mehr beibringen, denn für Anfänger seid ihr mittlerweile alle schon zu gut!“, lobte uns Leonard.

Der Nachmittag war noch sehr heiß geworden und ich war froh, dass für heute Schluss sein würde. Meine Arme und Beine fühlten sich bleischwer an und ich sehnte mich nach einem Getränk.

„Wenn ihr eure Pferde weggebracht habt, dann säubert bitte noch die Stallgasse und den Abwaschplatz, ich denke, das sollte es für heute gewesen sein. – Gabriela hättest du nachher noch einen Moment Zeit für mich?“, fragte Leonard sie und öffnete für uns das Tor des Übungsplatzes, damit wir nicht absteigen mussten.

„Aber natürlich. Ich werde sofort zurückkommen, sobald ich mein Pferd im Stall untergebracht habe!“

Das stetige Geklapper der Hufe auf Steinboden hatte eine beruhigende Wirkung auf mich und ich wippte im Takt meiner Stute mit. Die Pferde waren alle gut am Schwitzen und wir konnten ihnen sichtlich ansehen, wie angenehm es für sie war, endlich von ihren Sätteln befreit zu werden.

Raphael war der Erste am Abwaschplatz und wusch sein Pferd mit lauwarmem Wasser und einem Schwamm ab. Leonard hatte uns gesagt, dass Pferde nicht eiskalt gesäubert werden sollten, selbst wenn sie besonders stark geschwitzt hätten. Eiskaltes Wasser kann schnell zu Muskelverspannungen führen, daher sei lauwarmes Wasser besser geeignet. Lauwarmes Wasser bei dieser Hitze zu bekommen, war nicht sehr schwer.

Helena und ich verstauten unsere Sättel im Schrank und rieben den Pferden mit Stroh den Rücken ein wenig trocken, während wir darauf warteten, dass der Abwaschplatz endlich frei sein würde.

„Ich kann es kaum fassen, dass wir unseren Anfängerkurs heute beendet haben. Das fühlt sich irgendwie so unwirklich an, weißt du, was ich meine?“, fragte sie mich und strich sich den Schweiß von ihrer Stirn.

„Ja, ich weiß genau, was du meinst! Ich hatte mich gerade an die Regelmäßigkeit des Reitens gewöhnt und schon sind wir am Ende unserer Ausbildung angelangt. Aber sieh es mal so … “, ich beugte mich zu ihr hinüber, damit uns niemand belauschen konnte, „ … jetzt können wir anfangen, die Drachen zu reiten. Das Reiten auf den Pferden war doch nur eine Übung für die eigentliche Aufgabe“, freute ich mich und strahlte sie an.

„Ich freue mich schon seit gefühlten Ewigkeiten darauf, dich das endlich sagen zu hören! Ich bin gespannt, ob Erlamity mich noch kennt.“

„Wir haben die Drachen doch heute erst noch gesehen! Du übertreibst immer so schnell, Helena!“, lachte ich und warf das feuchte Stroh, mit dem ich den Pferderücken abgerieben hatte, in eine Box.

„Du hast natürlich recht, aber ich bin jetzt gerade gespannter als dein Bogen auf der Jagd!“

„Was für ein origineller Vergleich, Schwesterchen!“

„Mir fiel nichts Besseres ein. Apropos, habt Mama und du euch eigentlich endlich einigen können, was deinen Bogen angeht? Oder redet ihr immer noch kein Wort miteinander?“ Helena klang plötzlich sehr vorsichtig und sah unserer Mutter hinterher, die gerade die Stallgasse verließ, um zu Leonard zu gehen.

Ich schüttelte langsam den Kopf und sah unserer Mutter ebenfalls nach, bis sie aus unserem Sichtfeld verschwand.

„Nein, ich bin bisher keinen Schritt weitergekommen. Sie sagt zwar nichts mehr, aber ihre Blicke sprechen Bände. Ich versuche nach wie vor, möglichst selten in ihrer Gegenwart mit dem Bogen herumzulaufen, um ihr nicht noch mehr Gelegenheiten zu bieten, mich mit bösen Blicken zu durchbohren!“

„Das ist wirklich seltsam. So kenne ich unsere Mutter gar nicht. Irgendwie komisch, dass sie wegen eines Bogens, den du von fremden Händlern erhalten hast, so ein Problem daraus macht. Sie verschweigt uns doch etwas!“, schlussfolgerte Helena und sah mich stirnrunzelnd an.

Ich zuckte nur mit den Schultern und führte Regen nach draußen auf den Abwaschplatz. Helena folgte mir mit ihrem Wallach, damit wir halbwegs ungestört weiterreden konnten. Helena sah sich kurz um, bevor sie sich zu mir herüberbeugte.

„Hast du dir den Bogen mal ganz genau angeguckt? Ist dir daran irgendetwas Sonderbares aufgefallen?“, fragte sie und hielt ihren Wallach davon ab, aus einer Pfütze auf dem Boden zu trinken.

„Nein, warum fragst du?“

Ich hob einen Huf an, um ihn von unten mit dem Wasser und einer harten Bürste zu reinigen, ehe ich ihn wieder losließ und das komplette Bein mit dem Schwamm säuberte. Regen schloss vergnügt die Augen und schnaubte leise.

„Mama würde doch niemals so ein Verhalten an den Tag legen, wenn nicht irgendein Grund dahinterstecken würde, und da wir sie schlecht selbst fragen können, was für einer es ist, müssen wir das eben selbst herausfinden. Wo hast du deinen Bogen versteckt?“

„Unter meinem Bett im Zimmer. Was hast du denn genau vor, Helena?“

„Warte nur ab. Ich habe da so eine Ahnung!“

Mehr sagte sie nicht, da konnte ich noch so viel nachfragen und bitten. Also blieb mir nichts anderes übrig, als unsere Pferde für den Stall fertig zu machen und die Stallgasse aufzuräumen. Jaron entging nicht, dass Helena und ich mehr als schweigsam waren, und kam auf mich zu, als ich den Besen in die Besenkammer brachte.

„Du und Helena habt doch irgendwas geplant, oder nicht?“, fragte er mich unverblümt und achtete darauf, dass die anderen nichts mitbekamen.

„Nein, wieso? Was soll denn sein?“

„Nun tu doch nicht so! Ich habe doch gesehen, wie angeregt ihr euch die ganze Zeit unterhalten habt, und jetzt schweigt ihr verdächtig! Also, was führt ihr im Schilde?“

Ich sah zu Helena hinüber und erkannte ihrerseits ein leichtes Kopfnicken, sie tat aber so, als sei sie damit beschäftigt, den Pferden ihre wohlverdienten Möhren zu geben. Ich sah zu Jaron hinauf und seufzte schließlich. Es war immerhin nicht das erste Mal, dass ich ihn in etwas einweihte, was sonst niemand wusste.

„Es geht um meinen Bogen und Mamas Verhalten. Helena denkt, dass da ein Grund dahintersteckt, warum sich unsere Mutter so verhält, wie sie es im Moment tut. Wir wollen uns gleich den Bogen genauer ansehen und vielleicht finden wir ja etwas, was ich all die Tage übersehen habe“, erklärte ich ihm, während wir uns zu Helena gesellten.

„Nicht nur vielleicht. Ich bin mir ganz sicher, dass wir etwas finden werden!“, korrigierte sie mich und grinste ein wenig zu frech, wie ich fand.

„Seid ihr endlich so weit? Die anderen sind alle schon bei Leonard und Magarete, um sich für die letzten Tage zu bedanken", klärte Killian uns auf und führte unsere kleine Gruppe an, bis wir bei den anderen standen.

Dabei vermied ich es, Mama anzugucken, wobei die meinen wenigen Blicken ohnehin auswich.

„Es war eine wirklich schöne Erfahrung, auch wenn ich nur einmal dabei sein konnte", meinte Cristin gerade und schüttelte Leonard die Hand.

„Es war mir ein Vergnügen! Vielleicht sieht man sich ja wieder, wenn ihr mit uns einen Ausritt unternehmen wollt? Sagt uns einfach vorher Bescheid und wir werden alles in die Wege leiten, damit ihr eure Pferde reiten könnt!", versicherte uns Magarete und reichte erst Jaron, dann Helena und mir die Hand.

„Sobald wir wieder reiten wollen, werden wir uns bei euch melden, versprochen!", erwiderte ich ihren Händedruck und lächelte den beiden zu.

„Das wollen wir doch hoffen!", lachte Magarete.

Nachdem die letzten Hände gedrückt und die letzten Förmlichkeiten ausgetauscht worden waren, verließen wir zum letzten Mal den Pferdehof. Es fühlte sich nicht wie der Abschied an, der es war.

Später erfuhr ich, dass die Reiter aus einem ganz bestimmten Grund die deutlich sichtbaren Goldketten trugen. Würden sie im Wald oder bei schweren Arbeiten ihr Pferd verlieren, so konnten sie sich mit dem Erlös der Ketten ein neues Arbeitspferd anschaffen. Da die Ausbildung eines einzigen Arbeitspferdes viele Winter benötigte, musste etwas derart Seltenes und Kostbares eingetauscht werden, dass den Aufwand wert war. Durch das deutliche Tragen einer solchen Kostbarkeit fanden sich schnell passende

Handelspartner und das Geschäft konnte für die Reiter weitergehen. Schließlich hatten sie, im Gegensatz zu Menschen wie uns, nur dieses eine Standbein.

Und ich hatte gedacht, sie würden die Ketten aus Hochmut tragen und uns Nichtreitern zeigen wollen, dass sie deutlich wohlhabender seien. Wie naiv ich doch war!

Killian und Cristin verabschiedeten sich zuerst von unserer Gruppe und verschwanden dann zwischen den neu gebauten Häusern, bereits Händchen haltend.

„Die beiden sind ja fast schon genauso schlimm wie ihr beiden!“, lachte Helena und kreischte los, als Jaron sie gerade in die Seite zwicken wollte.

„Du bist doch nur eifersüchtig, dass du niemanden hast!“, gab Jaron zurück und schlang einen Arm um meine Taille.

„Nein, ich denke nicht. Ich bin gerne noch eine Weile unabhängig und nicht so gefügig wie meine Schwester!“, entgegnete Helena und streckte mir keck die Zunge heraus.

„Wir sprechen uns wieder, wenn es bei dir so weit ist, Schwesterchen!“, lachte ich und sah zu dem dämmrigen Himmel hinauf.

Raphael verabschiedete sich ebenfalls und lief in den Schankraum der Henslins hinein. Jaron erklärte unserer Mutter, dass er mit Helena und mir etwas bereden, aber danach ebenfalls gehen wolle und er deswegen noch mitkäme. Als Helena, Jaron und ich mich in meinem Zimmer befanden, schloss ich vorsichtig das Fenster und entzündete eine Öllampe an der Wand, damit wir bei dem Dämmerlicht, das jetzt nur noch von draußen etwas Licht spendete, mehr sehen konnten.

Wir hörten, wie unsere Mutter uns allen eine gute Nacht wünschte und Ramon ebenfalls in seinem Zimmer verschwand. Wir horchten noch eine Weile in die Stille hinein, um sicherzugehen, dass die beiden in ihren Zimmern waren, ehe ich meinen Bogen und den Köcher hervorholte.

„Ich denke, jetzt bist du an der Reihe, uns deine Weisheit mitzuteilen!“, sagte ich und reichte ihn Helena.

Ihre Augen wurden erwartungsvoll groß, als sie den Bogen in den Händen hielt. Sie tastete die Sehne ab und nahm danach das Holz genau in Augenschein. Bei dem Griff hielt sie plötzlich unerwartet inne und mir stockte der Atem.

„Hast du etwa was gefunden?“, hauchte ich und sah den Griff ebenso intensiv an wie meine Schwester.

Noch bevor sie etwas sagen konnte, erkannte ich bereits, was sie gesehen hatte. Ich wunderte mich, dass mir das nicht schon viel eher aufgefallen war. Der Griff schien ungewöhnlich unförmig zu sein, was an dem stramm gebundenen Leder lag, welches mit Schnüren festgebunden war. Am oberen Rand, wo das Leder endete, ließ sich ein kleiner Knoten erkennen.

Aufgeregt versuchte Helena den Knoten zu lösen, doch so kurz, wie die beiden überstehenden Schnüre nur noch waren, sollte das gar nicht so leicht werden.

„Ich bin mir sicher, dass unter diesem Leder die Antwort ist, warum Mama nicht möchte, dass du den Bogen verwendest.“

Helena klang sich sehr sicher, gab es jedoch auf, den Knoten lösen zu wollen, und reichte ihn Jaron, damit er es weiter versuchen konnte. Er besaß zwar mehr Kraft in seinen Fingern, jedoch waren sie nicht so feingliedrig wie Helenas und bekamen deshalb nicht mal die kurzen Schnüre richtig zu fassen.

„So wird das nichts. Wir brauchen ein Messer und müssen die Schnüre durchtrennen!“, meinte er und gab den Bogen an mich weiter.

„Vielleicht hast du recht! Wartet hier, ich hole schnell eines aus der Küche!“, sagte ich, legte den Bogen auf das Bett und schlich mich in die Küche.

Ich brauchte nicht lange und kehrte nach wenigen Augenblicken mit einem kurzen, scharfen Messer zurück ins Zimmer. Es war gar nicht so leicht, die schmale Spitze des Messers unter die stramm gebundenen Schnüre zu schieben. Noch bevor ich dachte, dass es ebenfalls nichts bewirken würde, gaben die Schnüre ein leises Knallen von sich, als sie rissen.

Helena quiekte vergnügt auf und half mir das Leder vom Griff abzuwickeln. Unter dem Leder kam ein silberner, metallener Griff zum Vorschein, der keine einzige Macke aufzuweisen schien. Ehrfurchtsvoll strich ich mit einem Finger über das fein hineingearbeitete Muster.

Plötzlich schimmerte der Griff rötlich auf und ich ließ vor Schreck den Bogen fallen. Er gab einen dumpfen Laut von sich, als er am Boden aufkam und wir rührten uns nicht, aus Angst, dass wir Gabriela oder Ramon geweckt hatten. Doch im Haus blieb es leise und somit hob ich den Bogen vorsichtig wieder auf. Ich vermied es jedoch, den nach wie vor rot glühenden Griff anzufassen, und umklammerte stattdessen den Wurfarm.

„Was hat das zu bedeuten?“, fragte ich in die Stille hinein, wusste jedoch, dass mir keiner antworten konnte.

„Sieh mal! Da scheint etwas zu stehen! Genau da, siehst du?“, sagte Helena ganz aufgeregt und deutete auf eine bestimmte Stelle am Griff.

Ich versuchte mich auf die Schrift zu konzentrieren, musste jedoch feststellen, dass ich nicht würde lesen können, was dort stand, denn solche Symbole hatte ich noch nie zuvor gesehen. Ich drehte den Bogen etwas, damit die anderen einen Blick darauf werfen konnten.

<HRCLIN, ÞRHMÂRIN VCN

I'INN LHR^HC WPHL

„Was das wohl bedeutet?“, fragte Helena und sah abwechselnd Jaron und mich an.

„Ich habe keine Ahnung, aber ich weiß, wer uns dabei weiterhelfen kann. Und dieses Mal reichen ihre bösen Blicke nicht aus!“, meinte ich.

Das Ganze wurde immer merkwürdiger. Zuerst sah ich mich, und zwar als meine eigene Mutter auf der Jagd an einem Bach, der mir nur allzu vertraut war. Dann tauchte dieser Bogen auf und Gabriela war von jetzt auf gleich nicht wiederzuerkennen, und nun waren diese Symbole in dem rötlich schimmernden Griff des Bogens erschienen.

„Ich bin gespannt, was unsere Mutter dazu sagen wird, um sich herauszureden“, meinte ich und runzelte die Stirn.

Der Griff wollte einfach nicht aufhören zu glühen, im Gegenteil, sein Schimmern schien stetig intensiver zu werden, bis es fast zu einem Leuchten wurde, das dem dämmrigen Licht der heraufziehenden Nacht bereits Konkurrenz zu machen drohte.

Plötzlich fing mein Magen an zu schmerzen, so sehr, dass ich mir eine Hand auf den Bauch legen musste. Ich ließ den Bogen fallen und krümmte mich zusammen. Der Schmerz wurde immer stärker und drohte mich entzweizureißen.

„Carolin, was hast du denn? Was passiert da? Verdammter Mist, wir hätten den Bogen niemals anfassen sollen! Mama hatte recht, der bringt nur Unglück. Carolin, hörst du mich?“ Helena kauerte verzweifelt neben mir und bettete meinen bereits mit Schweiß überströmten Kopf in ihren Schoß.

„Hol Gabriela, Jaron! Schnell! Ich glaube, Carolin verliert das Bewusstsein! Beeil dich!“, schrie sie und tupfte mir mit ihrem Ärmel den Schweiß von der Stirn.

„Carolin, bleibt bei mir! Wir bekommen das schon wieder hin, hörst du? Und danach entsorgst du diesen Bogen. Bitte, lass es nicht schon zu spät sein!“

Helena fing bitterlich an zu weinen, versuchte mich jedoch mit ihrem Gerede wach zu halten, doch die Umrisse meines Blickfeldes fingen bereits an, schwarz zu werden, bis ich nur noch einen ganz kleinen Teil dessen sehen konnte, was ich einst hatte sehen können. Es dauerte eine gefühlte Ewigkeit, doch endlich wurde ich bewusstlos und brauchte den Schmerz nicht mehr zu fühlen. Ich entspannte mich ein wenig und hörte meinem eigenen Atem zu, um mich selbst zu beruhigen.

„Was habt ihr nur getan?“, hörte ich unsere Mutter noch keuchen, ehe ich endgültig das Bewusstsein verlor.

Helena fing bitterlich an zu weinen, als mein Atem immer wieder aussetzte und mein Herz schließlich seinen letzten Herzschlag tat.

IN EINER ANDEREN ZEIT

„Ich gebe dir eine letzte Möglichkeit, jetzt umzukehren und mit mir zusammen nach Hause zu gehen!“

Ich hatte mich mit verschränkten Armen vor der Gruppe Männer aufgebaut, die sich wenige Schritte von mir entfernt unterhalten hatten. Jetzt hielten sie in ihrem Gespräch inne und blieben verwundert stehen. Mein Mann trat vor, die Stirn in tiefe Furchen gelegt.

„Wie bitte?“, fragte er, seinen Zorn nur mit Mühe unterdrückend.

„Ich sagte, dass ich dir eine letzte Möglichkeit gebe, mit mir jetzt zurück nach Hause zu unseren Kindern zu gehen und all das hier zu vergessen.“

Ich machte eine ausholende Geste, die sowohl den Wald hinter mir als auch die Gruppe Männer vor mir einschloss.

Die ersten Augenblicke waren die Männer stumm und blickten einander nur ungläubig an. Dann brachen die Ersten in lautstarkes Gelächter aus, bis sich schließlich jeder, mit Ausnahme meines Mannes, mit lautem Gegröle auf die Schenkel klopfte.

„Frau, du lässt mich vor meinen Brüdern und meinen Kollegen schwach aussehen. Nun tritt beiseite und lass mich diese Arbeit erledigen. *Dann* komme ich mit dir nach Hause."

Störrisch reckte ich das Kinn in die Höhe.

„Nein, das werde ich nicht. Und du wirst keine Drachen jagen!"

„Und wie ich das werde! Und wenn du so weitermachst, werde ich dir nicht die Pferde schenken, die ich für meine erfolgreiche Jagd bekommen würde."

Ich schnaubte nur. Dann trat ich zu ihm hin, reckte mich zu seinem rechten Ohr hinauf und flüsterte: „Es tut mir leid, wirklich, aber du lässt mir keine andere Wahl. Ich hatte dich einst geliebt, aber ich erkenne dich nicht wieder. Vergib mir!"

Ich küsste ihn auf die Wange und ging rückwärts auf den Wald zu, dabei die Gruppe Männer nicht aus den Augen lassend. Vorsichtig knöpfte ich mir meinen dünnen, langen Mantel auf und ließ ihn zu Boden gleiten.

Mein Mann starrte mich einen kurzen Augenblick völlig fassungslos an, doch dann erkannte er plötzlich das Wesen, welches sich all die Winter als seine Frau ausgegeben hatte, und sein Blick wurde hasserfüllt.

„Du bist eine verdammte Elfe?"

Ich hatte mir meine Kriegsausrüstung angezogen sowie Köcher und Bogen unter dem Mantel versteckt gehalten. Nun legte ich langsam einen der Pfeile an den Bogen und spannte ihn. Ich hob den Bogen und zielte auf die Brust meines Mannes.

„Dieser hier ist dafür, dass ich dich einst geliebt habe. Es wird schnell gehen, das verspreche ich dir. Ich werde dir dadurch das Schicksal ersparen, das den anderen gleich widerfahren wird."

„Was soll das, verdammt? Leg den Bogen nieder und lass uns in Ruhe darüber reden!“

„Du wolltest nie mit mir reden, schon vergessen?“

Ich spannte den Bogen noch weiter. Ohne die Männer aus den Augen zu lassen, drehte ich den Kopf etwas nach rechts.

„Sie gehören ganz euch. Ich habe meinen Teil der Vereinbarung eingehalten, nun haltet eure ein und brennt alles nieder. Lasst keinen Stein auf dem anderen!“

Rechts neben mir bewegte sich plötzlich der große, grüne Hügel, der sich am Rande des Waldes befand. Die Männer sahen ungläubig zu, wie sich langsam ein Drache vor ihnen aufbaute, völlig erstarrt und zu keiner Bewegung mehr fähig.

„So sei es!“, brüllte der Anführer.

Plötzlich tauchten viele Hunderte Drachen am Himmel auf, die auf die beiden Städte zuflogen. Es dauerte nur wenige Momente und die ersten Häuser standen in Brand. Die ersten Schreie drangen zu uns hinüber.

Der Anführer der Drachenherde holte tief Luft, ehe er eine gigantische Flamme gegen die Männer ausstieß. Noch bevor die Flammen die Männer erreichten, ließ ich meinen Pfeil fliegen. Er verfehlte sein Ziel nicht.

Fassungslos starrte mein Mann den Pfeil an, der ihm in der Brust steckte, und sackte auf die Knie. Der Anführer der Drachen erhob sich nun ebenfalls in die Lüfte und riss einige der Männer mit sich, nur um sie gegen die Häuserwände zu werfen.

Aus dem Wald trat Wogarras an meine Seite. Meine Kinder hingen sicher an seinem Bauch, eingewickelt in lange Stoffbahnen, und bekamen in ihrem süßen Schlummer gar nicht mit, was um sie herum geschah.

„Du bist eine von denen. Eine Kriegerin!“, stieß mein Mann keuchend hervor.

Ihm rann bereits das Blut aus den Mundwinkeln. Sehr lange hätte er nicht mehr zu leben, das wusste ich. Es war daher unnötig, ihm zu antworten. Stattdessen schwang ich mich auf Wogarras’ Rücken und gab ihm den Befehl, diesen Ort zu verlassen.

Schwer beladen, wie er war, benötigte er mehrere Flügelschläge, um auf Höhe der Baumkronen zu kommen. Der weiße Hengst, dem ich befohlen hatte, auf meinen Ruf zu warten, setzte sich in Bewegung und verfolgte uns zu Boden.

„Das war also unser erster Anlauf!“

Traurig blickte ich auf die Städte zurück, in denen ich viele Winter verbracht hatte. Sie waren mittlerweile nicht mehr wiederzuerkennen. Viele Häuser waren bereits dem Erdboden gleichgemacht und ein riesiges Feuer bahnte sich durch die Straßen. Die Todesschreie waren noch lange zu hören, doch irgendwann verstummten sie einer nach dem anderen.

„Immerhin konntest du die Kinder der Stadtbewohner verschonen. Sie sind sicher außerhalb der Stadt untergebracht. Vielleicht werden sie eines Tages wissen, warum wir das heute gemacht haben. Gib die Hoffnung auf eine friedliche Zukunft, niemals auf!“

Wogarras versuchte mir mein Gewissen zu erleichtern, was ihm jedoch nicht gänzlich gelang.

„Wir werden sehen.“

Ich wandte den Blick von der Stadt ab und blickte gen Norden. Ich versuchte meine Vergangenheit hinter mir zu lassen und nach vorne zu blicken. Das Gefühl, dass meine Kinder hinter mir standen, ließ mich aufatmen. Ich wusste, dass wir es schaffen würden, obwohl es sicherlich nicht einfach werden würde.

19. Kapitel

Ich ließ die Hand meiner Tochter los, als ich spürte, dass sie nicht mehr in ihrem Körper war, und blickte auf den leuchtenden Bogen hinunter.

„Mama, das wollten wir nicht, ehrlich! Hätten wir das gewusst, hätten wir die Finger von dem Bogen gelassen. Es tut mir so leid, Mama! Bitte, hilf Carolin, bitte!"

Helena, meine arme Tochter, weinte sich ihre Seele aus dem Leib. Krampfhaft hielt sie ihre Schwester in den Armen und strich ihr die nassen Haarsträhnen aus dem Gesicht. Helena hatte es wahrlich nicht verdient, solch ein Leid zu erfahren. Sie wusste nicht, in welch eine Gefahr sich ihre Schwester begeben hatte und was ihr Handeln für Helena, Killian, Ramon und das gesamte Dorf zu bedeuten hatte.

„Ich verwünsche den Tag, an dem deine Schwester mit diesem Bogen zum ersten Mal zu mir gekommen ist. Ihr hättet auf mich hören sollen!", rief ich zornig aus und betrachtete den rot leuchtenden Griff des Bogens.

Mir stockte der Atem, als ich erkannte, was dort eingraviert war. Dass meine Tochter bereits eine Verbindung zu einem Drachen eingegangen war, rückte alles in ein völlig anderes Licht!

Hätte meine Tochter den Bogen ohne eine derartige Verbindung aktiviert, hätte er ihr das Leben nehmen können. Und das wollte ich die ganze Zeit verhindern. Dies hatte er jedoch, zum Glück, offensichtlich nicht getan.

Unter diesen Umständen würde er ihre Herrschaft akzeptieren und ihr Drache, F'inn Gartho wehl, würde ihr dabei helfen, da war ich mir sicher.

Es war wahrlich nicht die Situation, die ich mir gewünscht hatte, aber weitaus weniger schlimm, als anfangs befürchtet. Dennoch musste ich dringend wissen, wie lange diese Verbindung schon bestand. Je länger es sie gab, desto stärker wäre sie, aber das bedeutete auch, dass die Verwandlung unmittelbar bevorstand. Wenn allerdings das Band zu ihrem Drachen stark genug war, bestand noch Hoffnung!

„Wie lange wisst ihr das schon?", fragte ich Helena und zwang sie, mir mit ihren tränenüberströmten Augen ins Gesicht zu sehen.

Sie schien über meine Grobheit kurz verwirrt, schluckte jedoch entschlossen und wischte sich die Wangen trocken.

„Was wissen wir?"

Sie klang auf einmal sehr vorsichtig und versuchte meinem Blick auszuweichen.

„Du weißt genau, was ich meine, meine Liebe!"

Helena schüttelte den Kopf und entzog sich meinem Griff.

„Carolin ist hier gerade gestorben und liegt in meinen Armen und dich interessiert dieser dämliche Bogen wirklich mehr als deine eigene Tochter?! Was bist du nur für eine Mutter?"

Jaron, der die ganze Zeit wie gelähmt mit Ramon im Zimmer gestanden hatte, kniete sich neben meine totenbleiche Tochter hin und nahm liebevoll eine ihrer Hände in seine.

„Dieser Bogen ist sehr viel mehr, als du weißt, Kind! Jetzt tretet mal alle beiseite, damit ich Carolin auf ihr Bett legen kann. Jaron, hol bitte einen Krug Wasser aus der Küche. Ramon, such deinen Bruder und bring ihn hierher. Helena, wir beide werden die wichtigsten Dinge zusammensuchen. Jaron, danach wachst du über Carolin, bis … “

„Bist du jetzt von allen guten Geistern verlassen, Mama? Hörst du dir überhaupt selbst zu? Wie makaber ist das denn?! Ich gehe nirgendwohin! Wir müssen Carolin begraben, und nicht ins Bett legen, als ob sie schliefe!“

Helena hatte aufgehört zu weinen, stattdessen sah sie mich mit einem Zorn in ihren Augen an, den ich bisher noch nie bei ihr gesehen hatte.

Sollte meine eigene Tochter mich wirklich so hassen, wie es gerade den Anschein hat?

„Ramon, zieh dir etwas Wärmeres an und hole deinen Bruder! Helena, wir packen jetzt unsere Sachen. Sofort! Jaron wird bei deiner Schwester bleiben.“

Helena sah mich einige Augenblicke hasserfüllt an, dann schüttelte sie langsam den Kopf und stand schließlich auf.

„Ich hasse dich, Mutter!“

Mit diesen Worten verließ sie das Zimmer und suchte bereits geeignete Taschen. Ramon sprintete in sein Zimmer, um sich umzuziehen, und war schneller aus dem Haus, als ich Carolin auf das Bett legen konnte. Jaron holte unterdessen einen Krug Wasser.

Das hast du nicht verdient, meine Kleine! Nicht auf diese Art. Hättest du nur etwas gesagt, hätte ich dir bei diesem Prozess beistehen können. Aber auch so werden wir das schaffen, das verspreche ich dir!

Liebevoll legte ich ihr die Hände zusammengefaltet auf den Bauch und streckte ihre Beine lang auf dem Bett aus. Den Bogen lehnte ich an das Kopfende des Bettes an. Solange er nicht anfangen würde zu vibrieren, hätten wir nichts zu befürchten. Er würde noch etwas warten, bis er sich explosionsartig in seine Einzelteile zerlegen würde.

„Was passiert hier gerade? Warum packt Helena Sachen zusammen? Was haben Sie vor?“, fragte Jaron und stellte den Krug für Carolin auf dem Fenstersims ab.

Der arme Junge klang genauso verzweifelt, wie ich mich fühlte. Ich wandte mich zu ihm um und überlegte, was ich sagen sollte.

„Jaron, du musst mir jetzt ganz genau zuhören! Wir müssen das Dorf verlassen. Carolin hat uns leider keine Wahl gelassen. Doch du kannst zurück zu deiner Familie. Wir müssen fliehen, bevor das Dorf die Gelegenheit bekommt, uns an den Galgen zu hängen.“

„Warum sollten die Dorfbe … “

„Das ist jetzt egal. Entscheide dich, möchtest du mit uns kommen, in dem Wissen, womöglich nie hierher zurückkehren zu können, oder bleibst du bei deiner Familie? Wenn es Letzteres ist, geh jetzt nach Hause!“

„Ich komme mit! Ich kann nicht ohne Carolin in diesem Dorf zurückbleiben. Aber was sage ich meinen Eltern? Ich kann nicht ohne sie gehen! Es muss doch eine andere Möglichkeit geben, als zu fliehen!“

Ich rechnete es dem Jungen hoch an, dass er mir nicht widersprach und mir glaubte. Er hinterfragte meine Handlungen nicht, sondern war bereit, alles zu tun, was für Carolin notwendig gewesen wäre.

Ich warf einen flüchtigen Blick aus dem Fenster und erschrak angesichts dessen, was sich meinen Augen darbot. Schnell trat ich näher ans Fenster und öffnete es, um ganz sicher zu sein, was ich sah, aber ich hatte mich nicht geirrt.

Ein nachtschwarzer Drache flog über das Dorf hinweg, fast kaum zu sehen, wenn man nicht geübt darin war, Drachen am Nachthimmel auszumachen. Lautlos landete er auf einem Dach und verschmolz mit seinem Untergrund. Es sah aus, als würde er auf der Lauer liegen, doch dann färbte sich sein Hals bedrohlich rot und Flammen schossen hervor.

Schmerzensschreie von einzelnen Dorfbewohnern waren zu hören, offensichtlich waren sie sein Ziel. Sie befanden sich auf einem kleinen Platz vor ihrem Haus, die Haustür stand noch offen.

Sie mussten irgendetwas Schlimmes begangen haben, um solch eine Wut eines Drachen auf sich zu lenken. Die armen Narren wissen gar nicht, dass man einen Drachen niemals bedrohen sollte.

Die Kleidung der drei Menschen, die ich ausmachen konnte, stand lichterloh in Flammen. Schon sehr schnell erstarben ihre Schreie und sie brachen vor ihrem Haus zusammen. Der Drache hatte es ihnen leicht gemacht, indem er ihnen schnell das Leben genommen hatte, statt sie leiden zu lassen.

Was haben sie dir nur angetan, dass du so handeln musstest?

Ich stellte mir gar nicht erst die Frage, ob die Dorfbewohner vielleicht unschuldig gewesen sein könnten. Drachen, so wusste ich, waren, im Gegensatz zu den Menschen, nicht habgierig genug, um derartige Auseinandersetzungen zu provozieren. Besonders nicht zu solchen Zeiten, wo ihre Anzahl stetig sank und sie sich, um zu überleben, verstecken oder fliehen mussten.

Nein, diesem Drachen war etwas widerfahren, was seine Handlung rechtfertigte, da war ich mir absolut sicher. Dennoch hatte sein Handeln unsere Lage nur verschlimmert, denn rundherum gingen immer mehr Lichter an und immer mehr Stimmen waren zu hören.

Der Drache hatte das gesamte Dorf geweckt und würden die Dorfbewohner erst einmal die verbrannten Leichen sehen, würden sie wissen, was geschehen war. Wir hatten also nur noch wenige Augenblicke zum Fliehen.

Wie gut, dass ich die wichtigsten Dinge bereits zusammengetragen habe. Seitdem Carolin mit dem Bogen unterwegs war, war es nur noch eine Frage der Zeit, bis wir von hier weg müssten. Was hatte ich mir aber auch gedacht? Dass ich hier ein neues Leben beginnen und meine gesamte Vergangenheit, meine Familie, vergessen könnte? Ich war ebenso eine Närrin wie die drei qualmenden Leichen der Dorfbewohner da draußen!

Der Drache brüllte in die Nacht hinaus, um seine Wut zu demonstrieren und um zu sagen, dass keiner vor ihm sicher sein würde. Das donnernde Gebrüll, welches Hauswände erzittern ließ, hatte eine tödliche Stille zur Folge, ehe die wilde Panik im Dorf ausbrach. Der Drache erhob sich und noch während er in Richtung meines Hauses, meiner Familie, steuerte, setzte er ein halbes Dutzend Häuser in Brand. Er landete neben der Scheune, neben einer wunderschönen, roten Drachendame und einem prachtvollen weißen, deutlich größeren Exemplar eines Drachen.

Wie konnte ich nur ernsthaft denken, dass ich mein Vorhaben alleine durchziehen könnte?

All die Winter, die ich in diesem Dorf bereits verbracht hatte, schienen mit einem Mal unbedeutend kurz gegen die wunderbaren Winter in Freiheit mit den Drachen. Ich wusste, was ich in der nächsten Zeit zu tun hätte und wo wir sein würden. Ich kannte einen Ort, der mir einst Frieden und Harmonie geschenkt hatte.

Mein Zuhause!

Ich drehte mich zu Jaron um, der direkt neben mir am Fenster stand. Offensichtlich war ich so gefesselt gewesen von dem, was ich gesehen hatte, dass ich nicht bemerkt hatte, wie er ans Fenster getreten war. Er sah zu den Drachen hinüber und ein Ausdruck wilder Panik erfüllte sein Gesicht, als er registrierte, dass ich die Drachen gesehen haben musste.

Schnell legte ich ihm eine Hand auf die Schulter. Ich suchte nach passenden Worten, um ihn zu beruhigen.

„Keine Sorge, ich werde die Drachen nicht verraten, versprochen. Sie liegen mir genauso am Herzen wie euch! Ich bin nicht wie sie!“, sagte ich und deutete auf das Dorf, wo sich immer mehr Menschen mit Fackeln sammelten und herumschrien.

Jaron schien erleichtert und nickte entschlossen.

„Was machen wir denn jetzt?“, fragte er besorgt und zählte die Dorfbewohner durch.

Im Schein der Fackeln ließen sich Schwerter und Harken erkennen. Sie waren nicht für eine große Schlacht gerüstet, doch mit drei wenigen Drachen würden sie allemal fertigwerden.

Als ich meinen Blick wieder zu den Drachen schweifen ließ, stellte ich schockiert fest, dass sie nicht flohen. Sie schienen auf etwas zu warten, oder vielmehr auf jemanden.

Sie warten auf Carolin! Sie würden nicht ohne sie fliehen, denn einer von ihnen ist Carolins Gefährtin! Ich vermute, es handelt sich dabei um die wunderschöne, rote Drachendame in ihrer Mitte. Sie strahlt eine Sicherheit aus, die uns im Moment allen fehlt. Aber so betrachtet, ergibt ihr Verhalten einen Sinn.

„Du passt bereits auf meine Tochter auf und führst sie zurück zu uns, habe ich recht? Ich danke dir!“, flüsterte ich in die Nacht hinaus.

„Was ist hier passiert? Habt ihr das Brüllen auch gehört?“

Helena hastete schwer beladen mit einigen Taschen ins Zimmer und stolperte auf uns zu, um aus dem Fenster sehen zu können.

„Wir müssen jetzt schnell sein. Jaron, hilf Helena die Taschen hinaus zu den Drachen zu tragen“, kommandierte ich.

Ich hatte es kaum ausgesprochen, als mir etwas Verdächtiges an Carolin auffiel.

„Jaron, Helena, tretet bitte von Carolin zurück, schnell!“

Ich packte die beiden gerade noch rechtzeitig an ihren Armen und zog sie einige Fuß vom Bett weg, als Carolin ihren ersten, plötzlichen Atemzug tat. Carolin holte einige Male tief Luft und schlug dann kurz wild um sich. Sie war irritiert, sich in ihrem eigenen Bett wiederzufinden, und setzte sich ruckartig auf. Ihre Augen waren vor Schock geweitet.

„Es ist alles gut, mein Kind!“, beruhigte ich sie. „Dir geht es wieder gut! Sie sind da! Die Drachen sind da! Nimm deinen Bogen an und lass uns gehen!“, forderte ich sie auf und reichte ihr entschlossen ihren Bogen.

Carolin starrte mich an, als wäre ich – nicht sie – gerade von den Toten zurückgekehrt, griff aber nach dem Bogen. Sie zuckte kurz zusammen, als der Bogen ihre Führung annahm und ihr dienen würde. Das rote Glühen erlosch und ließ ein normal erscheinendes Metall zurück.

„Was meinst du damit, dass ich meinen Bogen annehmen soll? Was weißt du eigentlich alles über diesen Bogen, Mama? Und was ist gerade mit mir passiert? Hast du dafür auch eine Erklärung?“

„So viele Fragen und keine Zeit für Antworten. Komm, Tochter, zieh dir diese Lederhosen an. Wir müssen alle feste Kleidung anziehen. Pack dir deine wichtigsten Sachen ein und komm dann nach draußen vor das Haus. Beeil dich, bitte!“

Ich warf ihr eine Lederhose zu, die ich aus ihrem Schrank geholt hatte, und verschwand aus dem Zimmer.

„Bin ich froh, dass du lebst! Ich dachte schon, wir hätten dich verloren!“

Jaron taute aus seiner Fassungslosigkeit auf und lief auf das Bett zu, um mich in die Arme zu schließen.

„Natürlich bin ich am Leben. Warum dachtest du, dass ich tot sei?“

„Dein Atem blieb aus und dein Herz schlug eine ganze Zeit lang nicht mehr. Du lagst bleich auf dem Boden und hast dich unnatürlich entspannt, während du eiskalt wurdest!“

„Ich bin hier, Jaron, und ich gehe nirgendwohin! Komm, hilf mir hoch und lass uns meine Sachen packen. Ich frage mich, was Mama vorhat!“

Es fühlte sich komisch an, wieder bei Bewusstsein zu sein. Als wäre ich die ganze Zeit in einem Kokon gewesen, aus dem ich mich nicht befreien konnte, und plötzlich zog etwas an mir und brachte mich dazu, wieder zu atmen. Es war wie ein Reflex, den ich nicht selbst steuern konnte, dafür aber ein anderer. Als hätte mich irgendjemand dazu zwingen wollen, zu atmen.

Als ich mir die Lederhose anzog, spürte ich plötzlich einen Zorn in mir, den ich noch nie zuvor verspürt hatte. Mir wurde plötzlich klar, dass es sich nicht um meinen eigenen Zorn handelte, sondern um Fingawes. Sie befand sich zudem in unmittelbarer Nähe, wie ich schockiert feststellen musste. Hastig legte ich mir den Bogen um den Rücken und befestigte den Köcher an meiner Hüfte.

Helena stand regungslos im Zimmer und starrte mich an. Ihr klappte der Unterkiefer herunter, während sie mich von oben bis unten musterte. Hätte ich nicht an ihr vorbeigehen müssen, als ich zum Fenster wollte, hätte ich gar nicht wahrgenommen, dass sie sich im Zimmer befand.

„Du, du … du atmest ja wieder und kannst stehen!“, keuchte sie völlig atemlos.

Ich schloss sie kurz in die Arme und gab ihr einen schnellen Kuss auf die Wange.

„Ich bin hier und werde auch immer bei dir bleiben, kleine Schwester!“, versprach ich ihr.

Ich blickte über ihre Schulter aus dem Fenster und erschrak, wie viele Dorfbewohner sich mit Fackeln, Schwertern und allen erdenklichen anderen Dingen bewaffnet hatten. Sie trommelten sich zusammen und schrien durch die Nacht, dass die Drachen ihr Unwesen treiben würden.

„Was geht hier eigentlich vor? Wo sind die anderen?“, fragte ich Jaron und Helena, als mir die unnatürliche Ruhe im Haus auffiel, die im starken Kontrast zu der Unruhe draußen stand.

Jaron zuckte nur mit den Schultern und ging zum Fenster, um hinauszusehen.

„Eure Mutter meinte nur, dass wir fliehen müssten und dass uns nicht mehr viel Zeit bliebe. Die Dorfbewohner könnten schnell hier sein. Deswegen sollten wir jetzt keine unnötige Zeit damit verlieren, zu verstehen, was genau hier vor sich geht, und zusehen, dass wir uns alle in Sicherheit bringen“, riet Jaron, schulterte eine Tasche und verließ damit mein Zimmer.

Helena und ich warfen uns einen kurzen Blick zu, ehe ich in Windeseile die wichtigsten Dinge von mir – viele waren es nicht, bis auf meinen Bogen und Köcher – in die zweite Tasche einpackte, die neben Helena auf dem Boden stand. Dann eilten wir Jaron hinterher nach draußen.

„Da seid ihr ja endlich! Sattle deinen Drachen und lasst uns endlich von hier verschwinden! Die Zeit läuft uns davon!“, rief mir Mama entgegen und reichte mir einen überdimensionierten Pferdesattel.

„Du weißt, dass es Drachen gibt?!“ Noch ehe ich weitere Fragen stellen konnte, wurde ich mir der Präsenz aller sieben Drachen bewusst, die sich vor und auf unserer Scheune befanden. Teilweise versteckten sie sich in den Schatten der nahe stehenden Bäume der Wälder. Esark kauerte wie ein Schatten auf dem Dach der Scheune und zuckte hektisch mit seinem Schwanz hin und her. Aus den Ställen kamen mir ängstliche Rufe unserer Tiere entgegen.

„Nun steh hier nicht so herum! Sattle F'inn Gartho wehl und lass uns von hier verschwinden!“, erinnerte mich Mama, schwang zwei gut bestückte Taschen um Loquvanars Hals und band sie dort gut fest.

„Wo sind Killian und Ramon? Was ist mit ihnen?“, schrie ich gegen den Lärm der Dorfbewohner an, die sich viel zu schnell unserem Grundstück näherten.

Offensichtlich wussten sie genau, wo sie anfangen sollten, nach den Drachen zu suchen.

„Wir sammeln sie ein, wenn wir über das Dorf hinwegfliegen!“

Gabriela schwang sich hinter Helena in Loquvanars Sattel und nahm etwas in die Hände, was mich an Zügel einer Trense erinnerte. Die Drachen besaßen jedoch kein Geschirr im Maul, so wie es die Pferde taten. Die Zügel dienten nur zum Festhalten während des Fluges, damit man nicht nach hinten wegrutschte. Daher lagen die Zügel als Schlaufe um die Hälse und waren mit den Gurten der Sättel verbunden. Allem Anschein nach trug jeder Drache solch ein komisches Geschirr. Verwundert stolperte ich auf Fingawe zu, die nervös von einem Bein aufs andere trat und die Dorfbewohner beobachtete.

„Nun mach schon! Sie sind gleich da! Du kannst froh sein, dass sie keinen Bogen bedienen können, sonst wären wir schon mitten in einem Pfeilhagel!“

Gabriela zog an den Zügeln und rief barsch einen Befehl an alle Drachen, sich in die Lüfte zu erheben. Alle bis auf Fingawe und Esark erhoben sich und gewannen mit jedem Flügelschlag an Höhe.

„Komm, Kleines, ich helfe dir auf meinen Rücken. Jaron sollte auf Esark reiten. Euer beider Gewicht würde ich nicht lange tragen können."

„Was geht hier vor sich?"

Diese Frage hatte ich in den letzten Augenblicken viel zu oft gestellt.

„Ich werde dir später alles erklären, versprochen, doch jetzt müssen wir schleunigst von hier weg!"

Ich nickte und kletterte erst auf Fingawes Bein, um den Sattel auf ihrem Rücken festzuschnallen. Im Handumdrehen hatte ich die Gurte angezogen, schwang mich auf ihren Rücken und nahm die Zügel auf. Jaron lief auf die Scheune zu, während sich Esark vom Dach hinuntergleiten ließ. Er streckte ihm ebenfalls ein Bein entgegen und ließ ihn aufsteigen. Ohne dass wir ihnen den Befehl zum Abflug geben mussten, stemmten sie ihre Hinterbeine in den Boden und drückten sich so kraftvoll wie möglich vom Boden ab.

Ich hatte ganz vergessen, wie viel Kraft diesem Drachenkörper innewohnte, und musste mich gut festhalten. Wären die Umstände andere gewesen, hätte ich den Ritt durchaus genießen können, doch so konnte ich mich nicht auf den Flug konzentrieren.

Die Dorfbewohner versuchten noch, die Drachen am Schwanz zu erwischen, und stießen frustrierte Rufe aus, als sie uns nicht erwischten. Dann fingen sie an, Fackeln durch die Fenster unseres Hauses zu werfen. Die Scheunentore wurden brutal aufgebrochen und kurze Zeit später rannten unsere Kühe, die Hühner und der Ochse in völliger Hast aus der Scheune hinaus ins Freie.

Die Flammen in unserem Haus brannten inzwischen lichterloh und fraßen sich durch sämtliche Räume. Ich wandte den Blick ab und suchte nach Killian und Ramon.

„Ich kann sie sehen! Sie haben sich an Cristins Haus versammelt. Jarons Familie scheint auch unter ihnen zu sein."

„Versuch nicht zu landen. Du kannst niemand Weiteres tragen. Eventuell schafft es Esark mit Jaron und seinem Bruder zu fliegen. Wir bleiben oben und halten hier die Stellung."

„Carolin, ich kann keine weitere Person tragen. Loquvanar ist der Einzige, der das kann. Wir können nicht alle mitnehmen. Einer muss hierbleiben, es tut mir leid!"

Innerlich zählte ich uns schnell durch. Wir waren mit Cristin zehn Personen, hatten jedoch tatsächlich nur Platz für acht von uns. Denn das Drachenjunge konnte aufgrund seines zarten Alters niemanden tragen. Das bedeutete, dass selbst wenn wir Cristin zurückließen, immer noch nicht alle mitbekämen. Für mich war schnell klar, dass Cristin auf jeden Fall hierbleiben würde, aber ob Killian das ebenso sah? Ich hatte keine Zeit, es darauf ankommen zu lassen.

Ein paar von uns landeten zwischen den gerade angefangenen Häuserbauten. Ramon schwang sich bereits auf Eovanarors Rücken. Ludwig und Magdalena wurden von meiner Mutter dazu gedrängt, sich zu dem letzten Drachen zu begeben.

Ich überlegte gerade, warum meine Mutter dachte, dass die arme Winyrre beide Elternteile würde tragen können, als plötzlich, wie aus dem Nichts, ein weiterer, blauer Drache neben ihr landete. Er war größer als jeder andere Drache, sogar größer als Loquvanar, und trug bereits Sattel und Zaumzeug.

„Mag, Lu, wir haben keine Zeit für euer Theater! Steigt endlich in die Sättel des größeren Drachen! Die Dorfbewohner werden nicht lange auf unserem Grundstück verweilen."

Gabriela zog an ihren Armen und führte sie zu dem großen blauen Drachen, der geduldig auf seine Reiter wartete. Gehorsam streckte er ihnen sein Bein entgegen. Er ließ ihnen nicht die Möglichkeit, es sich anders zu überlegen, sondern schubste sie schnell in seinen Sattel und hob dann auch schon vom Boden ab. Magdalena gab einen Schreckenslaut von sich, der nicht zu überhören war. Nun wussten die Dorfbewohner wieder, wo wir waren.

Bis auf Fingawe und Winyrre erhoben sich die anderen wieder in die Lüfte und flogen bereits Richtung Süden. Es befanden sich jetzt nur noch Killian, Cristin mit ihren Eltern und meine Wenigkeit am Boden.

„Killian, wir müssen gehen, setz dich bitte in den Sattel!", flehte ich ihn an und zog energisch an seinem Arm.

Er machte jedoch keine Anstalten, auf Winyrre zuzugehen, sondern trat an Cristins Seite.

„Ich werde hierbleiben, Carolin!", war alles, was er sagte.

Ich konnte es nicht fassen, dass er seine eigene Familie einfach so ziehen lassen konnte, nur um bei einem Mädchen zu bleiben, das er noch nicht einmal richtig kennen konnte.

„Dieses Mädchen kommt nicht mit uns. Sie hat uns an die Dorfbewohner verraten!"

Fingawe fauchte das Mädchen an, das sie jedoch unerschrocken anstarrte.

„Killian bleibt bei mir und nicht bei diesen Monstern! Bei uns wird es ihm viel besser gehen als bei ihnen", knurrte Cristin.

Beide ihrer Eltern flankierten sie jeweils an einer Seite und schlossen Killian in ihre Runde mit ein. Dieses Bild machte mich aus mehreren Gründen äußerst wütend. Nicht nur, dass Cristin ganz offensichtlich genauso engstirnig und kaltblütig war wie die meisten Dorfbewohner; sie hatte zudem die Drachen verraten, was ich ihr niemals würde verzeihen können.

Mir war klar, dass ich schnell handeln musste, wenn ich meinen Bruder mitnehmen wollte. Ohne mir eine einzige Reaktion anmerken zu lassen, befahl ich Winyrre, sich Killian mit ihren Klauen zu packen, sobald ich ihr ein Zeichen geben würde. Ich zuckte ergeben mit den Schultern und hoffte, niedergeschmettert genug auszusehen, dass sie es mir glauben würden. Vorsichtig trat ich vor und streckte Killian meine Arme entgegen.

„Lass dich wenigstens noch ein einziges Mal drücken, bevor ich dir für immer Auf Wiedersehen sagen muss!"

Ich war sogar den Tränen nahe, aber nicht, weil ich Killian hierzulassen vorhatte, sondern wegen dem, was ich gleich tun musste.

Killian hörte den Kloß in meinem Hals und trat vor, um mich zu trösten und zu beruhigen. Er umarmte mich kurz und innig, doch als er sich von mir löste, um zu Cristin zurückzugehen, drückte ich mit aller Kraft gegen seine

Brust und schubste ihn zu Winyrre hinüber, die nicht einen Augenblick zögerte und ihn packte.

Noch ehe Cristin begreifen konnte, was da geschah, stieß sich Winyrre vom Boden ab und hastete hinter den anderen hinterher, ohne uns eines weiteren Blickes zu würdigen.

„Was hast du getan, du Miststück?“, fauchte Cristin und zog ein Messer aus ihrem Gürtel.

Bevor ich reagieren konnte, spürte ich, wie mir die Messerklinge einen tiefen Schnitt an der Wange zufügte. Cristin hatte sich wie eine Furie auf mich geworfen und wir landeten beide auf dem Boden. Fingawe brüllte los und stieß Cristins Eltern mit ihrem Schwanz beiseite, ehe sie zu nahe an uns herankommen konnten.

Hektisch versuchte ich Cristins Messer auszuweichen und wehrte weitere Stiche ab. Ich stellte fest, dass ich zum Glück um einiges stärker war als sie, und es gelang mir, ihr das Messer abzunehmen. Schnell warf ich das Messer außer Reichweite und befreite mich aus Cristins Händen, die sie mir um den Hals gelegt hatte, um mir die Luft abzuschnüren.

Fingawe schnappte mit dem Maul schnell und gezielt nach Cristins Rücken und schleuderte sie kurzerhand gegen eine Hauswand, wo sie regungslos liegen blieb. Ihre Eltern rannten erschrocken zu ihrer Tochter hinüber und vergaßen uns für den Moment. Diese Zeit nutzte ich, um mich in Fingawes Sattel zu schwingen.

Ich hielt mich so gut ich konnte fest, als sich Fingawe vom Boden abstieß. Mit jedem Flügelschlag gewannen wir an Höhe. Mit einer leichten Drehung flogen wir Richtung Süden, den anderen hinterher, die mittlerweile nicht mehr als kleine, schwarze Punkte vor dem dunklen Nachthimmel waren.

Unter mir zogen die Häuser des Dorfes, das ich bis zu diesem Zeitpunkt als meine Heimat hatte bezeichnen können, vorüber. Ich blickte nur noch einmal kurz auf unser Grundstück hinunter, als wir darüber hinwegflogen.

Wenn die Flammen erst einmal erloschen wären, würde von meinem Zuhause nicht mehr viel übrig geblieben sein. Doch ich blickte mich kein weiteres Mal um.

20. Kapitel

Der große, blaue Drache holte Fingawe und mich mit ruhigen Flügelschlägen ein. Er hatte sehr viele Taschen an seinem Sattel befestigt, die vor Abflug noch nicht da gewesen waren. Verwundert sah ich zu ihm hinüber. Ich hatte gedacht, dass Fingawe und ich die Letzten gewesen seien und alle anderen bereits weit vor uns nach Süden flogen.

„Deine Mutter hatte die letzten Nächte nicht nur bei euch zu Hause Taschen gepackt, sondern auch bei diesen beiden Menschen. Wir mussten einen Bogen zu ihrem Haus zurückfliegen und das Gepäck holen. Die Dorfbewohner waren zum Glück noch auf eurem Hof versammelt, sodass wir ungestört landen und packen konnten."

Der Drache musste mir meine Frage angesehen haben. Ich war erstaunt, was meine Mutter in kürzester Zeit alles in die Wege geleitet hatte. Es schien fast, als hätte sie das öfter gemacht, so routiniert und durchdacht, wie alles abgelaufen war, trotz der ganzen Unruhe im Dorf.

„Woher wusste Mama, was sie packen und wo sie es verstecken musste, damit wir es schnell mitnehmen, aber nicht versehentlich zu früh finden konnten? Das war doch nicht ihr oder besser gesagt euer erster übereilter Aufbruch! Und warum haben wir dich noch nie zuvor gesehen? Lebtest du ganz alleine in diesen Wäldern?"

„Ich denke, das solltest du besser deine Mutter fragen. Sie wird dir bei der erstbesten Landemöglichkeit sicherlich alles erklären. Bis dahin solltest du allerdings deine Kräfte schonen. Wir werden sehr lange unterwegs sein."

„Ich denke, er hat recht, Carolin! Wir sollten zusehen, dass wir erst einmal wegkommen. Bis dahin versuch dich auszuruhen. Sobald wir die anderen eingeholt haben, werden wir kurz landen, um die nötigen Vorkehrungen für den weiteren Flug zu treffen."

Fingawe schlug ruhig und regelmäßig mit ihren weiten Schwingen und nahm jeden warmen Luftzug mit, der sie weiter gen Himmel trug, um die Flughöhe so wenig wie möglich aus eigenen Kräften beibehalten zu müssen.

Links von uns färbte sich der Himmel bereits langsam dunkelblau. Die Sonne würde sicherlich bald aufgehen und einen neuen Tag bringen – den Tag einer Zukunft, die ich zu diesem Zeitpunkt noch nicht einmal ansatzweise kannte.

Ich beugte mich nach vorne und versuchte es mir in Fingawes Sattel bequem zu machen. Meine Beine lagen an ihren Seiten und ich konnte somit das lange Heben und Senken ihres Brustkorbes spüren. Das Leder um ihren Bauch spannte sich unter großem Protest bei jedem Atemzug. Lange würde der Ledergurt wohl nicht mehr standhalten, da er immer wieder aufs Neue extrem gestreckt wurde.

Der blaue Drache flog stets dicht hinter uns, an Fingawes rechter Flanke, und bildete das Schlusslicht unserer Flugschar. Es dauerte sehr lange, bis wir die anderen eingeholt hatten, und ich erkannte, dass sie alle mit den Zähnen klapperten. Sie hatten offensichtlich der Kälte wegen Mühe, die Zügel festzuhalten.

Auf einen lautlosen Befehl hin begann Loquvanar an der Spitze einen seichten Landeanflug. Alle anderen Drachen folgten ihm, wie in einer geschlossenen Formation. Die Lichtung, auf der wir landen würden, bestand aus vielen flachen Steinen. Zielsicher stemmten alle Drachen ihre Hinterbeine voran auf die Felsen und falteten schnell ihre mächtigen Flügel. Dann legten sie sich hin und halfen ihren Reitern abzusitzen. Meine Mutter war bereits dabei, eine große Satteltasche von Loquvanar loszubinden.

„Carolin, komm doch bitte kurz her und hilf mir hierbei“, rief sie mir zu und band eine zweite Tasche auf der anderen Seite von Loquvanar los.

Sie entleerte beide Taschen auf einer größeren Freifläche. Ich ging zu ihr hinüber und stellte fest, dass es sich bei dem einen Berg um viele noch halb zusammengefaltete Decken und bei dem anderen Haufen um viele verschiedene Lederriemen und Kettenstücke handelte. Fragend deutete ich auf die Gegenstände am Boden.

„Was soll ich damit machen, Mama?“

„Verteil du die Decken an die anderen. Ich befürchte, dass sie die Kälte des Fluges nicht so gut vertragen haben wie wir beide. Wenn du damit fertig bist, komm bitte hierher zurück.“

Ich nickte ihr zu und nahm so viele Decken, wie ich auf einmal in den Armen halten konnte.

„Sie sollen sich alle dicht zusammensetzen und sich gegenseitig wärmen. Viel Zeit werden wir nicht haben, bevor wir weitermüssen“, rief sie mir hinterher.

„Ich hoffe, Gabriela weiß, was sie tut! Nach dieser Nacht können wir nie wieder zurück in unser Dorf, das sollte ihr klar sein!“, meinte Magdalena und nahm mit zitterten Händen eine der Decken entgegen, um sie Raphael um die Schultern zu legen.

„Das hoffe ich auch, Magdalena!“, antwortete ich ihr und half meinen Geschwistern dabei, sich einzudecken.

Ihre Lippen waren blau angelaufen und ihre Hände waren eiskalt, wie ich spürte, als ich mit ihren Fingern in Berührung kam. Als ich sicher war, dass jeder warm eingepackt unter den Decken saß, ging ich zurück zu meiner Mutter. Sie hatte unterdessen den Sattelgurt von Loquvanar gelöst und tauschte ihn mit zwei dickeren Riemen aus.

„Wie kann ich dir jetzt helfen?“

„Sieh zu und versuch diese Riemen bei allen anderen auch so anzubringen. Du benötigst dafür diese Riemen hier!“, erklärte sie und reichte mir einen, der nicht so breit und glatt war wie bei einem Pferdesattel.

Dieser Riemen war rund und dicker als mein Unterarm. Zudem bestand er aus einem sehr steifen Ledermaterial und war mit großen Eisenringen bestückt, die in regelmäßigen, handbreiten Abständen zueinander mit dicker Schnur befestigt waren. Der Riemen ließ sich nur mit größter Mühe biegen. An jedem Ende baumelte jeweils ein kurzes Kettenstück.

„Zusätzlich wirst du pro Riemen zwei von diesen Panikhaken benötigen“, sagte sie weiter und reichte mir zwei Metallhaken. „Die solltest du kennen, da sie an den Stricken der Pferde angebracht waren. Um zu wissen, an welchen Kettengliedern du sie anbringen musst, hältst du die Riemen so an die Drachen.“

Sie griff nach einem weiteren Riemen, wie den, den ich immer noch in einer Hand hielt. Dann trat sie an Loquvanar heran und bedeutete ihm, sich auf die Beine zu stellen. Vorsichtig legte sie den Riemen an die Innenseite eines Vorderbeines an und umschloss es so damit, dass die beiden Kettenenden Richtung Sattel zeigten. Der Riemen lag somit im Übergang von Bein und Bauch. Dann ließ Mama die Kettenglieder durch ihre Hände gleiten, bis die Länge passte. Dies war dann der Fall, als die Kettenstücke lang genug waren, um bis zu den Befestigungsringen am Sattel zu reichen.

„Nun können die Haken an diesen Gliedern angebracht werden, siehst du? Diese beiden hier reichen genau bis zu den Ringen des Sattels. Zum Anbringen kannst du den Riemen erst wieder lang auf den Boden legen. Du solltest dir allerdings die richtigen Kettenglieder gemerkt haben. Bei dem zweiten Riemen orientierst du dich einfach an dem ersten, da sich die Länge für das andere Bein nicht ändern sollte."

Sie machte es mir vor und bedeutete mir, ihr zuzusehen, wie sie die Haken an den Ketten befestigte. Hierzu diente ein einzelnes Kettenglied, welches allerdings geöffnet war. Damit verband sie die Kette des Riemens und den Haken miteinander. Loquvanar kam ihr zu Hilfe und erhitzte das offene Kettenglied. Das Metall glühte hellorange und mit äußerster Präzision drückte er die beiden Enden des Gliedes zusammen. Das glühende Kettenglied wirkte in seinen riesigen Pranken viel zu zierlich und zerbrechlich.

Als er das Metall losließ, kühlte es schnell ab, bis es nur noch dunkelrot am Leuchten war. Die gleiche Prozedur lief bei dem zweiten Kettenglied ab und schneller, als ich dachte, waren die beiden Haken an dem Riemen befestigt, sodass meine Mutter den Riemen bei Loquvanar anbringen konnte.

„Okay, das sollte ich hinbekommen. Was soll ich mit den anderen Gurten machen? Soll ich die wieder einsammeln?“

„Ja, die werden wir mitnehmen und für andere Dinge benötigen. Du kannst sie dann in diese Tasche packen“, erklärte mir Mama und deutete auf die Satteltasche, die zuvor die anderen Riemen enthalten hatte.

Ich griff nach mehreren Riemen und legte sie mir über die Schulter. Anschließend nahm ich mehrere Haken und offene Kettenglieder. Ich ging zunächst zu Fingawe und öffnete ihren Sattelgurt.

„Endlich werden wir diese Gurte los. So kann man gleich viel besser atmen“, meinte sie und schüttelte sich genüsslich.

Ihre Tochter kam aufgeregt zu Fingawe. Hastig legte sie sich auf die Seite und ließ sich von ihrer Mutter den Bauch kraulen. Neugierig beobachtete mich das Drachenjunge dabei, wie ich die Riemen an die Drachenbeine hielt und sie anschließend auf die Felsen legte, um die Haken anzubringen.

Als ich den zweiten Riemen abgemessen hatte, bat ich Fingawe, mir bei dem Schließen der Kettenglieder zu helfen. Das Metall wurde zu unserem Glück bei der frischen Morgenkälte schnell wieder hart und die Riemen konnten angebracht werden. Dabei half mir meine Mutter.

Sie hatte den anderen zu essen und trinken gegeben und sich erkundigt, ob alle so langsam warm wurden. Zur Wärmeunterstützung hatten sie sich an den Hals des großen, blauen Drachen gelehnt. Dieser sorgte mit dem sich wiederholenden, aufkommenden Lodern seines Feuers im Hals dafür, dass alle im Rücken ordentlich gewärmt wurden. Ein offenes Feuer konnten wir in der Dunkelheit nicht riskieren.

Als die Sättel wieder fest an den Drachen geschnallt waren, kontrollierte meine Mutter die Zügel. Sie waren zunächst nur locker um die Hälse der Drachen geschlungen worden. Nun fixierte meine Mutter sie zusätzlich mit dicken Seilen an den Sätteln.

„Ich denke, so sollte es ausreichen", meinte sie und band die Tasche mit den ausgetauschten Lederriemen wieder an Loquvanars Sattel fest.

Sie durchsuchte eine weitere und entleerte sie direkt. Heraus fielen viele, kleine Leinenstücke, kurze Seilabschnitte und zusammengenähte Lederdecken. Dann trat sie an den Sattel des großen, blauen Drachen heran und öffnete zwei weitere Taschen. Deren Inhalt legte sie zu den anderen Dingen.

„Wir müssen jetzt für jeden zwei Taschen Proviant packen. Jeder sollte in einem Beutel einen hinreichend großen Vorrat an Wasser und in dem zweiten einen Vorrat an Essen haben. Wir werden das Dörrfleisch, Obst und Gemüse gleichmäßig verteilen."

Ich setzte mich schweigend zu meiner Mutter auf die Felsen und breitete die Leinentücher glatt aus. Ich sah zu, wie viel sie von welcher Sorte auf die Tücher legte, und tat es ihr nach. Als wir genügend Taschen zusammenhatten – für jeden gab es einen Wasser- und einen Essensbeutel – griff Gabriela nach einem Leinenbeutel und einem Seilabschnitt.

„Die Leinenbeutel hebst du so auf, dass du die vier Ecken zusammennimmst, etwa so. Dann gehst du an die Sättel der Drachen und fixierst sie mithilfe des Seiles an den übrigen Ringen. Achte dabei aber darauf, dass du eine Öffnung lässt. Die sollte weder zu groß noch zu klein sein. Wir werden unterwegs nur sehr selten anhalten, daher müssen wir während des Fluges an den Proviant gelangen können. Wenn die Öffnung zu groß ist, fallen die Vorräte womöglich heraus, und wenn sie zu klein ist, bekommen wir die Dinge nicht heraus. Du kannst sie dafür erst einmal testweise festbinden und danach überprüfen, wie es mit dem Herausnehmen klappt."

Ich nickte wieder und machte mich direkt an die Arbeit. Es war erstaunlich, woran meine Mutter alles dachte. Die Riemen sorgten für mehr Bewegungsfreiheit beim Atmen und für eine bessere Stabilität der Sättel und mit den Taschen für den Proviant würden wir nur für den Stuhlgang landen müssen. Da Drachen im Allgemeinen nur sehr wenig schlafen mussten, würden diese Rastpausen sehr kurz ausfallen. Ich hoffte nur, dass wir nicht ewig unterwegs sein und irgendwann ankommen würden. Wo wir ankommen würden, war mir egal.

Als ich das Junge von Fingawe und Esark erblickte, kam mir ein weiterer Gedanke. Das Jungtier wirkte jetzt schon sehr entkräftet, da es viel lag und nicht mehr so übermütig herumtollte.

„Was machen wir mit dem Jungtier von Fingawe und Esark? Wenn wir uns für eine so lange Reise vorbereiten, wird das Kleine sehr schnell müde sein", erklärte ich meiner Mutter, als ich endlich an jedem Sattel zwei Taschen links und rechts angebracht hatte.

Den übrig gebliebenen Proviant verteilte ich an unsere Familien, damit sie vor Flugantritt möglichst viel essen und trinken konnten. Das, was dann noch übrig bleiben würde, würde zurück in eine Satteltasche wandern und mitgenommen werden.

„Darüber habe ich mir schon Gedanken gemacht. Dem großen, blauen Drachen binden wir eine besonders breite Bahn aus Leinen um den Bauch. Das Jungtier kann sich dann zwischen seinem Bauch und den Leinen ausruhen. Es muss allerdings im Flug hinein- und hinausklettern können. Wenn die Bahn lang genug ist, sollte das jedoch nicht allzu schwer werden. Da er durch seine Größe die meisten Kraftreserven besitzt, ist diese Gewichtsverteilung am sinnvollsten."

Loquvanars' Sattel hatte als einziger jeweils zwei Taschen auf jeder Seite, da Magdalena und Ludwig auf Loquvanar umsteigen würden. Gabriela würde den Großen weiterreiten, daher band sie die breite Bahn aus Leinen an ihn. Anschließend beugte sie sich hinab und griff nach den übrig gebliebenen Lederdecken.

„Diese hier solltest du ebenfalls verteilen. Wenn die anderen wieder aufsitzen, werden wir sie in Decken eingehüllt an den Sätteln festbinden. Das Leder sollte den meisten Wind abhalten und die Decken halten warm und machen es zugleich bequem genug zum Schlafen."

Wieder nickte ich nur und verteilte die Lederware an die anderen. Die Stimmung hob sich, je wärmer den anderen wurde.

„Hast du Mama schon gefragt, wer dieser blaue Drache ist und wo der auf einmal herkam? Schon merkwürdig, dass er genau zur passenden Zeit aufgetaucht ist, wir ihn aber zuvor noch nie gesehen hatten. Auch die anderen Drachen kennen ihn nicht. Denkst du, wir können ihm trauen?“, flüsterte Helena mir zu, als ich ihr eine Lederdecke reichte.

„Ich denke schon, dass wir ihm trauen können. Hätte er böse Absichten, wäre er in dieser Runde wohl verloren. Daher gehe ich mal stark davon aus, dass er sich nicht mit den anderen Drachen anlegen wird“, erklärte ich und sah zu dem großen, blauen Drachen hinüber.

Er hatte sich hingelegt und schloss entspannt die Augen, um sich so lange wie möglich auszuruhen, jetzt, wo er vorerst nicht mehr als Heizkörper dienen musste. Viele andere Drachen taten es ihm nach.

„Ob die Dorfbewohner uns wirklich verletzt hätten?“, fragte Raphael und zog die Decke fester um sich.

„Sie hatten jedenfalls nicht vor, sich mit uns in Ruhe zu unterhalten, und auch nicht, sich die Lage erklären zu lassen“, antwortete ich ihm. „Dabei fällt mir ein, dass ich auch sehr gerne den Grund für unsere jetzige Situation erfahren würde“, ergänzte ich und wandte mich an Esark und Fingawe.

Esark rieb seinen Kopf an Fingawes Hals und überließ es ihr, die Lage zu erklären.

„Kannst du dich an gestern erinnern? Wo ihr uns besucht habt und wir euch unsere Kleine vorgestellt haben?“

Wie sollten wir dieses Ereignis je vergessen?

„Nun, wie es aussieht, hatte es diese Cristin irgendwie geschafft, euch unauffällig in den Wald zu folgen. Ich habe keine Ahnung, ob sie euch nur überraschen wollte oder ob sie einfach nur neugierig war, was ihr vorhattet.

Jedenfalls muss sie uns wohl gesehen und ihrer Familie sowie dem Dorf Bericht erstattet haben. Daher waren die Dorfbewohner auch direkt zu eurem Hof unterwegs. Die Menschen, die Esark verbrannte, haben es nicht anders verdient. Sie hatten unser Junges in der Nacht nach eurem Besuch entführt. Wir hatten das nicht mitbekommen, weil viele von uns auf der Jagd waren.

Wir vermuten, dass sie unsere Kleine mit einem gezielten Hieb bewusstlos geschlagen hatten und sie deswegen keinen Alarm geben konnte. Sonst hätten die Übrigen von uns die Entführung direkt verhindern können. So waren wir jedoch gezwungen, in Ruhe zu überlegen, wie wir die Befreiung angehen sollten. Esark hatte zum Glück schnell herausfinden können, dass unsere Kleine in einer Scheune versteckt wurde, und sobald wir sicher waren, dass das gesamte Dorf schlief, griffen wir an. Was danach geschah, wisst ihr ja“, endete sie ihre Erzählung und leckte ihrer Kleinen über den Bauch.

„So etwas Ähnliches hatte ich schon befürchtet. Ich kenne keinen Drachen, der ohne Grund Lebewesen angreift und sie anschließend nicht frisst“, sagte Gabriela und nickte verständnisvoll.

Ich sah meine Mutter fragend an. Natürlich hatte ich schon gemerkt, dass sie sehr sicher im Umgang mit Drachen war, und das konnte nur eines bedeuten.

„Wie lange hattest du bisher in deinem Leben mit Drachen zu tun?“, fragte ich sie rundheraus und setzte mich zu Helena.

Diese öffnete ihre breite Decke und ich kuschelte mich an ihre Seite.

„Lange. Aber das ist eine andere Geschichte, die ich euch allen zu einem anderen Zeitpunkt erzählen werde“, antwortete sie und sah sich die Drachen der Reihe nach genau an.

Ich beobachtete sie dabei und mir entging nicht, dass sie dem einen oder anderen Drachen testweise ihre Hand an die Flanken legte und auf die Atmung achtete. Vermutlich kontrollierte sie, ob die Drachen in Kürze weiterfliegen könnten.

„Ich kann mir nicht vorstellen, dass Cristin so etwas gemacht haben soll. Dafür habt ihr überhaupt gar keine Beweise!“, meldete sich Killian das erste Mal seit unserem Aufbruch zu Wort.

Er saß zusammengesunken unter seiner Decke, abseits von allen anderen.

„Sie war es aber leider, Killian. Wir können ihren Geruch überall wahrnehmen, selbst aus großer Entfernung. Daher hätte uns dieser Fehler niemals unterlaufen dürfen. Wir waren an jenem Tag viel zu unvorsichtig. Es tut mir wirklich sehr leid!“, bedauerte Fingawe und streckte ihren Kopf in Killians Richtung.

Ihre großen, schwarzen Augen mit dem leichten Rotschimmer zeigten vollstes Mitgefühl. Offensichtlich wusste sie, was in Killian gerade vor sich ging. Zum ersten Mal in seinem Leben hatte er ernsthaftes Interesse an einem Mädchen gezeigt, und sie hatte – ohne es zu wollen – massive Unruhe in unser ehemaliges Dorf, in dem wir fast unser gesamtes Leben verbracht hatten, gebracht. Dass das schwer zu verdauen war, konnte jeder von uns nachvollziehen.

„Ich hätte nie gedacht, dass die Dorfbewohner so geschlossen gegen uns vorgehen würden. Das waren doch gute Freunde und Bekannte von uns. Die kannten uns seit vielen Wintern. Und dieser tief verwurzelte Hass gegenüber den Drachen … Das verstehe ich einfach nicht! Ich weiß, dass die meisten Dorfbewohner bis letzte Nacht noch nie selbst einen Drachen gesehen haben, immerhin sind sie jünger als mein Vater und der war nicht früh genug zur Welt gekommen, um den letzten, erbitterten Kampf mitzuerleben“, überlegte Magdalena laut und starrte auf den Boden vor sich.

„Der Hass ist in den Menschen zu tief verwurzelt, da sie sich fürchten. Sie haben Angst, dass die Drachen eine zu große Gefahr darstellen könnten. Sie kennen diese Wesen nicht und werden niemals freiwillig versuchen, sie kennenzulernen. Für sie ist es einfacher, sie als böswillige Kreaturen zu sehen, als sich ihnen anzunähern und ihnen eine Chance zu geben. Dafür müssten sie zuversichtlich sein und an eine friedliche Zukunft glauben. Doch die Menschen sind kurzsichtig und engstirnig. Ich wünschte wirklich, es wäre anders“, meinte Gabriela niedergeschlagen und setzte sich im Schneidersitz in die Runde.

„Du sprichst über Menschen, als würdest du dich nicht dazuzählen!“, sprach Magdalena sie direkt an.

Sie sahen sich lange schweigend an und wir warteten gespannt auf Gabrielas Antwort. Niemand rührte sich oder wagte etwas zu sagen.

„Wir müssen weiter. Carolin, hilf mir bitte, jeden sicher im Sattel festzuschnallen. Ihr anderen überlegt euch, ob ihr noch einmal kurz hinter die Bäume verschwinden müsst, und wenn nicht, stellt euch zu den Drachen, die ihr geritten habt", wich meine Mutter Magdalena aus, ohne jedoch den Blickkontakt zu ihr zu unterbrechen.

Magdalena gab sich wortlos, doch ich wusste, dass das letzte Wort noch nicht gesprochen war. Sie würde meine Mutter zur Seite nehmen, wenn sie eine Gelegenheit dazu bekäme, und unter vier Augen mit ihr sprechen. Bis dahin würde sie sich in Geduld üben – und das war etwas, was sie wahrlich beherrschte. Und sie vergaß nie etwas!

Schließlich erhob sich der Erste und alle anderen folgten wortlos. Manche von uns verrichteten ihr letztes Geschäft, während sich andere daranmachten, in die Sättel zu steigen. Ich ging umher und kontrollierte, ob die Leinen- und Lederdecken gut festgebunden waren, sodass während des Fluges niemand mehr auskühlen würde.

„Wenn irgendjemand während des Fluges ein Problem haben sollte, möge er sich bitte bei seinem jeweiligen Drachen per Klopfen mit einer Hand am Hals bemerkbar machen. Wenn sich das Problem nicht während des Fliegens lösen lässt, werden wir eine Zwischenlandung vornehmen", erklärte Gabriela, als wir alle im Sattel saßen, und stieg dann erhobenen Hauptes in den Sattel des großen, blauen Drachen.

Ich blickte noch einmal zu meinem Bruder Killian hinüber und fragte mich, warum er so teilnahmslos im Sattel saß. Das sah ihm absolut nicht ähnlich, doch ich kam nicht mehr dazu, ihn zu fragen, denn die Drachen erhoben sich, einer nach dem anderen, in die Lüfte. Fingawe reckte ihren langen Hals gen Himmel. Sie hob eines ihrer Vorderbeine an und ging mit den Hinterbeinen in die Hocke. Als sie einen sicheren Stand hatte, breitete sie ihre Flügel aus und stemmte sich mit ihrem Oberkörper in die Luft. Mit ihren kraftvollen Hinterbeinen stieß sie sich vom Boden ab und hob dann mit mehreren, kurzen Flügelschlägen ab. Ich hielt mich gut an den Zügeln fest und zog mir meine Decke dicht um den Hals.

Sobald der Flug ruhiger wurde, versuchte ich die letzten dunklen Augenblicke des anbrechenden Tages für ein kurzes Schläfchen zu nutzen. Es dauerte nicht lange und ich tauchte in meine Traumwelt ab.

Wir waren drei volle Tage unterwegs, bis wir endlich an unserem Ziel angekommen waren. Wir gelangten an einen Ort, der etwas Ruhiges und Friedvolles ausstrahlte.

Ich hatte das Gefühl, als sei ich hier schon einmal gewesen, aber das war völlig ausgeschlossen, da ich mich nie sehr weit von unserem Dorf entfernt hatte.

Wir ließen uns an einer Felsformation nieder, die an einer sehr weitläufigen Lichtung emporragte. Wasser rann an den Steinen herunter und sammelte sich in einem großen See, der sehr einladend aussah. Gabriela machte eine ausholende Bewegung mit den Armen.

„Willkommen in meinem Zuhause! Hier habe ich sehr viele Winter meiner Kindheit verbracht und auch viele danach. Es tut gut, wieder hier zu sein. Dort oben auf dem Plateau befand sich damals mein Heim“, erklärte sie und half Helena beim Absteigen.

„Du hast hier gelebt? Und dort oben hast du geschlafen? Wie bist du denn da hinaufgekommen?“, fragte ich verdutzt und befreite Fingawe von Sattel und Zaumzeug.

Meine Mutter hielt in ihrer Bewegung inne und drehte sich zu mir um.

„Ich werde all eure Fragen in Ruhe beantworten. Aber zuerst müssen wir uns einen Überblick darüber verschaffen, was uns vor Einbruch der Nacht alles an Arbeit bevorsteht, ist das in Ordnung?“

Wir nickten und machten uns daran, die Drachen von Sattel und Geschirr zu befreien. Denn wir wussten: Gabriela würde uns sonst keine einzige Frage beantworten.

Wir saßen in gemütlicher Runde um ein Feuer herum, das wir nahe der Felsformation entzündet hatten. Gabriela fing an zu erzählen:

„Zuallererst sollte ich euch wohl mit meinem geliebten Drachen, W'or gafra Marrasoid, bekannt machen. Ihr könnt ihn gerne Wogarras nennen, da euch der vollständige Name vermutlich schwerfallen dürfte. Wogarras ist sein Rufname. Meine Kinder, bis auf Helena, hatten ihn einst gekannt und sehr geliebt, doch schweren Herzens musste ich ihnen allen die Erinnerung an ihn nehmen.“

Ungläubig sahen wir Gabriela an und warteten auf weitere Erklärungen.

„Kommen wir nun zu mir. Für euch heiße ich Gabriela Cornel, doch mein richtiger Name lautet W'in Neema or Hara Terg und ich wurde als Elfe geboren und aufgezogen.“

Fortsetzung folgt …

Epilog

Ich hoffe, meine Geschichte hat Euch bewiesen, dass es Drachen wirklich gab und dass sie vielleicht noch sehr lange weiterexistieren werden, wenn Ihr sie lasst. Viele wird es jedoch nicht mehr geben, denn dafür sind zu viele in den unnötigen Kriegen mit den Menschen gefallen.

Leider!

Deshalb: Beschützt die letzten noch lebenden Drachen, so gut Ihr könnt. Seid nicht wie die Menschen, die ich kennenlernen musste. Lasst die Drachen nicht in einem weiteren, unerbittlichen Krieg fallen, nur weil Ihr von der Angst vor dem Unbekannten beherrscht werdet. Gebt einander die Chance, Euch gegenseitig kennenzulernen! Denn, wer weiß, vielleicht wird es die Drachen irgendwann wirklich nicht mehr geben.

Das darf jedoch niemals geschehen!

Wenn es aber doch so kommen muss, dann habt Ihr Menschen es nicht besser verdient und seid – wie es die Elfen schon zu Recht konstatiert haben – nicht würdig, mit solchen Wesen zusammenzuleben!

Meine Geschichte ist hier natürlich noch nicht zu Ende, doch seid Ihr mutig genug, mehr zu erfahren? Lasst Euch von mir gesagt sein, dass alles, was nun folgt, schwer zu verstehen und noch schwerer zu glauben sein wird. Seid also offen für meine Geschichte, wenn Ihr sie weiterlest. Lasst Euch nicht von Vorurteilen leiten und bildet Euch nicht vorschnell eine Meinung, um Euch dann daran festzubeißen. Denn – merkt Euch das: Nichts ist so, wie es auf den ersten Blick scheint. Das solltet Ihr immer im Hinterkopf behalten!

An dem Tag, an dem mir meine Mutter erzählte, wer sie wirklich war und – vor allem – was sie war, erfuhr ich, wie mein persönliches Schicksal aussehen würde. Sie erklärte mir, wozu ich in diesem Leben berufen sei. Mit ihr gemeinsam würde ich es schaffen!

Glossar

Fuß: Ein Fuß definiert eine Längeneinheit, die zwischen 28 und 32 cm misst. Dies bedeutet, dass ein Meter aus mindestens 3 Fuß besteht.

Mondphase: Als Mondphase bezeichnet man die Zeitdauer, die der Mond benötigt, um die Erde zu umlaufen, bis er wieder die gleiche Stellung zur Sonne einnimmt, die er ursprünglich hatte. Er durchläuft dabei die Stadien Neumond, zunehmender Mond, Vollmond, abnehmender Mond und schließlich wieder Neumond. Dafür benötigt er eine Zeit von 29 Tagen und fast 13 Stunden. Innerhalb eines Jahres gibt es im Durchschnitt 12,5 Mondphasen.

Schritt: Als Schritt definiert sich eine Länge von 2,5 Fuß, was einem Abstand von 70 bis 80 cm entspricht.

Winter: Wenn Menschen z. B. 30 Jahre alt sind, bedeutet dies, dass sie bereits 30 volle Winter erlebt haben müssen. Innerhalb eines Jahres gibt es vier verschiedene Jahreszeiten, in denen, je nach Region, deutlich unterschiedliche Temperaturen herrschen können. Das Jahr beginnt mit dem Winter, danach folgen Frühling, Sommer und Herbst, um anschließend wieder mit den ersten Wintertagen zu beginnen.

Die Drachenschrift

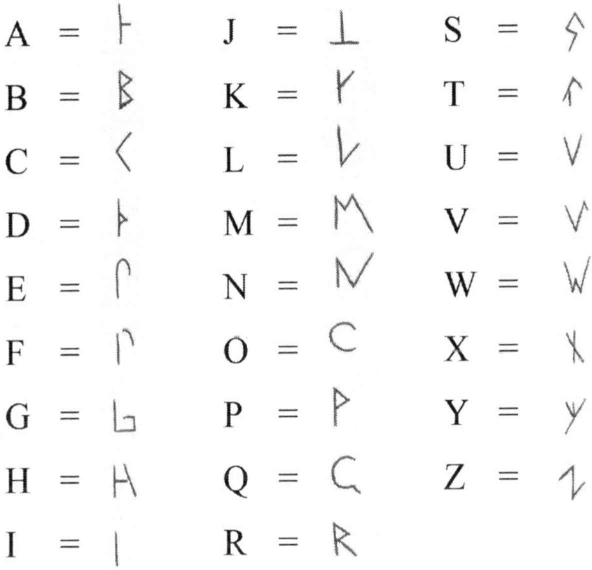

A =	J =	S =
B =	K =	T =
C =	L =	U =
D =	M =	V =
E =	N =	W =
F =	O =	X =
G =	P =	Y =
H =	Q =	Z =
I =	R =	

Namen der Drachen

Namen der Drachen	Rufname	Übersetzung
E'in arla Imithy	Erlamity	Die ewige Freude
E'oro Arlelvanar hichor	Eovanaror	Der, der Verräter bestraft
E'or sarre Rulkor	Esark	Der stille Tod
F'inn Gartho wehl	Fingawe	Die, die Hoffnung bringt
L'inn in Hara saraid	Linaraid	Die, die die Zukunft sieht
L'oro sa Quoros elvanar	Loquvanar	Der, der zur Weisheit rät
W'inn Syr himeres	Winyrre	Die, die Ruhe bewahrt
W'or gafra Marrasoid	Wogarras	Der besonnene Geist

Namen der Elfen

Namen der Elfen	Rufname	Übersetzung
Neema'in or Hara	Winnara	Hüterin der Zukunft
W'in Neema or Hara	Winnara	Hüterin der Zukunft (mit Bezug auf ihren Drachen mittels dessen Anfangsbuchstabe ‚W')
Terg		Familienname

Sprache der Drachen

Sprache der Drachen	Übersetzung
Dramâre	Drachenreiter (Pl.)
Dramârin	Drachenreiterin
Dramâs	Drache
Rulkorsee (Res or Rulkor)	Todessee (See des Todes)